kailash

Stefanie Stahl

Wer wir sind

Wie wir wahrnehmen, fühlen und lieben

Alles, was Sie über Psychologie wissen sollten

kailash

MIX
Papier aus verantwortungsvollen Quellen
FSC® C014496
FSC www.fsc.org

Penguin Random House Verlagsgruppe FSC® N001967)

1. Auflage

in der Penguin Random House Verlagsgruppe GmbH
Neumarkter Str. 28, 81673 München
Redaktionelle Mitarbeit: Julia Meyer-Hermann
Lektorat: Judith Mark
Satz: Satzwerk Huber, Germering
Umschlaggestaltung: Daniela Hofner, ki 36 Editorial Design, München
Autorinnenfotos: © Susanne Wysocki
Druck und Bindung: GGP Media GmbH, Pößneck
Printed in Germany
ISBN 978-3-424-63235-4

www.kailash-verlag.de

Gewidmet
Klaus Grawe (1943–2005),
dem großartigen Psychotherapieforscher und
Helena Muser, der großartigen Psychotherapeutin und Freundin

Inhalt

Teil II:

Der Bauplan der Psyche

Es hat bei mir ganz früh angefangen. Schon als Kind habe ich öfter darüber nachgedacht, wie der Mensch wohl »funktioniert«. Warum regt die eine etwas auf, was den anderen völlig kaltlässt? Warum handelt der eine so und die andere so? Warum gibt es in meiner Klasse Streber und Faulpelze? Warum bin ich manchmal ohne erkennbaren Grund schlecht drauf? Und wie kann ich es schaffen, am besten immer gut gelaunt zu sein?

Ich wusste damals nicht, dass ich mir grundlegende psychologische Fragen stellte: Fragen dazu, wie wir uns selbst und andere Menschen wahrnehmen. Wonach wir streben und wovor wir Angst haben. Was wir meinen, wer wir sind und was wir tun müssen, um geliebt zu werden. Was uns motiviert und was uns hemmt. Ob wir morgens Lust auf einen neuen Tag haben oder uns lieber verkriechen würden. Was wir uns zutrauen oder auch nicht zutrauen. Wie wir uns selbst gestalten, unsere Beziehungen und unser Leben. Im Grunde genommen ist alles Psychologie – oder, wenn unser Ansatz bei diesen Fragen etwas abstrakter ist, dann ist alles auch Philosophie. Vielen erscheint diese alte denkerische Disziplin womöglich als wenig alltagstauglich oder sogar weltfremd. Tatsächlich beschäftigt sich die Philosophie aber seit jeher damit, Menschen bei der Lösung schwieriger Lebenssituationen zu helfen. Der Philosoph Wilhelm Schmid[1], bekannt durch seine Besteller »Gelassenheit« oder »Selbstfreundschaft«, hat beispielsweise einen Ansatz, der sich mit meiner psychotherapeutischen Vorgehensweise vergleichen lässt: Er will da-

1 Wilhelm Schmid: Das Leben verstehen. Von den Erfahrungen eines philosophischen Seelsorgers, Suhrkamp 2016

bei helfen, »ein Verständnis des Lebens zu gewinnen, das ermöglicht, die Situation einzuordnen und eine Haltung dazu zu finden«.

Wo fängt man da an? Ich beginne mit: Woraus besteht der Mensch denn eigentlich? Aus Körper und Geist. Bei Geist muss ich unwillkürlich an die doppelte Bedeutung des Wortes denken: Geist bedeutet auch Gespenst. Vielleicht ist das kein Zufall, beides lässt sich materiell schwer erfassen. Wenn ich jetzt einfach das Wort Geist durch Psyche ersetze – ohne mich in semantischen Erörterungen zu verlieren –, dann kann man sagen: Der Mensch besteht aus Körper und Psyche. Das Gehirn ist die materielle Substanz der Psyche.

Mich beschäftigt die Frage, wie wir psychisch strukturiert sind. Was ist der Bauplan der Psyche? Gibt es ein geistiges Grundgerüst, das alle Menschen teilen? Und aus welchen Komponenten besteht es?

Die wissenschaftliche Datenlage ist sehr komplex und vermittelt (noch) kein in sich geschlossenes Bild. Es gibt ein riesiges Spektrum an psychologischen Begriffen, Modellen, Theorien und Forschungsergebnissen. Diese Komplexität ergibt sich sowohl aus dem Umstand, dass die Psychologie sehr viele Teildisziplinen und somit sehr viele Forschungsfelder aufweist, als auch aus dem Umstand, dass sich im Verlauf ihrer Geschichte verschiedene psychologische Schulen ausgebildet haben. Diese Schulen vertreten unterschiedliche Lehrmeinungen über das grundsätzliche Bild des Menschen und bestimmen mithin auch wesentlich über die Forschungsinhalte und Methoden. Zu den bekanntesten Schulen gehören:

- die Psychoanalyse
- die kognitive Psychologie, deren Erkenntnisse unter anderem in die sogenannte Verhaltenstherapie einfließen
- die humanistische Psychologie, aus der sich die Gesprächspsychotherapie entwickelt hat

Die systemischen oder auch familientherapeutischen Modelle entwickelten sich später aus diesen drei Grundrichtungen.

Seit den 1990er Jahren gewinnt die neurowissenschaftliche Forschung immer mehr an Bedeutung, was auch mit der Weiterentwicklung medizinischer Untersuchungsmethoden einhergeht. Hierdurch kann man Gehirnprozesse viel genauer untersuchen. Wie funktioniert die menschliche Wahrnehmung? Wo entstehen Emotionen und wie werden sie verarbeitet? Welche Abläufe verfolgen Denkprozesse? Wie entsteht Motivation? Wie interagieren all diese Vorgänge miteinander? Die Neurowissenschaften haben uns viele Erkenntnisse zu den Abläufen im Gehirn geliefert. Allerdings können sie nur die Prozesse beschreiben, aber nicht die Bedeutung, die sie für die jeweilige Versuchsperson haben. Was denkt die Person gerade, was empfindet sie, wenn sie Musik hört, welche Erfahrungen haben sie geprägt?

Auch wurde bis heute kein Gehirnareal entdeckt, in dem unser Selbstwertempfinden verankert ist. Ebenso wenig lassen sich unsere psychischen Grundbedürfnisse nach Bindung und Autonomie bislang präzise im Gehirn verorten.

Kleiner Exkurs: Selbstbewusstsein und das Gehirn

Neurowissenschaftliche Untersuchungen mit bildgebenden Verfahren gingen lange davon aus, dass drei Areale im Gehirn vorrangig am Selbstbewusstsein beteiligt sind: der insuläre, der vordere zinguläre und der mediale präfrontale Kortex. Die Forschung von US-Neurowissenschaftlern hat aber inzwischen gezeigt, dass auch diese Lokalisierung noch zu einfach scheint. Bei einem Patienten, dessen vermeintliche »Selbstbewusstseins-Areale« durch eine Erkrankung weitgehend zerstört waren, übernahmen andere Hirnregionen die Funktionen. Aus diesen Untersuchungen lässt sich schließen, dass Selbstbewusstsein ein Patchwork-Produkt aus vielen Arealen ist.

Für mich persönlich bahnbrechend sind die Arbeiten des Psychotherapieforschers Klaus Grawe, der postulierte, dass die Erkenntnisse der Neuropsychologie viel stärkeren Eingang in die Psychotherapie finden sollten. Zudem plädierte Grawe für einen schulenübergreifenden Ansatz in der Psychotherapie. Grawes Forschungsarbeiten fokussierten darauf, in welcher Art und Weise die Evolution unsere psychische Struktur herausgebildet hat. Dieser Ansatz erscheint mir einleuchtend. Auch stimme ich mit Grawe überein, dass wir das Schulen-Denken überwinden und stattdessen einen allgemeingültigen Plan zur Behandlung psychologischer Probleme finden sollten. Ich kann mir sogar vorstellen, dass die Psychotherapie in manchen Bereichen nur eine Übergangslösung darstellt und wir in ganz ferner Zukunft, wenn das Gehirn noch viel besser erforscht ist und die entsprechende medizinische Technik zur Verfügung steht, psychologische Störungen wie beispielsweise Panikattacken, Depressionen oder Verhaltenszwänge direkt in den Köpfen der Betroffenen »verlöten« können.

Das bedeutet natürlich nicht, dass wir auf diese Weise alles seelische Leid einfach ausknipsen können! Schließlich sind die Ursachen von Kummer, Wut oder Angst nicht nur genetisch und durch neuronale Fehlverbindungen bedingt, sondern lassen sich oft auf unsere Lebensumstände und unsere Erfahrungen zurückführen. Der Tod eines geliebten Menschen etwa oder eine schlimme Kindheit hinterlassen Spuren. Wie viel Zeit wir brauchen, um mit bestimmten Prägungen oder Schicksalsschlägen umgehen zu können, ist hochindividuell. Ich widerspreche daher jedes Mal massiv, wenn es vonseitender Krankenkassen oder Gesetzgeber Vorschläge gibt, die Behandlungsdauer eines psychischen Problems konkret vorab festzulegen. Das entspricht der menschlichen Psyche nicht.

TEIL I

Wie wir »funktionieren« und was die Psychologie darüber weiß

Der Sinn des Lebens

Was also prägt die menschliche Psyche? Die Antwort von Neurobiologen darauf klingt erschreckend nüchtern: Unser Gehirn hat sich über die Evolution weiterentwickelt. Es ist sozusagen ein Ergebnis der Evolution, und somit sind auch wir Menschen in unseren Vorlieben und unserem Verhalten ein Ergebnis der Evolution. Der Bauplan unserer Psyche richtet sich nach den Interessen der Evolution. Welchen Plan verfolgt jedoch die Evolution, was ist ihr Hauptinteresse, was ist der übergeordnete Zweck dieser ganzen Daseinsveranstaltung? Eine Antwort des heutigen Forschungsstands lautet: Der evolutionäre Sinn des Lebens ist, dass wir unsere Gene verbreiten. Es geht bei dieser These nicht einmal um die Erhaltung der Art. Die Art kann demnach aussterben oder sich verändern. Es geht allein um die Weitergabe unserer Gene. Diese Theorie hat der britische Biologe Richard Dawkins[2] vor über 40 Jahren in seiner berühmtesten Schrift »Das egoistische Gen« ausgeführt. Er erklärt auch, dass die Gene im Kampf ums Überleben egoistisch sind und Uneigennützigkeit immer nur dann zulassen, wenn es ihrem langfristigen Ziel dient. Hilfsbereitschaft zum Beispiel ist aus diesem Blickwinkel betrachtet nur deshalb sinnvoll, weil der Mensch seine Gene in Kooperation mit anderen besser weitergeben und sichern kann. Eigentlich, so die Meinung diverser Naturforscher, sind wir auf Konkurrenz angelegt. Die Darwinisten, die Nachfolger Charles Darwins[3], folgen der Theorie, dass der Wettbewerb zwischen unterschiedlichen Arten, Formen und Genen entscheidet, wer überlebt und sich

2 Richard Dawkins: Das egoistische Gen, Springer Spectrum 1978

3 Charles Darwin: Die Entstehung der Arten durch natürliche Zuchtwahl, 1859

weiter fortpflanzen kann. Die Schlussfolgerung daraus könnte lauten: Auch der Mensch ist diesem Wettbewerb unterworfen. Wenn er ausnahmsweise kooperiert und nicht konkurriert, dann dient auch das letztendlich seinem Siegeswillen.

Diese Sicht auf das menschliche Dasein entbehrt allerdings allem, was wir eigentlich unter dem »Sinn des Lebens« verstehen. Sie klingt empathielos, unromantisch und unidealistisch. Sie widerspricht im Übrigen auch konkreten Erfahrungen, die wir immer wieder in unserem Alltag machen: Warum riskieren beispielsweise Menschen ihr Leben, um andere zu retten – obwohl es dabei nicht einmal um ihre eigenen Nachkommen geht? Und obwohl klar ist, dass dieser Einsatz nicht der Weitergabe ihrer Gene helfen kann? Im Gegenteil: Solche »Helden im Alltag« riskieren durch ihren möglichen Tod sogar, ihre Gene zugunsten ihrer Hilfsbereitschaft und Mitmenschlichkeit zu »verschwenden«. Wir alle kennen die Berichte von solchen Ereignissen aus den Medien: Ein junger Mann springt während einer Flutkatastrophe in den reißenden Strom, um einem alten, ihm vollkommen unbekannten Paar zu helfen, das hilflos davongetrieben wird. Er ertrinkt dabei selbst fast, schafft es dann aber, sich und die anderen zu retten. Müssten wir nicht aufgrund unserer biologischen Konditionierung so eine lebensgefährliche Aktion als dumm verurteilen? Das Gegenteil ist aber der Fall: Wir lieben diese Menschen für ihr selbstloses Verhalten.

Unser Gefühl sagt uns, dass der »Sinn des Lebens« nicht nur darin liegen kann, unsere Gene weiterzugeben und mit anderen zu konkurrieren. Tatsächlich erfasst diese Definition – aus Sicht von philosophischen und psychologischen Wissenschaftlern – auch nur einen Bruchteil dessen, was das Menschsein eigentlich ausmacht. Auch der berühmte Biologe, Hirnforscher und Bestsellerautor Gerald Hüther stimmt damit nicht überein. Selbst wenn sich aus astrophysischer Sicht vielleicht nichts ausmachen ließe, was unserem Verständnis von Sinn entspricht, könnten wir, so Hüther, gar nicht leben, ohne unserem Dasein einen (subjektiven) Sinn zu verleihen. Wir brauchen eine über unser individuelles Dasein hinausreichende Orientierung. Wir brauchen eine Vorstellung davon, was für ein Mensch wir sein wollen und wozu wir unser Leben nutzen wollen. Sonst verlieren wir uns über kurz oder lang in Orientierungslosigkeit.

»Der Mensch ist ein Wesen, das darüber nachdenkt, was ein Mensch ist. Kein anderes Wesen macht so etwas«, meint der Philosoph Wilhelm Schmid. »Schon der Blick in die Sterne, den Menschen in allen Kulturen und zu allen Zeiten pflegten, lässt darauf schließen, dass es sie fasziniert über das hinauszublicken, was vor ihren Füßen liegt, um sich in einem größeren Horizont wahrzunehmen.« [4]

Die großen Religionen geben seit jeher Antworten auf diese grundlegenden Fragen, gaben vielen Menschen Orientierung in Form eines festen Regelwerks. Auch heute würde jemand, der gläubig ist, der Theorie vom »egoistischen Gen« und dem bloßen Erhalt der Art sicherlich heftig widersprechen. Aber viele Menschen wollen heute keine theologischen Antworten mehr auf ihre Fragen. Das liegt auch daran, dass etliche mit Religion menschenfeindliche Dogmen verbinden, dass das Christentum lange gegen das »Selbst« und das »Ich« gepredigt hat. Das ist keine gute Vertrauensbasis, wenn es um sehr persönliche Fragen geht.

Viele Menschen suchen inzwischen nach Antworten und Orientierung außerhalb der großen Weltreligionen. Eine Studie der Bertelsmann Stiftung zeigt beispielsweise, dass die Religiosität in Deutschland zwar abnimmt, aber durch verschiedene Formen von Spiritualität ersetzt wird. Diese Umorientierung ist unabhängig von der Bildungsschicht: Der Wunsch nach einem großen Gesamtzusammenhang, einem göttlichen Plan, einem Universum, das vollkommen jenseits unserer physikalisch messbaren Realität zu verorten ist, existiert nicht nur in Akademikerkreisen. Es gibt bei vielen

4 Wilhelm Schmid: Dem Leben Sinn geben, Suhrkamp 2013

Menschen ein angeborenes – womöglich auch ein genetisches – Bedürfnis, nach einem Sinnzusammenhang zu suchen. Gerald Hüther beschreibt in »Die Evolution der Liebe«[5], dass die Botschaft von Jesus und einer die Menschheit verbindenden Nächstenliebe nach wie vor unsere tiefsten Sehnsüchte anspricht. Der Wunsch nach Mitmenschlichkeit und die Orientierung an dazugehörigen Werten wie etwa Hilfsbereitschaft, Uneigennützigkeit, Loyalität oder Warmherzigkeit sind ungebrochen. Wir Menschen brauchen ganz offensichtlich Gefühle, um einen Lebenswert zu erkennen. Wenn man Gefühle nicht mehr spüren kann – wie es beispielsweise bei schwer Depressiven der Fall ist –, verliert das Leben seinen Wert und damit auch seinen Sinn.

Exkurs: Warum wir mehr Mitgefühl und Selbstreflexion brauchen

An dieser Stelle möchte ich offenlegen, was für mich persönlich den Sinn des Lebens ausmacht. Für mich sind Mitgefühl und Selbstreflexion die Werte, die uns Menschen auszeichnen (sollten). Mitfühlend zu handeln, mich selbst zu reflektieren und außerdem andere Menschen zu mehr Mitgefühl und Selbstreflexion anzuregen, stellt für mich einen wichtigen Teil meines persönlichen Lebenssinns dar. Von dieser altruistischen Haltung abgesehen denke ich außerdem, dass man sein Leben auch einfach genießen sollte. (Das löst aber leider nicht die Probleme in der Welt, sondern trägt erst einmal nur zu unserem persönlichen Wohlbefinden bei.) Ich denke, dass viele Probleme, die wir in der Welt haben, entstehen und fortbestehen, weil es Menschen an Selbstreflexion und Mitgefühl mangelt. Die ungeheure Wut und Aggression, die uns täglich umgibt und mit der einige Menschen andere Menschen verbal abwerten, kränken, demütigen, ihnen Gewalt antun, sie foltern, ermorden und Kriege

---

5 Gerald Hüther: Die Evolution der Liebe. Was Darwin bereits ahnte und die Darwinisten nicht wahrhaben wollen, Vandenhoeck & Ruprecht 1999

führen, lässt sich im Kern auf einen Mangel an Mitgefühl und Selbstreflexion zurückführen. Ich bin oft fassungslos über den Fremdenhass, den so viele Menschen offenkundig oder versteckt hegen. Ich finde es schlimm, wie Menschen aufgrund ihrer Religion, ihrer ethnischen Zugehörigkeit, ihres Geschlechts, ihrer Figur oder ihres Aussehens angefeindet oder gar getötet werden. Ich erschrecke mich immer wieder über die vielen Grobheiten und Anfeindungen, die tagtäglich stattfinden. Es ist auch unfassbar, welches Leid wir Tieren und der Umwelt zufügen. Ich bin überzeugt: Wenn wir es schaffen würden, mehr Mitgefühl zu empfinden und die wahren Ursachen unserer Aggressionen zu ergründen, dann wären wir viel friedlicher. Menschen, denen es schwerfällt mitzufühlen, haben zumeist selbst wenig Mitgefühl erfahren. Wenn Eltern wenig Empathie für ihre Kinder aufbringen, dann übernehmen ihre Kinder diese Haltung in gewisser Weise: Es fällt ihnen schwer, ihre eigenen Emotionen wahrzunehmen und damit umzugehen. Ein Mangel an Mitgefühl entsteht aus blockierten Gefühlen: Um nämlich mitfühlen zu können, benötige ich einen Zugang zu meinen eigenen Gefühlen. Ein Mangel an Mitgefühl kann auch aus Traumatisierungen entstehen. Viele Kinder weltweit werden traumatisiert und laufen als Erwachsene Gefahr, selbst zu Tätern zu werden. Wut entsteht aus Angst, Ohnmacht und gefühlter Minderwertigkeit. Mit Selbstreflexion kann man diese inneren Prozesse hingegen erkennen und auflösen. Deswegen ist die persönliche Selbstreflexion meiner Meinung nach eine politische Notwendigkeit. Je reflektierter ein Mensch ist, desto mehr ist er sich seiner Muster und auch seiner Werte (siehe dazu auch »Dem Leben Sinn geben«, S. 347, sowie das Schlusswort, S. 351) bewusst. Je stärker er diese Koordinaten berücksichtigt, desto weiser ist er. Und der weise Mensch handelt mit jenem Mitgefühl, das unsere Gesellschaft so dringend benötigt.

Wie aber können wir uns besser reflektieren und mehr Mitgefühl aufbringen? Hierfür müssten wir die Struktur der menschlichen Psyche besser verstehen, damit wir leichter erkennen können, was in uns vorgeht.

Unsere Psyche hat sich mit der menschlichen Evolution entwickelt, deswegen schwenke ich noch einmal zu ihr zurück. Nach dem aktuellen Stand der Naturwissenschaften legt die Evolution es darauf an, dass wir unsere Gene verbreiten. Ich möchte diese Sicht einmal tröstlicher formulieren: Die Evolution will, dass wir leben. Sie stimmt also für das Leben an sich, einfach so. Wenn das Leben an sich das übergeordnete Ziel ist, also der Sinn des Lebens aus evolutionärer Sicht, dann ist es nur logisch, dass unsere Psyche diesem Zweck dient. Und so wie unser Körper und alles Leben auf dieser Erde sich in Millionen von Jahren immer weiter angepasst haben, um dem übergeordneten Zweck des Überlebens zu dienen, so hat sich auch unsere Psyche nach diesem Plan der Natur ausgerichtet. Unsere psychische Grundstruktur hat eine klare, evolutionäre Architektur, die für alle Menschen über alle Kulturen gleichermaßen gültig ist. Genau wie der menschliche Körper über alle Kulturen denselben Bauplan aufweist. Individuelle Unterschiede sind lediglich kleine Variationen dieses Plans. Dies gilt auf körperlicher Ebene wie auch auf psychischer. Das Wissen darüber, wie unser Körper aufgebaut ist und funktioniert, ist weit verbreitet. Das Wissen über unsere psychologische Konstitution hingegen nicht. Das liegt in dem Umstand begründet, dass unsere Psyche, wenn sie auch im Gehirn verankert ist, immaterieller Natur ist, sich also wesentlich schlechter beschreiben und erfassen lässt als der Körper. Die Psyche ist nicht vermessbar, und man kann ihr auch nur bedingt beim Arbeiten zugucken. Man kann zwar Hirnareale sichtbar machen, in denen Neurone feuern, aber die subjektive, gedankliche und gefühlte Bedeutung dieser Gehirnprozesse kann man nicht messen. Sie kann nur durch den Inhaber des jeweiligen Gehirns verbalisiert werden. So kann man beispielsweise per Hirnscan sehen, dass bestimmte Gehirnareale feuern, wenn die Versuchsperson Tschaikowsky hört; was die Musik für sie aber persönlich bedeutet, könnte sie uns nur mit Worten erklären. Und so ist es auch höchst individuell, welchen Sinn ein Mensch braucht, um leben zu können.

In meiner Arbeit als Psychologin und Psychotherapeutin beschäftige ich mich ständig mit drei Konstanten: den genetischen Voraussetzungen, den Strukturen unserer Psyche und dem individuellen Suchen nach Sinn und Lebensglück.

Der Mensch will sich begreifen. Und er erkundet sich gerne. Er ist »ein Wesen der Möglichkeiten«. Diese Feststellung trifft der philosophische Seelsorger Wilhelm Schmid in seinem Buch »Dem Leben Sinn geben« – und sie entspricht mir sehr. Jeder von uns kann sich immer wieder erproben und neu erfinden, Versuche anstellen, Experimente wagen.

Wir Menschen überschreiten oft verschiedene Normen, Formen und Grenzen. Wir wollen die Möglichkeiten des Lebens entdecken, auch die Unmöglichkeiten. Wir wollen dabei herausfinden, wer wir sind. Und wie wir werden können, was wir sein wollen und können.

Letztendlich ist es so: Wer die Grundlagen der eigenen Psyche begreift, seine Prägungen und Verhaltensmuster erkennt, dem wird es leichter fallen, seinen persönlichen Sinn zu finden.

Glücksgefühle sind unsere Lebensdroge

Damit wir motiviert sind, zu leben und unsere Gene fortzupflanzen, benötigen wir einen Lebenswillen. Die Natur hat uns einen gewaltigen Überlebensinstinkt eingepflanzt und eine Heidenangst vor dem Tod. Aber die Angst vor dem Tod allein hält uns nicht am Leben. Sie existiert, weil wir leben wollen. Menschen, die des Lebens müde sind, haben weniger Probleme mit dem Tod. Es sind die schönen Gefühle, die uns am Leben erhalten, allen voran das Glück. Die schönen Gefühle geben uns einen Lebenswert. Wenn sie über einen langen Zeitraum ausbleiben oder wenn man, schlimmer noch, gar nichts mehr fühlt, dann hängt man nicht mehr am Leben. Schwer Depressive leiden unter einem völligen Mangel an Gefühlen. Totale Leere und damit einhergehend ein tiefes Gefühl der Sinnlosigkeit quartieren sich in den Betroffenen ein, die sich deswegen häufig den Tod herbeiwünschen und ihn leider auch manchmal herbeiführen.

Zentrales Element unseres psychischen Bauplans ist also, dass wir fühlen. Und zwar am liebsten gut! Wir streben nach Glück wie nach einer Droge. Glücksgefühle motivieren uns zu leben. Die Ersatzdroge für das Glück ist die Hoffnung. Wenn wir uns in einer unglücklichen Lebenssituation befinden, kann uns die Hoffnung auf Besserung am Leben erhalten. Die Hoffnung auf Besserung geht bei Depressiven übrigens auch gen null, ein weiterer Grund, warum diese Erkrankung so ungeheuer lebensmüde macht.

Aber auch die weniger angenehmen Gefühle erinnern uns ständig daran, dass das Leben kostbar ist. Die Angst ermahnt uns, unser Selbst vor körperlicher oder psychischer Verletzung zu bewahren. Die Trauer klärt uns darüber auf, dass wir etwas Wichtiges verloren haben. Der Ekel warnt uns vor Ansteckung und Vergiftung. Die Scham bewirkt, dass wir uns an gesellschaftliche Normen anpassen und somit ein Mitglied der Gemeinschaft bleiben, ohne die wir nicht überleben könnten. Schuldgefühle sind die Konsequenz, wenn wir uns selbst oder einem anderen Menschen einen Schaden zugefügt haben. Neid kann uns anspornen und Eifersucht motiviert uns, an wichtigen Beziehungen festzuhalten. Ohne unsere Gefühle hätten wir keinerlei Motivation, am Leben zu bleiben oder überhaupt irgendetwas zu tun. Deswegen sind Depressive ja nicht nur von innerer Leere und Sinnlosigkeit geplagt, sondern leiden auch unter einem massiven Antriebsmangel. In schweren Fällen können sie sich deswegen noch nicht einmal mehr zum Freitod aufraffen. Deswegen achten Ärztinnen und Ärzte sorgfältig darauf, dass die Antidepressiva in der ersten Behandlungsphase stärker die Stimmung aufhellen, als dass sie den Antrieb steigern. Andersherum könnte ihre Wirkung fatale Folgen haben.

Wenn wir also so gierig auf gute Gefühle sind, dann wäre es doch eigentlich am effizientesten, wenn wir uns ganz unmittelbar auf das Glücksgefühl als solches konzentrieren würden. Damit meine ich

Folgendes: Wir suchen unser Glück ja normalerweise in äußeren Dingen, wie einer glücklichen Liebesbeziehung, beruflichem Erfolg, der Anhäufung von Geld und den schönen Dingen, die man sich damit kaufen kann. Genauso ziehen uns äußere Widrigkeiten oft runter: schlechtes Wetter, Stau, Stress bei der Arbeit, ein muffliger Ehepartner. Ungute Gefühle stellen sich immer dann ein, wenn wir nicht das bekommen, was wir gerne hätten. Wenn es uns aber gelingen würde, unser Gehirn so zu beeinflussen, dass wir mit dem, was gerade ist – was auch immer es ist –, zufrieden wären, dann hätten wir keine Probleme mehr.

Der Psychologe und Buchautor Jens Corssen spricht in diesem Zusammenhang von »gehobener Gestimmtheit«. Er sagt richtigerweise, dass vieles im Leben eine Frage der persönlichen Entscheidung ist. Wenn ich mich also entschieden habe, Auto zu fahren, dann muss ich in Kauf nehmen, dass ich in einen Stau gerate. Anstatt mich also darüber zu ärgern, sollte ich mir sagen: Ich habe mich für das Auto entschieden. Also will ich Auto fahren. Ergo will ich auch im Stau stehen! Ebenso: Ich habe diesen Partner ausgewählt. Er ist ständig schlecht gelaunt. Ergo will ich diesen schlecht gelaunten Partner. Das Corssen-Prinzip ist so einfach wie genial. Es geht um die radikale Annahme der eigenen Lebensentscheidungen oder eben darum, eine neue Entscheidung zu treffen. Die Grundidee ist, dass man seine Emotion kontrolliert und weniger die äußeren Umstände, auf die wir häufig nicht viel Einfluss nehmen können, wie beispielsweise auf den Stau oder den muffligen Partner. Also Emotions-Coping anstatt Situations-Coping. *Coping* ist ein psychologischer Fachbegriff, der aus dem Englischen übernommen wurde, und meint, dass man mit etwas fertigwird, also klarkommt.

Kleiner Exkurs: Eine buddhistische Form des Erwartungsmanagements

Auch Buddhisten verfolgen das Ziel, die Wirklichkeit so anzunehmen, wie sie ist, und sich von Anhaftungen zu lösen. Unter »Anhaftung« wird ein sehnsüchtiges Verlangen, eine Bindung an glücksversprechende andere Menschen, Objekte und Zustände verstanden, wie beispielsweise materieller Besitz, Ruhm, Status und auch eine zu starke Bezogenheit auf andere Menschen. Je weniger ich anhafte, desto gelassener und gleichmütiger kann ich das Leben annehmen und in letzter Konsequenz auch den Tod, weil ich auch mein Selbst loslassen kann. Je weniger ich anhafte, desto weniger Erwartungen oder gar Gier können entstehen. Im Grunde genommen praktizieren erfolgreiche Buddhisten ein effizientes Erwartungsmanagement, das sie vor starken Gefühlsausschlägen in die eine oder andere Richtung beschützt und sie somit in den Zustand äußerster Gelassenheit versetzt.

Angenehme Gefühle entstehen, wenn im Außen das geschieht, was ich innerlich anstrebe. Glücksgefühle stellen sich ein, wenn ich mehr bekomme als erwartet. Unglücklich und sogar regelrecht krank kann es uns hingegen machen, wenn das, was im Außen passiert, stark von dem abweicht, was wir uns wünschen und erwarten. Dieser simple Erwartungsabgleich wird in der Psychologie als das *Konsistenzprinzip* bezeichnet.

Das Konsistenzprinzip

Wenn ich mich morgens auf eine Tasse Kaffee freue und dann feststelle, dass die Kaffeemaschine kaputt ist, dann stellt sich bei mir Verdruss ein. Wenn ich mir zum Geburtstag eine Halskette gewünscht habe und bekomme stattdessen ein Bügeleisen, dann bin ich enttäuscht. Wenn ich unerwartet ein sehr nettes Kompliment erhalte, dann freue ich mich. Klingt banal? Dennoch kann man aus diesen Beobachtungen etwas Wesentliches ableiten: Unser Gefühlsleben wird stark von unseren Erwartungen und Wünschen auf der einen Seite und der Wahrnehmung der Realität auf der anderen Seite bestimmt. Kurz gesagt fühlen wir uns mies, wenn etwas schlechter kommt, als wir es erwartet oder uns gewünscht hätten.

Dabei sind die nicht erhaltene Halskette oder die kaputte Kaffeemaschine noch Ereignisse, die wir psychisch ganz gut verwalten können. Eine Zurückweisung in Liebesdingen hat hingegen schon ein ganz anderes Schmerzpotenzial.

Wenn unsere inneren Erwartungen und Wünsche von der Realität abweichen, dann entsteht *Inkonsistenz.* Auf der Gefühlsebene erleben wir Inkonsistenz als eine Form der inneren Anspannung. Man kann das mit einem Gummiband vergleichen: Der Wunsch zieht in die eine Richtung, die Realität in die andere. Je stärker hierbei der Wunsch und je größer die Abweichung von der Realität, desto mehr Spannung entsteht.

Exkurs: Wie zeigt sich Inkonsistenz?

Laut der Konsistenztheorie von Klaus Grawe strebt jeder Mensch nach Konsistenz: nach einer Übereinstimmung und Vereinbarkeit zwischen den inneren Bedürfnissen (psychischen Prozessen) und dem Erleben in der Realität. Je höher die Konsistenz ist, desto gesünder und zufriedener ist der Mensch. Der gegenteilige Zustand wird als Inkonsistenz bezeichnet und ist für Menschen unangenehm.

Es gibt zwei Unterformen von Inkonsistenz:

- Von einer kognitiven Dissonanz spricht man, wenn mindestens zwei schwer oder sogar unvereinbare Ziele beziehungsweise Wünsche vorliegen. Das ist beispielsweise der Fall, wenn sich eine überzeugte Veganerin in einen Mann verliebt, der sehr gerne Fleisch isst. Es entsteht dann eine Dissonanz zwischen ihrer Einstellung zum Fleischkonsum und ihrer Beziehung zu dem Mann.
- Bei der Inkongruenz kann ein Mensch seine Ziele nicht erreichen oder hat das Gefühl, seine Ziele nicht erreichen zu können. Die Wahrneh-

mung der Realität stimmt dann nicht mit den Zielen überein. Das ist zum Beispiel der Fall, wenn wir unglücklich verliebt sind und unserem Bedürfnis nach Nähe nicht entsprochen wird.

Der Zustand der Inkonsistenz im psychischen Geschehen kann zu Veränderungen anregen und deshalb auch eine Quelle der Motivation sein. Andererseits kann der Umgang mit Inkonsistenz auch stark hemmend sein.

Unser Gehirn bewertet von morgens bis abends, ob wir das bekommen, was wir wollen. Permanent produziert es dabei Erwartungen, wie es weitergehen wird und wie die nächsten Schritte aussehen könnten. Die neuropsychologische Instanz, die dabei arbeitet und wirkt, wird als der sogenannte *Komparator* bezeichnet. Hören wir beispielsweise eine bekannte Melodie und plötzlich wird ein Ton falsch gespielt, dann erzeugt das Inkonsistenz, eine kleine innere Anspannung, ein »Aua«. Beim Autofahren, Einkaufen, bei der Arbeit oder bei einem Spaziergang: Permanent überprüft der Komparator die aktuelle Situation und entwirft den nächsten Handlungsschritt.

Wenn alles nach Plan läuft und der Komparator keine Abweichungen vom Plan anzeigt, sind wir entspannt. Zeigt der Komparator stärkere Abweichungen an, empfinden wir Stress. Das Ausmaß unseres Stressempfindens ist extrem eng verknüpft mit unserer subjektiven Einschätzung, ob wir die Situation bewältigen können. Je besser wir uns der Situation gewachsen fühlen, desto weniger Stress empfinden wir.

Läuft hingegen *immer* alles nach Plan, dann sind wir unterfordert, und es stellt sich Langeweile ein. Sprich: Wir benötigen auch gewisse Herausforderungen im Leben, um uns stimuliert zu fühlen. Damit wir von den Herausforderungen jedoch nicht überwältigt werden, müssen wir die Erwartung hegen, dass wir sie, wenn vielleicht auch mit Anstrengung, bewältigen können (darauf gehe ich im Abschnitt »Ich bin dem Leben gewachsen. Die internale Kontrollüberzeugung«, S. 59, noch ein).

Der berühmte Pawlow'sche Hund hat durchlitten, was es mit uns Lebewesen macht, wenn wir dauerhafter Inkonsistenz ausgesetzt sind. Der russische Mediziner Iwan Petrowitsch Pawlow hat Anfang des 20. Jahrhunderts zu konditionierten (also erlernten) Reflexen geforscht. Pawlow brachte seinem Hund bei, dass er sich auf Futter freuen durfte, wenn er ihm eine Lichtprojektion zeigte, die einen Kreis darstellte. Wenn er hingegen eine Ellipse sah, gab es nichts zu essen. Der Hund hatte das im Nu begriffen, und die Vorfreude war jedes Mal groß, wenn er einen Kreis sah. Der Hund hatte also gelernt, den Kreis mit dem Erhalt von Futter zu verbinden. Der Anblick des Kreises allein genügte dann schon, dass er vor Vorfreude sabberte. Solche Reiz-Reaktions-Verknüpfungen bezeichnet man als *Konditionierung*. Auch wir Menschen lernen durch Konditionierung. Den Prozessen in unserem Gehirn ist es hierbei egal, ob sie sich gute oder schlechte Konditionierungen zulegen. So können wir durch eine Reiz-Reaktion-Verbindung »lernen«, dass zu einer Tasse Kaffee (das wäre ein ähnlicher Stimulus wie beim Hund der Lichtkreis) eine Zigarette gehört. Oder dass es beim Besuch der Großeltern immer Kuchen gibt. Vielleicht auch, dass es nach einem langen Kuss zu Sex kommt.

Kommen wir noch mal zurück zum Pawlow'schen Hund, dessen Herrchen nämlich ein bisschen fies wurde: Der Forscher zeigte seinem Hund Kreise und Ellipsen, die einander immer ähnlicher wurden. Der Hund war verunsichert. Durfte er sich nun freuen oder nicht? Gab es Futter oder nicht? Der Hund wurde immer verzweifelter. Er erlitt maximale Inkonsistenz. Schließlich legte er sich in die Ecke und machte gar nichts mehr. Er hatte also die Hoffnung aufgegeben, dass er die Situation noch bewältigen konnte. Diesen Zustand nennt man Resignation. Auch bei uns Menschen stellt sich Resignation ein, wenn wir uns über einen längeren Zeitraum nicht richtig verhalten können – wenn alle unsere Anstrengungen ins Leere laufen. Depression und Burnout kann man in gewisser Weise als eine Form der Resignation bezeichnen.

Inkonsistenz und der damit einhergehende Stress sind die Grundlage für psychische Probleme und Störungsbilder. Inkonsistenz entsteht immer dann, wenn meine Wünsche im Konflikt zur Realität stehen oder im Konflikt zu anderen Werten und Wünschen, die ich mir selbst auferlege. Ein Beispiel dafür wäre, wenn ich einerseits ein guter Ehemann sein möchte und gleichzeitig fremdgehen will. Typische Konflikte, die Inkonsistenz und Stress in uns erzeugen können, sind:

- *Ich will etwas und bekomme es nicht.*
  (Beispiel: Ich hätte gern einen Partner und finde keinen.)
- *Ich bekomme etwas, das ich nicht will.*
  (Beispiel: Mein Nachbar beschimpft mich.)
- *Ich kann eine Situation nicht einschätzen.*
  (Beispiel: Ich kann mir keinen Reim auf das Verhalten meiner Vorgesetzten machen bzw. der Pawlow'sche Hund.)
- *Ich habe Wünsche, die sich nicht gut vereinbaren lassen.*
  (Beispiel: Ich möchte gesund leben und regelmäßig Alkohol trinken.)
- *Ich wünsche mir etwas und habe gleichzeitig Angst davor.*
  (Beispiel: Ich möchte gern eine Beziehung eingehen, habe aber große Angst, enttäuscht zu werden.)
- *Ich möchte ein Ziel erreichen und habe Angst, es nicht zu schaffen.*
  (Beispiel: Ich möchte meine Ausbildung abschließen und habe Angst, die Prüfung nicht zu bestehen.)

Es liegt auf der Hand, dass es individuell höchst verschieden ist, wer sich durch was gestresst fühlt. Dabei gibt es einen großen Unterschied zu physikalischen Stressoren wie Lärm, Kälte, übermäßige Hitze, Unfälle usw. Physikalische Stressoren gelten für jeden Menschen, auch wenn der eine etwas mehr und der andere etwas weniger empfindlich sein mag. Der Grund, warum physikalische Stressoren bei allen Menschen ein gewisses Maß an Stress auslösen, besteht darin, dass sie objektiv existieren. Was wir jedoch als psychischen Stress empfinden, ist sehr stark abhängig von der subjektiven Bedeutung, die wir einem Ereignis beimessen. Während physikalischer Stress durch messbare Veränderungen in der äußeren Welt (z. B. durch übermäßige Hitze) ausgelöst wird, so entsteht psychischer Stress innerhalb unseres Gehirns, also in unserer Gedankenwelt. Für nicht wenige ist es eine Horrorvorstellung, eine öffentliche Rede zu halten, für andere ein großer Spaß. Für den einen ist eine persönliche Kritik ein wichtiges Feedback, für den anderen eine Kränkung. Für den einen bedeutet der neue Job eine freudige Herausforderung, der andere quält sich mit Versagensängsten.

Die Frage ist nun, auf welche Art und Weise sich diese subjektiven Bedeutungen in unseren Gehirnen herausbilden. Welche psychischen und physiologischen Prozesse sind beteiligt, die unsere Gefühle, Gedanken, Motive und Handlungen individuell prägen und formen?

Die Wahrnehmung

Wenn wir so in die Welt gucken, so wie ich es jetzt gerade von meinem Schreibtisch aus tue, dann erscheint uns das, was wir sehen, ungeheuer real. Tatsächlich findet die Realität aber fast ausschließlich in unserem Kopf statt. Das fängt schon mit dem Farbsehen an. Die wahre Welt da draußen besteht nur aus elektromagnetischen Wellen in unterschiedlichen Intensitäten und Wellenlängen. Es gibt da draußen keine Farben. (Diesen Gedanken finde ich übrigens total gruselig, spiegelt er für mich doch eindrücklich die Kälte des Universums wider.) Die Farbillusion entsteht auf unserer Netzhaut. Andere Spektren an elektromagnetischer Strahlung, wie zum Beispiel Infrarot oder Röntgenstrahlen, können wir nicht sehen. Aber auch sie sind nachweislich vorhanden. Tiere hingegen können manche

Dinge viel besser wahrnehmen als wir, beispielsweise Ultraschall. Unsere menschliche Wahrnehmung von der Realität ist vermutlich so weit von der Realität entfernt, dass wir uns noch nicht einmal vorstellen können, wie die Realität tatsächlich aussehen könnte. Es scheint jedoch einen evolutionären Sinn zu haben, dass die menschliche Wahrnehmung begrenzt ist, weil hierdurch viele, für das Überleben irrelevante Informationen schon im Vorfeld ausgefiltert werden und somit gar nicht erst unser Gehirn beanspruchen. Um als Mensch klarzukommen, müssen wir also von vielem, was vor sich geht, gar nichts wissen.

Unsere begrenzte menschliche Wahrnehmung ist also schon einmal ein Grund, warum unsere Sicht auf die Realität eingeschränkt und verzerrt ist. Auf der Ebene der rein sinnlichen Wahrnehmung scheinen wir Menschen allerdings so ziemlich alle das Gleiche zu sehen. Wir sind uns einig, was rund und was eckig ist, wie ein Baum oder ein Tisch aussehen.

Kleiner Exkurs: Die Wahrheit und die Philosophie

In der Philosophie wird angezweifelt, inwiefern wir auch bei solchen simplen Dingen überhaupt in der Lage sind, »die Wahrheit« zu sehen. Ende des 18. Jahrhunderts kam der berühmte Philosoph Immanuel Kant zu der Erkenntnis, dass alles Wissen über die Welt aus einer trügerischen Sinneswahrnehmung der Menschen entsteht. Auf diese philosophische Ebene möchte ich mich jetzt aber nicht begeben.

Ich gehe im Folgenden davon aus, dass die gehirntechnische Informationsverarbeitung bei allen Menschen gleich ist, mal abgesehen von Abweichungen wie Farbenblindheit oder veränderten Wahrnehmungen, die sich bei manchen neurologischen Schädigungen einstellen können.

Entscheidend für die Individualität unserer Wahrnehmung ist die *subjektive Bedeutung*, die wir dem Gesehenen beimessen. Diese Bedeutung entscheidet nicht nur darüber, wie wir wahrnehmen, sondern auch darüber, *was* wir wahrnehmen. Unsere Wahrnehmung richtet sich nur geringfügig nach dem aus, was da draußen in der Welt los ist, sondern vielmehr nach unseren eigenen Wünschen, Bedürfnissen und Mangelzuständen. Unsere aktuelle Befindlichkeit hat also einen erheblichen Einfluss auf unsere Wahrnehmung. Wenn ich Hunger habe, fokussiere ich auf Essen. Wenn ich unter Langeweile leide, spiele ich mit dem Handy. Wenn ich traurig bin, ist die Welt »grau«. Bin ich verliebt, erscheinen mir meine Mitmenschen viel netter als sonst. Hege ich einen starken Kinderwunsch, fallen mir lauter Schwangere auf.

Ein zweites Kriterium, das unsere Aufmerksamkeit auf sich zieht, ist die *Auffälligkeit* einer Wahrnehmung. Wenn mir in der Trierer Fußgängerzone plötzlich ein Kamel entgegenkäme, würde ich das auf jeden Fall sehen, egal wie gedankenversunken oder bedürfnisgesteuert ich gerade bin. Dass wir Reize aufnehmen, die besonders auffällig sind, ist unserem Überlebenswunsch geschuldet, schließlich müssen wir merken, wenn plötzlich eine Bedrohung auftaucht.

Wenn aber nichts auffällig oder von subjektiver Bedeutung für uns ist, dann gelangt es nicht in unser Kurzzeitgedächtnis. Und was unser Kurzzeitgedächtnis nicht erreicht, ist nicht passiert. Unser Auge kann zwar Wahrnehmungsbilder registrieren, solange dieses Bild aber nicht an das Kurzzeitgedächtnis weitergereicht wird, existiert es in unserem Bewusstsein nicht. Das Kurzzeitgedächtnis wird auch als *Arbeitsgedächtnis* bezeichnet und ist quasi mit unserem *Bewusstsein* gleichzusetzen. Die Beurteilung, was wichtig und was unwichtig ist, was also bewusst wahrgenommen wird und was im »schwarzen Loch« verbleibt, erfolgt nicht über unsere Sinnesorgane, sondern über unser Gehirn. Man kann unsere bewusste Wahrnehmung mit einer Taschenlampe in der Dunkelheit vergleichen. Auf was sich dieser Aufmerksamkeitsstrahl richtet, hängt von unseren inneren Bedürfnissen und unseren früheren Erfahrungen ab. Alles, was wir sehen, landet nicht einfach im Gehirn, sondern wird durch unsere früheren Erfahrungen gefiltert. Wenn wir hingegen etwas sehen, das wir zuvor noch nie gesehen haben, dann können wir das Gesehene nicht einordnen, nicht in seiner Bedeutung erfassen. Denn jedes Bild der äußeren Realität, das auf unsere Netzhaut trifft, wird mit vergangenen Erfahrungen verglichen. Das geht natürlich so schnell, dass wir das gar nicht bemerken. *Ein Sinneseindruck aus der Außenwelt landet auf dem primären Hirnrindenfeld, das ist das Bild von draußen, die Realität. Dieses Bild wird jedoch mit Erinnerungen aus dem sekundären Hirnrindenfeld, das auch Assoziationsgebiet genannt wird, verglichen und vermischt. Erst hierdurch erlangt das Bild seine subjektive und persönliche Bedeutung.* Insofern ist das, was wir sehen, immer eine Mischung aus der Realität und unseren subjektiven Erfahrungen. Unsere Wahrnehmung wird also sehr stark von unserer Erinnerung bestimmt. Dieses Prinzip, also die Verknüpfung von Sinneseindruck und unserer persönlichen Erfahrung, gilt übrigens auch für andere Wahrnehmungsorgane, also auch die Ohren, die Nase, die Zunge und unsere Haut.

Wichtig ist, dass unsere Wahrnehmung *Empfindungen* in uns auslöst. Es ist unmöglich, eine Empfindung ohne subjektive Tönung und Bedeutung zu erleben. So löst der Geruch, den eine Tasse Kaffee verströmt, bei einem Kleinkind ganz andere Empfindungen aus als bei einem Erwachsenen, der sie dringend nach dem morgendlichen Aufstehen benötigt. Der Kaffeegeruch löst beim Erwachsenen ganz andere Assoziationen und somit auch andere Empfindungen aus.

Evolutionär ergibt diese enge Verknüpfung von Wahrnehmung und Erfahrung Sinn. Hierdurch können wir nämlich blitzschnell Gefahren einschätzen, etwa das kleine, süße Kuschelkätzchen von der giftigen Schlange unterscheiden. Durch die Verknüpfung von Wahrnehmung, Erfahrung und Empfindung findet *Lernen* statt. Wie ich weiter oben schon ausgeführt hatte, sind unsere Emotionen in diesem Zusammenhang überlebenswichtig – würde der Anblick der giftigen Schlange nämlich nicht sofort Angst in uns auslösen, dann hätten wir keine klare Vorstellung davon, wie wir uns richtig verhalten sollen. Die Angst treibt uns entweder zur Flucht an oder rät uns zum Angriff – je nachdem, wie die subjektiv bewerteten Chancen stehen.

Zusammenfassend nehmen wir also nur einen Bruchteil der uns umgebenden Realität wahr, und zwar im Wesentlichen das, was für uns von subjektiver Bedeutung ist. Wir reagieren auch weniger auf die Realität, sondern auf die Bedeutung, die wir ihr durch unsere subjektiven Lernerfahrungen beimessen. Streng genommen reagieren wir also auf unsere eigenen Gedanken und Interpretationen, die sich vor allem aus unseren persönlichen Erinnerungen ergeben.

Wir sind unsere Erinnerung

Wenn wir das Licht der Welt erblicken, ist unser Gehirn nur zu circa 25 Prozent ausgebildet. Diese 25 Prozent betreffen basale Überlebensfunktionen wie beispielsweise die Regulation von Hunger und Sättigung. Auch unser Gefühlsleben ist noch rudimentär entwickelt und kann im Wesentlichen nur zwischen Lust und Unlust unterscheiden. Die Funktionseinheit des Gehirns, die schon bei unserer Geburt ausgebildet ist, bezeichnet man als das *Stammhirn* oder *Reptiliengehirn*. Dieser Teil des Gehirns macht bei niederen Wirbeltieren fast das gesamte Gehirn aus. Das heißt, wir sind in dieser Phase unseres Lebens so funktionsfähig wie ein Reptil. Alle höheren Gehirnregionen, wie das limbische System, das für unsere emotionalen Interaktionen und unsere Erwartungen zuständig ist, sowie der präfrontale Kortex, in dem komplexe Denk- und Entscheidungsprozesse verarbeitet werden, entwickeln sich erst während der und durch die Interaktion mit anderen Menschen.

Hinsichtlich dieser »Hardware«, also der funktionalen Eigenschaften wie der Struktur des Nervensystems, stellt unser Gehirn bei unserer Geburt ein großes Spektrum an Möglichkeiten bereit. Wie sich unsere »Software«, also unsere Gedanken und Gefühle, jedoch letztlich formatiert und wie der Informationsfluss im Gehirn vonstattengeht, hängt entscheidend davon ab, welche Erfahrungen wir im Laufe unseres Heranwachsens sammeln. Ganz besonders rasant entwickelt sich unser Gehirn in den ersten sechs Lebensjahren, weswegen diese für unsere psychische Prägung auch so wichtig sind. Ganz fertiggestellt ist das Gehirn im Normalfall im zwanzigsten Lebensjahr. Allerdings ist es bis an unser Lebensende lernfähig. Wir können in höheren Lebensjahren sowohl noch neue Fähigkeiten erlernen als auch unsere psychische Software verändern. Allein, was wir in den ersten zwei Lebensjahren erfahren, kann im Erwachsenenalter nicht mehr gelöscht werden. Während der ersten zwei Lebensjahre bildet sich unser Urvertrauen oder auch Urmisstrauen in uns selbst und in die Welt aus. Diese Prägung ist irreversibel. Allerdings kann man als Erwachsener durch Selbstreflexion und die Aneignung neuer innerer Einstellungen und das Erlernen neuer Verhaltensweisen einen möglichen »Programmierschaden« ganz gut kompensieren.

Bevor man anfängt, seine frühen Kindheitserlebnisse bewusst zu reflektieren und somit einen gewissen Abstand zu ihnen zu erlangen, fungieren diese frühen Prägungen wie eine Brille, durch die man die Wirklichkeit wahrnimmt. In der neuropsychologischen Wissenschaft wird diese Brille auch als *mentale Landkarte* (englisch: Mindmap) bezeichnet. Unsere frühen Prägungen bestimmen unser Selbstbild und unser Selbstwertgefühl, und beide entscheiden maßgeblich darüber, wie wir andere Menschen wahrnehmen und was wir von ihnen erwarten. Und weil wir ohne andere Menschen und ohne die Gemeinschaft nicht überlebensfähig wären, ist die Art und Weise, wie wir unsere Beziehungen wahrnehmen und gestalten, die Grundlage unseres psychischen Lebens und Überlebens.

Wenn ein kleines Kind wiederholt die Erfahrung macht, dass seine Bedürfnisse nach Nähe und Geborgenheit von seinen Eltern nicht erfüllt werden, dann speichert sein Gehirn ab, dass es generell wenig Beachtung bekommt und sich auf Menschen nicht verlassen kann. Weil das Gehirn dieses Kindes jedoch viel zu wenig entwickelt ist, als dass es verstehen könnte, dass die Eltern überfordert sind und eventuell eine Bindungsstörung aufweisen, gibt sich das Kind an diesem Mangelzustand selbst die Schuld. Es meint und fühlt, es sei nicht liebenswert genug und habe Fürsorge nicht verdient. Das ist sozusagen der Spiegel, den ihm seine Eltern vorhalten, wenn das auch in den meisten Fällen nicht intendiert ist. Dieser Prozess wird in der Psychologie als das *gespiegelte Selbstwertempfinden* bezeichnet und ist eine Konditionierung, die uns ein Leben lang erhalten bleibt – hierauf werde ich noch öfter zu sprechen kommen. Durch das lieblose Verhalten seiner Eltern verinnerlicht das Kind ein Gefühl von Minderwertigkeit und eine gewisse Skepsis gegenüber anderen Menschen und deren Verlässlichkeit. So ist sein Gehirn nun synaptisch verknüpft, mit diesem Gehirn wird es groß und mit diesen Erinnerungen aus seiner Kindheit vergleicht der spätere Erwachsene alle weiteren Erfahrungen, die er mit anderen Menschen macht. Durch die Prägung seines Gehirns sammelt er jedoch keine objektiven Erfahrungen, sondern diese werden durch den ständigen Abgleich mit alten Erinnerungen subjektiv verzerrt. Das geht allen Menschen so, auch denen, die vorrangig schöne Erinnerungen abgespeichert haben. Sie haben dadurch viele positive Vorannahmen. Die Erfahrungen, die wir mit unseren Eltern machen, entscheiden also darüber, ob wir ein eher positives Selbst- und Menschenbild in uns tragen oder eher ein negatives.

Lernen und Erinnerung

Wenn wir uns bewusst machen, dass unsere Erfahrungen und Erinnerungen unsere Wahrnehmung beeinflussen, folgt daraus natürlich, dass wir auch alle neuen Informationen unter bestimmten – also unseren individuellen – Voraussetzungen aufnehmen. Lernen und Erinnern sind untrennbar miteinander verknüpft. Indem wir Informationen in unserem Gedächtnis abspeichern, lernen wir. Alles neu Erlernte prägt und verändert gegebenenfalls unsere zukünftigen Reaktionen. Ein alltägliches Beispiel: Wenn ich erfahre, dass der Mann meiner Arbeitskollegin schwer erkrankt ist, dann verhalte ich mich ihr gegenüber etwas aufmerksamer und rücksichtsvoller als ohne dieses Wissen.

Nun stellt sich jedoch die Frage, welche von den unzähligen Informationen, mit denen wir ständig konfrontiert werden, in unser Langzeitgedächtnis gelangt. Was hält unser Gehirn für speicherungswürdig? Da ist zunächst einmal das Kriterium der Wiederholung zu nennen. Je öfter wir eine bestimmte Information dargeboten bekommen, desto höher ist die Wahrscheinlichkeit, dass wir sie uns merken. Durch sture Wiederholung können wir auch emotional total uninteressante Dinge lernen, wie beispielsweise die Wiedergabe einer Telefonnummer. Sehr eingängige und einfache Informationen können jedoch auch ohne Wiederholung sofort in unserem Langzeitgedächtnis landen. Kürzlich bin ich zum Beispiel über das englische Wort für Zecke gestolpert, nämlich »tick«. Ich fand das so eingängig, dass ich es mir nach nur »einmaliger Darbietung« gemerkt habe (es wäre zu schön, wenn das bei allen Vokabeln so wäre).

Ein zweites Kriterium, welches Lernen enorm erleichtert, sind Emotionen. Erlebnisse, die entweder ganz besonders schön oder ganz besonders schrecklich sind, merken wir uns am besten. Deswegen geraten die normalen Tage, die wir erleben, schneller in Vergessenheit als die außergewöhnlichen. Extrem gut abgespeichert werden zum Beispiel Erlebnisse, die uns in Angst versetzen. Angst sorgt dafür, dass wir uns in Sicherheit bringen, im äußersten Fall unser Leben retten. Angst hat deswegen in unserem Gehirn die höchste Priorität, sie ist sozusagen die VIP unter den Emotionen. Starke Angst blockiert die Vernunft. Im Zweifelsfall laufe ich nämlich lieber sofort davon, als lange darüber nachzudenken, ob das raschelnde Ding, das sich da auf dem Waldboden bewegt, ein morscher Zweig oder eine gefährliche Schlange ist. Angst sorgt dafür, dass wir sofort handeln – flüchten, angreifen oder uns tot stellen. Auf jeden

Fall merken wir uns die Situation und den Ort, wo wir das Angsterlebnis hatten.

Das Gehirn von traumatisierten Menschen, die katastrophale Angsterlebnisse hatten, ist sogar in seiner Struktur verändert. Ihr Gehirn schlägt bereits bei Kleinigkeiten Alarm, auch wenn sie nur ganz entfernt mit der traumatischen Situation assoziiert sind. Eine Klientin von mir, die auf offener Straße einen Überfall überlebt hatte, litt in der Folge unter krassen Angstattacken, die durch laute Schritte ausgelöst wurden. Die lauten Schritte des Täters waren die Sinneserfahrung, die dem Überfall unmittelbar vorausging. Diese Schritte hatten sich als Gefahrensignal quasi in ihr Gehirn eingebrannt. Das Angstzentrum im Gehirn wird *Amygdala* (Mandelkern) genannt, sie ist ein wichtiger Bestandteil des limbischen Systems, dem Sitz unserer Gefühle. Man kann sich die Amygdala dieser Klientin wie einen rechtschaffenen Wächter vorstellen, der es einmal versäumt hatte, sie rechtzeitig vor der Gefahr des Überfalls zu schützen und nun, um diesen Fehler niemals zu wiederholen, bei jeder Kleinigkeit Alarm schlug. Einen ganz gravierenden und nachhaltigen Effekt auf unser Gehirn haben natürlich auch Kindheitstraumata. Hierauf werde ich in diesem Buch noch an anderen Stellen vertiefend eingehen.

Aber mal abgesehen von den traumatischen Erfahrungen, die uns das Leben leider bescheren kann, hat unser Gehirn grundsätzlich die schlechte Angewohnheit, sich auf die Probleme und Baustellen in unserem Leben zu konzentrieren und weniger auf die Dinge, die gut laufen. Leben wir beispielsweise in einer langjährigen, harmonischen Beziehung, so können wir uns wunderbar auf unsere Arbeit und andere Dinge konzentrieren, weil unser Gehirn die Beziehung sozusagen unter »läuft« abgehakt hat und sich nicht weiter mit ihr beschäftigt. Menschen, die hingegen in einer Achterbahn-Beziehung gefangen sind, leiden darunter, dass sie sich ganz schlecht auf andere Dinge konzentrieren können. Ich habe mit unzähligen Betroffenen gesprochen, die in eine Beziehung mit einem bindungsängstlichen Partner verstrickt sind. Bindungsängstliche verhalten sich in der Partnerschaft hochgradig ambivalent: Mal stellen sie ganz viel Nähe her, dann laufen sie wieder davon. Die Partner wissen überhaupt nicht, woran sie sind, und können sich keinen Reim auf das widersprüchliche Verhalten machen. Wie der arme Pawlow'sche Hund, den ich unter »Das Konsistenzprinzip« erwähnt hatte, erhalten sie extrem uneindeutige Signale und leiden unter hochgradiger Inkonsistenz. Ihre Gehirne drehen fast durch bei dem Bemühen, das Verhalten ihres Partners unter Kontrolle zu bekommen. Alle äußern sinngemäß das Folgende: »Ich kann an nichts anderes mehr denken. Gäbe es eine Pille zum Abschalten – ich würde sie sofort einnehmen!«

Es ist also kein Wunder, dass wir mit dieser Konfiguration unseres Gehirns schnell schlechter Stimmung sind und die von Jens Corssen beschriebene »gehobene Gestimmtheit« sich bestenfalls sporadisch einstellt. Würden wir unser Augenmerk hingegen mehr auf erfreuliche Dinge lenken und im Augenblick verweilen können, so hätten wir unsere Stimmung viel besser im Griff. Stattdessen kreisen unsere Gedanken oftmals um Situationen, die bereits in der Vergangenheit liegen, die also gar nicht mehr existieren, außer eben in unserer Erinnerung. Da hilft es, sich bewusst zu machen, dass es eigentlich nicht mehr die Situation an sich ist, die einen runterzieht, sondern nur unsere *Gedanken* an sie, also elektromagnetische Impulse im Gehirn. Das gleiche Prinzip gilt für unsere Zukunftsängste. Die meisten Szenarien, vor denen wir uns ängstigen, treten ohnehin nie ein.

Um diesem Negativ-Drall unseres Gehirns entgegenzuwirken, gibt es eine sehr einfache und wirksame Maßnahme, die heute auch oft empfohlen wird: Man beginnt, ein sogenanntes »Dankbarkeits-Tagebuch« zu führen. Man notiert sich jeden Abend, wofür man den Tag über dankbar sein durfte. Hierdurch ruft man sich vieles ins Gedächtnis, das im Alltag ansonsten als »selbstverständlich« untergeht. Dazu kann beispielsweise die warme Wohnung gehören, in der man lebt, die freundliche Kollegin, ein leckeres Mittagessen und so weiter. Der Effekt beim Dankbarkeitstagebuch liegt darin, dass man bereits nach wenigen Tagen des fleißigen Notierens viel aufmerksamer registriert, worüber man sich im Alltag freuen kann und hierdurch dem Gehirn ein Schnippchen schlägt.

Unser Selbstbild bestimmt, was wir wahrnehmen

Ob wir anderen gefallen und Bindung erhalten oder ob wir auf Ablehnung stoßen und im schlimmsten Fall von der Gemeinschaft ausgeschlossen werden, hängt davon ab, wie andere Menschen uns wahrnehmen. Dass wir positiv wahrgenommen werden, dass wir gut ankommen, ist essenziell für uns. Nicht wenige Menschen behaupten, dass es ihnen gleichgültig sei, was andere von ihnen denken. Zuerst einmal zeigt diese Aussage aber, dass die betreffenden Menschen sich große Mühe geben, nicht von der Anerkennung anderer abhängig zu sein – was irgendwie paradox ist: Denn dass man sich große Mühe gibt, beweist ja, dass die Anerkennung anderer eben doch wichtig ist.

Das Bedürfnis nach menschlicher Anerkennung hat nichts mit übertriebener Eitelkeit zu tun; wir werden mit diesem Bedürfnis geboren. Das liegt zum einen daran, dass wir Menschen ohne die Gemeinschaft nicht überlebensfähig sind. Ohne Beziehungen gäbe es keine Verteilung der Gene, ohne diese keine Verbreitung der Menschheit. Die Gene sind quasi die Währung der menschlichen Evolution, so wie Geld die Währung einer Firma ist. Hat die Firma kein Geld mehr, geht sie pleite und ihre Existenz löst sich auf. So verhält es sich auch mit den Genen und der Menschheit. Deswegen legt uns die Evolution so unheimlich viel Motivation in die Wiege, uns an andere Menschen zu binden. Gleichzeitig ist es so, dass sehr viele Menschen den oben angesprochenen »Sinn des Lebens« aus ihren Beziehungen zu anderen bekommen. Die größte Sinnlosigkeit erleben wir, wenn wir wichtige Beziehungen verlieren – wenn ein geliebter Mensch oder auch ein geliebtes Tier stirbt, wenn eine Liebesbeziehung oder eine Freundschaft zerbricht. Dass es bei unseren Beziehungen nicht nur um die Befriedigung der eigenen Bedürfnisse oder um Glücksgefühle geht, zeigt unser Umgang mit Streit oder Differenzen in unseren Verbindungen. Der Geliebte oder Freund macht einen nicht jeden Tag und jede Nacht glücklich, trotzdem trennt man sich nicht sofort – aus dem einfachen Grund, dass man einen tieferen Sinn in diesem Zusammenhalt sieht.

Damit wir aber solche Bindungen überhaupt knüpfen können, müssen wir gefallen. Wenn wir keinem anderen Menschen gefallen, bekommen wir keine Bindung. Also versuchen wir alle, anderen zu gefallen. Mit welchen Mitteln wir das angehen, hängt dabei von unserem kulturellen Umfeld und unserer Zielgruppe ab. Ein Gangsta Rapper findet andere Maßnahmen als eine Ordensschwester.

Unser Gehirn rechnet also ständig Chancen und Risiken aus, womit wir wohl auf Zustimmung oder auf Ablehnung stoßen. Wie diese Kalkulation ausfällt, hängt ganz wesentlich davon ab, wie wir uns selbst wahrnehmen, also von unserem Selbstbild. Finden wir uns im Großen und Ganzen okay, gehen wir davon aus, dass die meisten anderen Menschen uns mögen oder uns zumindest nicht ablehnen. Wir projizieren unser positives Selbstbild in die Köpfe der anderen: »Ich bin doch okay, so wie ich bin. Warum sollte jemand etwas gegen mich haben?« Diese innere Überzeugung ist kaum zu erschüttern. Wenn wir uns dagegen selbst nicht genügen, haben wir ständig das Gefühl, uns furchtbar anstrengen zu müssen, um akzeptiert zu werden. Gleichzeitig zweifeln wir an, dass unsere Bemühungen erfolgreich sind. Wir gehen dann davon aus, dass auch unser Gegenüber unsere vermeintlichen Mängel bemerkt. Unser Selbstbild entscheidet also darüber, wie wir die Chancen für unser soziales Überleben berechnen.

Ein Fallbeispiel: Maja (37 Jahre) wurde sehr streng erzogen. Ihre Eltern verfolgten die an sich gute Absicht, sie bestmöglich zu fördern. Sie haben dabei jedoch etwas zu viel des Guten getan. In ihrer Kindheit und Jugend hat Maja viel Drill erfahren, die Kernbotschaft ihrer Eltern lautete: Es geht immer noch besser! Was Majas kindliches Gehirn jedoch aus dieser Erziehung zog, ist ein tief verinnerlichtes Lebensgefühl, das sich zusammenfassen lässt mit: »Ich bin nicht gut genug!« Dieses Lebensgefühl ist auch als ein *Glaubenssatz* zu bezeichnen. Majas Gehirn wurde durch die zwar gut gemeinten, aber schlecht umgesetzten Absichten ihrer Eltern hinsichtlich ihres Selbstbildes und ihres Selbstwertgefühls negativ geprägt. Diese Prägung hat weitreichende Auswirkungen auf ihre Selbstwahrnehmung und somit auf die Art und Weise, wie sie andere Menschen wahrnimmt. In Majas Fall führt ihr negatives Selbstbild dazu, dass sie davon ausgeht, dass andere Menschen sie kritisch wahrnehmen. Unbewusst unterstellt sie also anderen, dass sie genauso über sie denken, wie sie selbst über sich denkt.

Jeder Mensch verinnerlicht durch seine persönliche Erziehung Glaubenssätze, die seinen Selbstwert und sein Selbstbild ausdrücken. Im Guten wie im Schlechten. Wären Majas Eltern einfühlsamer gewesen und hätten sie gefördert, ohne sie hierbei zu überfordern, dann hätte Maja ein anderes Selbstbild mit anderen Glaubenssätzen verinnerlicht. In diesem Fall hätte sie höchstwahrscheinlich ein positives Selbstbild verinnerlicht, das sich in Glaubenssätzen wie »Ich bin gut!« Und: »Ich kann viel erreichen!« ausdrücken würde. Dieser Vorgang – also wie wir verinnerlichen, was uns unsere Eltern über unseren Wert spiegeln – wird in der Psychologie als *Introjektion* bezeichnet. (Wie gesagt, dieser Prozess läuft auf Elternseite meistens unbewusst und somit unbeabsichtigt ab.) Der Begriff der Introjektion stammt ursprünglich aus der Psychoanalyse und bezieht sich auf die Verinnerlichung negativer Einstellungen zu sich selbst und der Welt. Ein Introjekt ist sozusagen wie ein »Fremdkörper«, der sich im Gehirn eingenistet hat und die psychischen Funktionen der Wahrnehmung, der Emotion, der Kognition und schließlich des Verhaltens störend beeinflusst. Diese Introjektionen, die ein

Kind durch negative Einflüsse und Spiegelungen seiner Eltern (und anderer Personen) in sich aufnimmt, bezeichne ich als »Schattenkind«. Im Prinzip sind natürlich auch die positiven Einstellungen zu uns selbst und der Welt Introjekte, auch wenn der Begriff sich in der Psychoanalyse nur auf negative Überzeugungen bezieht.

Kleiner Exkurs: Inneres Kind, Schattenkind und Sonnenkind

Die Prägungen unseres Gehirns, die in unserer Kindheit entstehen, werden in der Psychologie als das »innere Kind« bezeichnet. Das innere Kind ist eine Art Metapher für die psychischen Programme, die sich durch die Interaktion des Kindes mit seiner Umwelt herausbilden. Der Terminus »das innere Kind« (oder auch: das Kindheits-Ich) bezieht sich allerdings nicht nur auf die problematischen Introjektionen, die wie ein Fremdkörper in uns wirken, sondern auch auf psychisch gesunde Anteile, also ein positives Selbstbild und einen stabilen Selbstwert. Wir alle tragen sowohl problematische als auch gesunde und stärkende Prägungen in uns. Für Letztere verwende ich den Begriff des »Sonnenkindes«. Wobei das Sonnenkind in meinem Ansatz nicht nur für unsere psychisch gesunden Anteile steht, sondern auch für die Veränderungsmöglichkeiten, über die wir als Erwachsene verfügen. Das Sonnenkind beinhaltet somit auch die psychischen Selbstheilungskräfte, die wir in uns entfalten können.

Majas negatives Selbstbild, das sie unwissentlich und – von ihren Eltern unbeabsichtigt – übernommen hat, ist ihre Introjektion, ihr Schattenkind. Solange sie dies nicht reflektiert und für sich auflöst, wird sie sich mit diesem negativen Programm *identifizieren*, was bedeutet, dass sie von ihrer gefühlten Minderwertigkeit überzeugt ist und daran glaubt. Ihre Selbstwahrnehmung bestimmt, wie sie andere Menschen wahrnimmt. Weil sie sich als minderwertig empfindet, projiziert sie in andere Menschen häufig eine gewisse Überlegenheit. Die meisten anderen Menschen sind in ihrer Wahrnehmung, in ihren »Schattenkind-Augen«, potenzielle Angreifer und keine ihr wohlgesonnenen Mitmenschen.

Der Begriff der *Projektion* bedeutet, dass man Inhalte, die eigentlich zu einem selbst gehören, auf andere Menschen überträgt und diese hierdurch verzerrt wahrnimmt. Maja projiziert also durch ihre Schattenkind-Augen – deren subjektiven Blickwinkel nur sie hat – eine gewisse Überlegenheit und somit potenzielle Bedrohlichkeit auf andere Menschen.

Grundsätzlich läuft alles, was wir wahrnehmen, durch den subjektiven Filter unserer persönlichen Erinnerungen und unseres Selbstbildes. Reize, die wir aus der Außenwelt empfangen, werden immer subjektiv interpretiert. Die Interpretation der Wirklichkeit bestimmt unsere Gedanken, Gefühle und unser Verhalten. Und umgekehrt beeinflussen unsere Gedanken und Gefühle unsere Wahrnehmung der »Wirklichkeit«. Ich empfange also einen Reiz aus der Außenwelt – zum Beispiel zieht mein Gegenüber die Mundwinkel nach oben –, dann interpretiere ich diesen Reiz (blitzschnell und unbewusst) entweder als ein Lächeln oder als ein »blödes Grinsen«. Aus dieser Interpretation ergibt sich ein angenehmes Gefühl (Freude) oder ein unangenehmes (Ärger), das wiederum einen Verhaltensimpuls auslöst: Ich lächle beispielsweise zurück oder ich mustere mein Gegenüber mit genervtem Gesichtsausdruck. »Auf Reiz folgt Interpretation, folgt Emotion, folgt Verhalten« lautet die kurze Formel, welche die Art und Weise beschreibt, wie wir unseren Mitmenschen begegnen. Allerdings hängen unsere Interpretationen auch von unseren tagesaktuellen Emotionen ab. Habe ich sowieso schlechte Laune, bin ich eher geneigt, die hochgezogenen Mundwinkel als blödes Grinsen zu interpretieren. Habe ich gute Laune, sehe ich ein Lächeln. Habe ich ein Schattenkind introjiziert, das sich minderwertig fühlt, so wie Maja, dann bin ich grundsätzlich geneigt, meine Mitmenschen negativ verzerrt wahrzunehmen.

Kurz gefasst kann man sagen, dass die allermeisten Kommunikationsprobleme und somit Störfaktoren eines friedlichen sozialen Miteinanders durch den Zusammenhang zwischen Introjektion und Projektion erklärt werden können beziehungsweise durch die Wahrnehmungsverzerrungen, die durch unsere persönliche Interpretation äußerer Ereignisse (Reize) stattfinden. Das gilt sowohl für den Konflikt zwischen zwei Nachbarn als auch für jenen zwischen zwei Staaten. Permanent geschieht es, dass man aufgrund seiner eigenen, subjektiven Ängste andere Menschen, Menschengruppen und Staaten als potenzielle Aggressoren wahrnimmt. Sie werden damit aufgrund der eigenen verzerrten Wahrnehmung zu einer Art Erweiterung unseres Selbst. Deswegen ist es außerordentlich wichtig, diese Prozesse zu reflektieren und sie letztlich aufzulösen.

Zusammenfassung: Unsere psychische Grundstruktur

Ich möchte an dieser Stelle die wesentlichen psychischen Funktionsweisen, die ich bisher beschrieben habe, noch einmal zusammenfassen.

Die Evolution verfolgt den Zweck, dass wir unsere Gene verbreiten. Anders formuliert: Sie verfolgt den Zweck, dass wir leben. Diese rein evolutionsbiologische Sicht auf das menschliche Dasein ist allerdings zu kurz gegriffen für das, was wir unter dem »Sinn des Lebens« verstehen. Es gehört zur menschlichen Spezies dazu, dass der Mensch mehr möchte, als nur seine Gene weiterzugeben und mit anderen zu konkurrieren. Wir Menschen brauchen einen (subjektiven) Sinn. Wir brauchen Werte und eine Vorstellung davon, wozu wir unser Leben nutzen wollen. Sonst verlieren wir uns über kurz oder lang in Orientierungslosigkeit.

Der Aufbau unserer Psyche entspricht diesen Bedürfnissen. Alle Menschen verfügen über dieselbe psychische Grundstruktur, wenn es auch viele Varianten gibt, die unsere Individualität ausmachen. Um unsere Gene optimal zu verteilen, ist es unabdingbar, dass wir gern am Leben sind. Deswegen hat uns die Natur starke Gefühle mit auf den Weg gegeben, die uns zum Leben motivieren. Vor allem das

Erleben von Glück hat einen hohen Lebenswert, weswegen wir bemüht sind, Glücksgefühle zu erhalten und unglückliche Gefühle zu vermeiden. Aber auch belastende Gefühle wie Angst oder Trauer erinnern uns ständig daran, wie wertvoll das Leben ist, und motivieren uns, am Leben zu bleiben.

Ob wir uns gut und zufrieden oder belastet und gestresst fühlen, hängt ganz wesentlich von unseren Erwartungen und Wünschen ab. Wir streben nach Konsistenz, was bedeutet, dass wir möglichst im Einklang mit unseren Erwartungen und Wünschen leben möchten. Der sogenannte Komparator in unserem Gehirn gleicht ständig unsere Erwartungen und Wünsche mit dem ab, was wir erhalten. Erhalten wir das, was wir uns wünschen, stellt sich ein Zufriedenheits- oder sogar Glücksgefühl und somit Konsistenz ein. Inkonsistenz entsteht, wenn unsere Erwartungen und Wünsche nicht erfüllt werden oder wenn unsere Wünsche im Konflikt zu unseren Werten und Ängsten stehen (siehe Exkurs: Wie zeigt sich Inkonsistenz?, S. 27).

Unsere Wahrnehmung ist das Eingangstor zu unserem Bewusstsein. Wahrnehmungsreize der äußeren, physischen Welt werden (unbewusst) mit unseren Erinnerungen verglichen und vermischen sich zu einem Vorstellungsbild. Die Wahrnehmung ist niemals objektiv, sondern wird immer mit subjektiver Bedeutung angereichert. Entscheidend ist die subjektive Bedeutung, die wir einer Wahrnehmung (Erfahrung) geben. Diese löst Gefühle (Empfindungen) und somit Handlungsimpulse aus. Wahrnehmungen, die keinerlei Bedeutung für uns haben, landen nicht in unserem Arbeitsspeicher, sie erreichen also nicht unser Bewusstsein und haben somit für uns nicht stattgefunden.

Von großer Bedeutung sind unsere frühkindlichen Prägungen, die darüber bestimmen, wie wir uns selbst und andere Menschen wahrnehmen. Sie werden als mentale Programme in das Erwachsenenalter übernommen und steuern von dort unsere Wahrnehmung und somit auch unsere Gefühle, unser Denken und unser Verhalten. Das sogenannte Schattenkind in uns ist eine Introjektion negativer frühkindlicher Prägungen. Es neigt dazu, andere Menschen als überlegen oder gar feindselig wahrzunehmen. Dieser Vorgang wird als *Projektion* bezeichnet. Die psychischen Mechanismen der Introjektion und Projektion bewirken, dass unsere Wahrnehmung und unsere Interpretationen hochgradig subjektiv sind und streng genommen ein Ergebnis unseres Gehirns und weniger der äußeren Realität sind.

Die vier psychischen Grundbedürfnisse

Der Psychotherapieforscher Klaus Grawe hat in seiner großartigen Arbeit vier psychische Grundbedürfnisse identifiziert, die unser psychisches Erleben steuern.[6] Diese psychologischen Grundbedürfnisse stehen im Dienst der Evolution: Indem wir motiviert sind, sie zu erfüllen, sichern wir unser menschliches Überleben und somit die Verbreitung der Gene. Unsere psychologischen Grundbedürfnisse in Kombination mit unseren Emotionen sind sozusagen die Motivation für unser Leben. Von morgens bis abends, von der Wiege bis zur Bahre sind wir teils bewusst (aber meistens unbewusst) damit beschäftigt, unsere psychischen (und körperlichen) Grundbedürfnisse zu befriedigen.

Unsere körperlichen Grundbedürfnisse kennen die meisten. Wenige wissen aber, dass unsere psychischen Grundbedürfnisse den körperlichen Grundbedürfnissen gleichzusetzen sind. So haben wir das körperliche Grundbedürfnis nach Nahrungsaufnahme. Dieses ist für unser Überleben existenziell. Weniger existenziell ist hingegen, dass wir Schokolade essen (auch wenn sich das manchmal anders anfühlen mag …). Wie mit den körperlichen verhält es sich auch mit

6 Grawe bezieht sich hier auf die Arbeiten von Seymor Epstein zur »Cognitive-experiential self-theory«.

den psychischen Grundbedürfnissen; sie sind universell und betreffen jeden Menschen. Es gibt jedoch individuelle Schwankungen, mit welchen Mitteln wir unsere Grundbedürfnisse befriedigen.

Die vier psychischen Grundbedürfnisse sind:

1. Unser Bedürfnis nach Bindung und Zugehörigkeit,
2. unser Bedürfnis nach Autonomie und Kontrolle,
3. unser Bedürfnis nach Selbstwerterhöhung,
4. unser Bedürfnis, Lustgefühle zu bekommen und Unlustgefühle zu vermeiden.

Die vier Grundbedürfnisse greifen ineinander: Ist ein Grundbedürfnis befriedigt oder auch unbefriedigt, so sind häufig die weiteren drei ebenfalls tangiert. Wenn ich beispielsweise in einer Liebesangelegenheit eine Zurückweisung erfahre, dann wird nicht nur mein Grundbedürfnis nach Bindung frustriert, sondern auch jenes nach Autonomie und Kontrolle, weil ich keinen Einfluss auf das Verhalten meines Liebesobjektes habe. Die Abfuhr entzieht sich meiner Kontrolle und schwächt meinen Handlungsspielraum (Autonomie). Gleichzeitig wird aber auch mein Grundbedürfnis nach Selbstwerterhöhung frustriert, weil eine Zurückweisung den Selbstwert – zumindest vorübergehend – schmälert. Und natürlich ist auch mein Grundbedürfnis, Unlust zu vermeiden, betroffen – erzeugt doch eine Zurückweisung in Liebesdingen maximale Unzufriedenheit.

Ich möchte die vier psychischen Grundbedürfnisse noch einmal am Beispiel von Maja erläutern. Durch das wenig einfühlsame Verhalten ihrer Eltern wurden Majas psychische Grundbedürfnisse in ihrer Kindheit des Öfteren frustriert. Durch die häufige Kritik ihrer Eltern fühlte sie sich häufig abgelehnt (Bindungsbedürfnis). Zudem konnte sie wenig Einfluss nehmen auf das strenge Verhalten ihrer Eltern und es ihnen selten recht machen (Kontrollbedürfnis). Darüber hinaus hat sie die häufige Kritik ihrer Eltern oft traurig gemacht (Selbstwert und Unlust).

Wie ich bereits unter dem Abschnitt »Unser Selbstbild bestimmt, was wir wahrnehmen« erörtert habe, hat Maja, wie alle kleinen Kinder, die Verantwortung dafür übernommen, dass ihre Eltern sich ihr gegenüber so verhielten. Sie hat also nicht gedacht und gefühlt: Mama und Papa sind viel zu autoritär und wenig einfühlsam! Sondern sie hat gedacht: Ich genüge nicht! Diese frühkindliche Prägung, die ich als Schattenkind bezeichne, ist mit allen vier psychischen Grundbedürfnissen Majas, mit denen sie genetisch ausgestattet ist, eng verwoben.

Und das geht so: Majas Schattenkind ist in ständiger Sorge, dass es von anderen Menschen abgelehnt wird. Diese Sorge interagiert mit allen vier psychischen Grundbedürfnissen Majas. Sie lebt in der latenten Angst, dass durch eine etwaige Ablehnung ihrer Person ihr Bindungsbedürfnis, ihr Kontrollbedürfnis und ihr Selbstwertgefühl frustriert werden (Frust = Unlust, damit wäre auch das vierte Grundbedürfnis betroffen). Majas Grundangst vor Ablehnung motiviert sie enorm, das ganze Geschehen unter Kontrolle zu bringen. *Kontrolle ist nämlich die Antwort auf Angst und die Antwort auf jegliche Form der Inkonsistenz.* Kurzer Reminder: Inkonsistenz entsteht, wenn unsere Wünsche und Vorstellungen von der Realität abweichen. Wenn wir Inkonsistenz wie beispielsweise in Form von Ablehnung erleben oder auch nur sorgenvoll erwarten, dann setzen wir alles daran, die Kontrolle zu gewinnen – sowohl über den vermeintlichen Angreifer als auch über unsere Gefühle. Kontrollstreben ist die Mutter sämtlicher Selbstschutzmaßnahmen. Deswegen möchte ich auf das psychologische Grundbedürfnis nach Autonomie und Kontrolle im nächsten Abschnitt als Erstes eingehen.

Es geht immer um Kontrolle

Der Wunsch nach Kontrolle ist eng verbunden mit unseren Zielen und Bedürfnissen. Wir sind permanent damit beschäftigt, Ziele zu erreichen. Damit meine ich jetzt gar nicht die großen, übergeordneten Lebensziele, wie beispielsweise eine Familie zu gründen oder eine tolle Karriere zu machen, sondern die tausend kleinen Bedürfnisse, die uns von morgens bis abends antreiben – oder auch lähmen. Morgens klingelt der Wecker, und eigentlich würden wir so gern noch länger schlafen (Ziel), aber wir müssen rechtzeitig mit der Arbeit beginnen (Ziel). Beide Ziele stehen miteinander im Konflikt (Inkonsistenz). Um Unlust zu vermeiden, wägen wir ab, welches Verhalten die schlimmeren Konsequenzen nach sich zieht, und entscheiden uns für das Aufstehen. Und weiter geht's mit dem Ziel, sich frischzumachen, was wiederum das Ziel verfolgt, gepflegt auszusehen, damit wir von anderen Menschen angenommen oder wenigstens nicht abgelehnt werden (psychisches Grundbedürfnis nach Bindung). Dann treibt uns der Hunger: Wir wollen frühstücken, eigentlich etwas Leckeres, aber unser Diätplan schreibt uns vor, dass es morgens nur einen Tee gibt, womit der nächste Zielkonflikt entsteht (Inkonsistenz), nämlich zwischen Appetit (Lusterfüllung) und Diätvorschrift (Kontrolle über unser Aussehen und unsere Gesundheit). Und so geht es den ganzen Tag weiter: Ständig bilden wir Ziele, die sich vor allem aus unseren körperlichen Grundbedürfnissen (z. B. Hunger) und psychischen Grundbedürfnissen (z. B. Wunsch nach Zugehörigkeit) ergeben. Hinter vielen unserer Bedürfnisse steht der Wunsch nach Sicherheit. Er ist ein zentrales menschliches Grundbedürfnis. Sicherheit bekommen wir unter anderem dadurch, dass wir von anderen anerkannt und gemocht werden, dass wir dazugehören. Nicht umsonst gibt es in der Psychologie den Begriff der »sicheren Bindung«. Auch unsere körperliche Unversehrtheit ist ein zentraler Aspekt unseres Sicherheitserlebens.

Angenehm fühlt es sich an, wenn unsere Ziele in keinerlei Konflikt zu anderen Zielen oder zur Außenwelt stehen, denn dann fällt uns die Entscheidung ganz leicht. Unangenehmer wird es, wenn Zielkonflikte entstehen und ich mich nicht nur für etwas, sondern auch gegen etwas anderes entscheiden muss, indem ich zum Beispiel auf das Ausschlafen verzichte, um pünktlich mit der Arbeit zu beginnen.

Damit ich meine Ziele erreiche, also meine diversen kleineren und größeren Bedürfnisse befriedige, benötige ich Kontrolle über meine Emotionen, meine Gedanken, mein Verhalten und die äußere Umgebung. Ohne Kontrolle läuft gar nichts. Wenn ich morgens aufstehen möchte, benötige ich nicht nur Kontrolle über meinen Körper, sondern auch über meinen Willen. Bin ich entweder körperlich gelähmt oder ist mein Wille von einer Depression erschlagen, dann habe ich keine Kontrolle. Die Konsequenz ist: Ich kann mein Verhalten dann nicht oder nur eingeschränkt steuern.

Unser Grundbedürfnis nach Kontrolle beherrscht auch unsere weiteren psychologischen Grundbedürfnisse nach Bindung, nach Selbstwerterhöhung und Unlustvermeidung. So möchte ich Beziehungen (Bindungsbedürfnis) nicht einfach ausgeliefert sein. Ich möchte eine gewisse Kontrolle darüber haben, ob ich von einem anderen Menschen angenommen oder abgelehnt werde. Wenn ich abgelehnt werde, dann ist mein Selbstwert gekränkt, und damit stellen sich Gefühle von Unlust ein wie zum Beispiel Scham oder Trauer. Deswegen üben wir Kontrolle über unser Verhalten und unser persönliches Erscheinungsbild aus. Mit diesen Kontrollmöglichkeiten erhöhen wir die Wahrscheinlichkeit, dass andere Menschen uns mögen, damit wir uns gut fühlen.

Kleiner Exkurs: Kontrolle und Macht

Verfüge ich hingegen über Macht, also die gesteigerte Form der Kontrolle, dann kann ich die Kontrolle über mein Verhalten und mein Erscheinungsbild lockern. Eine Chefin oder ein Diktator können über so viel Macht verfügen, dass ihre Untergebenen ihnen folgen, egal wie schlecht sie sich benehmen. Verfüge ich jedoch über wenig Macht, dann muss ich durch angepasstes und sozial erwünschtes Verhalten dafür sorgen, dass sich andere Menschen in meinem Sinne verhalten. Das Gegenteil von Macht ist Ohnmacht. In totalitären Regimen und sehr dysfunktionalen Beziehungen kann die Ohnmacht des Einzelnen zur Unterwerfung führen. Die Unterwerfung ist die extreme Form der Anpassung.

Ich möchte jedoch durch die Kontrolle meines Verhaltens nicht nur erreichen, dass ich ein Teil der Gemeinschaft bleibe – und sei es auch nur innerhalb meiner Subkultur. Ich möchte auch dafür sorgen, dass mein direktes Gegenüber – sei es mein Partner, ein Freund oder eine Bekannte – auf meine Bedürfnisse eingeht. Wenn ich mit jemandem rede, möchte ich, dass er oder sie mir zuhört. Wenn ich mein Gegenüber um Hilfe bitte, dann hätte ich gern, dass es dieser Bitte entspricht. Wenn der andere sich ständig gegen meine Erwartungen verhält, dann stellen sich Hilflosigkeit und Ärger ein. Dann beende ich die Beziehung entweder oder – wenn ich vom anderen emotional oder wirtschaftlich abhängig bin – verändere meine Erwartungen. Wenn ich also keine äußere Kontrolle ausüben kann, dann schraube ich an der inneren Kontrolle, indem ich meine Erwartungen anpasse. Hierdurch übe ich indirekt Kontrolle über meine Gefühle aus: Je weniger ich erwarte, desto weniger Enttäuschung stellt sich ein. Somit gewinne ich zumindest einen Teil der Kontrolle über meine Emotionen zurück. Sprich, wenn ich gar nicht erst erwarte, dass mein Gesprächspartner einer Meinung mit mir ist, dann erzeugt dies weniger Inkonsistenz in mir, als wenn ich den dringenden Wunsch habe, ihn von meiner Meinung zu überzeugen. Die sogenannte *Enttäuschungsprophylaxe* dient dem Erwartungsmanagement. Wenn ich gar nicht damit rechne, dass ich meine Ziele erreiche, dann ist der subjektive Kontrollverlust im Falle meines Scheiterns kleiner, als wenn ich mir zuvor große Chancen ausgerechnet hätte.

Exkurs: Schuldübernahme in Beziehungen

Eine spezielle Form der Beziehungskontrolle wird auch ausgeübt, wenn einer der Beteiligten die Schuld auf sich nimmt, obwohl sie eigentlich nicht bei ihm oder ihr liegt. Wenn ich beispielsweise einen sehr schwierigen Partner habe, der oft meine Erwartung nach Nähe und Geborgenheit enttäuscht, indem er mich häufig alleinlässt und mich verbal abwertet, dann kann es mir ein Stück weit Kontrolle zurückgeben, wenn ich denke, ich hätte es nicht anders verdient. Nicht wenige Menschen, deren Schattenkind von Gefühlen der Wertlosigkeit geprägt ist, meinen, der andere würde sich liebevoller verhalten, wenn sie in irgendeiner Form besser wären. Hierdurch übernehmen die Betroffenen indirekt die Verantwortung für das Verhalten ihres lieblosen Partners. Damit üben sie gleich zwei Formen der Kontrolle aus: 1. Wenn der Fehler bei mir liegt, liegt es innerhalb meiner Kontrolle, ihn zu beseitigen und ein Happy End herbeizuführen. 2. Wenn ich selbst schuld bin, dann fühle ich mich den Taten des anderen nicht so ausgeliefert, weil ja eine gewisse Form der Gerechtigkeit herrscht, was besser zu ertragen ist als reine Willkür.

Kontrolle ist das Gegenteil von Hilflosigkeit, Kontrolle reduziert Angst. Deswegen benötigen wir sie wie die Luft zum Atmen. Eine schwere Depression kann auch als die Aufgabe jeglicher Kontrollbemühungen angesehen werden. Depressive haben das Gefühl, auf nichts mehr Einfluss nehmen zu können, vor allem nicht auf ihre persönliche Stimmung. Durch diesen extremen, subjektiv erlebten Kontrollverlust stellt sich auch das Gefühl maximaler Sinnlosigkeit ein. Wenn ich mir nämlich keinerlei Chancen ausrechne, irgendetwas zu bekommen, was ich gerne hätte, dann macht für mich auch nichts mehr einen Sinn.

Wenn Kontrolle das Problem ist

Wenn wir ein Problem haben, dann liegt diesem oft ein tatsächlicher oder eingebildeter Kontrollverlust zugrunde. Deswegen richten wir unsere Maßnahmen, das Problem zu bewältigen, immer darauf aus, es in den Griff, also unter Kontrolle zu bekommen. Interessanterweise entstehen manche Probleme aber erst durch unseren Wunsch, Kontrolle auszuüben. Das passiert, wenn ein anfänglich kleineres Problem durch den zwingenden Kontrolldrang des Betroffenen zu einem größeren und fortdauernden Problem wird. Angststörungen sind hierfür ein gutes Beispiel. Wer unter Panikattacken leidet, erlebt einen enormen Kontrollverlust. Um die Angst unter Kontrolle zu bekommen, vermeiden die Betroffenen die angstauslösende Situation. Durch die Vermeidung wird die Angst jedoch aufrechterhalten und verstärkt, weil das Gehirn nicht die Erfahrung macht, dass es die angstbesetzte Situation bewältigen kann.

Angst geht normalerweise mit unwillkürlichen körperlichen Symptomen wie Schwitzen, Zittern oder Erröten einher. Deswegen fürchten viele Menschen Vortragssituationen. Je mehr man sich nämlich bemüht, die unwillkürlichen körperlichen Reaktionen wie Händezittern oder Erröten unter Kontrolle zu bekommen, desto stärker treten sie auf. Unwillentliche Reaktionen kann man nicht durch Willenskraft in den Griff bekommen, und je mehr man dies versucht, desto stärker fokussiert man sich auf die Symptome und verstärkt sie hierdurch.

Zwangsstörungen sind auch ein sehr gutes Beispiel dafür, dass der Wunsch nach Kontrolle oft das Problem als solches darstellt. Eine Zwangsstörung kann sich in zwanghaften Gedanken oder Handlungen äußern. Bei den Zwangsgedanken werden die Betroffenen von Vorstellungen, Gedanken oder Impulsen heimgesucht, die sie zwar als unsinnig oder übertrieben erkennen, die sich ihnen aber trotzdem immer wieder aufdrängen. Diese Gedanken lösen unangenehme Gefühle wie Unbehagen, Ekel oder Angst aus. Ein typischer Zwangsgedanke ist beispielsweise der einer Mutter, die Angst hat, ihrem Baby etwas anzutun, die Bilder dazu aber nicht aus dem Kopf bekommt. Diese Zwangsgedanken lösen große Scham bei der Mutter aus. Sie sind jedoch nicht Anzeichen einer realen Gefahr.

Bei den Zwangshandlungen fühlen sich die Betroffenen gezwungen, bestimmte Verhaltensweisen zu wiederholen. Auch hier empfinden die Betroffenen ihre Handlungen oftmals als sinnlos oder unangemessen. Einige Menschen leiden zum Beispiel unter Kontroll- oder Waschzwängen, mit denen sie im ersteren Fall sicherstellen wollen, dass sie nichts übersehen oder vergessen haben, und im letzteren Fall, dass sie möglichst keimfrei durchs Leben kommen. Oft schämen sich die Zwangserkrankten für ihre »Marotten« und versuchen, sie zu verheimlichen. Das führt zu Kontrollversuchen auf einer weiteren Ebene: Die Betroffenen wollen kontrollieren, dass niemand etwas von ihrem Kontrollzwang mitbekommt. Es ist leicht vorstellbar, dass dies Auswirkungen auf ihre Beziehungen hat.

Der Versuch, Kontrolle über den anderen zu gewinnen oder sich dessen Kontrollbemühungen zu entziehen, ist generell ein Nährboden für Beziehungsprobleme. Das trifft auch auf Schwierigkeiten zu, bei denen der Kontrollaspekt nicht offensichtlich ist.

Häufig wenden sich Menschen an mich, die sehr unglücklich sind, weil sie sich mehr Nähe und Verbundenheit zu einem Partner wünschen, die dieser ihnen jedoch nicht oder nur sporadisch gibt. Die Betroffenen fühlen sich traurig bis hin zur Verzweiflung, sie sind hilflos und sehr verlustängstlich. Sie erleben eine starke Inkonsistenz zwischen ihrem Nähebedürfnis und der äußeren Realität. Folglich sind sie bemüht, die äußere Realität zu verändern: Sie versuchen also, ihre widerspenstige Zielperson enger an sich zu binden. Diesem Lösungsansatz liegt jedoch die Annahme zugrunde – den allermeisten Menschen ist das nicht bewusst –, dass das Problem auf ihrer Seite liegt. Nur wenn ich die Verantwortung dafür übernehme, dass ein anderer Mensch sich mir gegenüber schwierig und wenig berechenbar verhält, kann ich die Überzeugung oder auch die Illusion pflegen, dass es in meiner Macht liegt, an seinem Verhalten etwas zu verändern. Ich möchte diesen Gedanken an einem extremen Beispiel verdeutlichen: Wenn mein Gegenüber keine Arme hat, erwarte ich nicht, dass es mich umarmt. Schon gar nicht komme ich auf die Idee, dass es meine Schuld wäre, wenn er mich nicht umarmt. Folglich werde ich auch keine Versuche unternehmen, Kontrolle über die Situation zu gewinnen.

Wenn mein Gegenüber jedoch augenscheinlich kein Handicap aufweist und mich trotzdem (dauerhaft) nicht umarmen will – um in diesem Bild zu bleiben –, dann kommen die allermeisten Menschen zu dem Ergebnis, dass sie selbst die Schuld an der Verweigerungshaltung tragen, weil sie in irgendeiner Form nicht genügen.

Diese Übernahme von Verantwortung ist vielen Liebesleidenden jedoch nicht bewusst. Einige vermuten möglicherweise, dass ihre Zielperson unter Bindungsangst leidet oder narzisstische Züge aufweist und deren mangelndes Commitment also letztlich nicht auf sie selbst zurückzuführen ist. Wenn ich in einem Therapiegespräch diese Erklärung jedoch hinterfrage, dann stellt sich schnell heraus, dass meine Klientinnen und Klienten dennoch an sich selbst zweifeln: Wären sie schöner, klüger, besser, dann würde sich ihre Sehnsuchtsperson zu ihnen bekennen. Diese Selbstwertzweifel sind der Nährboden ihrer Schmerzen und ihrer Kontrollillusion.

Wenn die Betroffenen, so wie Maja im Abschnitt »Unser Selbstbild bestimmt, was wir wahrnehmen« (S. 41), schon ein angegriffenes Selbstwertgefühl aus ihrer Kindheit in sich tragen, dann streut die Zurückweisung zusätzlich Salz in die offene Wunde. Aber auch Menschen mit einem stabilen Selbstwertgefühl sind gefährdet, sich selbst die Schuld für die Misere zu geben. Hier schlägt die Konditionierung des »gespiegelten Selbstwertempfindens« zu, die ich bereits im Abschnitt »Wir sind unsere Erinnerung« (S. 35) erwähnt habe. Wir sind von Kindheit an darauf trainiert, unseren Selbstwert im Spiegel unserer Eltern und später im Spiegel unserer Mitmenschen zu empfinden. Wenn es uns also passiert, dass unsere Liebe unerwidert bleibt beziehungsweise nur sporadisch erwidert wird, dann nehmen wir dies (richtigerweise) als Ablehnung wahr und ziehen daraus (fälschlicherweise) den Schluss, dass der Fehler bei uns läge.

Diese Selbstwertkränkung setzt bei vielen Menschen ungeheure Energien frei, ihre Zielperson doch noch von ihrem Wert zu überzeugen. Sie kämpfen auch um deren Liebe und Anerkennung, um ihren Selbstwert zu retten. Sie wollen also die Kontrolle über ihr psychologisches Grundbedürfnis nach Selbstwerterhöhung erlangen. Aber auch ihr psychologisches Bedürfnis nach Bindung ist in dieser Situation extrem bedroht. Sie haben keine Kontrolle über ihr Zielobjekt, was abgrundtiefe Verlustangst auslösen kann. Das Gehirn setzt alle Hebel in Bewegung, um den drohenden Bindungsverlust abzuwenden. Bei diesem Prozess spielt das Hormon Dopamin eine entscheidende und heimtückische Rolle.

Exkurs: Welche Rolle spielen Hormone?

Hormone sind die neuronalen Botenstoffe für unsere Gefühle. Ohne Hormone können wir nichts fühlen. Wenn wir uns beispielsweise gestresst fühlen, werden die Hormone Adrenalin, Noradrenalin und Cortisol freigesetzt. Dopamin hingegen ist bekannt als das Glückshormon, es wird ausgeschüttet, wenn uns unerwartet Gutes widerfährt. Weniger bekannt dürfte sein, dass Dopamin auch das Hormon des »Haben-Wollens« ist. Alles, was innerhalb der Reichweite unserer Arme ist, wird als der »peripersonale Raum« bezeichnet; dieser umfasst unsere unmittelbare Realität. Dinge, die außerhalb der Reichweite unserer Arme liegen, befinden sich im »extrapersonalen Raum«, sei es in der Distanz von einem Meter oder von tausend Kilometern. Im extrapersonalen Raum befindet sich die Welt der Möglichkeiten. Dopamin hat die Aufgabe, uns nach dem Unbekannten und Neuen streben zu lassen. Das Unbekannte muss idealisiert werden, damit es für uns verlockend ist. Dopamin befeuert unsere Erwartung, die Verheißung auf das Glück, die Leidenschaft. Ein Wunschpartner, der sich nicht richtig auf uns einlässt, setzt somit Unmengen an Dopamin im Gehirn frei – er befindet sich im »extrapersonalen Raum«. Das Gleiche gilt natürlich für die Anfangsphase einer frischen Liebe. Die Anfangszeit einer Beziehung ist auf beiden Seiten durch Unsicherheit gekennzeichnet. Der Wunsch ist groß, das Liebesobjekt vom extrapersonalen Raum im peripersonalen Raum zu sichern. Wenn die Partner einander irgendwann sicher sind und die Beziehung »committed« ist, dann lässt das Dopamin stark nach, das Verlangen sinkt, der Rausch versiegt. Im günstigen Fall werden dann Oxytocin und Vasopressin ausgeschüttet, das sind die Hormone des »Hier und Jetzt« im peripersonalen Raum. Diese Hormone bestimmen das kuschlige, ruhige, aber weniger aufregende Gefühl der Liebe. Dieses Gefühl stellt sich jedoch bei Menschen, die sich in ihrer Beziehung oder Möchtegern-Beziehung nie sicher fühlen, nicht ein. Ihre Gehirne sind sozusagen dopaminverseucht. Sie können sich verzehren und an ihrer Begierde schier verzweifeln. Dieser Zustand kann unheimlich lange anhalten und wird deswegen häufig mit dem Gefühl der »großen Liebe« verwechselt.

Wenn ein Mensch also nicht müde wird, einem Partner hinterherzujagen, der sich nicht auf ihn einlässt, dann ist das eigentliche Problem nicht, dass er diesen Partner nicht bekommt, sondern, dass er ihn unbedingt bekommen *will*. Die eigentliche Ursache des Leidens verbirgt sich hinter dem Versuch, die Kontrolle über das lädierte Selbstwertgefühl wiederzuerlangen, die Bindung zu sichern und die Verlustangst abzustellen. Die Droge für den Kontrolltrieb ist das Dopamin, das heimtückischerweise auch noch dafür sorgt, dass das nicht erreichbare Liebesobjekt sehr idealisiert wahrgenommen wird.

Wenn die Betroffenen sich jedoch einmal in Ruhe zurücklehnen und bei einer Tasse Tee darüber nachdenken, ob dieser Mensch es wirklich wert ist, ihn mit allen Mitteln unter Kontrolle zu bekommen, dann wird vielen klar, dass es ihnen nicht wirklich um den anderen geht, sondern um die Beseitigung ihres Kontrollverlusts.

Ich bin dem Leben gewachsen. Die internale Kontrollüberzeugung

Am Anfang unseres Lebens ist unser Kontrollbedürfnis sehr eng verbunden mit unserem Bedürfnis nach Bindung. Wenn wir geboren werden, sind wir vollkommen abhängig von einer Bindungsperson, die sich unserer annimmt. Machen wir als Säugling und später als Kleinkind wiederholt die Erfahrung, dass man sich gut um uns kümmert, erleben wir, dass wir einen gewissen Einfluss auf unsere Umgebung nehmen können. Deswegen ist es wichtig, dass man sich dem Säugling zuwendet, wenn er schreit. Denn nur durch Schreien kann er in der ersten Zeit seines Lebens darauf aufmerksam machen, dass ihm etwas fehlt. In der weiteren Entwicklung des Kindes ist es wichtig, dass es immer wieder erfährt, dass seine Wünsche und Bedürfnisse ernst genommen werden und es einen eigenen Willen haben darf. Auch hierdurch lernt es, dass Beziehungen etwas sind, das man nicht nur über sich ergehen lassen muss, sondern aktiv mitgestalten kann.

Diese Erfahrungen von »Ich kann mitgestalten, ich kann mich selbst behaupten und ich kann mich wehren« speichern sich tief im Gehirn und Gefühl des Kindes ab. Der spätere Erwachsene hat dann im Großen und Ganzen das Gefühl, dem Leben und seinen Widrigkeiten gewachsen zu sein. Psychologen sprechen in diesem Zusammenhang von der *internalen Kontrollüberzeugung.* Diese bezeichnet die Überzeugung, etwas bewirken zu können. Je nachdem, welche Erfahrung ein Kind macht, kann es eine hohe oder niedrige internale Kontrollüberzeugung entwickeln. Eine hohe internale Kontrollüberzeugung geht mit einem stabilen Selbstwertgefühl einher. Wenn ein Kind nämlich wiederholt die Erfahrung macht, dass seine Eltern sich gut um seine Bindungsbedürfnisse kümmern und hierdurch auch sein Bedürfnis nach Kontrolle befriedigen, dann erlebt es sich durch den Spiegel seiner Eltern als wertvoll. Wurden die kindlichen Bedürfnisse nach Bindung und Kontrolle hingegen häufig frustriert, dann entwickelt das Kind eine niedrige internale Kontrollüberzeugung, die einen weitreichenden Einfluss auf seine spätere Lebensgestaltung hat.

Menschen üben jedoch nicht allein Kontrolle aus, um bestimmte Ziele zu erreichen, sondern auch, um sich vor Verletzungen (der vier Grundbedürfnisse) zu schützen. So kann ich den starken Wunsch hegen, beruflich in eine verantwortliche Position zu kommen, aber gleichzeitig Angst haben, in dieser zu scheitern. Die Frage ist dann: Nehme ich die Angst in Kauf und setze mich aktiv dafür ein, diese Position zu erreichen? Oder ist es mir wichtiger, mich vor einem etwaigen Scheitern zu bewahren?

In der Psychologie spricht man in diesem Zusammenhang von *Annäherungs-* und *Vermeidungszielen.* Bei der Annäherung habe ich ein klares Ziel vor Augen und weiß, wo es hingehen soll. Bei der Vermeidung bewege ich mich von etwas weg. Den Selbstwert vor einer Kränkung zu schützen, ist ein typisches Vermeidungsziel. Jeder Mensch arbeitet ständig an größeren und kleineren Annäherungs- und Vermeidungszielen. Menschen, die jedoch über ein geringes Selbstwertgefühl und damit einhergehend über eine niedrige internale Kontrollüberzeugung verfügen, neigen dazu, ihr Leben eher nach Vermeidungszielen auszurichten. Ihr größtes und häufig unbewusstes Anliegen ist es, nicht verletzt zu werden. Zum einen rechnen sie sich geringe Chancen aus, ihre Ziele zu erreichen, und zum anderen beherrscht sie die untergründige Angst, ein Scheitern oder eine Zurückweisung nicht verkraften zu können. Sie vollziehen ihr Leben in der Defensive, ihr Selbstschutz ist häufig ihr stärkstes Handlungsmotiv.

Maja, die uns im Abschnitt »Unser Selbstbild bestimmt, was wir wahrnehmen« das erste Mal begegnet ist, richtet ihr Leben eher nach Vermeidungs- als nach Annäherungszielen aus. Aufgrund ihrer Minderwertigkeitsgefühle rechnet sie häufig mit Ablehnung und persönlichem Versagen. Sie möchte anderen Menschen nur ihre starken Seiten zeigen und versperrt deswegen einen Teil ihrer Identität. Auch mit nahestehenden Personen wie guten Freundinnen redet sie nicht über ihre Selbstzweifel und Versagensängste. Festen Liebesbeziehungen weicht sie aus. Sobald ein Mann näheres Interesse zeigt, das über eine unverbindliche Affäre hinausgeht, zieht sie sich von ihm zurück. Sie ist überzeugt, dass man sie so, wie sie *wirklich* ist, nicht lieben kann, und dass jeder Mann, wenn er sie näher kennenlernt, sie früher oder später verlassen wird. Auch in ihrem Beruf als Webdesignerin fühlt sie sich am wohlsten, wenn sie möglichst wenig Aufmerksamkeit auf sich zieht. Es käme ihr nicht in den Sinn, eine Führungsposition anzustreben. Ihr ganzer Daseinsvollzug ist darauf ausgerichtet, sich vor persönlichen Verletzungen zu schützen.

Das Schwierige an Vermeidungszielen ist, dass man sie – anders als Annäherungsziele – nur schwerlich erfüllen kann. Bei einem Annäherungsziel ist das Kriterium, wann man es erreicht hat, meistens recht klar definiert. So möchte ich zum Beispiel mit Person XY eine feste Beziehung beginnen oder ich möchte die nächste Beförderung erhalten. In beiden Fällen weiß ich, wann ich mein Ziel erreicht habe. Vermeidungsziele hingegen verlangen eine ständige Wachsamkeit – ich komme nicht am Ziel an, weil das Ziel negativ definiert ist. Ist die eine potenzielle Verletzung abgewendet, taucht schon direkt die nächste Gefahrensituation auf. Das Ziel, nicht verletzt zu werden, kann nicht erreicht werden, denn solange ich am Leben bin, bin ich verletzbar.

Vermeidungsziele sind also schlechter kontrollierbar als Annäherungsziele. Und wie wir bereits gelernt haben, löst ein Mangel an Kontrolle Stress aus. Dies ist einer der Gründe, warum Menschen wie Maja, die ein hohes Vermeidungsmotiv aufweisen, unter ständiger Anspannung stehen.

Menschen wie Maja unterscheiden sich von Menschen, die vorwiegend Annäherungsziele aufweisen, vor allem durch ihre persönliche Erwartung, ob sie in der Lage sind, ihre Ziele zu erreichen. Diese Erwartung wird durch das Ausmaß der internalen Kontrollüberzeugung bestimmt, das ein Mensch aufgrund seiner früheren Erfahrungen entwickelt hat. Dies zeigt, wie hochgradig subjektiv unsere Gehirne geprägt sind. Dieselbe Maja hätte, wenn ihre Eltern etwas einfühlsamer gewesen wären, eine höhere internale Kontrollüberzeugung entwickelt und würde sich dementsprechend viel mehr zutrauen. Es sind also mitnichten ihre objektiven Fähigkeiten oder ihre persönliche Attraktivität, die über ihren Lebens- und Liebeserfolg bestimmen, sondern allein die subjektive Einschätzung ihrer Erfolgsaussichten. Ich erinnere daran, dass Maja durch die sehr leistungsbetonte Erziehung ihrer Eltern ein Schattenkind introjiziert hat, das überzeugt ist, den elterlichen Anforderungen nicht zu genügen. In dieser verzerrten Wirklichkeitswahrnehmung ist sie verhaftet und projiziert hierdurch in viele Menschen ein hohes Gefährdungspotenzial hinein. Andere, seien es Freundinnen, Vorgesetzte, Arbeitskollegen oder potenzielle Partner, haben in ihren Schattenkind-Augen die Macht (so wie früher ihre Eltern), sie durch Kritik und Zurückweisung zu verletzen.

Wollte Maja sich aus ihrer Schattenkind-Matrix befreien, so müsste sie im ersten Schritt verstehen, dass es sich um eine willkürliche Prägung ihres Gehirns handelt, die allenfalls etwas über das partielle Erziehungsversagen ihrer Eltern etwas aussagt, aber nichts über ihre Fähigkeiten, geschweige denn über ihren menschlichen Wert. Und im zweiten Schritt müsste sie neue Lernerfahrungen machen, indem sie sich Annäherungsziele setzt. Hierdurch könnte sie die Erfahrung machen, dass sie über viel mehr Kontrolle verfügt, als sie bisher angenommen hat. Kontrolle bedeutet in diesem Kontext nicht allein, dass sie viele Erfolgserlebnisse haben wird, sondern auch, dass sie mit einem Misserfolg umgehen kann.

Im Abschnitt »Die psychischen Abwehrmechanismen« (S. 150) gehe ich darauf ein, was beim Umgang mit Misserfolgen konkret helfen kann.

Bindung: Die Basis des Lebens

Auch wenn unser Bedürfnis nach Kontrolle unser Denken, Handeln und Fühlen stark beherrscht, so ist doch unser Bindungsbedürfnis die Basis unseres Lebens. Mit der Bindung fängt alles an: Im Mutterleib sind wir total gebunden. Mit der Geburt werden wir zwar entbunden, sind aber vollkommen schutzlos und abhängig von der Fürsorge anderer. Wir verfügen über keinerlei Kontrollmechanismen außer der Fähigkeit, schreien zu können, um auf uns aufmerksam zu machen. Unser Überleben hängt davon ab, ob wir da draußen in der Welt eine Bindungsperson finden, die sich um uns kümmert. Die ersten Jahre unseres Lebens sind von dieser Abhängigkeit geprägt.

Unsere ersten Lebenserfahrungen entscheiden darüber, ob wir Abhängigkeit mit Geborgenheit und Vertrauen assoziieren oder mit Verlassenheit und Misstrauen.

Exkurs: Konditionierung im Säuglingsalter

In den ersten Lebensjahren kommt die Erlösung fast immer von außen, weil der Säugling oder später das Kleinkind sich nicht selbst helfen kann. Deswegen sind unsere Gehirne auch später so stark darauf konditioniert, dass die Lösung für unsere Probleme im Außen zu finden ist. Wenn die Eltern nicht gut auf die Bedürfnisse ihres Kindes reagieren, dann lernt das Kind zudem, dass auch die Ursache für seine Probleme im Außen, also bei seinen Eltern zu verorten sind. Die Eltern beziehungsweise die Pflegepersonen sind Quelle für Frustgefühle, aber auch Helfer in der Not. Wir sind also darauf geprägt, sowohl die Ursache für unsere Probleme als auch deren Lösung in der Außenwelt zu verorten. Deswegen neigen wir dazu, anderen Menschen und den äußeren Umständen die Schuld an unserem Leiden zu geben und von diesen auch die Erlösung zu erhoffen. Leider funktioniert dies jedoch im Erwachsenenleben meistens nicht. Als Erwachsene müssen wir selbst die Verantwortung für unsere Probleme übernehmen. Wir müssen analysieren, welche falschen Entscheidungen wir getroffen haben, und Lösungswege finden. Dies zeigt mal wieder, dass unsere frühen Konditionierungen nicht zwangsläufig richtig oder tauglich für das spätere Leben sind.

In den ersten Monaten unterteilt sich das Gefühlsleben des Säuglings in Lust- und Unlustgefühle. Ein differenziertes Gefühlsleben ist noch nicht vorhanden und wird erst durch die Interaktion mit den Eltern im Laufe der weiteren Entwicklung erworben. Das Gehirnareal, in dem sich unser Gefühlsleben abspielt, wird als das *limbische System* bezeichnet. Es beginnt sich circa ab dem dritten Lebensmonat zu entwickeln und ist vollständig aktiv ab dem Alter von acht bis zehn Monaten. Wir erleben Prozesse, die im limbischen System ablaufen, als *Stimmungen* und *Gefühle*. Mit den Gefühlen und

Stimmungen erhalten auch die Interaktionen mit anderen Menschen ihre *Bedeutung*, und es bilden sich *Erwartungen* heraus, wie andere Menschen auf uns reagieren und was wir tun müssen, damit sie uns mögen. Die Fähigkeit, unterschiedliche Gefühle zu empfinden beziehungsweise überhaupt Gefühle zu haben, hängt davon ab, was wir mit den Eltern und in unserer späteren Kindheit und Jugend mit anderen Menschen lernen.

Zwischen dem Baby und seinen Eltern findet ein Prozess statt, der als *Einstimmung* bezeichnet wird. Einstimmung bedeutet, dass die Emotion und die Mimik der erwachsenen Bezugsperson im Einklang mit den Emotionen des Babys stehen. Hier spielt die elterliche *Feinfühligkeit* eine zentrale Rolle. Einfühlungsvermögen beziehungsweise Feinfühligkeit, das haben alle psychologischen Studien zu diesem Thema ergeben, ist die wichtigste Fähigkeit, die Eltern besitzen müssen, damit das Kind psychisch gut gedeihen kann.

Neben der Feinfühligkeit ist natürlich die Verfügbarkeit der Eltern entscheidend. Denn was das kleine Kind in seinen ersten zwei Lebensjahren am meisten benötigt, ist ein Gefühl von Sicherheit. Sicherheit entsteht, indem die Eltern feinfühlig und zuverlässig auf ihr Kind reagieren und ihm seine Bedürfnisse nach körperlichem Wohl und liebevoller Zuwendung erfüllen.

Kinder kommen mit einer hohen Bindungsbereitschaft auf die Welt, oder etwas schöner formuliert: Sie tragen eine hohe Liebeserwartung im Herzen. Säuglinge wenden sich instinktiv ihrer Umgebung zu. Sie drehen das Köpfchen und verfolgen, so gut es geht, die Handlungen der sie umgebenden Menschen. Sie bemühen sich aktiv um Nähe, schließlich hängt ihr ganzes Leben von der Zuwendung ihrer Eltern ab. Sie tun viel dafür, sich auf ihre Eltern einzuschwingen. So hat man in einer bewegenden Studie festgestellt, dass bereits sechs Wochen alte Säuglinge instinktiv spüren, wenn ihre Mütter überfordert und wenig bindungsbereit sind. Diese Säuglinge haben ihre Mama angelächelt, wenn diese sie angeschaut hat, während sie einen regelrecht eingefrorenen Gesichtsausdruck hatten, wenn die

Mama sie nicht beachtet hat. Diese Säuglinge haben also instinktiv gespürt: Ich muss die Mama bei Laune halten und ein liebes, lächelndes Kind sein, damit die Sache hier gut für mich ausgeht. Sie haben also schon im Alter von sechs Wochen die Verantwortung dafür übernommen, dass ihre Beziehung zur Mutter gelingt.

Im Alter von circa drei Monaten entwickelt sich die neuronale Verbindung zwischen dem Gesicht des Säuglings und dem Vagusnerv, der das sogenannte Bauchgefühl hervorruft. Wenn die Mama beispielsweise lächelt, dann entstehen im Bauchgefühl des Säuglings Freude und das Gefühl, willkommen zu sein. Das Kind kann immer mehr Emotionen zeigen wie Trauer, gespannte Erwartung, Wut oder Freude. Die Eltern müssen diese Gesichtsausdrücke richtig deuten können, also feinfühlig sein, um dann angemessen darauf reagieren zu können. Gelingt dies den Eltern (oder anderen Bezugspersonen) gut, fühlt sich das Kind verstanden und angenommen.

Exkurs: Elterliche Liebe

Der Sozialpsychologe Erich Fromm ist in seinem Buch »Die Kunst des Liebens« darauf eingegangen, wie sich bei diesem Prozess väterliche und mütterliche Liebe ergänzen. Das Buch wurde 1956 veröffentlicht: Es ist in seinen Aussagen nach wie vor aktuell, wenn man Väterlichkeit und Mütterlichkeit nicht mit alten Rollenbildern verbindet, sondern als zwei Prinzipien versteht, die für das Kind notwendig sind. Mütterliche Liebe steht für Nestwärme, der väterliche Part hilft, dass uns Flügel wachsen. Natürlich können Männer die Mutterrolle ausfüllen und Frauen können in die Vaterrolle schlüpfen. Bei den meisten Paaren, die Kinder aufziehen – auch bei homosexuellen –, gibt es jedoch einen »Innenminister« und einen »Außenminister«. Manchmal wechseln diese Rollen auch. Fakt ist, dass wir beide Formen von Liebe brauchen, diese Energien ergänzen sich zu einem Prinzip, das uns Sicherheit, Anerkennung und Autonomie vermittelt. Ein Beispiel: Wenn ein Kind gestillt und nicht mit der Flasche ernährt wird, rückt der Vater bei den meisten Kindern erst etwas später in den Fokus als die Mutter. Er ist deswegen keine weniger wichtige

Bezugsperson. Sobald er als Mensch einen festen Platz in der Wahrnehmung des Kleinkindes hat, kann es sich ein wenig von der Mutter lösen und gewinnt dadurch an Autonomie und Mut zur Eigenständigkeit.

Im Laufe der weiteren Entwicklung verfeinert sich die Interaktion zwischen dem Baby und seinen Bezugspersonen zunehmend, und es werden immer komplexere Gewohnheiten und Erwartungen rund um das Thema Beziehung entwickelt. Ein Beispiel: Während das Neugeborene mit seinem Schreien zunächst erreichen möchte, dass die Eltern kommen, entwickeln sich im Laufe der Zeit bestimmte Rituale, um auf bestimmte Verhaltensweisen zu reagieren. Das Kind erwartet diese Reaktionen dann entsprechend von seinen Eltern: Viele Mütter haben beispielsweise ein kleines Ritual, um ihr Kind zu trösten, wenn es sich wehgetan hat. Natürlich verpassen auch empathische Eltern öfter mal ein bestimmtes Signal ihres Kindes, und die Einstimmung, also die feinfühlige Reaktion der Eltern auf die emotionale Situation des Babys, geht vorübergehend verloren. Babys mögen es nicht, wenn diese Harmonie abhandenkommt, und so werden Eltern und Baby schnell tätig, um sie wiederherzustellen. Gerade diese *Wiederherstellung der Einstimmung* ist der Prozess, der Vertrauen in Beziehungen aufbaut.

Auch in erwachsenen Beziehungen gilt, dass nicht immer das völlig reibungslose und harmonische Miteinander die Basis des Vertrauens ist, sondern die Fähigkeit, sich wieder aufeinander einzustimmen, wenn es zu vorübergehenden Problemen oder Störungen gekommen ist.

Nach und nach entwickelt das Kind eine immer genauere Vorstellung davon, wie es sich bei seinen Eltern verhalten kann. Zwischen zwölf und 18 Monaten hat es schon viele Erfahrungen gemacht und Gewohnheiten entwickelt, wie es mit seinen Eltern am besten klarkommt. Im Gehirn des Kindes entsteht eine mentale Landkarte, wie die Beziehung mit anderen Menschen grundsätzlich abläuft. In dieser Zeit entwickelt sich das Urvertrauen – oder auch nicht. Es ist verknüpft mit dem Selbstwerterleben und damit einhergehend mit dem Bindungsstil des Kindes. In den ersten zwei Lebensjahren wird das Fundament für die psychische Entwicklung des Kindes gelegt.

Die mentale Landkarte und kindliche Bindungstypen

Durch die Erfahrungen, die das Kind in den ersten zwei Jahren seines Lebens mit seinen Bezugspersonen macht, entsteht ein wichtiger Teil seiner mentalen Landkarte. Darunter versteht man die tief eingeprägte Vorstellung, was ich von mir und anderen Menschen zu halten habe und wie ich es schaffe, meine vier psychologischen Grundbedürfnisse (siehe »Die vier psychischen Grundbedürfnisse«, S. 48) zu befriedigen und mich vor Verletzung zu schützen.

Exkurs: Das »innere Kind« und die »mentale Landkarte«

In der Psychologie kursieren diverse synonyme Begriffe zur mentalen Landkarte. Der bekannteste ist »das innere Kind«. Das innere Kind umfasst positive wie negative Prägungen, die ich in meinem Ansatz jeweils in »Schattenkind« beziehungsweise »Sonnenkind« unterteilt habe. Die mentale Landkarte und ihre Synonyme beziehen sich ebenfalls auf die Gesamtheit der frühen Prägungen, seien sie positiv oder negativ. Weitere verwandte Begriffe sind: motivationales Schema, inneres Arbeitsmodell, Grundmuster oder umgangssprachlich: Matrix. Alle Begriffe bezeichnen den Umstand, dass sich in unserem Gehirn eine tief verankerte Vorstellung einprägt, wie soziale Beziehungen funktionieren. Diese Vorstellung ist natürlich nicht nur auf der gedanklichen, sondern auch auf der Gefühlsebene in uns verankert. Wenn mein inneres Kind so geprägt ist, dass es vornehmlich mit Ablehnung durch andere Menschen rechnet, so ist dies eng verknüpft mit Emotionen von Angst und Scham. Ist meine mentale Landkarte jedoch vorwiegend positiv geprägt, dann verbinde ich mit zwischenmenschlichen Beziehungen Gefühle von Wärme und Vertrauen.

Die mentale Landkarte eines Kindes hat einen großen Anteil an dem *Bindungsstil*, den es in den ersten zwei Lebensjahren entwickelt. Der Bindungsstil bezeichnet die Qualität der Bindung, die ein Kind zu seinen Eltern oder mindestens einem Elternteil entwickelt hat. Kinder, die Urvertrauen erworben haben, weisen einen *sicheren Bindungsstil* auf. Kinder, die kein Urvertrauen erworben haben, weisen einen *unsicheren Bindungsstil* auf.

Die sichere Bindung: Die mentale Landkarte eines Kindes mit einer sicheren Bindung und damit einhergehendem Urvertrauen lautet etwa wie folgt: »Ich bin okay, andere Menschen sind auch okay. Man kann sich auf die Welt da draußen im Großen und Ganzen verlassen, und wenn ich etwas brauche, dann muss ich mich melden. Die anderen werden mir helfen. Ich kann mir innerhalb meiner Möglichkeiten allerdings auch selbst helfen.«

Diese Kinder haben die Erfahrung gemacht, dass sie sich auf ihre Mutter und ihren Vater verlassen können und diese einfühlsam ihre Bedürfnisse befriedigen. Hierdurch haben sie die für ihre spätere Bindungsfähigkeit entscheidende Erfahrung gemacht, dass sie *Beziehungen mitgestalten können* und nicht einfach nur über sich ergehen lassen müssen. Ich erinnere: Das Bindungs- und das Kontrollbedürfnis sind eng miteinander verwoben: indem die Eltern sich dem Kind zuwenden, wenn es etwas braucht, befriedigen sie mithin nicht nur dessen Bindungsbedürfnis, sondern auch sein Bedürfnis nach Kontrolle.

Der Bindungsstil, der in der Kindheit erworben wurde, bleibt über die Lebensspanne ziemlich stabil. Allerdings ist er nicht unabänderlich im Gehirn eines Menschen eingebrannt. Positive oder negative Erfahrungen in der späteren Kindheit oder im Erwachsenenalter können den Bindungsstil auch in die eine oder andere Richtung verändern.

Erwachsene, die einen sicheren Bindungsstil aufweisen, verfügen über ein stabiles Selbstwertgefühl. Sie habe eine gute innere Balance zwischen Anpassung (Bindung) und Selbstbehauptung (Kontrolle) erworben. Ihr Leben gestalten sie vorwiegend nach Annäherungszielen: Sie setzen sich Ziele und fühlen sich den meisten Herausforderungen gewachsen. Zwar haben auch sie Angst vor dem Scheitern, jedoch überwiegt diese Angst nicht ihre Bereitschaft, ihr Ziel zu erreichen, so wie es bei Menschen mit einem hohen Vermeidungsmotiv der Fall ist. Rückschläge ziehen sie zwar runter, aber sie verfügen über gute Coping-Strategien, um mit ihnen fertigzuwerden. Laut Forschung weisen circa 60 Prozent der Menschen einen sicheren Bindungsstil auf.

Die unsichere Bindung: Die Eltern von Kindern mit einem unsicheren Bindungsstil sind entweder vorhersehbar oder unvorhersehbar unzuverlässig. Vorhersehbar unzuverlässig bedeutet, dass die Bezugspersonen sich konstant wenig gekümmert haben, während eine unvorhersehbar unzuverlässige Bezugsperson sich mal kümmert und dann mal wieder nicht. In beiden Fällen stehen die Bedürfnisse der Mutter/Eltern im Vordergrund und nicht die Bedürfnisse des Kindes. Da Kinder aber existenziell auf die Liebe und Zuwendung ihrer Eltern angewiesen sind, tun sie alles dafür, um von ihren Eltern angenommen zu werden. Sind die Eltern also nicht in der Lage, die Bedürfnisse ihres Kindes nach Bindung hinreichend zu erfüllen, dann übernimmt das Kind die Verantwortung dafür, dass seine Beziehung zu den Eltern gelingt – dies ist der Nährboden für psychische Probleme und Störungen im späteren Leben. Das Kind übernimmt die Verantwortung, indem es sich so auf seine Eltern einstellt und sich deren Bedürfnissen anpasst, dass es von ihnen angenommen oder zumindest nicht abgelehnt wird.

Unsichere Bindungsstile

Bei den unsicheren Bindungsstilen unterscheidet man zwischen der unsicher-vermeidenden und der unsicher-anklammernden Bindung. Diese beiden Bindungsstile haben zwar die gleiche zugrunde liegende Ursache, äußern sich aber unterschiedlich. Ich möchte im Folgenden deshalb näher auf die Ausprägungen der kindlichen Bindungserfahrungen und das daraus resultierende Beziehungsverhalten eingehen.

Die unsicher-vermeidende Bindung: »Ich muss mich auf mich selbst verlassen«

Die mentale Landkarte eines Kindes mit einer unsicher-vermeidenden Bindung ist geprägt durch die Annahme: Ich bin nicht wichtig. Andere Menschen sind nicht vertrauenswürdig. Ich kann wenig Einfluss darauf nehmen, ob meine Bedürfnisse befriedigt werden. Was ich bekomme, kann schnell wieder verloren gehen. Nähe ist nicht sicher. Ich muss mich auf mich selbst verlassen.

Diese Kinder haben die Erfahrung gemacht, dass man sich wenig um ihre Bedürfnisse kümmert. Nicht selten werden Essens- und Schlafenszeiten nach einem rigiden Zeitplan organisiert. Insgesamt ist wenig Raum für eine liebevolle, emotionale Zuwendung. Das Kind empfindet sich als Last, die der Mutter zu viel ist. Aber auch, wenn die Atmosphäre im Elternhaus streitbeladen und sehr unruhig ist, kann sich ein vermeidender Bindungsstil entwickeln, weil das Kind spürt, dass es den überforderten Eltern nicht auch noch zur Last fallen darf. Es lernt also früh, seine eigenen Bedürfnisse zurückzunehmen und sich stattdessen auf die Bedürfnisse seiner Eltern einzustellen.

Letztlich können auch Mütter/Eltern, die mit Gefühlen von Traurigkeit und Wut nicht umgehen können, einen vermeidenden Bindungsstil bei ihren Kindern etablieren. Trauer und Wut sind die Emotionen, mit denen ein Baby ausdrückt, dass es ihm an irgendetwas fehlt. Wenn die Mutter hiermit schlecht umgehen kann, weil es in ihr zum Beispiel ein Gefühl triggert wie »Ich genüge meinem Kind nicht, ich bin eine schlechte Mutter«, dann lernt das Kind früh, diese wichtigen Gefühle zu unterdrücken. Es lernt, dass es mit diesen Gefühlen nicht erwünscht und von der Mutter abgelehnt wird. Schlimmstenfalls zieht sich das Kind in sich selbst zurück und verarmt emotional.

Der vermeidende Bindungsstil unterteilt sich noch in die Kategorien *ängstlich-vermeidend* und *gleichgültig-vermeidend.* In den ersten Lebensjahren machen Menschen mit diesen Bindungsstilen recht ähnliche Erfahrungen mit ihren Eltern. Ob ein Kind sich dann eher zum ängstlich- oder gleichgültig-vermeidenden Typ entwickelt, hängt zum einen von seinem angeborenen Temperament ab und zum anderen von seinen weiteren Lebenserfahrungen. Ängstliche Vermeider kommen häufig mit einem sensiblen und harmoniebedürftigen Gemüt auf die Welt, das sie anfällig macht für Zurückweisung und Kritik. Die späteren gleichgültigen Vermeider sind hingegen etwas robuster – mit einer gewissen Veranlagung zur Autonomie ausgestattet, wenn sie das Licht der Welt erblicken. Zudem weisen die Gleichgültigen häufig anlagebedingt eine weit überdurchschnittliche Intelligenz auf. Wenn ihre zwar gefühlsarmen Eltern ziemlich leistungsbezogen sind, dann kann es diesen Kindern doch noch gelingen, deren Ansprüche zu erfüllen. Durch ihre guten Fähigkeiten erlangen sie jedoch nicht nur die Anerkennung ihrer Eltern, sondern später auch ihrer Lehrerinnen und anderer Kinder. Den mangelnden Zuspruch an elterlicher Wärme, der zu einem geringen Selbstwertgefühl führt, können sie hierdurch ein gutes Stück kompensieren. Sie machen die Erfahrung, dass sie sich zwar nicht auf andere Menschen verlassen können, dafür aber auf sich selbst.

Erwachsene, die einen *gleichgültig-vermeidenden Bindungsstil* aufweisen, weichen vor nahen Liebesbeziehungen zurück, was nicht zwangsläufig bedeutet, dass sie sich nicht binden, sondern dass sie immer eine gewisse Distanz, einen sogenannten Sicherheitsabstand zu ihrem Partner, ihrer Partnerin bewahren. Sie haben sich sozusagen auf die autonome Seite geschlagen, was dazu führt, dass sie sowohl in privaten als auch in beruflichen Beziehungen recht stur ihr eigenes Ding machen.

Beruflich sind sie aufgrund ihrer Fähigkeiten häufig sehr erfolgreich. Die Arbeit bietet ihnen auch eine gute Fluchtmöglichkeit, um die Nähe zu ihrem Partner, sofern sie in einer festen Partnerschaft leben, in Grenzen zu halten.

Im Gegensatz dazu tragen die *ängstlichen Vermeider* eine große, unerlöste Sehnsucht nach Liebe und Geborgenheit in sich. Da sie jedoch überzeugt sind, dass sie früher oder später verlassen werden, schrecken sie vor einer festen Partnerschaft zurück. Gleichzeitig können sie jedoch die Hoffnung auf ein Happy End nicht aufgeben. Sie tänzeln vor und zurück, innerlich zerrissen zwischen ihrer Liebessehnsucht und ihrer Verlustangst. Die Motivation der Ängstlichen für ihre Ausweichmanöver ist, ihr geringes Selbstwertgefühl zu schützen. Die antizipierte Kränkung, sollten sie verlassen werden, ist für sie nahezu unerträglich. Die ängstlichen Vermeider verspüren – vermittelt durch ihre Verlustangst – die Angst vor einer festen Bindung intensiv, während bei den Gleichgültigen der Wunsch nach Freiheit im Vordergrund ihres Gefühlslebens steht.

Im Abschnitt »Verlustangst und Bindungsangst« (S. 117) werde ich auf das Beziehungsverhalten dieser Bindungstypen noch näher eingehen.

Exkurs: Der desorganisierte Bindungsstil

Es gibt außerdem noch einen vermeidenden Bindungsstil, der als desorganisiert bezeichnet wird. Dieser tritt selten auf. Kinder, die diesen Bindungsstil erworben haben, haben schwere Verletzungen ihres Bindungsbedürfnisses und missbräuchliche Beziehungen erlebt. Diese Kinder reagieren auf Trennungen von ihren Bezugspersonen mit bizarren und stereotypen Verhaltensweisen. Sie zeigen widersprüchliches Verhalten wie gleichzeitiges Verlangen und Ablehnung von Nähe. Sie laufen beispielsweise auf die Mutter zu und bleiben auf der Hälfte des Weges stehen. Oder ihre Bewegungen können mitten im Bewegungsablauf erstarren und scheinbar einfrieren. Im Erwachsenenalter resultieren aus diesen desolaten Kindheiten oft schwere Bindungs- und Verhaltensstörungen. Viele der Betroffenen können sich als Erwachsene gar nicht auf nahe Liebesbeziehungen einlassen. Manche lassen sich ein, üben jedoch eine extreme Kontrolle über ihre Partner aus als Reaktion auf ihre frühkindlichen Erfahrungen von Ohnmacht und Ausgeliefertsein.

Die unsicher-anklammernde Bindung: »Ich muss für Zuwendung kämpfen«

Die mentale Landkarte dieser Kinder lautet: Ich bin nicht okay. Andere sind okay und besser als ich. Ich muss für Zuwendung kämpfen, und wenn ich sie erhalte, geht sie schnell wieder verloren. Mein Einfluss auf andere Menschen ist gering.

Dieser Bindungsstil kann sich entwickeln, wenn das elterliche Verhalten wenig vorhersehbar ist. Mal sind Mutter und Vater zugewandt und liebevoll, dann auch wieder nicht. Das Kind ist den Launen und Stimmungen seiner Eltern ausgesetzt. Die Liebe der Eltern ist an Bedingungen geknüpft, das Kind hat also die Funktion, die Bedürfnisse seiner Eltern zu erfüllen. Die Mutter unterbricht beispielsweise das Spiel ihres Kindes, weil sie gerade einen Kontaktwunsch verspürt. Sucht das Kind jedoch die Nähe seiner Mutter und diese fühlt sich dadurch in ihrer eigenen Tätigkeit gestört, dann weist sie das Kind zurück. Das Kind kann sich das widersprüchliche Verhalten seiner Mutter nicht erklären und fühlt und denkt deshalb: »Ich bin schuld. Ich bin nicht okay.« Es kämpft um die Zuneigung seiner Mutter und reagiert sehr verzweifelt und ängstlich auf Zurückweisungen und Trennungen.

Erwachsene mit diesem Bindungsstil fühlen sich abhängig von der Zuwendung anderer Menschen. Sie sind überangepasst und sehr bindungsbedürftig. Sie tun viel dafür, um anerkannt und angenommen zu werden, indem sie sich aktiv um die Zuneigung bemühen. Anders also als die unsicher-vermeidend Gebundenen, die sich am liebsten nur auf sich selbst verlassen, suchen die anklammernd Gebundenen Halt in ihren Beziehungen. Bindung vermittelt ihnen ein

Gefühl von Sicherheit, während Alleinsein ein tiefes Gefühl von Verlassenheit in ihnen hervorrufen kann.

In Liebesbeziehungen neigen sie zum Klammern und starker Eifersucht. Verlassen zu werden ist eine Katastrophe für sie, bestätigt es doch ihre tiefverwurzelte Überzeugung, nicht okay zu sein. Es braucht nicht viel Fantasie, um sich vorzustellen, dass unsicher-anklammernd Gebundene die stärkste Neigung aufweisen, in Beziehungen festzustecken, die ihnen nicht guttun. Das Verhalten ihres lieblosen Partners wird gewohnheitsmäßig auf das eigene Versagen zurückgeführt. Ihr in der frühen Kindheit erworbener Glaubenssatz »Ich bin schuld!« wird getriggert, und wenn sie an einen manipulativen Partner geraten sind, auch noch verstärkt. Indem sie sich selbst die Schuld geben, nähren sie jedoch die fast unerschütterliche Hoffnung, dass sie die Partnerschaft irgendwie zum Guten wenden könnten, wenn sie an sich selbst arbeiten. Dieser Kampf gilt nicht in erster Linie ihrem Partner; dieser stellt nämlich letztlich nur eine Projektionsfläche für ihr angeschlagenes Selbstwertgefühl dar. Dies ist jedoch den wenigsten bewusst. Gefühlt ist der Partner die große Liebe, und seine Zuneigung muss unbedingt erkämpft und unter Kontrolle gebracht werden.

Auswirkungen der Bindungsstile

Die genannten Bindungsstile stellen eine grobe Einteilung unterschiedlicher mentaler Landkarten dar. Es gibt selbstverständlich individuelle Abweichungen und noch feinere Differenzierungen. Wichtig ist, dass die frühen Kindheitsjahre eine Prägung im Gehirn hinterlassen, die zwar nicht bewusst abgespeichert wird, aber grundlegende Auswirkungen auf die spätere Lebens- und Beziehungsgestaltung hat. Die mentale Landkarte gibt Antworten auf die Fragen:

1. *Was kann ich von anderen Menschen erwarten?* Kann ich darauf vertrauen, dass andere für mich da sind? Oder gehe ich davon aus, dass ich allein- und im Stich gelassen werde?

2. *Welchen Einfluss kann ich auf Beziehungen nehmen?* Muss ich mich stark anpassen, um mit anderen Menschen klarzukommen, oder darf ich authentisch sein? Und kann ich auf andere Menschen Einfluss nehmen und Beziehungen mitgestalten? Im ersteren Fall ist meine internale Kontrollüberzeugung niedrig. Im zweiten Fall ist sie hoch.
3. *Was bin ich wert?*
4. Die Fragen, ob ich anderen Menschen vertrauen darf und ob ich Einfluss auf Beziehungen nehmen kann, berühren auch mein Selbstwerterleben. In den ersten zwei Lebensjahren wird somit auch der Selbstwert bereits vorgeformt. Das Bedürfnis nach Selbstwerterhöhung und die Ausprägung des eigenen Selbstwertes erfolgt in der weiteren Entwicklung, weil das Selbstwerterleben stark an sprachliche Botschaften und Erfahrungen gebunden ist. Es setzt deshalb auch ein gewisses Reflexionsvermögen heraus.

Hierauf werde ich im Abschnitt »Der Selbstwert – das Epizentrum unserer Psyche« (S. 97) noch genauer eingehen.

Bindung und Stressregulation

Ein zentraler Aspekt auf dem Weg zum Urvertrauen ist, dass das Gehirn des Kindes durch die liebevolle Zuwendung seiner Eltern lernt, seine Emotionen zu regulieren. Kindliche Gehirne können in den ersten zwei Lebensjahren keinen Stress regulieren. Stress stellt sich immer dann ein, wenn körperliche oder psychische Grundbedürfnisse nicht befriedigt werden und somit Inkonsistenz entsteht. Die Aufgabe der Eltern ist es, dem Kind diesen Stress abzunehmen. Dies geschieht durch körperliche Zuwendung – nicht durch Reden. Wenn das Kind brüllt, weint oder um sich schlägt, weil es den Stress nicht regulieren kann, dann erfährt es eine große Beruhigung durch körperliche Zuwendung, auch wenn es erst einmal scheinbar nicht gehalten werden will. Durch den Körperkontakt werden das Bindungshormon Oxytocin und körpereigene Opiate (das sind Stoffe, die Schmerzempfindungen regulieren können) ausgeschüttet. Diese haben eine stark beruhigende Wirkung. Durch das wiederholte Erleben von Stress, dann Zuwendung und daraufhin der Ausschüttung von Oxytocin und Opiaten prägen sich Gedächtnisspuren und Reaktionsbereitschaften im Gehirn des Kindes ein. Durch diese wiederkehrende Erfahrung von Zuwendung erlernt das Kind allmählich eine gewisse Selbstregulation. Ab etwa zweieinhalb bis drei Jahren sind Kinder dann einigermaßen in der Lage, Stress zum Teil selbst zu regulieren. Diese Fähigkeit baut sich mit der weiteren Entwicklung immer weiter und differenzierter aus. Das Kind entwickelt »innere Arbeitsmodelle« dazu, welche emotionalen Reaktionsformen es gibt und wie es diese steuern kann.

Fehlt eine sichere Bindungsperson, dann wird diese Reaktionsbereitschaft und somit die gute Selbstregulation im Gehirn des Kindes nicht verankert. *Kinder, die eine unsichere Bindung zu ihrer Hauptbezugsperson aufweisen, lassen sich viel schlechter beruhigen.* Erhalten sie nicht genügend Beistand beim Durchleben intensiver Gefühle, kann daraus im späteren Leben eine Überaktivität der Alarmsysteme des emotionalen Gehirns entstehen. *Diese Prägung besteht auch im Erwachsenenalter fort: Die Betroffenen geraten schneller unter Stress und haben Probleme, ihre negativen Emotionen zu regulieren.* Etliche Studien zeigen, dass die Lebensqualität eines Menschen stark davon abhängt, ob in der Kindheit gute Stressregulationssysteme im Gehirn ausgebildet wurden oder nicht. Wer in der Kindheit wenig Sicherheit erfahren hat, fühlt sich auch als Erwachsener leichter angreifbar. Die Betroffenen hegen mehr Ängste und Sorgen, verlieren sich in Grübeleien und/oder in hektischer Aktivität. Die Grundeinstellung zum Leben ist eher pessimistisch, das Selbstwertgefühl gering.

Chemische Botenstoffe wie Oxytocin und körpereigene Opiate, die in einer sicheren Bindungsbeziehung regelmäßig ausgeschüttet werden, haben übrigens auch eine stark hemmende Wirkung auf aggressives Verhalten. Wer in der Kindheit viel Geborgenheit und Sicherheit erfahren hat, entwickelt sich in der Regel zu einem friedlicheren Menschen als derjenige, der im emotionalen Mangel groß wurde.

Die Unfähigkeit, negative Emotionen zu regulieren, ist ein Kennzeichen aller psychischen Störungen. Die eigentliche Ursache vielen Unglücks wird also zu einer Zeit im Gehirn angebahnt, an die wir keine bewusste Erinnerung haben.

Exkurs: Unser Gedächtnis

Das sogenannte explizite Gedächtnis umfasst alle bewussten Erinnerungen. Diese können aber nur in Form von Sprache abgespeichert werden. Weil wir jedoch erst ab dem zweiten Lebensjahr Sprache erwerben, unterliegen alle früheren Erfahrungen der sogenannten frühkindlichen Amnesie. Das implizite Gedächtnis bezieht sich auf Erfahrungen, die unbewusst bleiben, wie zum Beispiel in der Lebenszeit vor dem Spracherwerb. Diese brennen sich im Gehirn als Gefühls- und Reaktionsbereitschaften (mentale Landkarte) ein.

Unsere frühen Lebenserfahrungen sind somit in unserem impliziten Gedächtnis abgespeichert und haben deshalb so ungeheuer weitreichende Folgen auf unser psychisches Erleben und Verhalten. Wären sie bewusst, also explizit, dann könnte man sie leichter erkennen und verändern. Die im impliziten Gedächtnis abgespeicherten Inhalte sind eine wesentliche Grundlage unserer Persönlichkeit und der Art und Weise, wie wir Beziehungen gestalten. Unser Urvertrauen oder unser Urmisstrauen ist tief im impliziten Gedächtnis verankert. Wer Urvertrauen erworben hat, fühlt sich mit anderen Menschen verbunden und weist das grundsätzliche Gefühl auf, etwas wert zu sein.

Menschen, die in ihrer Kindheit das nötige Urvertrauen vermittelt bekommen haben, fällt es logischerweise in ihrem Erwachsenenleben deutlich leichter, ein positives Selbstwertgefühl zu entwickeln und auch bei Schwierigkeiten aufrechtzuerhalten. *Allerdings differenziert sich das Selbstwerterleben erst in späteren Entwicklungsjahren richtig aus. Es ist nämlich an den Spracherwerb gebunden und stellt somit einen Teil unseres expliziten Gedächtnisses dar. So ist der Selbstwert verknüpft mit unserem Selbstbild, und dieses kann sich erst entwickeln, wenn ich ein stabiles Gefühl für mein Selbst habe und mich mit anderen vergleichen kann. Hierauf gehe ich noch unter dem Abschnitt »Der Selbstwert – das Epizentrum unserer Psyche« näher ein.*

Die dafür wichtige Sicherheit kann im ersten Lebensjahr vor allem die Mutter ihrem Kind spenden. Mir ist bewusst, dass das ein heikles Thema ist, aber aus entwicklungspsychologischer Sicht ist das ein Fakt. Die Mutter ist dem Säugling durch die Schwangerschaft sehr vertraut. Er ist ihre Stimme, ihren Herzschlag, ihren Geruch gewöhnt. In den ersten, frühen Entwicklungsjahren ist deshalb die Mutter automatisch die Sicherheitsbasis. Das Kind muss im ersten Lebensjahr sozusagen noch »nachbebrütet« werden. Sachlich betrachtet ist der Mensch – im Vergleich zu anderen Säugetieren – bei seiner Geburt ein Mängelwesen: Er kann nicht laufen, nicht richtig sehen, er kann seine Temperatur nicht selbstständig regulieren. Um die Fitness eines Affenbabys zu erreichen, müsste er eigentlich 16 Monate im Mutterleib bleiben. Der Stoffwechsel der Frau gibt diesen langen Reifungsprozess aber nicht her, bei einer länger dauernden Schwangerschaft könnte die werdende Mutter ihr Kind nicht mehr mit ausreichend Energie versorgen. Deswegen wurde die Geburt so zusagen vorverlegt, die kleinen Menschenkinder kommen extrem hilflos und unfertig auf die Welt und benötigen sehr viel Pflege und Zuwendung, um zu gedeihen.

Was für Schlussfolgerungen lassen sich daraus für die angemessene und auch »artgerechte« Betreuung von Kindern ziehen? Generell lässt sich sagen: Je häufiger und zuverlässiger ein Kind in den ersten Jahren erlebt, dass seine engsten Bezugspersonen für es da sind und es beruhigen, umso besser lernt es auch, sich selbst zu beruhigen, mit Stress umzugehen und sich an seine Umgebung anzupassen. Wann ist demzufolge der richtige Zeitpunkt, ab dem ein Kind in eine Kita gehen sollte? Nun hat bei dieser Entscheidung nicht jede Familie die freie Wahl, häufig sind die Eltern auf das Einkommen angewiesen, das trifft besonders Alleinerziehende. Beantwortet man diese Frage aber ausschließlich aus neurologischer und entwicklungspsychologischer Sicht, kann man im Grunde nur davon abraten, ein Kind vor seinem zweiten, besser noch dritten Geburtstag in eine Kita zu geben. Ein Ein- oder Zweijähriges ist noch nicht in der Lage, die Anpassungen zu leisten, die in einer Kita-Betreuung von ihm gefordert werden. Es kann Stress noch nicht abbauen, indem es sich selbst beruhigt. Ihm fehlt seine primäre Bindungsperson, mit der es so vertraut ist und die genau weiß, was dieses Kind braucht und was zu tun ist. Vor dem dritten Geburtstag sind Kinder eigentlich noch nicht reif genug, um sich in einer Gruppe aufzuhalten, in der sie keine Sonderbehandlung durch ihre Bindungsperson erhalten. Darf ein Kind in den ersten beiden Jahren abhängig sein und sein Bedürfnis nach einer sicheren Bindung befriedigen, wird es seinen Lebensraum umso selbstbewusster und interessierter Schritt für Schritt erweitern und neue Beziehungen eingehen.

Mit dieser Einschätzung aus neuropsychologischer Sicht möchte ich keinesfalls die Eltern verurteilen oder beunruhigen, die ihr Kind schon früher in die Krippe geben. Es gibt auch für diese Entscheidung gute Gründe, die immer im Gesamtzusammenhang abgewogen werden müssen. Es kann aber helfen, das Bewusstsein für die emotionalen Bedürfnisse eines Kleinstkindes zu haben. Wer sich für eine frühe Betreuung entscheidet, kann bestimmte Kriterien beachten: Wie groß ist die Einrichtung? Wie ist der Betreuungsschlüssel? Wie viel Zeit hat man für die Eingewöhnung? All das sind Kriterien, die einem Kleinkind dabei helfen können, auch in der Krippe eine enge Bezugsperson zu finden.

Darüber hinaus kann auch die gemeinsame Zeit mit den Eltern einen Ausgleich bringen: Der Krippenalltag ist für ein Kleinkind so anstrengend wie für uns ein herausfordernder Arbeitstag. Es hilft dann, wenn der Stress zu Hause nicht weitergeht und es dort viel Zeit für gemeinsame Erlebnisse und Ruhezeiten gibt. Kinder, die früh in der Kita waren, fallen in späteren Lebensjahren manchmal in ihren Beziehungswünschen auf frühere Entwicklungsstufen zurück. In der Fachsprache wird dieser Vorgang als *Regression* bezeichnet. So beispielsweise, wenn der Achtjährige die Schuhe zugebunden bekommen oder die Zwölfjährige noch einmal im Bett bei der Mama schlafen will. Das Kind will damit nicht seine Eltern zusätzlich beanspruchen oder gar stressen, sondern etwas von der verpassten Zeit nachholen. In Empathie-Sprache übersetzt bedeuten diese Wünsche: »Liebe Mama, lieber Papa, ich musste früh viele Anpassungsleistungen vollbringen, und deswegen brauche ich jetzt noch einmal ganz besonders viel Zuwendung von euch!«

Es kann also durchaus sinnvoll sein, wenn man seinen Kindern diese Wünsche erfüllt.

Die gute Balance zwischen Bindung und Autonomie

Wir haben nun viel darüber erfahren, dass unser Bedürfnis nach Zugehörigkeit und Bindung überlebenswichtig ist. Wir tun deshalb sehr viel, um Anerkennung von anderen Menschen zu erhalten, beziehungsweise um uns vor Verletzungen in Form von Zurückweisung zu schützen. Gleichzeitig wollen wir jedoch auch selbstbestimmt unser Leben gestalten und unser eigenes Ding machen, also unser psychisches Grundbedürfnis nach Autonomie und Kontrolle bedienen. Autonomie und Kontrolle sind unzertrennlich, weil Autonomie nicht ohne Kontrolle funktioniert. Wir benötigen Kontrolle über unseren Körper, damit wir handlungsfähig sind, aber auch Kontrolle über unsere psychischen Vorgänge. Ständig regulieren wir teils bewusst, teils unbewusst unsere Wahrnehmung, unsere Gefühle, unsere Gedanken und Handlungen, um ein möglichst gutes psychisches Gleichgewicht herzustellen, also Konsistenz zu erleben, unabhängig davon, ob wir uns gerade in Gesellschaft befinden oder allein sind. Im Beisammensein mit anderen Menschen richtet sich unser Kontrollbedürfnis jedoch nicht nur auf unsere innere psychische Balance, sondern auch auf das Verhalten unserer Mitmenschen. Wir wollen dann Einfluss darauf nehmen, dass der andere uns beachtet, uns zuhört (oder zusieht) und auf uns – am liebsten positiv – reagiert. Wir wollen mitbestimmen und gleichzeitig angenommen werden.

Bindung und Autonomie sind ein Gegensatzpaar: In dem Moment, in dem ich mich anpasse, kann ich mich nicht gleichzeitig selbst behaupten. Das geht nur im Wechsel. Im Grunde genommen besteht darin unser tägliches und lebenslanges Dilemma. Von morgens bis abends verfolgen wir Ziele und unser Gehirn berechnet Erwartungen, was als Nächstes passieren wird. Je nach Einschätzung der Situation passen wir uns den Gegebenheiten an oder verfolgen unsere persönlichen Interessen. Idealerweise befinden sich die Interessen meiner Mitmenschen und die meinigen im Einklang, dann gibt es keinen Konflikt. Falls nicht, müssen wir eine Entscheidung treffen.

Viele unserer Entscheidungen sind fester Bestandteil unserer Tagesroutinen und Verhaltensgewohnheiten und erfolgen sozusagen automatisch. Diese Entscheidungen und Handlungen gehen Hand in Hand und werden nicht weiter hinterfragt. Das ist effizient und der Vorteil von Routinen. Ein eingespieltes Anpassungsprogramm ist für die meisten Menschen zum Beispiel ihre Arbeit. Man hält sich an die Regeln von Pünktlichkeit, Zuverlässigkeit und Effizienz. Man versucht, mit den Kolleginnen und Kollegen möglichst gut klarzukommen, und benimmt sich so, dass man als Teil der Gemeinschaft akzeptiert wird. Gleichwohl verläuft nicht immer alles reibungslos. Es gibt Interessenkonflikte innerhalb des Teams, es gibt unterschiedliche Auffassungen, welche Maßnahmen und Projekte geeignet sind, um den Erfolg der Firma zu sichern. Es gibt persönliche Bedürfnisse, was die Regelung der Arbeitszeit, den Lohn oder die Aufstiegschancen betrifft. Tritt ein Konflikt, also eine Inkonsistenz, zwischen meinen persönlichen Interessen oder Überzeugungen und denen meiner Kollegen oder Vorgesetzten auf, dann analysiere ich, ob es sich zu kämpfen lohnt oder ob es klüger wäre nachzugeben. Wie diese Kalkulation ausfällt, hängt nicht nur von den objektiven Fakten ab, sondern auch von meiner individuellen Prägung, also meiner mentalen Landkarte. Habe ich ein verzagtes Schattenkind mit einem unsicher-anklammernden Bindungsstil introjiziert, das vor allem motiviert ist, Verletzungen seiner Grundbedürfnisse nach Bindung und Selbstwerterhöhung zu vermeiden, dann werde ich mich selten bis niemals dafür entscheiden, meine eigenen Interessen zu vertreten. Die innere Balance zwischen Bindung und Autonomie ist also zugunsten der Bindung aus dem Gleichgewicht.

Habe ich hingegen ein Schattenkind verinnerlicht, das einen vermeidenden Bindungsstil aufweist und deswegen unbewusst beschlossen hat, dass es sich sowieso nur auf sich selbst verlassen kann, dann werde ich recht stur mein eigenes Ding machen. Die innere Balance zwischen Bindung und Autonomie ist also zugunsten der Autonomie aus dem Gleichgewicht.

Habe ich hingegen einen sicheren Bindungsstil erworben, dann kann ich mich recht flexibel und frei entscheiden, ob es für die gegebene Situation sinnvoller ist, mich anzupassen oder mich selbst zu behaupten. Mit anderen Worten ausgedrückt: Ich befinde mich in einer guten Balance zwischen Autonomie und Bindung. Sowohl für die Bindung als auch für die Selbstbehauptung benötigen wir bestimmte Fähigkeiten. Es überrascht nicht, dass die Fähigkeiten, die ich für die Bindung benötige, jenen entgegenstehen, die ich für die Autonomie benötige. Was ich persönlich besonders interessant finde, ist das Folgende: *Wenn es den Eltern hinreichend gut gelingt, die Bedürfnisse ihres Kindes sowohl nach Bindung als auch nach Autonomie zu erfüllen, dann erwirbt das Kind neben einem sicheren Bindungsstil auch die Fähigkeiten, die es für die Bindung und Autonomie benötigt.*

Welche Fähigkeiten das sind und wie entscheidend sie zu unserer Lebenszufriedenheit beitragen, darauf möchte ich im nächsten Abschnitt eingehen.

Fähigkeiten für die Bindung

Wie ich soeben erwähnt habe, lernt ein Kind, das von feinfühligen Eltern großgezogen wird, ganz automatisch, wie man sowohl Beziehungen herstellt als auch seine eigenen Interessen vertritt. Die entsprechenden Fähigkeiten erwirbt es nicht nur durch Regeln des sozialen Miteinanders, sondern insbesondere durch die unmittelbare Beziehung zu seinen Eltern: So bildet ein Kind von einfühlsamen Eltern mehr *Spiegelneurone* aus als ein Kind, das viel Vernachlässigung erfährt. Als *Spiegelneurone* bezeichnet man Nervenzellen im Gehirn, die durch das bloße Betrachten einer Situation genauso aktiviert werden wie durch das eigene Erleben: Sie spiegeln die Emotionen, die wir wahrnehmen. Sie ermöglichen es beispielsweise, dass man vor Traurigkeit und Mitleid vergeht, wenn man ein tragisches Schicksal im Film verfolgt.

Exkurs: Spiegelzellen

Seit Neurologen Mitte der 1990er Jahre entdeckten, dass es diese »Spiegelzellen« im Gehirn gibt und sie das Erleben und die Emotionen von anderen widerspiegeln, wird diese Fähigkeit des Menschen von Medizinern, Biologen, Psychologen und Pädagogen erforscht. Wie funktioniert diese intuitive Verbindung zwischen Individuen? Natürlich gibt es relativ offensichtliche Gefühlsregungen wie Wut oder große Freude. Aber warum können wir auch weniger deutliche Emotionen wie Verlegenheit oder Mutlosigkeit bei Personen spüren, die wir nicht einmal kennen? Und vor allem: Wofür brauchen wir das überhaupt? Neuropsychologen nehmen an, dass wir mit der Voraussetzung zur Empathie geboren werden, dass sie zu unserer genetischen Grundausstattung gehört. Die

Empathie ist neben unserer Liebesfähigkeit die wichtigste Voraussetzung, um Bindungen einzugehen.

Es ist erwiesen, dass sich umso mehr Spiegelneurone im Gehirn eines Kindes entwickeln, je mehr Mitgefühl es selbst erfährt. Die Spiegelneurone sind also sozusagen die Hardware im Gehirn für die Softskills, sich empathisch auf andere Menschen einzustellen.

Wenn ein Kind außerdem bei seinen Eltern die Erfahrung macht, dass seine Gefühle erlaubt sind und es auch einen eigenen Willen haben darf, dann erwirbt es dazu die Fähigkeit, sich für seine Interessen stark zu machen, was wiederum aufseiten der Autonomie elementar ist.

Ein Kind lernt dann mit der Zeit, sich sowohl anderen anzupassen und gute Beziehungen zu Familie, Freunden und (netten) Lehrern herzustellen, als auch sich selbst zu behaupten und für seine eigenen Interessen einzutreten. Letzteres kann seine Beziehungen natürlich kurzfristig belasten, aber das nimmt dieses Kind in Kauf, wenn es gelernt hat, in Beziehungen zu vertrauen. Ein Konflikt löst in diesem Kind nicht automatisch Verlustangst aus. Es vertraut darauf, dass eine Beziehung auch eine Meinungsverschiedenheit oder einen Streit aushält und man sich danach wieder verträgt. Wie ich bereits unter »Bindung: Die Basis des Lebens« geschrieben habe, ist die Wiederherstellung der Harmonie nach einem Konflikt der Vorgang, der unser Vertrauen in einen anderen Menschen besonders stärkt.

Fähigkeiten, die für eine gute Bindung notwendig sind:

- Anderen gefallen (äußere Attraktivität und sympathisches Verhalten)
- Zuhören können, sich entsprechend einstellen, empathisch sein
- Kooperieren und Kompromisse finden können
- Sich anpassen und nachgeben können
- Vertrauen können

Es gibt einige Menschen, die Dinge behaupten wie »Ich muss nur mir selbst gefallen«. Dahinter steckt meistens ein übergroßes Autonomiebedürfnis (aus Unsicherheit, nicht gut anzukommen). Auch wenn wir uns natürlich selbst gefallen sollten, müssen wir dennoch anderen gefallen. Wenn wir keinem gefallen, dann bindet sich niemand an uns. Deswegen haben wir in der Regel so ein ausgeprägtes Interesse daran, einen guten Eindruck zu hinterlassen. Wir wollen möglichst gut aussehen und auf keinen Fall schlecht riechen. Wir passen uns an, finden Kompromisse und geben nach, damit wir Anschluss an die Gruppe behalten. Ganze Wirtschaftszweige würden zusammenbrechen, wenn wir nicht so gern anderen gefallen würden. Es gibt unheimlich viele Produkte, die ganz wesentlich unseren Wunsch bedienen, bei anderen Menschen einen guten Eindruck zu machen.

Um überhaupt erahnen zu können, wie wir einen guten Eindruck machen können beziehungsweise was unserem Gegenüber gefällt, brauchen wir unser Einfühlungsvermögen. Die Empathie ist die Brücke vom Ich zum Du. Ohne Einfühlungsvermögen können wir nicht verstehen, was in anderen Menschen vorgeht. Einfühlung vermittelt Nähe, Wärme und somit Sicherheit. Um mich in einen anderen Menschen einfühlen zu können, benötige ich einen guten Kontakt zu meinen eigenen Gefühlen. Daher kommt auch der Ausdruck »Mitgefühl«. Wenn mir jemand beispielsweise erzählt, er sei durch die Führerscheinprüfung gefallen, dann benötige ich die Vorstellung davon, wie sich ein Misserfolg anfühlt, ansonsten kann ich nicht richtig verstehen, was in dem anderen vorgeht. Wenn ein Kind bei seinen Eltern erlebt, dass es alle seine Gefühle fühlen darf und die Eltern diese Zustände (meistens) empathisch begleiten, dann ist die Wahrscheinlichkeit sehr hoch, dass es sich selbst zu einem mitfühlenden Menschen entwickelt.

Exkurs: Erziehungsmethoden von Jungen

»Sei kein Weichei!« oder »Ein Junge weint nicht!« sind Sprüche, die glücklicherweise nicht mehr bei der Erziehung von Jungen verwendet werden. Es ist aber noch nicht allzu lange her, dass Jungen nach einem falsch verstandenen Ideal von Stärke erzogen wurden. Sogenannte »schwache« Gefühle wie Trauer, Hilflosigkeit oder Angst galten als unmännlich. Nur »starke« Gefühle wie Freude und Wut waren auch für Jungen zulässig. Dies hat dazu geführt, dass etliche Generationen von Männern einen schlechten Zugang zu diesen »schwachen« Gefühlen erworben haben. Als Folge davon spüren sie diese Gefühle kaum beziehungsweise versuchen, sie zu unterdrücken, sobald sie auftauchen. Dies ist der Grund, warum viele Männer überfordert waren oder sind, wenn sie mit solchen Gefühlen konfrontiert werden. Wenn die Frau ihrem Mann beispielsweise ihr Herz ausschüttet, weil sie sich hilflos und traurig bei einem Konflikt mit ihrer besten Freundin fühlt, dann kann das einen Mann der »alten Schule« schnell in Bedrängnis bringen. Um mit seiner Frau mitzuschwingen, müsste er nämlich kurz in sich gehen und einen Kontakt zu seinen eigenen Gefühlen von Trauer und Hilflosigkeit aufnehmen. Weil er jedoch nicht gelernt hat, mit diesen umzugehen, sucht er nach einer schnellen Lösung für das Problem. Die Frau wiederum will keinen Lösungsvorschlag, den findet sie nämlich schon selbst, sondern in erster Linie Verständnis für ihre Situation. Sie reagiert dann verärgert und frustriert, weil sie sich – mal wieder – von ihrem Mann abgefertigt fühlt. Wollte der Mann die Gefühle seiner Frau besser verstehen, müsste er zunächst seine eigenen Gefühle besser verstehen und lernen, mit ihnen umzugehen. Es ist also ein großes Glück für alle, dass die Erziehungsmethoden für Jungen sich in den letzten zwei bis drei Jahrzehnten deutlich verbessert haben. Junge Männer haben im Schnitt einen deutlich besseren Zugang zu ihren Gefühlen, und viele von ihnen vermögen – im Vergleich zu früheren Generationen – auch offen und frei über diese zu reden. Hierdurch haben sich nicht nur die empathischen Fähigkeiten von Männern sehr verbessert, sondern auch ihre Fähigkeit, gute Lösungen für zwischenmenschliche Probleme zu finden.

Für gute Beziehungen müssen wir aber auch vertrauen können. Vertrauen ist das Gegenteil von Kontrolle. Es ist schlicht unmöglich, alles zu kontrollieren, was eine andere Person über uns denkt oder wozu sie imstande ist. Vertrauen ist die Essenz tragfähiger Beziehungen. Vertrauen stärkt die Beziehung, weil es ein Gefühl von Harmonie und Verbundenheit schafft. Vertrauen kann enttäuscht werden – je enger die Beziehung zum anderen, desto größer kann die Enttäuschung sein. Gerade wenn eine Bindung unheimlich wichtig ist, kann die Enttäuschung entsetzlich groß sein. Dieser Gefahr sind wir uns zwar bewusst; wenn unser Vertrauen in uns selbst aber groß genug ist, dann nehmen wir dieses Risiko in Kauf. Wenn wir über genügend Selbstvertrauen verfügen, dann spüren wir tief in uns drin, dass wir eine Enttäuschung überleben werden. Menschen, die nicht vertrauen können, fehlt dieses Selbstvertrauen, sie haben das Gefühl, eine Enttäuschung nicht zu überleben.

Ich habe schon mehrfach erwähnt, dass es für das Miteinander mit anderen und die erforderliche Anpassung nötig ist, eigene Wünsche und Bedürfnisse in den Hintergrund zu stellen. Menschen, die in einer guten Balance zwischen Bindung und Autonomie sind, verfügen über gute Anpassungsfähigkeiten. Wenn sie einen Kompromiss eingehen, haben sie dabei nicht das Gefühl, sich zu verbiegen. Sie wissen um ihre innere Freiheit (es sei denn, sie sind Sachzwängen unterworfen), Ja oder Nein zu sagen. Diese Freiheit resultiert aus ihrer Kindheitserfahrung, auch dann geliebt zu werden, wenn sie einen eigenen Willen zeigen, der konträr zur Haltung ihrer Eltern steht. Gerade weil sie sich frei fühlen, auch Nein sagen zu dürfen, wenn sie Nein meinen, müssen sie nicht notorisch gegen die Erwartungen anderer Menschen rebellieren. Ihre innere Freiheit führt also dazu, dass sie sich auch mit einem guten Gefühl auf die Wünsche anderer Menschen einstellen können. Nicht selten schlagen sich nämlich Menschen, die als Kinder viel Anpassungsdruck verspürten, auf die Seite der Rebellion. Sie haben sich sozusagen eine Anpassungsallergie zugezogen und kämpfen als Erwachsene um ihre Freiheit.

Sie fühlen sich schnell von den Erwartungen ihrer Mitmenschen unter Druck gesetzt und reagieren hierauf mit Widerstand, indem sie häufig genau das nicht tun, was von ihnen erwartet wird. Ihre innere Balance ist also zugunsten der Autonomie aus dem Gleichgewicht. Es sind häufig die unsicher-vermeidend Gebundenen, die ihre autonomen Grenzen mit Vehemenz verteidigen.

Die unsicher-anklammernd gebundenen Menschen hingegen, die sich ebenfalls als Kinder zu stark an die Bedürfnisse ihrer Eltern anpassen mussten, bleiben zumeist in der Überanpassung verhaftet. Ihre innere Balance ist deswegen zugunsten der Bindung aus dem Gleichgewicht – sie tun also sehr viel dafür, um von anderen Menschen angenommen zu werden.

Entsprechend ist ihr Bedürfnis nach Anerkennung sehr hoch, und sie opfern viel Zeit für ihr gutes Aussehen und außergewöhnliche Leistungen. Viele streben sogar nach absoluter Perfektion, um sich möglichst kugelsicher gegen Angriffe zu schützen. Weil sie keinen guten Zugang zu ihren Gefühlen haben, merken sie häufig zu spät, wenn sie verletzt werden oder über ihre eigenen Kräfte hinausgehen. Mit anderen Worten: Ihre autonomen Fähigkeiten kommen zu kurz.

Fähigkeiten für die Autonomie und Kontrolle

Damit ich für mich eintreten und meine Interessen behaupten kann, benötige ich Fähigkeiten, die jenen aufseiten der Bindung entgegenstehen. Ich benötige eine gewisse Kampfbereitschaft, die im ersten Schritt voraussetzt, dass ich überhaupt weiß, was ich will. Während es bei der Bindung immer um die Frage geht »Was haben wir gemeinsam?«, geht es bei der Autonomie um die Frage »Was unterscheidet uns?«

Es geht also um meine individuellen Bedürfnisse und Ziele, die mich von einem anderen Menschen oder der Gemeinschaft trennen.

Fähigkeiten, die für die Autonomie notwendig sind:

- Eigene Gefühle und Bedürfnisse spüren
- Entscheidungen treffen, sich Ziele setzen
- Argumentieren und kämpfen können
- Sich trennen können

Während es für die Bindung wichtig ist, dass wir unsere eigenen Bedürfnisse ab und zu nach hinten schieben, damit wir uns besser anpassen können, so benötigen wir für die Autonomie einen guten Draht zu unseren Gefühlen. Ansonsten fällt es uns schwer, eine Entscheidung zu treffen. Gefühle verleihen dem, was ich tue, und dem, was mir widerfährt, eine Bedeutung. Gefühle zeigen die Richtung an, in die ich gehen möchte. Sie signalisieren, dass ich mich annähern kann, wenn sich etwas gut anfühlt; sie warnen mich, dass ich etwas vermeiden sollte, wenn es sich schlecht anfühlt. Auch Entscheidungen, die ich scheinbar aus reiner Vernunft treffe, haben eine gefühlsbasierte Komponente. Denn auch bei einer rationalen Entscheidung gibt letztlich ein gutes Gefühl den Ausschlag. Wer hingegen einen schlechten Draht zu seinen Gefühlen hat, dem gelingt es häufig nicht, eine vermeintlich rationale Entscheidung zu treffen. Zumindest dann nicht, wenn es sich um eine persönliche Entscheidung handelt, wie beispielsweise die Frage, ob man eine Beziehung aufrechterhalten möchte oder sie doch lieber aufgibt. Pros und Kontras werden gegeneinander abgewogen, und die Betroffenen drehen sich im Kreis, weil es sie gefühlsmäßig weder klar in die eine noch in die andere Richtung zieht. Ein guter Kontakt zu den eigenen Gefühlen ist also eine wichtige Voraussetzung, um Entscheidungen zu treffen.

Auch wenn ich weiß, was ich will und wohin die Reise gehen soll, heißt das aber noch lange nicht, dass meine Wünsche mit denjenigen meiner Umgebung konform gehen. Ständig stoßen unterschiedliche Interessen aufeinander. Ein paar Beispiele: Der eine Partner schläft gern sonntags aus und lässt den Tag auf sich zukommen, den anderen treibt es frühmorgens zu Aktivitäten wie sonntäglichen Ausflügen. Die Mutter will, dass das Kind ins Bett geht, das Kind will aber noch spielen. Das Unternehmen führt eine Umstrukturierung durch, die den Mitarbeitern gar nicht gefällt. Häufig stehen wir also vor der Frage: Passe ich mich an oder setze ich mich durch?

Für ein selbstbestimmtes Leben brauche ich außer eigenen Zielen also auch eine gewisse Durchsetzungskraft. Die Natur hat uns sehr viele Gefühle mitgegeben, damit wir uns an andere Menschen binden. Für die Durchsetzung unserer autonomen Interessen hat sie uns hingegen nur ein Gefühl reserviert, nämlich die Aggression. Ohne ein gewisses Maß an gesunder Aggression bin ich nicht in der Lage, für mich einzutreten.

Aggression und Wut haben gesellschaftlich betrachtet keinen guten Ruf. Der Grund ist, dass Wut Menschen – zumindest vorübergehend – voneinander trennt. Das drückt sich in dem Wort aus einander-setzen aus. Wenn ein Mensch wütend ist, verbreitet er schlechte Stimmung, und keiner bekommt gern die Wut eines anderen ab. Zudem kann Wut in Hass und Gewalt gipfeln, was natürlich auch nicht zum guten Image dieser Emotion beiträgt.

Psychologisch betrachtet, ist Wut jedoch ein überlebenswichtiges und unbedingt notwendiges Gefühl. Es ermöglicht uns, unsere Grenzen und Interessen zu schützen. Wer einen guten Umgang mit seiner Wut erlernt hat, ist vital und durchsetzungsfähig. Wut verleiht uns Stärke und Lebendigkeit. Menschen, die aggressionsgehemmt sind, können sich nicht nur schlecht selbst behaupten, sondern wirken auch ein bisschen energielos.

In der Psychologie unterscheidet man die *passive* von der *aktiven Aggression*. Die aktive Aggression ist als solche gut erkennbar: Klar argumentieren, laut werden, streiten oder auch zuschlagen sind aktiv-aggressive Verhaltensweisen. Die passive Aggression ist hingegen verdeckter, deswegen spricht man synonym auch vom passiven Widerstand. *Zielt die aktive Aggression auf den Angriff, so ist das Wesen der passiven Aggression die Verweigerung.* Den anderen auflaufen lassen, mauern, dichtmachen, trödeln oder auch zu spät kommen, sind Spielarten der passiven Aggression.

Jeder Mensch agiert hin und wieder sowohl passiv als auch aktiv aggressiv. Manchmal machen wir einfach dicht, ein anderes Mal hauen wir auf den Putz. Das hängt – wie so oft im Leben – von der Berechnung unserer persönlichen Chancen ab. Bei einem stärkeren Gegenüber zieht man sich vielleicht zurück und übt sich im passiven Widerstand. Befindet sich das Gegenüber hingegen auf Augenhöhe oder wähnen wir uns sogar überlegen, dann wagen wir den Angriff.

Einige Menschen setzen ihre Ziele vorwiegend passiv-aggressiv durch, andere üben zu viel aktive Aggression aus. Menschen, die häufig passiv-aggressiv agieren, könnte man mit den Attributen stur, störrisch oder dickschädelig beschreiben. Will heißen, sie sind wenig kompromissbereit. Neben einer wesensbedingten Veranlagung haben sie sich in ihrer Kindheit eine Anpassungsallergie zugezogen, die sie zu der (unbewussten) Entscheidung geführt hat, fortan Widerstand zu leisten. Ein Kompromiss triggert ihr altes Kindergefühl, sich um des lieben Friedens willen verbiegen zu müssen. Passiv-Aggressive ziehen gern ihr Ding durch – ohne Mitsprache weiterer Beteiligter. Die Mitsprache anderer erscheint ihrem Schattenkind nämlich wie Einmischung. Klärungsgesprächen stehen sie ablehnend gegenüber, auch diese sind bereits ein Angriff auf ihre Autonomie. Lieber machen sie dicht und mauern. Oder sie machen Zusagen, die sie dann allerdings nicht umsetzen, oder so quälend langsam umsetzen, dass es die andere Person schier in den Wahnsinn treibt. Die passive Aggression ist auf ihre leise Art sehr destruktiv, weil der Angreifer sich nicht klar zu erkennen gibt, sondern aus dem Hinterhalt agiert.

Wer seine autonomen Bedürfnisse hingegen gesund behaupten möchte, sollte sich im Argumentieren üben. Mit Hilfe von Argumenten kann man im ersten Schritt selbst Standpunktsicherheit gewinnen und im zweiten Schritt andere überzeugen. Dabei sollte man im Hinterkopf haben, dass es nicht ums Rechthaben oder Gewinnen geht, sondern darum, in der Sache voranzukommen. Gerade Menschen mit einem geringen Selbstwertgefühl erleben es oft als persönliche Niederlage, wenn sie sich argumentativ unterlegen fühlen. Dabei drückt der Satz »Da hast du recht!« Souveränität und Gelassenheit aus. Überangepasste sind normalerweise wenig trainiert im Argumentieren und geraten hierdurch leicht ins Schlingern. Wohl wissend, dass ihnen schnell die Worte ausgehen, treten sie deswegen oft auch gar nicht erst in den Ring. Mit dem Gedanken »Das bringt doch sowieso nichts« legen sie ihre Motivation schon lahm, bevor es losgehen könnte. Mit diesem Verhalten negieren sie die Verantwortung für sich und ihre Wünsche und begeben sich kampflos in die Opferrolle. Das führt allerdings zu weiterer Frustration und Ärger.

Es ist also sinnvoll, sich im Argumentieren zu üben. In meiner Arbeit als Psychotherapeutin habe ich sehr gute Erfolge damit erzielen können, die eigene Vorstellungswelt als Trainingsfeld fürs Argumentieren zu verwenden: Das funktioniert sowohl im Rückblick auf vergangene Situationen, bei denen man überlegt, welche Argumente hilfreich gewesen wären, als auch bei Situationen, auf die man sich für die Zukunft vorbereitet. Diese gedankliche Beschäftigung mit guten Argumenten in verschiedenen Konfliktsituationen kann man ganz nebenbei vollziehen, beispielsweise auf längeren Autofahrten oder beim Spazierengehen. Je öfter man in Gedanken seine Kompetenz im Argumentieren trainiert, desto besser gelingt es dann auch im wirklichen Leben. In meinem Buch »So stärken Sie Ihr Selbstwertgefühl« befasse ich mich eingehend mit dem Thema, wie man sich verbal gut zur Wehr setzen kann.

Aggressionen haben also ein Doppelgesicht. Sie haben nicht nur eine zerstörerische, verletzende Seite. Sie können auch als Energie eingesetzt werden, um Probleme zu lösen oder uns aus heiklen Situationen zu retten. Dann bringen sie uns weiter.

Beide Seiten dieser Emotion spielen bei der Entwicklung eines Kindes mit. Bevor das Kind sich verbal wehren kann, setzt es oft seine Zähne ein, um sich anderen gegenüber zu behaupten. Das ist keine bewusste Form der Aggression. Das Kind setzt durch das Beißen anderer seine Grenzen. Das Verhalten verschwindet meist, wenn sich das Kind mit Worten wehren kann.

Eine Spezialform der kindlichen Wut ist die sogenannte *Trennungsaggression.* Dieser Begriff kommt ursprünglich aus der Entwicklungspsychologie und bezeichnet die Wut, die kleine Kinder benötigen, um wichtige Schritte ihrer autonomen Entwicklung zu bewältigen. Ein Höhepunkt der kindlichen Autonomieentwicklung ist die sogenannte Trotzphase. »Hau ab, blöde Mama!« brüllt das Kind dann beispielsweise laut heraus. Wenn es den Eltern einigermaßen gelingt, mit dieser kindlichen Wut umzugehen, dann lernt das Kind im Laufe seines Heranwachsens, seinen Willen und seine Wut angemessener zu artikulieren.

Ein weiterer Höhepunkt der autonomen Entwicklung ist die Pubertät – auch hier tragen Eltern und Kinder häufig Machtkämpfe miteinander aus. In der Pubertät erprobt der junge Mensch sich in seiner Autonomie und Individualität. Dies erfordert eine Ablösung von den Eltern: Die Jugendlichen entwickeln eigene Wertmaßstäbe von richtig und falsch, die wie Leitplanken für autonome Lebensentscheidungen fungieren. Gelingt es den Kindern und Jugendlichen, diese Entwicklungsschritte gut zu bewältigen, dann entwickeln sie gleichsam einen konstruktiven Umgang mit Wutgefühlen.

Es ist sinnvoll für ihr späteres Leben, wenn junge Menschen das Doppelgesicht ihrer Aggression frühzeitig kennenlernen: Wer weiß und akzeptiert, dass er generell zu zerstörerischen Handlungen fähig ist, kann bewusster damit umgehen. Auch im Erwachsenenleben gibt es Situationen, in denen wir Trennungsaggression benötigen – zum Beispiel, um uns aus einer ungesunden Beziehung zu lösen. Wir brauchen sie, um gegebenenfalls die Reißleine zu ziehen: »Jetzt reicht's! Bis hierhin und nicht weiter! Das war's! Basta, Schluss, aus!« sind die verbalisierten Beschlüsse, die einer längst überfälligen Trennung in der Regel vorausgehen. Es überrascht wenig, dass

Menschen mit einem anklammernden Bindungsstil über zu wenig Trennungsaggression verfügen und deswegen gefährdet sind, in toxischen – also dysfunktionalen und psychisch ungesunden – Beziehungen stecken zu bleiben.

Zusammenfassung: Bindung und Autonomie als dynamisches System

In jedem Menschen sind mit dem Wunsch nach Bindung einerseits und dem Willen zur Autonomie andererseits zwei psychische Grundbedürfnisse angelegt, die sich zu widersprechen scheinen. In dem Moment, in dem ich mich an andere Menschen binde und deshalb an sie anpasse, kann ich mich nicht gleichzeitig selbst behaupten. Beide Grundbedürfnisse sind allerdings elementar für uns. Für ein erfülltes Leben ist es wichtig, die richtige Balance zwischen unserem Unabhängigkeits-Streben und unserem Bedürfnis nach Nähe und Geborgenheit zu finden. Den grundsätzlichen Konflikt zwischen Abhängigkeit und Autonomie, der sich daraus manchmal ergibt, muss jeder Mensch für sich lösen. Dieser Konflikt wird übrigens in der psychologischen Fachsprache *Abhängigkeits-Autonomie-Konflikt* genannt.

Die Bindungs- und Autonomieerfahrungen, die wir in unseren ersten Lebensjahren mit unseren Eltern machen, prägen unseren späteren Umgang mit diesem Grundkonflikt. Diese Erfahrungen haben einen nachhaltigen Einfluss auf unsere Persönlichkeit. Sie formen unsere mentale Landkarte: Darauf abgebildet sind unsere tief eingeprägten Vorstellungen, was ich von mir und anderen Menschen zu halten habe, und was ich tun muss, um angenommen, gemocht und geliebt zu werden. Unsere kindlichen Erfahrungen und Vorstellungen von Bindung und Autonomie sind sozusagen dauerhaft wie Ortschaften auf dieser mentalen Landkarte verzeichnet.

Damit wird die Basis unseres Lebens in jungen Jahren bereits stark geformt: Mit der Bindung zu unserer Mutter fängt alles an, unser Bindungsbedürfnis ist die Grundlage unserer Existenz. Der Mensch braucht andere Menschen, nicht nur für sein Seelenwohl, sondern schlichtweg, um sein Überleben zu sichern. Deshalb verfügen Babys von Geburt an über die Fähigkeit, auf sich aufmerksam zu machen.

Ob wir das sogenannte Urvertrauen ausbilden oder eher ein Urmisstrauen entwickeln, hängt davon ab, wie einfühlsam und liebevoll unsere Eltern mit uns umgehen. Diese ersten Lebenserfahrungen bestimmen, womit man später Bindung und emotionale Abhängigkeit assoziiert: Wer als kleines Kind die Erfahrung gemacht hat, dass er in seiner Abhängigkeit nicht übersehen, sondern umsorgt wird, hat später nicht ganz generell Angst, in einer Beziehung verletzt zu werden. Er hegt dann auch kein grundsätzliches Misstrauen gegenüber Liebe oder Verliebtheit, sondern verbindet diese Gefühle mit Geborgenheit und Vertrauen. Solch ein Mensch entwickelt einen sogenannten *sicheren Bindungsstil*: Er hat verinnerlicht, dass Beziehungen etwas Positives sind, das man selbst mitgestalten kann. Er hat auch die Überzeugung, innerhalb einer Beziehung autonom genug zu sein, um seine Bedürfnisse befriedigen zu können. Das Gegenteil davon ist der *unsichere Bindungsstil*: Menschen mit einer unsicheren Bindung haben die frühkindliche Erfahrung verinnerlicht, dass man sich auf andere nicht verlassen kann. Sie haben demzufolge Schwierigkeiten, anderen zu vertrauen. Sie haben die Überzeugung, dass sie in Beziehungen nicht zu ihrem Recht kommen und ihnen ohnmächtig ausgeliefert sind.

An dieser Stelle wird deutlich, wie eng das Bindungs- und das Autonomiebedürfnis miteinander verwoben sind: Sie bedingen einander sogar. Wer das Gefühl hat, um seiner selbst willen geliebt zu werden, hat auch das Gefühl, für seine Rechte eintreten zu dürfen und seinen eigenen, individuellen Lebensweg beschreiten zu können. Unsere Entwicklung ist darauf angelegt, dass wir unabhängig und selbstständig von der Fürsorge unserer Eltern werden. Entwicklungspsychologisch betrachtet folgt die Ausbildung unseres Autonomiestrebens auf die Phase, in der unser Bindungsverhalten geprägt wird. So wie das Kind im ersten Lebensjahr die Verbundenheit mit der Mutter als überlebensnotwendig erfährt, so erforscht es danach seine Umgebung auf Basis der erworbenen Bindungssicherheit.

Wer in dieser Lebensphase erfährt, dass sein Bedürfnis nach Bindung und gleichzeitig nach Eigenständigkeit und Kontrolle berücksichtigt wird, gewinnt eine sogenannte *hohe internale Kontrollüberzeugung*. Wer eine hohe internale Kontrollüberzeugung hat, hat einen stabilen Selbstwert und ist davon überzeugt, den Herausforderungen des Lebens gewachsen zu sein. Wurden die kindlichen Bedürfnisse nach Bindung und Kontrolle hingegen häufig enttäuscht, resultiert daraus oft eine *niedrige internale Kontrollüberzeugung*, die wiederum Einfluss auf die spätere Lebensgestaltung hat.

Wenn es Eltern also hinreichend gelingt, beide Bedürfnisse zu befriedigen, lernt ein Kind zum einen, ein gesundes Bindungsverhalten zu entwickeln. Es erwirbt auch die Fähigkeiten, die es braucht, um eigene Gefühle zu spüren und für seine Ziele und Wünsche einzutreten.

Der Selbstwert – das Epizentrum unserer Psyche

Jeder Mensch will eine gute Meinung von sich selbst haben. Jeder Mensch wäre gern schön und erfolgreich, hilfreich und gut. Wir streben nach Selbstoptimierung und verabscheuen Misserfolg. Wer malt sich nicht ab und zu aus, er wäre mit ganz besonderen Fähigkeiten und/oder ungewöhnlicher Schönheit ausgestattet? Wenn wir tagträumen, dann meistens davon, dass wir in der Lage sind, unser Selbst ein wenig mehr in Richtung »Superheld« zu transformieren. Die Liste der Psychologen, die das Selbstwertgefühl als den Dreh- und Angelpunkt unseres psychischen Geschehens ansehen, ist unendlich lang. Der erste war Alfred Adler (1870–1937), ein österreichischer Arzt und Psychotherapeut, der die Überwindung des menschlichen Unterlegenheitsgefühls als die wichtigste Motivationsquelle ansah.

Unterlegenheitsgefühle sind zutiefst verunsichernd und machen uns schnell aggressiv. Unterlegenheit erzeugt nämlich Angst vor dem vermeintlich stärkeren Gegenüber, und Angst ist ein Gefühl, das häufig Wut nach sich zieht. Ich erinnere daran, dass die Emotion der Aggression dem Zweck dient, unsere Autonomie zu schützen. Ein überlegenes Gegenüber stellt eine potenzielle Bedrohung für unsere Autonomie dar, weil es stärker ist und somit die Macht hätte, uns zu vernichten.

Wenn wir uns minderwertig fühlen, rechnen wir im Hinblick auf unser Bindungsbedürfnis mit Ablehnung und bezüglich unseres Autonomiewunsches mit einer Niederlage. Im umgekehrten Fall gibt mir ein guter Selbstwert das Gefühl, »bindungswürdig« und gleichzeitig stark und wehrhaft zu sein.

Wie ich schon mehrfach betont habe, gibt es so gut wie keinen Zusammenhang zwischen unserem subjektiv empfundenen Selbstwert und unseren objektiven Fähigkeiten. Unser Selbstwerterleben wird wesentlich durch die Qualität unserer Elternbeziehungen bestimmt und ist somit hochgradig willkürlich. Das ist umso »gemeiner«, als unser Selbstwert einen erheblichen Einfluss auf unsere Lebensgestaltung und somit auch unsere Lebensqualität hat. Schließlich ist der Selbstwert die Quintessenz unserer mentalen Landkarte beziehungsweise unseres inneren Kindes. Im Kern bestimmt der Selbstwert unser Lebensgefühl: Genüge ich? Oder genüge ich nicht? Bin ich okay? Oder nicht okay? Bin ich etwas wert? Oder nichts wert?

Aufgrund solch einfacher Glaubenssätze schätze ich ab, was ich von anderen Menschen erwarte. Sie geben mir die Antwort auf die grundlegendste aller Fragen: Was muss ich tun, um geliebt zu werden? Muss ich überhaupt etwas dafür tun oder werde ich um meiner selbst willen geliebt?

Exkurs: Rollenvorbilder und Selbstwerterleben

Zwar hat die Eltern-Kind-Bindung einen starken Einfluss auf unser Selbstwerterleben, jedoch gibt es auch noch andere Faktoren, die unser Selbstbild bestimmen. So gibt es beispielsweise Eltern, die ihr Kind sehr liebevoll umsorgen und ihm auch ein sicheres Bindungsgefühl vermitteln, die jedoch in dessen späteren Entwicklungsjahren keine gute Vorbildfunktion einnehmen. Wenn ein Mädchen beispielsweise mit einer Mutter aufwächst, die sich selbst wenig zutraut und recht ängstlich durchs Leben geht, so kann das in diesem Mädchen starke Spuren hinterlassen. Die ängstliche Mutter möchte auch ihre Tochter vor den Gefahren dieser Welt beschützen. Ebenso wenig wie sich selbst traut sie auch ihrer Tochter zu, dass sie sich wehren und durchsetzen kann. So können in der Tochter Glaubenssätze gedeihen, wie »Ich schaff das nicht« oder »Das Leben ist gefährlich«. Ebenso kann ein Vater, der sehr konfliktscheu ist, seinem Sohn ein schlechtes Vorbild in seiner autonomen Entwicklung geben, weil er ihm nicht vorlebt, wie man seine Interessen angemessen vertreten kann.

Will man sich also mit seinen eigenen Prägungen auseinandersetzen, so ist es wichtig, nicht nur den Umgang der Eltern mit einem selbst zu betrachten, sondern auch die Rolle und die Vorbildfunktion zu analysieren, welche die Eltern eingenommen haben.

Aber auch weitere Familienmitglieder, Freundinnen oder Lehrer können prägende Einflüsse auf das Selbstbild beziehungsweise Teile des Selbstbildes nehmen. Gerade in der Schule können Überzeugungen entstehen wie »Ich bin unsportlich« oder »Ich kann nicht singen«, die möglicherweise gar nicht stimmen, sondern eher unfähigen Pädagogen zuzuschreiben sind.

Auch unsere Gene haben einen Einfluss auf die Ausprägung unseres Selbstwertgefühls. Kinder, die mit einem sensiblen, anlehnungsbedürftigen Wesen geboren sind, sind anfälliger, ein geringes Selbstwertgefühl auszubilden, als dickfellige Frohnaturen. Auf die Bedeutung, die unsere Gene für die Ausbildung unserer psychischen

Struktur haben, werde ich noch näher unter dem Abschnitt »Motivation und Gene« eingehen.

Unser Selbstwert ist mit unseren Bedürfnissen nach Bindung und Autonomie eng verknüpft: Wenn ich nämlich um meiner selbst willen geliebt werde, dann steht mir auch das Recht zu, für meine Bedürfnisse einzutreten. Ich darf mich wehren, ich darf mich behaupten und werde trotzdem nicht zurückgewiesen. Ist dies wiederum der Fall, dann kann ich auf meine Beziehungen Einfluss nehmen, verfüge also über eine hohe internale Kontrollüberzeugung.

Unsere Grundbedürfnisse nach Selbstwert, Autonomie und Bindung sind folglich unzertrennlich miteinander verwoben. Unsere Bindungen, vor allem unsere frühen Beziehungserfahrungen mit unseren Eltern, haben einen maßgeblichen Einfluss darauf, wie sich mein Selbstwert entwickelt und dies bestimmt wiederum wesentlich, wie ich meine späteren Beziehungen gestalte, auch die Beziehung zu meinen Kindern. So kann es leicht passieren, dass ich meine eigenen Prägungen unbewusst an meine Kinder weitergebe. Sofern die Eltern über einen guten Selbstwert verfügen, ist das unproblematisch. Verfügen die Eltern jedoch selbst über ein geringes Selbstwerterleben, dann laufen sie Gefahr, ihre eigenes Schattenkind, also ihre negativen Überzeugungen beziehungsweise Glaubenssätze, an ihre Kinder weiterzugeben. Auch deswegen ist es so wichtig, dass man seine eigenen Prägungen reflektiert. Wer sich als Elternteil näher mit diesem Thema beschäftigen möchte, sei auf mein Buch »Nestwärme, die Flügel verleiht« verwiesen, das ich gemeinsam mit meiner Koautorin und Freundin Julia Tomuschat geschrieben habe.

Unser Bedürfnis nach Selbstwerterhöhung ist nicht nur unser wichtigstes psychologisches Grundbedürfnis, sondern es zeichnet auch die menschliche Spezies aus: Andere, höher entwickelte Säugetiere haben ebenfalls ein Bedürfnis nach Bindung, Autonomie und Unlustvermeidung, aber der Wunsch, den eigenen Wert zu regulieren, setzt bestimmte menschliche Fähigkeiten voraus, über welche Tiere nicht verfügen. Hierzu zählt ein reflektierendes Bewusstsein, also die Fähigkeit, über sich selbst nachdenken zu können. Diese Form von Reflexion ist wiederum an Sprache gebunden. Der Grundstein für unser späteres Selbstwerterleben wird jedoch bereits in den ersten zwei Lebensjahren in Form von Urvertrauen oder Urangst gelegt und befindet sich also im impliziten (unbewussten) Gedächtnis.

Während das Selbstwerterleben in den ersten zwei Lebensjahren diffus ist und wesentlich davon abhängt, ob die Eltern feinfühlig die Bedürfnisse ihres Kindes nach Bindung befriedigen, so bildet sich der Wunsch, den eigenen Selbstwert zu stabilisieren, erst in der späteren Entwicklung des Kindes heraus. Hierfür benötigt es explizite, also bewusste mentale Prozesse. Ein Kind muss sich seines Selbst erst einmal bewusst sein, damit es Scham empfinden oder sich in seiner Ehre gekränkt fühlen kann. Es muss in seiner sprachlichen und kognitiven Entwicklung erst einmal so weit sein, dass es denken und fühlen kann: »Mein Freund Benny kann viel schneller Roller fahren als ich« oder »Ich bin schlecht in Mathe«. Erst durch diese Vergleiche, die auf einer sprachlichen Ebene stattfinden, entwickeln wir ein differenziertes Bild von unseren Fähigkeiten. Dieses wird selbstverständlich auch mitgeprägt durch die Botschaften, die wir von unseren Eltern und anderen Bezugspersonen erhalten. Somit entwickelt sich unser Selbstbild über eine längere Entwicklungsspanne, die auch die Pubertät und Jugend einschließt. Mit seinem Selbstbild und Selbstwert entwickelt der Mensch auch verschiedene Strategien, seinen Selbstwert zu erhöhen (Annäherung) oder sich vor Verletzungen zu schützen. (Vermeidung).

Aber auch Erlebnisse in späteren Lebensjahren können unser Selbstbild noch in die eine oder andere Richtung verändern. Dies kann im negativen Sinne geschehen, wenn wir im Erwachsenenleben ein Trauma, wie beispielsweise eine Vergewaltigung, erleben, oder auch im positiven Sinne, wenn wir eine Psychotherapie machen oder auf anderen Wegen aktiv an unserem Selbstbild und Selbstwerterleben arbeiten. Wir können als Erwachsene großen Einfluss auf unser Selbstbild nehmen, indem wir uns selbst reflektieren und uns aus der Identifizierung mit alten, negativen Glaubenssätzen lösen.

Ein Baby hat nur ein diffuses Grundgefühl davon, ob es sich geliebt und aufgehoben in der Welt fühlt oder eben nicht. Einem vierjährigen Kind stehen bereits Gedankenprozesse und differenzierte Emotionen zur Verfügung. Wenn es dem Vierjährigen gelingt, vom Roller auf das Fahrrad mit Stützrädern umzusteigen, kann er sehr stolz auf sich sein und etwas denken wie: »Das muss ich der Mama zeigen, die wird sich freuen!« Der Vierjährige hat auch schon eine recht genaue Vorstellung entwickelt, was er tun darf und was nicht, um anerkannt beziehungsweise »nicht ausgeschimpft« zu werden. Er weiß im Großen und Ganzen, was seine Eltern von ihm erwarten.

Ein unsicher gebundenes Kind, das häufig Zurückweisung von seiner Mutter erfährt, fühlt sich – anders als der Säugling – nicht einfach nur verängstigt und verlassen, sondern es bildet sich aufgrund dessen eine Meinung über sich selbst und seine Umgebung. In der Denkwelt des Kindes gibt es zwei Alternativen: »Mit mir stimmt irgendetwas nicht, ich bin falsch«, lautet eine Schlussfolgerung. »Mama/Papa sind falsch«, lautet die zweite. Letztere Möglichkeit wäre für das Kind viel bedrohlicher. Es ist schließlich vom Schutz seiner Eltern abhängig. Außerdem ist ein kleines Kind kognitiv nicht in der Lage, sich ein moralisch unabhängiges Bild von seinen Eltern zu bilden. In den Augen des Kindes sind die Eltern groß und gut. Also gibt es sich selbst die Schuld für das Verhalten seiner Eltern. So manifestieren sich bestimmte Glaubenssätze im Kind.

Mit der Zeit differenziert sich die mentale Landkarte des Kindes weiter. Seine wenig einfühlsamen Eltern konfrontieren es noch mit anderen Aussagen, die seinen Selbstwert attackieren, wie beispielsweise »Warum bist du nur immer so ungeschickt und langsam?« oder »Schau dir doch mal an, wie schön die anderen Kinder miteinander spielen!«. Das Kind lernt hierbei nicht nur, dass es etwas langsamer und ungeschickter als andere Kinder ist, sondern auch, dass es darauf ankommt, möglichst geschickt zu sein. Es lernt, dass es wichtig ist, den Eltern zu gefallen, ihren Ansprüchen zu genügen. Weil wenig einfühlsame Eltern zudem nicht gut mit Gefühlen wie Trauer oder Wut umgehen können, lernen ihre Kinder auch, diese Gefühle möglichst nicht zu spüren. Ein Kind entwickelt Strategien, wie es am besten mit seinen Eltern klarkommt, und schlussfolgert unbewusst, dass es auf diese Weise auch mit anderen Menschen Konflikte vermeidet. Es passt sich an, versucht es möglichst allen recht zu machen, unterdrückt unerwünschte Gefühle und geht Meinungsverschiedenheiten aus dem Weg. Es lernt also früh, Selbstwertverletzungen durch ein hohes Maß an Anpassung an die Erwartungen seiner Umgebung zu vermeiden. Seine internale Kontrollüberzeugung ist niedrig, sein Vermeidungsmotiv hoch. Mit dieser Prägung, diesem Schattenkind, wird es erwachsen.

Die entscheidende Frage ist: Wird dieser Erwachsene zukünftig Erfahrungen suchen, die seinen niedrigen Selbstwert kompensieren? Oder sucht er vielleicht (unbewusst) nach Erfahrungen, die seinen niedrigen Selbstwert bestätigen?

Festhalten am geringen Selbstwert

Ein vielfach untersuchtes psychologisches Phänomen ist, dass viele Menschen den scheinbar unbewussten Drang haben, sich ihr negatives Selbstbild immer wieder zu bestätigen. Sie erwarten zu scheitern. Manchmal sabotieren sie sogar unbewusst einen möglichen Erfolg. Wenn sie dann einen Misserfolg erleiden, bestätigt dieser ihr Schattenkind, das ohnehin denkt, es genüge nicht. Sind sie erfolgreich, dann schreiben sie dies Faktoren wie »Glück« zu oder sie hegen die fast unerschütterliche Überzeugung, dass den anderen nur »noch nicht aufgefallen ist«, wie minderwertig sie tatsächlich sind. Es laufen Millionen hoch erfolgreicher Menschen durch die Welt, die insgeheim denken, dass sie nicht genügten. Dieses Festhalten an einem negativen Selbstbild steht im ausgeprägten Widerspruch zu unserem

Bedürfnis nach Selbstwerterhöhung. Welchen Grund kann es geben, dass so viele Menschen offensichtlich dieses psychische Grundbedürfnis ignorieren und das Gegenteil praktizieren? Diesen scheinbaren Widerspruch – zwischen dem Wunsch nach Selbstwerterhöhung auf der einen und dem Festhalten an einem geringen Selbstwert auf der anderen Seite – erlebe ich auch häufig bei der Arbeit mit meinen Klientinnen und Klienten.

Nicht selten klagen meine Klienten und Seminarteilnehmerinnen, ihnen sei theoretisch klar, dass ihr Selbstbild durch ihre Eltern falsch geprägt worden sei und sie im Grunde genommen zufrieden mit sich sein könnten. Es gelinge ihnen aber trotzdem nicht, neue, positive Glaubenssätze in ihrem Gefühl zu verankern. Sie schaffen es nicht, den Anteil ihrer Persönlichkeit zu stärken, den ich als »Sonnenkind« bezeichne (siehe »Kleiner Exkurs: Inneres Kind, Schattenkind und Sonnenkind«). Dabei, so versichern mir viele, würden sie die Übungen zur Stärkung ihres Sonnenkindes fleißig praktizieren, aber es stelle sich leider kein nachhaltiger Erfolg ein.

Exkurs: Meine Arbeit mit dem Sonnenkind

Zur Erinnerung: Während es bei meiner therapeutischen Arbeit mit dem Schattenkind um die schwierigen Prägungen und negativen Glaubenssätze geht, konzentriert sich meine Arbeit mit dem Sonnenkind darauf, den intakten Anteil des Selbstwertgefühls zu stärken. Das Sonnenkind fokussiert nicht nur auf die positiven Erinnerungen, sondern ist in meiner Arbeit als Therapeutin auch ein Sinnbild für all das, was wir uns in unserem Erwachsenenleben selbst neu gestalten können. Das Sonnenkind ist sozusagen der Zielzustand. Konkret bedeutet dies, dass meine Klienten lernen, sich ihren Stärken zuzuwenden und diese zu nutzen. Zudem verkehren wir die alten, negativen Glaubenssätze in positive, die der heutigen Realität meiner Klientinnen viel angemessener sind. Das können Überzeugungen sein wie »Ich bin klug«, »Ich darf meine Meinung haben« oder »Ich habe Glück verdient«. Wir suchen auch nach persönlichen Werten, die Sicherheit für neue Einstellungen vermitteln können. Werte geben uns Orientierung und Kraft, wie ich bereits am Anfang meines Buchs ausgeführt habe (siehe u. a. »Der Sinn des Lebens«, S. 17). Ein Beispiel dazu: Wenn eine Klientin große Probleme damit hat, ihre Bedürfnisse und ihre Meinung zu äußern, suche ich mit ihr nach Werten, die ihr Rückendeckung geben können. Werte wie »Mut«, »Aufrichtigkeit« oder »Zivilcourage« können helfen, mehr aus sich herauszukommen und zu sich selbst zu stehen. Wir suchen bei der Arbeit mit dem Sonnenkind nach alternativen Verhaltensweisen für bestimmte Schutzstrategien, etwa zum Perfektionismus oder zur Harmoniesucht. Es geht darum, Schatzstrategien zu etablieren, die eine Alternative zu den bisherigen Schutzstrategien darstellen.

Woran liegt es also, wenn diese Übungen keinen Effekt haben? Es scheint dann so etwas wie eine »innere Weigerung« in den Betroffenen zu existieren, welche die Annahme eines positiven Selbstbildes verhindert. Und dies, obwohl ihre Vernunft ihnen grünes Licht für die Etablierung ihres Sonnenkindes signalisiert. Sie können dennoch einfach keinen guten Draht zu ihrem Sonnenkind finden. Sie klagen: Ich schaffe das einfach nicht! Das Schattenkind ist so viel stärker! Ich kann das Sonnenkind nicht fühlen!

Dieser Unfähigkeit – wider alle Vernunft –, ein positives Selbstwertgefühl zu etablieren, liegt ein verdeckter psychischer Gewinn zugrunde. Diesen verdeckten Gewinn kann man als »psychologisches Naturgesetz« bezeichnen: *Jedes Verhalten – und sei es scheinbar noch so destruktiv – verfolgt eine positive Absicht.*

Klientinnen und Klienten, die beklagen, auf der Stelle zu treten, stelle ich deswegen gern die folgende Frage: »Welchen Vorteil könnten Sie davon haben, an Ihrem negativen Selbstbild festzuhalten?« Die Antwort, die ich sinngemäß und in unterschiedlichen Varianten erhalte, lautet zusammengefasst: »Ich schütze mich davor, verletzt zu werden!« Das klingt auf den ersten Blick verwirrend, wenn nicht unlogisch. Warum sollte uns Selbstsabotage vor Verletzungen schützen?

Man kann menschliches Verhalten nicht verstehen, wenn man nicht alle psychischen Grundbedürfnisse im Auge behält. Das Festhalten an einem negativen Selbstbild und damit einhergehend einem geringen Selbstwerterleben bedient das Bedürfnis nach Sicherheit und Kontrolle, weil es vertraute Strukturen bedient. Dieses Verharren in einem an sich unangenehmen Zustand bedient, vereinfacht gesagt, die Erwartungen des Betroffenen. Es beschützt dadurch paradoxerweise zudem vor Unlustgefühlen wie beispielsweise Enttäuschung. Ich erinnere daran, dass Selbstunsichere ihr Leben häufig in der Vermeidung gestalten. Indem sie ein stärkeres Selbstwertgefühl unbewusst boykottieren, vermeiden sie, dass sie mit diesem auf Ablehnung in ihrer Umgebung stoßen könnten. Sie bewahren sich somit vor einem möglichen Scheitern ihrer »Sonnenkind-Ambitionen«, sie vermeiden beispielsweise, dass ein Glaubenssatz wie »Hochmut kommt vor dem Fall!« sich erfüllt. Das Festhalten an der Schattenkind-Matrix hat zwar seinen Preis, aber es bietet einen lang bewährten Selbstschutz in Form von Enttäuschungsprophylaxe. Eine Klientin – nennen wir sie Alexa – hat mir dieses Phänomen einmal anschaulich erklärt: »Weder meine Mutter noch mein Stiefvater konnten damit umgehen, wenn ich stark und stolz auf mich war. Sie deckelten mich dann mit Sprüchen, wie ›Komm mal runter von deinem hohen Ross‹ oder ›Du fühlst dich wohl als etwas Besseres‹. Auch als Erwachsene ist es mir schon mehrmals passiert, dass Freunde eine verletzende Bemerkung gemacht haben, wenn ich mich beispielsweise über einen beruflichen Erfolg gefreut habe. Meine Freunde haben ebenfalls kein gutes Selbstwertgefühl – wenn ich dazugehören will, darf ich nicht zu stark werden.«

Wir werden Alexa später wieder begegnen. Ihre Geschichte ist eine Variante von vielen rund um das Thema »Ich habe Angst vor den Konsequenzen, die ein positives Selbstwertgefühl nach sich ziehen könnte!«. Bevor ich sie fragte, war Alexa nicht bewusst, dass sie ihre Angst vor Ablehnung kontrolliert, indem sie am Schattenkind festhält. Es gibt noch einen weiteren Aspekt: Indem Alexa Kontrolle über eine etwaige Ablehnung herstellt, beschützt sie ihr Bindungsbedürfnis, in ihrem Fall konkret: ihren Freundeskreis. Dieses Beispiel demonstriert ganz wunderbar, wie stark die Grundbedürfnisse miteinander interagieren.

Menschen mit einem geringen Selbstwertgefühl haben in ihrer Kindheit häufig die Erfahrung gemacht, dass sie mit ihren Bemühungen, Anerkennung zu erhalten, ins Leere gelaufen sind. Zurückweisungen von Bindungswünschen tun immer weh und sind darüber hinaus ein erheblicher Dämpfer für unser Bedürfnis nach Kontrolle und Autonomie (siehe u. a. »Es geht immer um Kontrolle«, S. 50). Manchmal reicht im Leben auch nur ein einziges starkes Beschämungserlebnis, um alle weiteren Versuche einzustellen. Man kann sich also leicht vorstellen, dass Kinder, deren Wünsche nach Anerkennung und Bindung wiederholt frustriert werden, es sich alsbald abgewöhnen, aktiv nach Zuwendung in ihrer Umgebung zu suchen (Annäherung). Stattdessen sind sie motiviert, sich keine »Abfuhr« einzuhandeln, indem sie ihr Leben vorwiegend in der Vermeidung gestalten. Mit der Vermeidung befriedigen sie ihr Kontrollbedürfnis, das negative Gefühle von Scham und Enttäuschung abwehren soll. Sie schützen auch ihr Bindungsbedürfnis: erstens durch die Vermeidung einer Zurückweisung und zweitens durch den Erhalt einer oder mehrerer wichtiger Beziehungen. Meine Klientin Alexa, die nicht von ihrem »Freundeskreis« verstoßen werden wollte, ist dafür ein Beispiel. Es passiert häufiger, als man denkt, dass Menschen motiviert sind, ihr Selbstwertgefühl kleinzuhalten, um hierdurch ihre Beziehungen zu Partnern, Freunden und Eltern zu schützen. Hierauf werde ich im übernächsten Abschnitt näher eingehen.

Zusammenfassend können also dem psychischen Grundbedürfnis nach Selbstwerterhöhung alle drei weiteren Grundbedürfnisse entgegenstehen. Dann steht es gegebenenfalls 3 : 1 fürs Schattenkind. Kein Wunder, dass es – zumindest bis zur entsprechenden Selbsterkenntnis – oft den Sieg davonträgt.

Geringer Selbstwert und die Opferrolle

Kinder lieben immer ihre Eltern, und sie tun alles dafür, um von ihren Eltern zurückgeliebt zu werden. Wenn die Eltern überfordert damit sind, sich auf ihr Kind liebevoll und feinfühlig einzustellen, dann übernimmt das Kind die Verantwortung dafür, mit seinen Eltern gut auszukommen. Es passt sich dann übermäßig stark an die elterlichen Bedürfnisse an, damit diese es liebhaben oder zumindest nicht ablehnen. Die Tragik in dieser Konstellation besteht nicht nur darin, dass das Kind einen Teil seiner vitalen Authentizität opfern muss, um mit seinen Eltern klarzukommen, sondern auch darin, dass seine Bemühungen letztlich fruchtlos bleiben. Eine depressive Mutter beispielsweise bleibt antriebslos und vernachlässigend, egal wie sehr der kleine Junge sich bemüht, ihr Sonnenschein zu sein. Ein aggressiver Vater bleibt launenhaft und unberechenbar, egal wie lieb und artig seine kleine Tochter sich verhält. Die Kinder erleben also trotz hoher Anpassung eine geringe Kontrolle über ihre Umgebung. Somit erfahren sie viel Ohnmacht, die zwangsläufig die Ausbildung eines hohen Vermeidungsmotivs nach sich zieht. Sie lernen also, dass sie im besten Fall Verletzungen vermeiden können, aber es wenig bringt, aktiv etwas einzufordern. Mit diesem motivationalen Schema (vgl. auch die Ausführungen zur mentalen Landkarte im Abschnitt »Wir sind unsere Erinnerung«, S. 35, sowie zum Schattenkind) wachsen sie auf und sind hierdurch als Erwachsene prädestiniert, die Opferrolle einzunehmen.

Exkurs: Kindliche Aggression als Reaktion auf schwierige Familienverhältnisse

Nicht allen Kindern gelingt es, sich in einem dysfunktionalen Familiensystem anzupassen. Sie reagieren auf die Überforderung ihrer Eltern nicht mit Unterwerfung, sondern mit Rebellion. Vor allem Jungen, manchmal aber auch Mädchen, entwickeln dann sehr unangepasste, aggressive Verhaltensweisen in Reaktion auf das elterliche Verhalten. Sie handeln sich also bei ihren Eltern und anderen Bezugspersonen noch mehr Ärger und Ablehnung ein, anstatt diese durch ein möglichst angepasstes Verhalten zu reduzieren. Dies hat damit zu tun, dass es nicht allen Kindern gelingt, ihre Frustration beiseitezuschieben und ihre Wut zu regulieren. Kinder kommen mit unterschiedlichen Temperamenten auf die Welt. Gehirne verfügen – auch genetisch bedingt – über unterschiedliche Fähigkeiten der Impulskontrolle. Hyperaktive Kinder weisen beispielsweise aufgrund gehirnorganischer Besonderheiten eine geringe Impulskontrolle auf. Entgegen immer noch bestehender Vorurteile gilt es inzwischen als erwiesen, dass Hyperaktivität beziehungsweise die sogenannte Aufmerksamkeits-/Hyperaktivitätsstörung (ADHS) genetisch und nicht erziehungsbedingt ist. Aber auch Wesensveranlagungen, die nicht im Zusammenhang mit ADHS stehen, wie beispielsweise ein sehr robustes, kämpferisches Temperament, können dazu beitragen, dass die Kinder den Stress, den sie bei ihren Eltern erleben, in Form aggressiver Verhaltensweisen ausdrücken. Man könnte sie als Kämpfernaturen bezeichnen, die schon in jungen Jahren nicht »klein beigeben«. Sie werden sozusagen nicht müde, auf die Ungerechtigkeit und Dysfunktionalität in der Familie aufmerksam zu machen. Die meisten aggressiven Verhaltensweisen manifestieren sich allerdings in Pubertät und Jugend – also in einem Entwicklungsabschnitt, in dem die emotionale Abhängigkeit von den Eltern weitaus geringer als in der frühen Kindheit ist. Der Jugendliche verfügt bereits über sehr viel Autonomie und ist deswegen auf ein gutes Verhältnis zu seinen Eltern längst nicht mehr so stark angewiesen wie das Kleinkind.

Übermäßig aggressiven Verhaltensweisen bei Kindern können sehr unterschiedliche Ursachen zugrunde liegen, die auch in medizinischer Hinsicht abgeklärt werden sollten. So kann beispielsweise auch eine verzögerte Sprachentwicklung aggressives Verhalten begünstigen, weil die Kinder sich aus einer gewissen Hilflosigkeit heraus nicht anders zu wehren wissen. Wird die hohe Aggressionsbereitschaft mit in das Erwachsenenalter übernommen, dann besteht die Gefahr, dass diese Erwachsenen eher die Täter- als die Opferrolle einnehmen. Dies trifft zumindest in der Auswirkung ihres aggressiven Verhaltens zu, subjektiv nehmen sie sich nach wie vor als Opfer wahr.

Nicht selten wird mit einer gewissen Verärgerung oder auch Herablassung moniert, jemand nehme eine Opferrolle ein und weigere sich, selbst die Verantwortung für sein Verhalten zu übernehmen. Dieser Verdruss stellt sich nicht selten bei jenen Personen ein, die erfolglos bemüht sind, einer anderen Person zu helfen. Die andere Person verweigert sich sinnvollen Einsichten und Anregungen oder verweigert die Umsetzung derselben. Mit dieser Verweigerung boykottiert sie – zumindest in den Augen des Helfenden – ein konstruktives Miteinander und/oder eine notwendige persönliche Weiterentwicklung. Es spielt hierbei oft keine Rolle, ob die Helfenden in einer privaten Beziehung zum »Entwicklungsverweigerer« stehen oder in einer professionellen Beziehung. In beiden Fällen kann sich nämlich eine gewisse Hilflosigkeit und mithin ein Versagensgefühl beim Helfer einstellen, das er gern abschütteln und dem »Opfer« vor die Tür stellen möchte.

Auch in meiner Funktion als Psychotherapeutin erlebe ich immer wieder, dass Klientinnen und Klienten verweigern, Veränderungsprozesse aktiv mitzugestalten, und stattdessen passiv auf Erlösung hoffen. Früher hatte ich auch eine etwas strengere Meinung zu dieser »Opferrolle«, heute sehe ich das etwas anders: Inzwischen habe ich verstanden, dass sich häufig keine Faulheit oder passive Aggression hinter dieser Verweigerungshaltung verbirgt, sondern die bereits beschriebene tiefe Konditionierung eines stark ausgeprägten Vermeidungsmotivs. Aufgrund ihrer Kindheitsprägungen fehlt den Betroffenen die Erfahrung und somit der Glaube daran, dass sie tatsächlich imstande wären, an ihrer Situation etwas zu verändern. Zu häufig haben sie sich als Kinder als wirkungslos erlebt, ihre internale Kontrollüberzeugung ist zu niedrig. Ihnen fehlt die Vorstellungskraft, dass sie Einfluss auf ihr Leben hätten. Ihre Angst zu scheitern ist größer als die Verheißung eines besseren Lebens.

Ein geringer Selbstwert zum Schutz der Elternbindung

Menschen, die unbewusst an einem negativen Selbstwert festhalten und ein positives Selbstbild sogar blockieren, tun dies oft, um wichtige Beziehungen zu schützen (s. auch »Festhalten am geringen Selbstwert«). Dieses psychologische Phänomen wurde mir selbst noch einmal richtig bewusst in einem Psychotherapiegespräch mit einem Klienten. Auch dieser steckte in seinem sogenannten Schattenkind fest und vermochte sich nicht von seinen negativen Glaubenssätzen zu lösen. Deswegen stellte ich ihm ebenfalls die Frage: »Welchen positiven Nutzen könnte es haben, dass Sie an Ihrem negativen Selbstbild festhalten?« Er ging kurz in sich, und plötzlich erklärte er: »Wenn ich daran glauben würde, dass ich grundsätzlich okay und wertvoll bin, dann müsste ich mir eingestehen, wie furchtbar es *wirklich* mit meiner alkoholkranken Mutter gewesen ist!« Der Klient war zu diesem Zeitpunkt Mitte 40, und seine Mutter war längst verstorben. Zudem hatte er seit seiner Jugend keinen Kontakt zu ihr gehabt. Er hatte sich also – scheinbar – längst von ihr gelöst. Umso erstaunlicher war es, dass er sie immer noch in seinem tiefsten Inneren beschützen wollte. Er war bis zu diesem Zeitpunkt eher bereit, die Schuld auf sich zu nehmen und an seinem Schattenkind festzuhalten, als sich einzugestehen, wie sehr seine Mutter in ihrer Mutterrolle versagt hatte. Hinzu kommt, dass solche tiefen Erkenntnisse auch mit großem psychischem Schmerz einhergehen, um den die meisten Menschen gern einen Bogen machen.

Ich werde nicht müde zu betonen, dass kleine Kinder die Schuld auf sich nehmen, wenn ihre Eltern wenig einfühlsam sind. Aus ihrer Abhängigkeit und Liebe erwächst eine tiefe Loyalität zu ihren Eltern, die oftmals ein Leben lang bestehen bleibt. Deswegen tun sich auch viele Menschen schwer damit, einen kritischen Abstand zu ihren Eltern einzunehmen. Sie möchten sich nicht mit deren Erziehungsschwächen auseinandersetzen, und wenn sie es doch tun, nehmen sie ihre Eltern oftmals in Schutz, indem sie sich gleichzeitig vor Augen halten, dass die eigenen Eltern es selbst auch nicht leicht hatten. Das ist sicherlich auch richtig und hilft, eine versöhnliche Haltung zu den Eltern einzunehmen. Gleichwohl enthebt man die Eltern mit dieser Überlegung ein Stück weit ihrer Verantwortung. Hierdurch kann es passieren, dass man – wieder einmal – selbst die Verantwortung übernimmt, die Beziehung zu den Eltern möglichst harmonisch zu gestalten, indem man eben diese Entschuldigung für sie anführt. Schöner wäre es natürlich, wenn die Eltern – sofern sie dazu gesundheitlich noch in der Lage sind – selbst die Verantwortung für ihre Fehler übernehmen würden und sich bei ihren Kindern entschuldigten. Der Satz »Es tut mir leid. Heute würde ich vieles anders machen« hat für Kinder und Eltern etwas sehr Heilsames. Nicht wenige Kinder (und auch Eltern) fühlen sich dadurch geradezu erlöst. Indem Eltern die Verantwortung für ihre Fehler übernehmen, kann aufseiten der Kinder auch ein echtes Verzeihen stattfinden, das eine andere emotionale Qualität aufweist als die Überlegung »Meine Eltern hatten es ja auch nicht leicht«. Und natürlich hilft eine solche Entschuldigung den Kindern auch dabei, ihre alten Glaubenssätze loszulassen. Sie können diese jetzt mit einem guten Gefühl bei ihren Eltern belassen.

Wenn die Eltern, aus welchen Gründen auch immer, nicht in der Lage sind, die Verantwortung für frühere Fehler zu übernehmen, dann muss man für sich selbst zu einer klaren Haltung kommen. In jedem Fall ist eine gesunde Ablösung von den Eltern notwendig, damit man seine eigene Identität in Form eines angemessenen Selbstbildes und Selbstwerts findet. Ablösung heißt nicht notwendigerweise, dass man sich von seinen Eltern emotional distanziert, sondern dass man ihnen die Verantwortung zurückgibt für Situationen, die in der Kindheit nicht optimal gelaufen sind. Solange das nämlich nicht gelingt, wirken Glaubenssätze im Sinne von: »Ich genüge nicht! Ich bin nicht liebenswert! Ich muss lieb und artig sein!« Wie tief und nachhaltig solche Schuldkomplexe sitzen können, hat auch das Beispiel meines Klienten gezeigt.

Ich erinnere an den Zusammenhang von Introjektion und Projektion, den ich unter dem Abschnitt »Unser Selbstbild bestimmt, was wir wahrnehmen« erläutert habe. Kurz wiederholt: Introjektion bedeutet, dass ich etwas verinnerliche, was ursprünglich nicht zu mir gehört. Projektion bedeutet, dass ich in anderen Menschen etwas wahrnehme, was nicht zu diesen, sondern zu mir gehört. Dieser psychologische Mechanismus wirkt auch dann, wenn ich nicht nur die Beziehung zu meinen Eltern beschütze, indem ich meinen Selbstwert (unbewusst) kleinhalte, sondern auch, wenn ich an Beziehungen festhalte, die meine Autonomie ungesund einschränken.

Geringer Selbstwert und dysfunktionale Beziehungen

Im letzten Abschnitt habe ich erklärt, dass nicht wenige Menschen lieber (unbewusst) an ihrer gefühlten Minderwertigkeit festhalten, als sich kritisch mit ihren Eltern auseinanderzusetzen. Sie sind derart darauf konditioniert, den Fehler bei sich zu suchen, dass sie diese Prägung auch auf andere Beziehungsformen übertragen, wenn diese nicht in die gewünschte Richtung verlaufen. Ihre Konditionierung ist ein Teil ihrer mentalen Landkarte. Diese Konditionierung ist wahrlich kein Einzelfall: Die Glaubenssätze »Ich genüge nicht« und »Ich bin schuld« sind in vielen Menschen tief verankert.

Exkurs: Toxische Beziehungen

Der Begriff der »toxischen Beziehung« wird seit einiger Zeit verwendet, um einen bestimmten Typ dysfunktionaler – also nicht funktionierender – Beziehungen zu charakterisieren. »Toxisch« bedeutet giftig. Die toxische Beziehung ist bildlich betrachtet eine vergiftete Verbindung. Die Bedürfnisse eines Partners stehen in dieser Partnerschaft stark im Vordergrund, die Aufgabe des anderen ist, die Anforderungen zu erfüllen. Dem dominanten, meist narzisstischen Partner geht es nicht um ein Wir-Gefühl, sondern nur um die Bestätigung seines Selbstwertgefühls. Der untergeordnete Partner erhält für seine Aufmerksamkeit allerdings keine oder nur wenig Wertschätzung. Das »Gift« in dieser Beziehung entsteht jedoch nicht ausschließlich durch den dominanten Part, sondern durch das ungünstige Zusammenspiel beider Partner. Der narzisstische Partner (S. dazu auch »Exkurs: Was steckt eigentlich hinter dem Begriff »Narzissmus?«, S. 160) sucht sich von vorneherein keinen Partner auf Augenhöhe, der ihn in seine Schranken weist, sondern einen Menschen, der die aufopfernde Rolle annimmt. Obwohl das dem »dienenden« Part nicht guttut, kann er sich oftmals – wider besseres Wissen – nicht von seiner Rolle lösen und die Beziehung beenden. Die Hauptursache hierfür ist, dass der abhängige Partner sich selbst die Schuld für das Verhalten seines Partners gibt, was dieser ihm auch so suggeriert.

Nicht jede dysfunktionale Beziehung ist allerdings als toxisch einzustufen. Partnerschaften, in denen zum Beispiel zwei bindungsängstliche Menschen aufeinandertreffen, funktionieren möglicherweise nur schlecht. Anders als bei der toxischen Beziehung kann es aber sehr wohl ein gegenseitiges Interesse aneinander geben. Während Narzissten gar keinen Bedarf sehen, ihr Verhalten dem Partner zuliebe zu ändern, wollen viele bindungsängstliche Menschen sehr wohl an ihrer Beziehungsfähigkeit arbeiten. Diese dysfunktionalen Beziehungen können dann zu gut funktionierenden Beziehungen werden.

Es klingt paradox, aber die Aufrechterhaltung eines geringen Selbstwertgefühls beschützt Menschen in dysfunktionalen Partnerschaften nicht selten vor ihrer Verlustangst. Indem sie nämlich die Ursache für das lieblose Verhalten ihres Partners bei sich suchen, sprechen sie diesen ein Stück weit von seiner Verantwortung frei. Dies geschieht in der Regel auf subtile Art und Weise. Der betroffene Partner denkt in den meisten Fällen nicht »Ich bin schuld«. Er denkt eher etwas wie »Wenn ich ein paar Sachen an mir ändern und etwas besser machen würde, dann wäre der andere zufriedener mit mir«. Viele quälen sich auch mit der Frage, ob ihr Partner mit einem anderen (sprich: besseren) Partner glücklicher wäre und sich mithin liebevoller verhielte. Durch diese Übernahme von Verantwortung blockieren sie (unbewusst) ihre Trennungsaggression, die sich einstellen würde, wenn sie sich eingestünden, wie beziehungsfeindlich sich ihr Partner tatsächlich aufführt. Die Aussicht auf eine Trennung kann beim selbstwertgeschädigten Partner so viel Verlustangst freisetzen, dass er lieber an seinem negativen Selbstbild festhält. Außerdem gibt die Übernahme von Verantwortung fälschlicherweise Raum für Hoffnung: Wenn man ein bisschen an sich selbst arbeitet, lautet die Annahme, kann sich letztlich doch alles zum Guten wenden lassen. Das zugrunde liegende Muster habe ich bereits unter dem Abschnitt »Wenn Kontrolle das Problem ist« erläutert.

Häufig – wenn auch nicht immer – wird in dysfunktionalen Beziehungen unbewusst eine Situation nachgelebt, die den Betroffenen aus ihrer Kindheit vertraut ist. Eine erwachsene Frau sucht sich dann beispielsweise immer wieder Männer aus, die sie – wie bereits ihr bindungsvermeidender Vater – lieblos behandeln und sich nicht wirklich auf die Beziehung mit ihr einlassen. Der Sohn einer übergriffigen, dominanten Mutter fühlt sich immer wieder von Frauen mit einer ähnlichen Persönlichkeitsstruktur angezogen. In der Psychologie wird dieses Phänomen als *Wiederholungszwang* bezeichnet.

Die Kontrollbemühungen der »Wiederholungszwängler« richten sich darauf aus, dass die andere Person sich zu ihnen und ihrem Wert bekennt. Sie kämpfen unbewusst um das Happy End, das ihnen in ihrer Kindheit vorenthalten blieb. Als Erwachsene möchten sie nun endlich Einfluss (Kontrolle) auf das Verhalten ihres Partners (früher: eines Elternteils) nehmen können. Es sind allerdings nicht ausschließlich die gegengeschlechtlichen Elternteile, die als Vorlage für einen Wiederholungszwang dienen können. So kann sich beispielsweise eine Frau in ihren erwachsenen Liebesbeziehungen an ihrer narzisstischen Mutter abarbeiten, indem sie dieses Muster unbewusst auch in ihren Partnern sucht.

In diesem Zusammenhang möchte ich noch einmal an das »gespiegelte Selbstwertempfinden« erinnern, das ich bereits unter dem

Abschnitt »Unser Selbstbild bestimmt, was wir wahrnehmen« (S. 41) beschrieben habe. Die Konditionierung, unseren Selbstwert durch den Spiegel wahrzunehmen, den andere Menschen uns vorhalten, sitzt tief und kann einen mächtigen Einfluss auf unsere Beziehungsgestaltung haben. Dies trifft sowohl auf liebevolle und harmonische Beziehungen zu als auch auf lieblose, dysfunktionale Beziehungen. In liebevollen Beziehungen, egal ob unter Freundinnen, Ehepaaren oder Arbeitskollegen, halten sich die Beteiligten überwiegend »positive Spiegel« vor, will heißen, sie bestätigen sich durch die Art, wie sie miteinander umgehen, ihren wechselseitigen Respekt, ihre Zuneigung und damit indirekt ihren Wert. Dysfunktionale Beziehungen sind hingegen dadurch gekennzeichnet, dass mindestens einer der Partner eine mehr oder minder konstant geringe Selbstwertzufuhr erhält. Er oder sie fühlt sich in vielen Interaktionen nicht wertgeschätzt, von sporadischen positiven Unterbrechungen einmal abgesehen. Dieser Mangel an Wertschätzung kann eine ungeheure Motivation freisetzen, den anderen Partner zu einer positiven Verhaltensänderung zu bewegen. Man will unbedingt und genau von diesem Menschen bestätigt bekommen, dass man doch etwas wert ist. In dieser Konstellation ist also nicht nur unser Bedürfnis nach Selbstwerterhöhung ausschlaggebend und treibend, sondern – wie so oft – unser Bedürfnis nach Kontrolle.

In dysfunktionalen Beziehungen wirkt oftmals auch das Konsistenzprinzip (s. dazu auch »Das Konsistenzprinzip«, S. 26): Die Betroffenen rechnen mit Ablehnung. Wenn sie dann tatsächlich Ablehnung erfahren, bekommen sie also, was sie erwarten. Diese Beziehungskonstellation fühlt sich vertraut an, sie kennen sie aus ihrer Kindheit und wissen, »wie's läuft«. Das gibt ihnen paradoxerweise ein gewisses Gefühl von Heimat.

Verlustangst und Bindungsangs

Der Beginn einer Liebesbeziehung ist oft v
sicherheit auf beiden Seiten gekennzeichne
meistens von dem Wunsch besessen, das beg
an die Angel zu bekommen. Unser Kontrollb
aktiv. Ebenso aktiv ist unser Bindungswunsch ... um eng mit dem Selbstwert verknüpft ist. Eine Zurückweisung in Liebesdingen kränkt den Selbstwert, während eine Eroberung ihn stärkt. Und natürlich ist unser Bedürfnis nach Lustgewinn (Freude, sexuelle Leidenschaft, Anerkennung) beziehungsweise Unlustvermeidung (Enttäuschung, Kränkung, Einsamkeit) auch maximal angespornt, wenn wir frisch verliebt sind. Kein Wunder also, dass wir so viel tun, um ein begehrtes Liebesobjekt von uns zu überzeugen.

Solange sich die Beziehung noch nicht ganz sicher anfühlt, ist die Angst, dass der andere sich nicht auf die Verbindung einlassen oder nach einiger Zeit wieder von Bord gehen könnte, recht groß. Frisch Verliebte leiden oft unter Verlustängsten, weil die gefühlte Kontrolle gering ist. Ein großes Gefühl der Sicherheit wiederum kann die Leidenschaft ersticken. Ist die Verlustangst hingegen sehr groß, wie es bei Menschen mit einem unsicheren Bindungsstil der Fall sein kann, dann kann sie in den Verliebten geradezu Panik auslösen. Robbie Williams hat in seinem Hit *Feel* gesungen: »Before I fall in love I'm preparing to leave her«, was das Problem ganz gut auf den Punkt bringt. Verlustangst und Leidenschaft gehen blöderweise Hand in Hand. Die Verlustangst befeuert die Leidenschaft und die Leidenschaft befeuert die Verlustangst, denn gerade die Gefühle der Leidenschaft und Hingabe bewirken, dass man »wenig Boden unter den Füßen« verspürt, also wenig Kontrolle innehat, was wiederum die Verlustangst steigert. Im Zweifelsfall siegt bei einigen Betroffenen, so wie früher auch bei Robbie (heute ist er ja seit Langem glücklich verheiratet), die Verlustangst, frei nach dem Motto: Was ich nicht habe, kann ich auch nicht verlieren! Dies trifft vor allem auf Menschen mit

...tlich-vermeidenden Bindungsstil zu. Allerdings geht das ...tens nicht mit einer klaren Entscheidung gegen eine Beziehung einher, sondern mit starken Vor- und Rückwärtsbewegungen. Die Betroffenen sind zerrissen zwischen ihrem Wunsch nach Liebe und Beziehung und ihrer Angst vor Zurückweisung, sie leiden also unter einem massiven *Annäherungs-Vermeidungs-Konflikt.* Sie tänzeln vor und zurück, sehnen sich nach einem Happy End bei gleichzeitiger Hoffnungslosigkeit, dass es ein solches für sie geben könnte.

Etwas anders gestaltet sich die Sachlage bei Menschen, die einen gleichgültig-vermeidenden Bindungsstil aufweisen. Solange sich die Beziehung noch nicht ganz verbindlich für sie anfühlt, können sie durchaus verliebt sein und eine gewisse Sehnsucht nach ihrer Zielperson verspüren. In dem Moment aber, wo sie sich des anderen sicher sind, ist ihr Bindungswunsch zunächst einmal befriedigt und ihr Selbstwert bestätigt. Die Situation ist unter Kontrolle, sie können aufatmen. Nun erwacht jedoch ihr Autonomiebedürfnis auf besondere Art und Weise: Sobald die andere Person sich zu ihnen und der Beziehung bekennt, verspüren sie plötzlich einen gewissen Erwartungsdruck. Als Kinder haben sie gelernt, dass sie sich an die Erwartungen ihrer Eltern anpassen mussten, um Ablehnung zu vermeiden. Dieses alte Programm wird getriggert, sobald die Beziehung eng und verbindlich wird. Jetzt hat der Partner offenbar klare Vorstellungen und Erwartungen, die es zu erfüllen gilt – zumindest ist das die Schattenkind-Wahrnehmung der gleichgültigen Bindungsvermeider. Während sie in der Eroberungsphase also vorwiegend damit beschäftigt waren, den anderen von sich zu überzeugen, sehen sie sich in der verbindlichen Phase genötigt, die Versprechen, die sie anfänglich gegeben haben, nun auch einhalten zu müssen. Womöglich sehen sie sich auch genötigt, Erwartungen zu erfüllen, die gar nicht in der Realität, sondern nur in ihrer Vorstellung existieren. Plötzlich fühlen sie sich also unwohl und eingeengt. Ihre kindliche Prägung, dass sie Beziehungen nicht aktiv mitgestalten können, sondern lediglich durch Überanpassung an die elterlichen Erwartungen über sich ergehen lassen müssen, ist nun voll aktiviert. Sie sind schlecht darin, ihre persönlichen Bedürfnisse in einer Beziehung angemessen zu behaupten, das haben sie als Kinder nicht gelernt. Durch ihre mangelnde Abgrenzungsfähigkeit innerhalb der Beziehung setzen sie recht harte Grenzen im Außen. Sie schützen ihren persönlichen Freiraum also nicht durch eine angemessene Form der Selbstbehauptung, sondern indem sie aus der Beziehung flüchten. Sie begrenzen die gemeinsame Zeit, gehen emotional auf Distanz, verweigern eine gemeinsame Wohnung oder eine Heirat. Sie flüchten sich in die Arbeit, aufwendige Hobbys oder Affären. Sie verlieren das sexuelle Interesse an ihrem Partner und weichen überall da aus, wo es darum geht, sich für das Glück des anderen zu verantworten. Durch die Ansprüche, die der Partner an sie stellt, mutiert dieser in ihren Schattenkind-Augen immer mehr zum Feind und Invasor ihrer persönlichen Freiräume. Ihre Gefühle erkalten, und meistens sehen sie früher oder später keinen anderen Ausweg, als Schluss zu machen. Nach der Trennung stellt sich erst einmal Erleichterung ein – es gibt keinen Feind mehr, ihr Autonomiebedürfnis ist wieder gesichert. Nach einiger Zeit stellen einige von ihnen jedoch fest, dass sie ihren Ex-Partner vermissen. Da ihr Autonomiebedürfnis keinen Alarm mehr schlägt, kann ihr Bindungswunsch mithin wieder an Raum gewinnen. Sie nähern sich ihrem Ex also wieder an, und das Spiel kann von vorne beginnen. Fast alle On-Off-Beziehungen weisen mindestens einen bindungsängstlichen Protagonisten auf. Wer sich übrigens von diesem Abschnitt sehr angesprochen fühlt, dem empfehle ich zur Vertiefung mein Buch »Jeder ist beziehungsfähig«.

Lustgewinn und Unlustvermeidung

Wenden wir uns nun dem vierten und letzten psychischen Grundbedürfnis zu: Der Wunsch, möglichst angenehme Zustände wie Freude, Inspiration, Lust oder Liebe zu verspüren und unangenehme wie Trauer, Angst oder Scham zu vermeiden, gehört zu den offensichtlichsten der psychologischen Grundbedürfnisse. Dieses Bedürfnis ist nämlich unserer Selbstbeobachtung am besten zugänglich. Im gleichnamigen Abschnitt am Anfang dieses Buches hatte ich bereits ausgeführt, dass gute Gefühle unsere Lebensdroge sind beziehungsweise, dass wir unseren Lebenswillen verlieren, wenn wir gar nichts mehr fühlen können. Unsere Gefühle sind die Basis unserer Motivation und Lebensgestaltung. Unsere Gefühle sagen uns, wie wir das, was wir erleben, zu bewerten haben. Ohne diese Einschätzung würden wir orientierungs- und lustlos durch unser Leben stolpern.

Unsere Bewertungsdimension unterteilt sich in gut oder schlecht. Dabei gibt es natürlich Abstufungen wie mittelgut, supergut oder entsetzlich. Aber im Kern läuft es auf »Daumen hoch« oder »Daumen runter« hinaus. Geht also bildlich gesprochen der Daumen hoch, dann nähere ich mich der entsprechenden Situation an. Geht der Daumen runter, vermeide ich die Situation lieber. Diese gefühlsmäßige Gut-schlecht-Beurteilung hängt natürlich auch mit unseren anderen drei psychischen Grundbedürfnissen zusammen. So ruft der Verlust einer wichtigen Bindung Trauer hervor, der Verlust von Kontrolle erzeugt Angst, und wenn unser Selbstwert betroffen ist, verspüren wir im positiven Fall Freude und im negativen Fall fühlen wir uns gekränkt und/oder beschämt. Gefühlszustände sind der Kern unserer Motivation. Auch hier jedoch ist die Sachlage nicht ganz eindeutig. So habe ich bereits ausgeführt, warum einige Menschen an ihrem geringen Selbstwert festhalten, obwohl es ihnen auf den ersten Blick nur Nachteile einzubringen scheint. Aber auch viele andere Dinge, die Menschen tun oder auch nicht tun, lassen sich nicht allein mit dem Lust-Unlust-Prinzip erklären. Wir tun häufig Dinge, die uns Unlust bereiten: Wir tun das aus Pflichtgefühl beziehungsweise um höheren Werten zu dienen. Wenn die Freiheitskämpferin beispielsweise Folter oder gar den Tod in Kauf nimmt, um für ihre Ideale einzustehen, dann wäre es ziemlich an den Haaren herbeigezogen zu sagen, dass ihr dieses Verhalten unterm Strich mehr Lust- als Unlustgefühle verschaffen würde. Der Mensch hat ein angeborenes Bedürfnis nach Sinnhaftigkeit, das dem reinen Streben nach Lustgefühlen beziehungsweise der Vermeidung von Unlustgefühlen entgegenstehen kann. Zwar kann man auch argumentieren, dass Handeln, das nach höheren Werten wie beispielsweise Nächstenliebe, Toleranz oder Zivilcourage ausgerichtet ist, dem Betreffenden letztlich angenehmere Gefühle beschert, als wenn er sein Leben nur nach dem Lustprinzip ausrichten würde, aber ich denke, dass man mit dieser reduktionistischen Sichtweise dem Dasein des Menschen nicht ganz gerecht würde.

Im Kapitel »Der Sinn des Lebens« bin ich bereits darauf eingegangen: Unsere Beziehungen sind ein gutes Beispiel dafür, dass wir Sinnhaftigkeit oftmals stärker priorisieren als die direkte Befriedigung unserer Lustgefühle. Wir nehmen in Freundschaften und Liebesbeziehungen sehr wohl Momente der Unlust hin – etwa bei einer Meinungsverschiedenheit oder unterschiedlichen Bedürfnissen – und beenden deshalb nicht die Verbindung. Der Sinn unseres In-Beziehung-Seins wird höher bewertet als die Vermeidung von Unlust.

Umgekehrt kann man sagen, dass Menschen, die ihr Leben nur nach dem Lustprinzip gestalten, unglücklich sind. Wer nämlich nur nach Lust strebt, wird in Unlust enden. Wer von morgens bis abends Essen und lustbringende Drogen in sich hineinstopft, wird kein glückliches und erfülltes Leben führen. Wie ich bereits unter dem Abschnitt »Festhalten am geringen Selbstwert« geschildert habe, kann man die menschliche Motivationslage nur verstehen, wenn man alle vier Grundbedürfnisse im Auge behält. Kurzfristig angenehme Gefühlszustände können mittel- und langfristig negative Konsequenzen nach sich ziehen, die man vorausberechnen kann. So möchte man beispielsweise vermeiden, dass man dick wird und hierdurch ein gutes Stück Kontrolle über seine körperliche Fitness und Gesundheit aufgibt. Schlanksein entspricht zudem unserem Schönheitsideal, und wir erhoffen uns mit einer schlanken Figur mehr Zuspruch und Anerkennung, was wiederum unserem

Bindungsbedürfnis dient. Zudem kann ein ungeliebtes Körpergefühl auch an sich starke Unlustgefühle hervorrufen.

Was wir als lustvoll und angenehm empfinden, hängt jedoch nicht allein vom Reiz und seinen objektiven Merkmalen ab, sondern maßgeblich von unseren Lernerfahrungen und dem momentanen Zustand, in dem wir uns gerade befinden. Bei kalten Temperaturen wird eine wärmende Jacke als angenehm empfunden, bei Hitze ein kühlender Luftzug. Der Genuss eines Glases Wein gefällt Erwachsenen. Kinder mögen oft nicht mal den Geruch. Wein zu genießen ist auch eine Lernerfahrung. Und so verhält es sich mit vielen anderen kulturspezifischen Lebensmitteln. Viele lustvolle Genüsse werden über Gewohnheiten und über soziale Bindungen gelernt. Zigaretten zu rauchen galt früher als schick und cool. Wer zu den Coolen gehören wollte, »musste« rauchen. Die ersten Zigaretten schmecken normalerweise nicht. Aber mit der Zeit – über die soziale Zugehörigkeit und Bindung – gewöhnt sich das Gehirn an den Geschmack, und es kann sich daraus eine Abhängigkeit und Sucht entwickeln. Nur am Rande sei hier erwähnt, dass Letzteres davon abhängt, ob das Gehirn des Rauchers eines ist, das langsam oder schnell Nikotin verstoffwechselt. Menschen, deren Gehirn Nikotin schnell verstoffwechselt, werden schnell süchtig nach Zigaretten. Langsamverstoffwechsler können hingegen ihr Leben lang mühelos Gelegenheitsraucher bleiben.

Wichtig ist, dass es so etwas wie einen objektiven, echten Genuss gar nicht gibt und viele Vergnügen und Lüste über Bindung gelernt werden. Die Vorbilder der Eltern und anderer wichtiger Bezugspersonen spielen hierbei eine maßgebliche Rolle. Wir können unser Gehirn so konditionieren, dass wir eine positive Haltung zu an sich unangenehmen Dingen und Vorgängen entwickeln können. Diesem sogenannten *Geschmacksumlernen* liegen komplexe Vorgänge zugrunde, welche die Wünsche nach Zugehörigkeit, Kompetenz und Selbstwert bedienen. So wird der an sich abstoßende Rauch einer Zigarette über das Erleben von Zugehörigkeit und Selbstwert

(»Coolness«) vom Gehirn neu bewertet. Mit weiteren Wiederholungen dieses Vorgangs schmeckt die Zigarette dann früher oder später – auch losgelöst von der ursprünglichen Motivation, ein Teil der Gemeinschaft zu sein.

Aber nicht nur körperliche, sondern auch geistige Genüsse müssen gelernt werden. Musik- und Kunstgenuss hängen maßgeblich von der Kenntnis und der Erfahrung der Rezipienten ab. Eine einfache, vorhersehbare Melodie wie »Alle meine Entchen« gefällt kleinen Kindern, aber bestimmt keiner Jazzliebhaberin. Zwölftonmusik können Menschen genießen, die ein klassisch geschultes Gehör haben, für Freunde der Hit-Rotation im Radio klingt diese Musik eher wie Katzenjammer.

Die frühe Prägung von Annäherungs- und Vermeidungsverhalten

Vereinfacht würde man sagen: Ob ich etwas gerne mache, hängt damit zusammen, ob ich es mag. Und ob ich etwas mag, hängt wiederum davon ab, ob ich aufgrund meiner Erfahrung Zugang dazu habe. Die fachliche Sicht darauf lautet: Es hängt von meiner emotionalen Bewertung ab, ob ich mich einem Ziel annähern möchte oder ob ich es lieber vermeide. Meine emotionale Bewertung ist dabei eng verknüpft mit meinen früheren Erfahrungen. Wenn ich als Kind viele negative Erfahrungen gemacht habe und häufig auf Zurückweisung gestoßen bin, dann rechne ich auch in der Zukunft eher mit einer Zurückweisung als mit einem Zuspruch. Das hat auch Einfluss auf unseren Umgang mit gänzlich unbekannten Situationen: Selbst wenn ich keine negative Erfahrung in einem bestimmten Umfeld gemacht habe, bin ich als Erwachsener dann skeptischer gegenüber Neuem als ein positiv geprägter Mensch. Kurz: Positive Emotionen lösen Annäherungsverhalten aus, negative Emotionen Vermeidungsverhalten. Wenn ich also erwarte, dass mein Bedürfnis nach Nähe und Zugehörigkeit frustriert wird, dann möchte ich die damit verbundene Emotion der Enttäuschung vermeiden. Rechne ich mir hingegen gute Chancen aus, auf Zustimmung zu stoßen, dann löst die damit einhergehende antizipierte Freude ein Annäherungsverhalten aus.

Kleiner Exkurs: Positive und negative Emotionen

Im allgemeinen Sprachgebrauch unterscheiden wir häufig zwischen »positiven« und »negativen« Emotionen. Unter den positiven Emotionen versteht man – logischerweise – alle Gefühlszustände, die uns Spaß machen: Freude, Hoffnung, Stolz oder Liebe gehören zum Beispiel dazu. Die »negativen« Emotionen sind das Gegenteil davon: Dazu gehören zum Beispiel Angst, Wut, Trauer oder Neid. Es gibt inzwischen einige Entwicklungspsychologen und Pädagogen, die diese Unterscheidung für nicht sinnvoll halten. Der bekannte Erziehungsberater und Bestsellerautor Jan-Uwe Rogge[7] beispielsweise begründet das damit, dass durch die Unterteilung in erwünschte und unerwünschte Gefühlszustände kein konstruktiver Umgang mit den negativen Emotionen stattfände. Unsere Tendenz sei dann nämlich, die negativ besetzten Gefühle möglichst schnell stillzulegen. Dadurch lernen Kinder aber nicht, wie sie mit ihrer Wut oder Angst umgehen können. Auch manchem Erwachsenen fällt es dadurch schwer, sich diesen Emotionen zu stellen: Sie werden unterdrückt oder man verleugnet einfach, dass man wütend oder traurig ist. Das ist selbstverständlich auch nicht in meinem Sinn. Ich halte es für extrem wichtig, die gesamte Bandbreite der eigenen Gefühle wahrzunehmen, zu akzeptieren und bewusst damit umzugehen. Trotzdem werde ich im Folgenden die bewertende Formulierung »negativ und positiv« verwenden. Das bezieht sich nicht auf das Negieren bestimmter Emotionen, sondern darauf, dass wir bestimmte Gefühlszustände nun einmal unterschiedlich mögen. Wer ist schon gerne traurig oder ängstlich?

7 Jan-Uwe Rogge/Anselm Grün: So große Gefühle!, Gräfe und Unzer 2020

Wenn ein Mensch in seiner Kindheit vorwiegend Vermeidungsziele entwickelt hat, dann ist ihm das meistens nicht bewusst. Durch die lebenslang trainierte Vermeidungshaltung verspürt der betreffende Mensch kaum noch den Wunsch, einen positiven Zustand herzustellen. Es fehlt ihm die notwendige positive Annäherungs-Emotion wie beispielsweise der Wunsch nach Nähe oder Vorfreude. Zum besseren Verständnis möchte ich noch einmal einen Blick in die Kindheit werfen, in der sich normalerweise entscheidet, ob jemand vorwiegend Annäherungs- oder Vermeidungsziele entwickelt. Wenn ein Säugling und späteres Kleinkind wiederholt die Erfahrung macht, dass seine Mutter oder sein Vater nicht oder sogar negativ auf sein Annäherungsverhalten reagieren, dann wird es irgendwann die Annäherungsversuche einstellen. Hierdurch erspart es sich den Schmerz der Zurückweisung. Mit der Vermeidung wird aber nicht nur das Annäherungsverhalten gehemmt, sondern auch der *Wunsch* nach Nähe. Dieser wird im Gehirn des Kindes immer wieder gehemmt, damit die Vermeidung gelingen kann. Die Ausschüttung von Kuschelhormonen wie Oxytocin findet zu selten statt, ein richtiges Nähegefühl kann sich in diesem Kind nicht entwickeln. Das macht ihm allerdings auch die Vermeidung leichter: Wo kein starker Wunsch ist, kann man leichter auf Annäherung verzichten. Oder umgekehrt formuliert: Je stärker ich wünsche, desto motivierter bin ich, meine Ziele zu erreichen. Mit der erlernten Vermeidung geht also eine starke Hemmung von positiven Gefühlen einher beziehungsweise entwickeln sich diese Gefühle im Gehirn des Betroffenen nicht oder nur sehr schwach, weil sie hormonell nicht eingespurt werden. Der spätere Erwachsene kennt das Gefühl »Ich fühle mich nähebedürftig« also in gewisser Weise nicht. Es ist bei ihm viel schwächer ausgeprägt und tritt viel seltener auf als bei einem Erwachsenen mit positiven Kindheitserfahrungen. Auch der Schmerz der Zurückweisung ist ihm nicht so vertraut, weil er so früh gelernt hat, diesen zu vermeiden. Die Sehnsucht nach Nähe und Verliebtheitsgefühle spürt er, wenn überhaupt, nur am Anfang einer Beziehung, solange er sich noch nicht in seinem Autonomiebedürfnis bedrängt fühlt (siehe auch »Verlustangst und Bindungsangst«).

Da die Vermeidungshaltung so früh im Gehirn der Betroffenen entstanden ist, ist sie ihrer bewussten Erinnerung nicht zugänglich. Das eigene Gehirn ist ja die einzige Referenz, und solange man mit seinen Gefühlen identifiziert ist, erscheinen sie einem als normal und angemessen. Menschen, die eine frühe Schädigung in ihrem Bindungsverhalten erworben haben, stehen deswegen etwas hilflos jenen gegenüber, die sich mehr Zuwendung und Liebe von ihnen erhoffen. Im Grunde genommen wissen sie nicht so richtig, was der andere von ihnen will und was so verkehrt an ihrem Verhalten sein soll. Ihnen fehlt die Empathie, sich in einen Menschen hineinzuversetzen, dem Nähe und Verbindlichkeit wichtig sind, weil sie diese Gefühle kaum kennen. Wie ich bereits unter dem Abschnitt »Unsichere Bindungsstile« geschrieben habe, verspüren sie stattdessen vonseiten ihrer Beziehungspartner vorrangig einen starken Erwartungsdruck, der ihre Autonomie einengt und starke Fluchtimpulse in ihnen auslöst.

Anders verhält es sich bei Kindern, die einen anklammernden Bindungsstil entwickeln. Wie ich bereits erwähnt habe, machen diese Kinder sehr wechselhafte Erfahrungen mit ihrer Mutter. Während die Mütter von vermeidend-gebundenen Kindern zuverlässig unzuverlässig sind, gestalten die Mütter von anklammernd-gebundenen den Kontakt zu ihrem Kind nach ihrer persönlichen Laune. Mal sind sie liebevoll und zugewandt, dann wieder abweisend und kühl. Das Kind weiß nie, woran es mit seiner Mutter ist. Auch in diesem Fall ist das Bindungsbedürfnis des Kindes frustriert, schließlich erfährt es immer wieder Zurückweisungen und abrupte Stimmungswechsel. Aber mindestens ebenso stark ist sein Kontrollbedürfnis betroffen. Dieses Kind erfährt zwar immer wieder nahe und liebevolle Momente mit seiner Mutter, aber diese unterliegen in keiner Weise seiner Kontrolle. Die Mutter reagiert immer nur dann, wenn es ihr gerade passt. Das Kind bezieht das wechselhafte Verhalten seiner Mutter aber auf sich selbst. Es denkt also nicht »Mama ist total launenhaft und sollte vielleicht mal in eine Psychotherapie«. Es denkt und fühlt stattdessen: »Ich bin nicht gut genug!« Deswegen strengt es sich mächtig an, der Mutter zu gefallen und Kontrolle über die Situation herzustellen. Das anklammernd-gebundene Kind ist ständig damit beschäftigt, die Aufmerksamkeit der Mutter zu erhalten. Es testet immer wieder, wie die Mutter reagiert. Wenn die Mutter fortgeht, ist sofort seine Verlustangst und damit einhergehend sein Kontrollbedürfnis aktiviert. Das Kind entwickelt also ein starkes Annäherungsmotiv, die Zuwendung der Mutter zu sichern. Gleichzeitig hat es schlimme Angst, die Nähe der Mutter zu verlieren, und entwickelt deswegen auch ein starkes Vermeidungsmotiv: »Mama darf nicht weggehen.« Die mit dem Verlust einhergehende Angst und Enttäuschung müssen vermieden werden. Die Kinder stehen unter einer ständigen Anspannung. Auch als Erwachsene werden diese Kinder stark mit dem Thema Kontrolle beschäftigt sein. Der oder die Erwachsene sehnt sich nach engen Liebesbeziehungen, ist jedoch ständig besorgt, diese auch wieder zu verlieren. Menschen mit dieser Prägung geben sich selbst schnell die Schuld, wenn die Beziehung nicht gut läuft. Wie ich es bereits unter dem Abschnitt »Unsichere Bindungsstile« erwähnt habe, sind anklammernd Gebundene am stärksten gefährdet, sich in eine Beziehung mit einem »toxischen« Partner zu verstricken.

Wenn ein Mensch vorwiegend Vermeidungsmotive aufweist, so ist sein ganzes psychisches System darauf ausgerichtet, eher negative Emotionen zu generieren. Das hat den psycho-logischen Sinn, Konsistenz herzustellen. Wenn ich etwas vermeiden will, dann fühlt es sich konsistenter an, wenn ich diese Situation oder diesen Menschen auch entsprechend negativ bewerte. Möchte ich beispielsweise Flugangst vermeiden, dann ist es sinnvoll, wenn ich mir die Nachteile für die Umwelt beim Fliegen vor Augen halte und mir das Fernreiseziel kleinrede. Wenn ich vermeiden möchte, in einer Liebesbeziehung enttäuscht zu werden, dann fällt mir es leichter, einen gewissen Sicherheitsabstand zu meinem Liebesobjekt einzuhalten, wenn ich auf dessen Schwächen fokussiere. Fürchte ich grundsätzlich von anderen Menschen enttäuscht zu werden, dann macht es Sinn, diese argwöhnisch zu betrachten.

Verfolge ich hingegen vorwiegend Annäherungsmotive, dann werde ich automatisch mehr angenehme Gefühle mit meinem Ziel verbinden. Ich fokussiere auf die Stärken meines Liebesobjekts, auf die Vorteile einer beruflichen Aufstiegschance, oder ich hege generell ein positives Menschenbild. Menschen, die vorwiegend Annäherungsziele verfolgen, sind besser gelaunt und hegen mehr positive Gefühle als Menschen, die ihr Leben eher in der Defensive verbringen.

Ob ich mein Dasein jedoch eher als Frohnatur oder als Miesepeter vollziehe, hängt nicht allein von meinen Prägungen, sondern auch von meiner genetischen Ausstattung ab.

Motivation und Gene

Ein Thema, das ich bislang nur am Rande gestreift habe, ist die Rolle, die unsere Gene für unsere psychische Verfassung spielen. Es ist wissenschaftlich belegt, dass unsere Disposition zu positiven beziehungsweise negativen Gefühlszuständen zu einem wesentlichen Teil angeboren ist. Verschiedene Gene sind daran beteiligt, ob wir schnell in negative Stimmungslagen und Vermeidungsverhalten verfallen oder ob wir eher zu positiven Emotionen und Annäherungsverhalten tendieren. Kurz: Das Temperament eines Menschen ist zum großen Teil genetisch bedingt. Im Forschungsgebiet der Epigenetik wird darüber hinaus untersucht, welche Auswirkungen Schwangerschaft und Geburt auf die Gesundheit und Psyche eines Kindes haben. Dass sie Einfluss nehmen, steht außer Frage. Dass aber eine Formel wie »Gestresste Schwangere ergibt gestresstes Baby« nicht aufgeht, wissen wir inzwischen aufgrund zahlreicher Gegenbeispiele auch.

Neugeborene, die eine Disposition zu negativen Emotionen und Vermeidungsverhalten aufweisen, sind insgesamt störanfälliger. Sie fühlen sich schneller und nachhaltiger gestresst, wenn sie in ihren psychischen oder körperlichen Grundbedürfnissen frustriert werden. Wenn sie in diese gestressten Zustände geraten, ist ihr Explorationsverhalten gehemmt, das heißt, sie interessieren sich nicht mehr für ihre Umgebung (Vermeidung). Sie geraten durch ihre psychische »Dünnhäutigkeit« länger und öfter in Stresszustände, die sich auf der Verhaltensebene durch Schreien, Weinen, Quengeln oder Um-sich-Schlagen ausdrückt. Hierdurch kann es zu negativen Dynamiken mit ihren Eltern und anderen Pflegepersonen kommen, weil solche »schwierigen« Kinder bei diesen Frustration und Hilflosigkeit auslösen. Ich möchte hier noch einmal an den Prozess des »gespiegelten Selbstwertempfindens« erinnern: Nicht nur die Kinder bekommen von ihren Eltern gespiegelt, ob sie »gut und wertvoll« sind, sondern auch die Eltern bekommen von ihren Kindern gespiegelt, ob sie »gute oder schlechte Eltern« sind. Ein andauernd schreiender Säugling hält den Eltern in diesem Sinne keinen guten Spiegel vor. Eltern von »schwierigen« Kindern entwickeln schneller als Eltern von pflegeleichten Kindern das Gefühl, nicht kompetent genug zu sein, oder auch den Eindruck, vom eigenen Kind abgelehnt zu werden. Sofern die Eltern eines »schwierigen« Kindes dessen Verhalten also persönlich nehmen, besteht eine nicht unerhebliche Gefahr, dass es ihnen schwerfällt, zu diesem Kind eine sichere Bindungsbeziehung herzustellen, was ihnen bei einem vergleichsweise pflegeleichten Kind gelungen wäre. Es können sich also auf der Basis einer genetischen Disposition negative Prozesse aufschaukeln, die zu einer späteren Ausprägung von psychischen Störungen des betroffenen Kindes führen können. Tatsächlich hat man in psychologischen Studien herausgefunden, dass die Persönlichkeitseigenschaft *Neurotizismus* eine hohe genetische Vorbestimmung aufweist.

Exkurs: Was versteht man unter Neurotizismus?

Der britische Psychologe H. J. Eysenck definierte Mitte des vorigen Jahrhunderts den sogenannten Neurotizismus als eine Persönlichkeitseigenschaft.[8] Eyseneck ordnete Menschen auf einer Skala von stabil (also wenig ängstlich, ruhig, sicher) bis labil (also ängstlich, nervös, unsicher) ein. Neurotische Menschen sind sozusagen stabil in ihrer Instabilität: Das limbische System im Gehirn der Betroffenen ist offenbar besonders reizbar und reagiert konstant überempfindlich. Entsprechend heftig reagieren neurotisch veranlagte Menschen auf alle Eindrücke. Sie werden von ihrer Umwelt daher oftmals als übertrieben in ihren Reaktionen wahrgenommen.

Im Alltag zeigt sich eine neurotische Persönlichkeit gerne durch ihren Hang zu ausgeprägten Gefühlsschwankungen und zu schlechter Laune. Neurotische Persönlichkeiten haben auch häufiger Beziehungsprobleme als emotional stabilere Charaktere.

Wichtig ist, dass Neurotizismus nicht gleichzusetzen ist mit einer Neurose: Neurotizismus bezeichnet wie gesagt eine Persönlichkeitseigenschaft. Eine Neurose ist dagegen ein psychoanalytischer Krankheitszustand. Eysenck ging allerdings davon aus, dass neurotische Menschen auch häufiger unter Neurosen und Depressionen leiden.

Die genetische Disposition zu Neurotizismus ist jedoch kein unabwendbares Schicksal für die betroffenen Kinder. Wenn ein Kind mit dieser Veranlagung auf besonders liebevolle und kompetente Eltern stößt, so kann diese Veranlagung in eine andere Richtung gelenkt werden. In einer drolligen Studie mit kleinen Rhesusaffen konnte man feststellen, dass kleine Äffchen mit dieser Disposition sich zu ganz besonders widerstandsfähigen und psychisch ausgeglichenen

---

8 H. J. Eysenck: Genetic and Environmental Contributions to Individual Differences: The Three Major Dimensions of Personality, *Journal of Personality* 58, No. 1 (1 March 1990): 245–261

Affen entwickelten, wenn sie von einer besonders liebevollen und warmherzigen Affenmutter großgezogen wurden. Die anfänglich neurotische Veranlagung verwandelte sich also in ihr Gegenteil.

Was macht man nun aber, wenn der Zug schon abgefahren ist? Wenn man also bereits erwachsen ist und zu jenen Menschen gehört, die nicht besonders stressresistent sind, die sich schnell ängstigen und emotional leicht aus dem Lot geraten? Auch dies ist aus meiner psychotherapeutischen Erfahrung kein unabwendbares Schicksal. Im Kern geht immer darum, wie ich die Ereignisse da draußen interpretiere und wie gut ich mich von äußeren (vermeintlichen) Störungen abgrenzen kann. Für Menschen, die bereits anlagebedingt eine Neigung zu Neurotizismus aufweisen, gelten die gleichen psychologischen Gesetze wie für alle anderen. Ihr Gehirn hat eine bestimmte Prägung erfahren, die sie geneigt macht, die Welt auf eine bestimmte Weise zu interpretieren. Ein neurotisch-gestresstes Gehirn neigt zwar schneller zu negativen Interpretationen als ein Gehirn im entspannten Zustand, aber es handelt sich dennoch um eine Reiz-Interpretation-Reaktions-Verknüpfung. Schließlich sind auch Menschen mit neurotischen Veranlagungen nicht dauergestresst, sondern erleben auch ihre guten und entspannten Momente. Um diese Momente öfter herzustellen, müssen sie, wie alle anderen auch, trainieren, ihre Interpretation der Wirklichkeit von den Tatsachen zu unterscheiden. Im nächsten Abschnitt und in Teil III dieses Buches gehe ich näher darauf ein, wie dies gelingen kann.

Exkurs: Extraversion und Introversion

Extra- und Introversion sind vorwiegend genetisch bedingte Persönlichkeitsdimensionen, die einen so weitreichenden Einfluss auf unsere Persönlichkeit und Lebensgestaltung haben, dass ich an dieser Stelle gesondert auf sie eingehen möchte.

Es war der Schweizer Arzt und Psychoanalytiker Carl Gustav Jung, der beobachtete, dass es zwei unterschiedliche Quellen gibt, aus denen

Menschen ihre Energie schöpfen: aus dem Kontakt zur Außenwelt und aus dem Kontakt zur Innenwelt. Es handelt sich also bei der Extra- und Introversion um ein energetisches Konzept. Extravertierte tanken Energie aus dem Kontakt mit der Außenwelt und mit Menschen. Introvertierte erholen sich hingegen, indem sie Zeit für sich allein haben. Mit diesen unterschiedlichen Grundeinstellungen geht ein ganzes Set von Persönlichkeitseigenschaften und Verhaltensweisen einher.

Schöne Eigenschaften der Extravertierten sind: Geselligkeit, Redelaune, Tatendrang, Risikobereitschaft, Spontaneität und Konfliktfähigkeit. Die Introvertierten hingegen tauchen gern ein in die Welt ihrer Gedanken und ihres vielschichtigen Innenlebens. Positive Eigenschaften von ihnen sind: Besonnenheit, Konzentration, Unabhängigkeit, Ruhe, analytisches Denken, Einfühlungsvermögen und die Fähigkeit, gut zuzuhören.

Auf neuropsychologischer Ebene verhält es sich so, dass die Gehirne von Extras und Intros unterschiedlich funktionieren. Der Sympathikus und der Parasympathikus sind die zwei großen Gegenspieler des vegetativen Nervensystems. Der Sympathikus sorgt für Aktivität, während der Parasympathikus für die Ruhe zuständig ist. Das vegetative Nervensystem arbeitet autonom und ist deswegen mit Willenskraft nur bedingt zu beeinflussen.

Extravertierte werden vorrangig vom Sympathikus bestimmt, ihre Gehirne verlangen nach »Action«. Das Gehirn von Introvertierten wird hingegen vom Parasympathikus dominiert, weswegen sie nach Ruhe und Beständigkeit streben. Der Botenstoff des Sympathikus ist Dopamin, und entsprechend haben Extravertierte ein größeres Verlangen nach Dopamin. Sie benötigen einen hohen Input aus der Außenwelt, damit sie sich stimuliert fühlen, was sie leider auch anfälliger für Süchte macht: gutes Essen, Alkohol, Sex, Gewinne, Erfolg, Glücksspiele setzen das ersehnte Dopamin frei.

Der Botenstoff für den Parasympathikus ist hingegen Acetylcholin – ist der Spiegel zu niedrig, entsteht Stress im Intro-Gehirn. Sie reagieren überfordert und gereizt, wenn sie zu vielen Reizen in der Außenwelt ausgesetzt sind, vor allem in Form sozialer Kontakte. Sie sind auch ängstlicher als die robusten Extras. Die Vermeidung von Angst und das Erlangen von Sicherheit motivieren sie stärker als die Aussicht auf Belohnung.

Dopaminbedingt neigen Extravertierte zu mehr Euphorie und Optimismus als Introvertierte. Sie sind im Durchschnitt auch besser gelaunt. Die Schattenseite ist, dass sie auch impulsiver sind als die kontrollierten Intros, wenn sie unter Stress stehen. Diese Impulsivität kann auch in Aggressivität ausarten. Mögliche negative Eigenschaften von Extras sind: Ungeduld, Aggressivität, Oberflächlichkeit, Selbstinszenierung, Selbstvermeidung und Leichtsinn.

Ist der Intro hingegen unter Stress oder grundsätzlich nicht gut in seiner Mitte verankert, dann neigt er zu übertriebenen Ängsten, Kleinlichkeit, Passivität, Rückzug, Selbstverleugnung, Kontaktvermeidung und zur Fixierung auf starre Gewohnheiten.

Man kann davon ausgehen, dass die Evolution diese beiden Typen hervorgebracht und gefördert hat. So brauchen wir sowohl die handlungsbereiten und spontanen Extras wie auch die besonnenen und fokussierten Intros, um als Gesellschaft gut zu funktionieren. Dies könnte auch ein Grund dafür sein, dass diese Persönlichkeitseigenschaft weltweit normalverteilt ist, will heißen, in allen Gesellschaften gibt es circa gleich viele Extra- wie Introvertierte. Dies gilt auch etwa für die USA, wo es doch nach dem Dafürhalten vieler Menschen viel mehr Extravertierte als Introvertierte zu geben scheint, oder für Japan, wo man oft davon ausgeht, dass die Menschen viel introvertierter seien als anderswo. Zugleich spielen natürlich auch hier wieder äußere kulturelle Faktoren eine Rolle, die nichts mit dem angeborenen extra- oder introvertierten Kern der Persönlichkeit eines Menschen zu tun haben.

Unsere Gefühle

Ich möchte nun näher auf die Bedeutung der einzelnen Gefühle für unser Leben und unser Erleben eingehen. Wie ich bereits mehrfach erwähnt habe, sind Gefühle auf der psychologischen Ebene die Essenz unseres Lebens. Ohne Gefühle verliert das Leben seinen Wert und damit auch seinen Sinn. Wir fühlen, um zu verstehen, was wir erleben. Gefühle zeigen uns die Richtung an, in die wir uns bewegen wollen. Die grobe, aber grundlegende Einteilung in gut oder schlecht und die damit einhergehende Frage, ob man sich einer Situation annähern oder sie lieber vermeiden möchte, wird durch unsere Gefühle vermittelt. Wie ich unter anderem unter »Glücksgefühle sind unsere Lebensdroge« erwähnt habe, würden wir uns ohne unsere Gefühle wie ein kompassloses Schiff im Kreis drehen. Und genau das beklagen auch Menschen, die einen schlechten Kontakt zu ihren Gefühlen haben. Sie tun sich schwer, Entscheidungen zu treffen, insbesondere wenn es sich um Gefühlsangelegenheiten handelt.

Unsere Gefühle verfolgen also einen lebenswichtigen Sinn. Gleichwohl gibt es viele Gefühle, die wir am liebsten nicht fühlen würden, wie beispielsweise Angst, Trauer, Eifersucht, Ekel oder Scham. Diese Gefühle vermeiden wir, wenn möglich, aber auch sie bieten uns eine starke Orientierung im Leben. Negativ empfundene Gefühle warnen uns, sie schärfen unsere Aufmerksamkeit und helfen ungeheuer dabei, uns Dinge zu merken.

Gefühle entstehen nicht aus dem Nichts, auch wenn wir uns manchmal von ihnen überrumpelt fühlen. Ihnen liegt immer ein Auslöser zugrunde. Typische Auslöser sind:

- Äußere Situationen, z. B. Stau auf der Autobahn
- Gedanken, z. B. »Mist, jetzt komme ich zu spät«.
- Innere Bilder, zum Beispiel eine Erinnerung, was passiert ist, als man das letzte Mal zu spät gekommen ist.
- Andere Gefühle können ebenfalls ein Auslöser sein: Beispielsweise kann die Angst, wegen einer Verspätung ein wichtiges Meeting zu verpassen, dann als Reaktion und gewissermaßen Folgegefühl Ärger auf den Plan rufen.

An den obigen Beispielen kann man erkennen, wie eng unsere Gefühle mit der Bewertung eines äußeren Ereignisses zusammenhängen. Derselbe Mensch hätte auch denken können: »Super, jetzt verpasse ich das öde Meeting und habe eine gute Entschuldigung parat!«, und schon hätte er sich über den Stau gefreut. Generell können wir mit unseren Gedanken unsere Gefühle extrem beeinflussen. Allerdings gilt das nicht in jeder Situation: Wenn ein geliebter Mensch stirbt, dann ist das einfach traurig. Wenn ich eine tödliche Diagnose bekomme, dann macht das erst einmal Höllenangst.

Hinter jedem Gefühl steckt ein Bedürfnis; meistens handelt es sich dabei um eines unserer psychologischen Grundbedürfnisse. Um sich selbst, aber auch andere Menschen besser zu verstehen, ist es hilfreich, das Bedürfnis zu verstehen, das sich in einem Gefühl ausdrückt. Wenn ich beispielsweise wegen der Verspätung durch den Stau auf der Autobahn Angst verspüre, dann ist mein Bedürfnis nach Sicherheit und Kontrolle tangiert, weil mein Job mir wichtig ist und ich keinen Einfluss auf den Stau habe. Aber auch mein Bedürfnis nach Bindung kann betroffen sein, weil der Job beziehungsweise das Meeting mir ein Gefühl der Zugehörigkeit vermittelt und meinen Selbstwert stabilisiert. Gefühle sagen uns also, was wir brauchen, was uns stört oder wo ein persönlicher Wert von uns verletzt ist. Außerdem informieren sie uns, was wir tun müssen, um das entsprechende Bedürfnis zu erfüllen. Empfinden wir Angst, rät uns dieses Gefühl vielleicht zu Flucht und Vermeidung. Empfinden wir Wut, dann wagen wir vielleicht den Angriff (Annäherung).

Viele unserer Gefühle sind angemessen und weisen uns auf einen bestimmten Handlungsbedarf hin, damit das dahinterstehende Bedürfnis erfüllt wird. Leider geraten wir aber auch in Gefühlszustände, die uns sozusagen falsch beraten, weil sie sich auf die vergangene Realität unseres Schattenkindes beziehen und nicht auf die gegenwärtige. Wenn ich in meinem Schattenkind gefangen bin, dann projiziere ich alte Gefühle auf die Gegenwart. Die große Kunst ist deshalb zu unterscheiden, welche Gefühle zu meinem Schattenkind gehören und welche für die gegenwärtige Situation angemessen sind.

Gefühle haben aber auch eine *Sendefunktion.* Sie liefern anderen Menschen wichtige Informationen über unsere Bedürfnisse. Wenn ich zum Beispiel traurig aussehe, signalisiert das meinem Gegenüber, dass ich Aufmerksamkeit und Trost benötige. Menschen, die wenig Zugang zu ihren Gefühlen haben oder diese nicht im Außen zeigen, sind deswegen auch von anderen Menschen schwer zu lesen.

Manche Menschen benutzen aber auch einen unechten Gefühlsausdruck, um andere zu manipulieren. In diesem Zusammenhang spricht man von *instrumentellen Emotionen.* Ein Heulkrampf kann zum Beispiel inszeniert werden, um den Partner davon abzuhalten, an der Betriebsfeier teilzunehmen. Oder ich gebe mich uninteressiert, um in einem begehrten Liebesobjekt den Jagdinstinkt zu wecken.

Wir spüren unsere Gefühle körperlich. So löst Freude bei vielen Menschen ein Kribbeln im Brustraum aus, während sich Verliebtheit eher als Kribbeln im Bauch bemerkbar macht. Bei Trauer hingegen schnürt es den meisten Menschen den Hals zu. Weitere typische Gefühlsempfindungen sind: Druckgefühl, Wärme, Kälte, Zittern, Herzrasen, Schwitzen, Schwindel, Übelkeit oder ein Kloß im Hals.

Menschen, die einen sehr schlechten Zugang zu ihren Emotionen haben, haben meistens auch keinen guten Draht zu ihren körperlichen Empfindungen. Dahinter verbergen sich häufig frühkindliche Traumata. Das Erleben der traumatischen Situation konnten sie nur ertragen, in dem sie ihre körperlichen Empfindungen quasi abgestellt haben. Opfer sexuellen Missbrauchs berichten beispielsweise, dass sie, während der Täter sie vergewaltigte, quasi aus ihrem Körper hinausgetreten sind. Dies ist ein Abwehrmechanismus, den man *Abspaltung (Dissoziation)* nennt. Dieser an sich nützliche Selbsthilfeakt der Psyche kann bei traumatischen Erfahrungen zu tiefen und dauerhaften Spaltungen der Persönlichkeit führen. Unsere abgespaltenen Gefühle werden in eine Art »inneren Keller« und aus unserem Bewusstsein ausgelagert.

Diese Auslagerung kann dazu führen, dass man als Erwachsener im Alltagsleben zwar funktioniert, aber innerlich ein psychischer Ausnahmezustand besteht. Der Prozess der Abspaltung und das Funktionieren im Alltag bedeuten also nicht, dass die Erinnerungen uns nicht weiterhin verfolgen.

Aber auch Überangepasste, deren Kindheitserfahrungen nicht von traumatischer Qualität waren, haben normalerweise Probleme, ihre Gefühle wahrzunehmen. Der Grund ist, dass sie mit ihrer Aufmerksamkeit stärker mit den Gefühlen der anderen beschäftigt sind als mit ihren eigenen. Sie können jedoch, sobald sie ihre Aufmerksamkeit auf ihre Gefühle lenken, diese wieder besser spüren. Deswegen ziehen sie sich auch gern in ihre vier Wände zurück. Solange nämlich kein potenzieller Erwartungsträger in der Nähe ist, können sie sich ohne Schuldgefühle um ihre eigenen Bedürfnisse kümmern.

Exkurs: Hormone und Gefühle

Hormone sind die Botenstoffe für unsere Gefühle. Wenn uns ein bestimmtes Hormon fehlt, dann können wir auch nicht fühlen. Hormone prägen unser Verhalten also ebenfalls maßgeblich. Ihr Einfluss wird inzwischen verstärkt erforscht.

Es ist mittlerweile belegt, dass diese Botenstoffe nicht nur physische, sondern auch psychische Reaktionen verursachen. Unser Hormonprofil ist genetisch beeinflusst. Wie viel wir von welchen Hormonen in bestimmten Situationen ausschütten, ist also individuell. Ein einfaches Beispiel: Wir alle kennen Frauen, die vor ihrer Menstruation stark unter hormonellen Stimmungsschwankungen leiden und nah am Wasser gebaut sind. Genauso gibt es Frauen, die keine Ahnung haben, was das Prämenstruelle Syndrom, kurz PMS, überhaupt sein soll, weil sie einfach keine mentale Veränderung spüren. Schuld ist der unterschiedlich ausgeprägte Östrogen- beziehungsweise Progesteronspiegel.

Die Konzentration der Geschlechtshormone hat auch Einfluss darauf, wie wir uns mit zunehmendem Alter und in der zweiten Lebenshälfte fühlen. Bei Frauen verringert sich in den sogenannten Wechseljahren die Produktion von Östrogen. Das kann nicht nur körperliche Konsequenzen wie Hitzewallungen und Schweißausbrüche haben. Die nachlassende Hormonproduktion im mittleren Alter kann auch zu einem Nachlassen des Gefühlslebens führen – bei Frauen wie bei Männern. Bei vielen Frauen kommt es – auch in glücklichen Partnerschaften – zu einem Rückgang der Libido, bei einigen führt der Hormonabfall zu Depressionen. Um diese Beschwerden zu lindern, wurde früher oft eine Hormonersatztherapie verordnet, deren Einsatz inzwischen allerdings umstritten ist. Statt den Einsatz von Hormonen pauschal abzulehnen, plädieren inzwischen viele Frauenärztinnen und -ärzte für einen differenzierten Einsatz der Hormontherapie, der die individuellen Chancen und Risiken der einzelnen Frau (etwa durch eine östrogenbedingte Brustkrebserkrankung im Vorfeld der Wechseljahre) genau in den Blick nimmt.

Inzwischen wird auch versucht, die Hormonkonzentration durch eine Umstellung des Lebenswandels zu beeinflussen: Faktoren wie Ernährung, Stress oder Bewegung haben einen Einfluss auf die Hormonausschüttung. Ein Rückgang der Libido bei Frauen aufgrund sinkender Östrogenspiegel in den Wechseljahren lässt sich allerdings durch nicht-hormonelle Maßnahmen nicht vollständig ausgleichen.

Hormone beeinflussen auch, wie wir auf bestimmte Situationen und Anforderungen reagieren. Sie reden beispielsweise ein Wörtchen mit, wenn es darum geht, ob man in Stresssituationen eher mutig und forsch oder eher ängstlich und zögerlich reagiert. Ausschlaggebend ist in dem Fall die Menge an Cortisol, die man ausschüttet. Tatsächlich ist es sogar so, dass man beispielsweise das Maß an Ängstlichkeit eines Menschen beeinflussen kann, indem man ihm das Hormon Oxytocin zuführt. Bei einem entsprechenden Experiment des Psychologen Markus Heinrichs[9], einem der führenden Oxytocin-Forscher an der Universität Freiburg,

9 Spengler, F. B., Schultz, J., Scheele, D., Essel, M., Maier, W., Heinrichs, M., and Hurlemann, R.: Kinetics and dose-dependency of intranasal oxytocin effects on amygdala reactivity *Biological Psychiatry*, 82 (2017), 885–894

zeigte sich: Das verabreichte Oxytocin drosselte bei den Probanden die Aktivität der Amygdala im Gehirn. Dadurch wurde das Angstzentrum in seiner Aktivität gebremst und Vertrauen und Großzügigkeit gewannen die Oberhand.

Hormone beeinflussen also zu einem nicht unerheblichen Teil unsere Gefühle. Die chemische Zusammensetzung dieser Botenstoffe setzt Vorgänge in unserem Organismus in Gang, die unsere Stimmungen prägen und verändern. Gut 150 Botenstoffe hat man bisher identifiziert. Wissenschaftler schätzen aber, dass es mehr als 1000 gibt.

Gefühl versus Verstand

Wir nehmen unsere Gefühle ungeheuer ernst – im Zweifelsfall viel ernster als unsere Vernunft. Davon können auch Menschen, die unter Angstzuständen leiden, ein Lied singen. Eine akute Panikattacke ist von so ungeheurer Wucht, dass kaum ein vernünftiger Gedanke sich ihr entgegenstemmen kann. Die Vernunft hat nur eine Chance – und dann sogar eine ziemliche gute –, wenn das Gefühl noch nicht allzu heftig ist. Starke Gefühle blockieren nämlich die Vernunft, egal ob sie als angenehm empfunden werden, wie Verliebtheit und Euphorie, oder als unangenehm, wie Angst und Panik. Die Natur will das so, damit wir uns in einer Gefahrensituation blitzschnell entscheiden und handeln oder im Falle der Euphorie und Verliebtheit uns auf einen Sexualpartner festlegen und für Nachkommen sorgen. Der langsam arbeitende Verstand ist deswegen den Gefühlen hintangestellt. Allerdings ist unser Verstand deshalb nicht völlig machtlos: In neurowissenschaftlichen Studien zur Wirkung von Psychotherapie auf das Gehirn[10] konnte man nachwei-

10 Gabriele Eßing: Praxis der Neuropsychotherapie. Wie die Psyche das Gehirn formt, Deutscher Psychologen Verlag 2015

sen, dass das Angstzentrum (die Amygdala) durch neue Gedanken und Erkenntnisse quasi gebremst wird, bevor es richtig anschlagen kann. Das heißt, wenn ich bewusst mit einer neuen Einstellung anders an eine Situation herangehe, stellt sich die Angst nicht mehr so stark oder irgendwann auch gar nicht mehr ein. Ebenso erfreuliche Ergebnisse zur Wirkung von Psychotherapie konnten auch für andere psychische Erkrankungen wie beispielsweise Zwangsstörungen oder mittelschwere Depressionen erzielt werden. *Es gibt also wissenschaftliche Nachweise dafür, dass man mit der Kraft seiner Gedanken durchaus starken Einfluss auf seine Gefühle nehmen kann.* Diese Einflussnahme muss aber wie gesagt stattfinden, bevor man in einen heftigen Gefühlssturm gerät. Sie dient also zur Prävention. Je öfter man diese Prävention allerdings betreibt, desto seltener gerät man überhaupt in die Nähe dieser gefühlsstürmischen Zustände. Dies hängt mit der sogenannten *Neuroplastizität* des Gehirns zusammen. Neuroplastizität bezeichnet die Lernfähigkeit des Gehirns – durch regelmäßiges Training kann man es verändern. Wenn ich also wiederholt eine subjektive Stresssituation aufgrund neuer Einstellungen, neuer Gedanken und neuer Verhaltensweisen bewältige, so verliert diese Situation ganz grundlegend an Problemgewicht. Ich habe dann nämlich gelernt, Kontrolle über sie herzustellen. Die starken Emotionen, die mit der Situation verbunden waren, treten mithin nicht mehr oder in abgeschwächter Form auf.

Exkurs: Intervention bei negativen Gefühlen

Ich habe eine Mini-Intervention entwickelt, mit deren Hilfe man negative Gefühlszustände abbremsen kann. Voraussetzung für diese Intervention ist, dass man sein Schattenkind, also seine Trigger kennt. Ich erinnere noch einmal an Maja, die ich unter dem Abschnitt »Unser Selbstbild bestimmt, was wir wahrnehmen« auf Seite 41 vorgestellt habe. Durch ihre strenge Erziehung hat sie einen starken Glaubenssatz entwickelt, der »Ich bin nicht gut genug« lautet. Dieser Minderwertigkeitskomplex ist ihr verinnerlichtes Schattenkind. Sie fühlt sich anderen Menschen schnell unterlegen und ist leicht kränkbar. Seitdem sie jedoch die Bekanntschaft mit ihrem Schattenkind gemacht hat, ist sie sich darüber bewusst, dass es sich um eine alte Prägung handelt, die nicht ihrer aktuellen Realität entspricht. Heute weiß sie, dass sie genügt, so wie sie ist. Dieser Gedanke (ihr neuer Glaubenssatz) ist allerdings noch nicht ganz in ihrem Gefühl verankert, weswegen es ihr immer wieder passieren kann, dass ihr Schattenkind getriggert und sie innerlich klein wird. So beispielsweise, wenn sie in einem Teammeeting ihren Standpunkt vertreten will. Allerdings ertappt sie sich inzwischen ganz schnell, wenn sie in diesen inneren Zustand gerät, und schaltet dann sofort in ihren Verstand um. Mit Hilfe ihres Verstandes betrachtet sie die Situation von außen, sie begibt sich also innerlich in die Beobachterposition. Von dort aus kann sie erkennen, dass sie genauso gut ist wie ihre Kolleginnen. Ganz bewusst begibt sie sich dann sofort wieder auf Augenhöhe mit ihnen und vertritt ihre Meinung. »Ertappen und Umschalten« lautet also die Devise. Man ertappt sich in seinem Schattenkind und schaltet sofort in den Verstand um, der in der Psychologie auch gern als der innere Erwachsene bezeichnet wird. Diese Übung ist so einfach wie durchschlagend. Wer dies achtsam praktiziert, wird bald feststellen, dass sich das Schattenkind immer seltener zeigt. Auf »Ertappen und Umschalten« komme ich noch ausführlich in Teil III dieses Buches zu sprechen.

Natürlich sind auch negative Gefühle wie Angst, Trauer oder Wut oftmals völlig angemessen und müssen nicht krampfhaft unterdrückt werden. Wenn ich von der Prävention belastender Gefühlszustände rede, dann beziehe ich mich hierbei auf jene emotionalen Zustände, die für die Situation unangemessen und für die Betroffenen stark belastend sind. Wenn ein Zwangserkrankter sich hundertmal am Tag die Hände waschen muss, um sich vor Keimen zu schützen, oder eine Angstpatientin sich nicht traut, ihr Haus zu verlassen, dann ist das Gefühlsleben der Betroffenen völlig aus der Bahn geraten.

Aber auch bei weitaus weniger gravierenden Störungen des emotionalen Erlebens ist ein angemessener Umgang mit den eigenen

Gefühlen die tragende Säule seelischer Gesundheit. Die Frage, die sich – wie so häufig – stellt, ist: Was ist denn überhaupt angemessen? Darauf gibt es keine klare und eindeutige Antwort. Aus meiner Sicht sind die folgenden Punkte wichtig:

1. Wir sollten einen guten Zugang zu allen Gefühlen haben. Nicht wenige Menschen leiden unter Gefühlsblockaden, die sie zum Beispiel schwer an Gefühle wie Wut oder Trauer herankommen lassen. Manche Menschen haben auch zu allen Gefühlen einen schlechten Zugang, sie sind übermäßig rational.
2. Wir sollten in belastenden Gefühlen nicht ewig stecken bleiben. Manche Menschen sind dauergestresst oder bleiben sehr lang in der Trauer über einen Verlust stecken. In psychologischen Fachkreisen gibt es als Regel den Richtwert, dass man nach einem Jahr die größte, alles beherrschende Trauer einigermaßen bewältigt haben sollte. Das bedeutet natürlich nicht, dass man nicht immer wieder traurige Momente über den Verlust erleben kann und darf. Das kann manchmal auch ein Leben lang andauern.
3. Die Gefühle sollten nicht Achterbahn fahren. Es gibt Menschen, die unter starken Stimmungsschwankungen leiden, sie pendeln zwischen Stimmungshochs und -tiefs. Andere leiden unter impulsiven Aggressionsschüben, mit denen sie ihre Beziehungen stark belasten.

Diese drei Punkte betreffen in erster Linie die Gefühlsintensität. Es gibt aber noch eine zweite, sehr wichtige Ebene, auf der wir beurteilen, ob Gefühle angemessen sind oder nicht. Dabei geht es nicht darum, was wir wie intensiv fühlen, sondern um die Frage, ob die Situation, auf die sich unser Gefühl bezieht, überhaupt stattgefunden hat. Es handelt sich um die Ebene der Wahrnehmungsverzerrungen und Projektionen, die ich schon mehrfach thematisiert habe. Alles, was wir wahrnehmen, wird durch unsere subjektiven Erinnerungen gefiltert. Wenn wir konkrete Gegenstände wie einen Stuhl oder eine Gartenmauer wahrnehmen, hilft uns unsere Erinnerung, diese zu erkennen. Im zwischenmenschlichen Bereich können wir mit unseren Interpretationen jedoch schnell falschliegen und auf Situationen reagieren, die nicht stattgefunden haben. Ich erinnere: Waren die hochgezogenen Mundwinkel ein freundliches Lächeln oder ein spöttisches Grinsen (siehe »Unser Selbstbild bestimmt, was wir wahrnehmen«, S. 41)?

Angst: ein wichtiges und ungeliebtes Gefühl

Unsere Gefühle geben unserem Leben einen Sinn. Sie helfen uns auch, es zu verstehen. Das trifft auch auf ein Gefühl zu, das wir alle am liebsten vermeiden möchten: die Angst.

Wir alle fürchten oder verachten die Angst. Niemand ist gerne ängstlich. Es sei denn, wir suchen die prickelige Form der Angst auf, die man auf der Achterbahn oder beim Bungee-Jumping erlebt. Diese entsteht durch den gefühlten Kontrollverlust. Aber echte Gefahren suchen wir normalerweise nicht freiwillig auf. Es wäre ja auch kontraproduktiv von der Natur, wenn wir es toll finden würden, uns in Gefahr zu begeben.

Aber obwohl wir dieses Gefühl vermeiden wollen, nimmt Angst im Leben vieler Menschen eine zentrale Funktion ein. Sie steuert einige Menschen ganz ungeheuer in ihrem Verhalten. Praktisch alle psychischen Probleme sind mit der Emotion der Angst verbunden. Nicht selten ist die Angst an sich auch das Problem, wie bei Panikattacken, Prüfungs- oder Verlustangst.

Angst hat eigentlich die Funktion, uns zu schützen. Menschen, die aus neurologischen Gründen keine Angst empfinden können, sterben früher. Angst kann aber auch ein ungeheurer Antrieb für Leistung und Erfolg sein: Wer grundlegend Angst hat, zu versagen oder in einem schlechten Licht dazustehen, strengt sich oftmals besonders an. Die Schutzfunktion von Angst wird dann indirekt ausgeübt.

Angst steht in Verbindung mit all unseren vier psychischen Grundbedürfnissen. Wer beispielsweise aufgrund seiner unterschwelligen Versagensangst erfolgsgetrieben ist, beschützt hierdurch seinen Selbstwert, sein Bedürfnis nach Bindung (vermittelt durch die Anerkennung anderer) und sein Kontrollbedürfnis. Zudem vermeidet er Unlustgefühle durch Misserfolg beziehungsweise strebt Lustgefühle durch Erfolgserlebnisse an.

Angst warnt uns vor Gefahren, die unsere körperliche oder psychische Unversehrtheit betreffen. Ängste, die sich auf unsere körperliche Unversehrtheit beziehen, sind die Angst vor Krankheit, Verletzungen und dem Tod. Diese Ängste sind zutiefst menschlich und normal.

Ängste, die im Zusammenhang mit unserer körperlichen Unversehrtheit stehen, sind unter anderem: Flugangst, Angst vor Hunden, Agoraphobie (Angst vor Plätzen), Höhenangst oder Hypochondrie. Ängste, die sich auf psychische Gefahren beziehen, drehen sich um die Themen Verlust, Zurückweisung, Beschämung, Versagen, Ohnmacht und Kontrollverlust. Hierzu zählen unter anderen: Prüfungsangst, Angst vor Einsamkeit, Verarmungsangst, Bindungsangst, Lampenfieber und soziale Ängste.

Exkurs: Angst vor dem Tod

Jeder Mensch hat Angst vorm Sterben. Dieses Thema wird jedoch leider in unserer Gesellschaft stark gemieden. Stattdessen konzentrieren wir uns auf die Verlängerung des Lebens: Die Medien sind voll von Gesundheitstipps. Ständig gibt es neue Hypes um gesundes Essen, Nahrungsergänzungsmittel oder Fitnessprogramme. Das Gesundheitsthema steht viel stärker im Vordergrund als Themen, die sich um unsere Ängste vor dem Ende oder dem Verfall drehen. Meiner Meinung nach dient die übertriebene Fokussierung auf diese Gesundheitsthemen der Verdrängung unserer Todesängste, indem sie das subjektive Kontrollempfinden stärkt. Der berühmte und geniale US-amerikanische Psychotherapeut und Schriftsteller Irvin Yalom sagte sinngemäß: Unser Gehirn verfügt zwar über die Fähigkeit, unsere Sterblichkeit zu reflektieren, aber nicht über die Fähigkeit, damit umgehen zu können. Dem ist aus meiner Sicht nichts hinzuzufügen. Die ganzen Pillen und Superfoods sind ein gigantischer Umsatzmarkt, der sich von der menschlichen Angst vorm Sterben ernährt. Es ist natürlich gar nichts dagegen einzuwenden, wenn man auf seine Gesundheit achtet, im Gegenteil, das ist richtig und gut. Es wäre jedoch schön, wenn die psychologischen Themen, die sich auf unsere Verletzlichkeit und Ängste beziehen, nicht unter den Gesundheitsthemen begraben würden.

Allen Ängsten, egal ob rein psychischer und/oder körperlicher Natur, liegt ein tatsächlicher oder fantasierter Kontrollverlust zugrunde. Kontrolle ist das Gegenmittel zur Angst. Eine Situation, die ich kontrollieren kann, erzeugt keine Angst. Das Gleiche gilt allerdings auch für *Vertrauen.* Wenn ich den äußeren Umständen (z. B. der Flugsicherheit), anderen Menschen (z. B. meinem Partner) oder mir selbst vertraue, dann ist dies auch ein gutes Gegenmittel zu Ängsten, die sich ohne das entsprechende Vertrauen einstellen könnten (Flugangst, Verlustangst, Angst vor Ablehnung oder Versagen). Je mehr Vertrauen ich aufbringen kann, desto weniger muss ich kontrollieren – und umgekehrt. Eine Variante des Vertrauens ist die Gewöhnung. Wir haben die Fähigkeit, uns an Zustände, die anfänglich angsteinflößend waren, zu gewöhnen. Hierdurch stellt sich eine Art des Vertrauens ein. Umfragen zufolge war die Angst vor dem Coronavirus am Anfang der Pandemie am größten. Zu einem späteren Befragungszeitpunkt sanken die Werte deutlich, obwohl sich die Situation objektiv nicht verbessert hatte, aber die Menschen hatten sich halt daran gewöhnt.[11]

11 Leon Windscheid: Besser fühlen. Eine Reise zur Gelassenheit, Rowohlt Polaris 2021

Ängsten liegt eine Verletzung eines oder mehrerer psychischer Grundbedürfnisse zugrunde. Menschen, die beispielsweise unter der Angst leiden, allein Auto zu fahren oder sich im öffentlichen Raum von A nach B zu bewegen (Formen der Agoraphobie), sind in ihrer Autonomie geschwächt. Bildlich gesprochen trauen sie sich nicht, die Hand von der Mama loszulassen und auf eigenen Füßen durchs Leben zu gehen. Sie wurden als Kinder entweder in ihrem Bindungsbedürfnis frustriert, so dass sie darauf keine gesunde Autonomie aufbauen konnten. Oder sie wurden durch Überbehütung unmittelbar in ihrer autonomen Entwicklung geschwächt. Bindung bedeutet für die Betroffenen Sicherheit, während das autonome Auf-sich-selbst-gestellt-Sein sie überfordert und verängstigt. Dabei können sie in anderen Lebensbereichen durchaus taff und selbstständig sein. Die Angst, dem Leben irgendwie nicht gewachsen zu sein, verlagert sich unbewusst auf Situationen, in denen dann die Panik- oder Angstattacken auftreten. Diese schwierigen Situationen können die Betroffenen am besten überstehen, wenn eine Bindungsperson sie begleitet. Darin liegt in einigen Fällen auch der sogenannte *Krankheitsgewinn*, also der versteckte Nutzen der Angst. Durch ihre Angststörung und das damit einhergehende Gebot, Unterstützung durch Partner und Familienangehörige zu erhalten, üben sie unbewusst auch eine gewisse Kontrolle über diese aus. Die Angst liefert unbewusst den Vorwand, Nähe und Hilfe von diesen einzufordern. Bei der Überwindung von Ängsten geht es deswegen auch immer darum, die Autonomie der Betroffenen zu stärken und den verdeckten Krankheitsgewinn zu bearbeiten.

Die sogenannte *Erwartungsangst* spielt allerdings auch eine große Rolle bei der Aufrechterhaltung von Angststörungen. Erwartungsangst bezeichnet die Angst vor der Angst. Die Betroffenen wissen vom Kopf her ganz genau, dass die Situation als solche, wie beispielsweise eine Busfahrt, ungefährlich ist, aber sie haben riesige Angst vor dem Gefühl der Angst als solchem, das bei einer Busfahrt aufkommen könnte. Das Vermeidungsmotiv ist sehr groß. Hierdurch entsteht leicht ein Teufelskreis, denn je öfter ich angstauslösende Situationen vermeide, desto tiefer spurt sich in meinem Gehirn ein, dass diese Situationen gefährlich sind und ich sie nicht bewältigen kann. Die Grundangst verbleibt trotz Vermeidung im Organismus des oder der Betroffenen und wird dann auf die nächste, kleinere Situation projiziert, die ebenfalls vermieden werden muss. Hierdurch schränken viele Betroffene ihren Aktionsradius immer weiter ein, bis sie sich im schlimmsten Fall irgendwann nicht mehr aus dem Haus trauen.

Bei der sogenannten *Expositionsbehandlung* werden Menschen mit einer Angststörung in Begleitung des Therapeuten oder der Therapeutin in die angstauslösende Situation versetzt. Vorher werden Techniken eingeübt, die zur Selbstregulation der Ängste dienen, wie beispielsweise Entspannungsverfahren oder beruhigende Dialoge, die der »innere Erwachsene« mit seinem »inneren Kind« führt. Diese Techniken tragen dazu bei, dass durch die Stärkung der Vernunft, also des frontalen Cortex, die Reaktion in der Amygdala gehemmt wird, bevor sie außer Kontrolle gerät, wie ich es bereits im vorherigen Abschnitt dargestellt hatte. Hierdurch wird die internale Kontrollüberzeugung der Klienten gestärkt, also die Überzeugung, die Situation bewältigen zu können. Dadurch verliert wiederum die Situation vorab bereits an Schrecken.

Wenn wir Angst empfinden, schüttet unser Körper Stresshormone aus, die uns körperlich in höchste Alarmbereitschaft versetzen: Alle Energien werden bereitgestellt, damit wir die Gefahr bewältigen können. Mental sind wir total auf die Situation fokussiert. Das macht evolutionsgeschichtlich sehr viel Sinn, um reale Gefahren für Leib und Leben abzuwenden. Die starke Angstreaktion ist jedoch in unserer heutigen Lebenssituation, in der es sehr selten um reale Gefahren geht, ziemlich kontraproduktiv. Denn gerade das ständige Fokussieren auf die eigenen Ängste, das nicht selten in Grübelzwänge ausartet, erzeugt viel Leidensdruck, ohne dass die Betroffenen einer Lösung näherkämen.

Nicht immer zeigen Ängste ihr wahres Gesicht, sondern sie verbergen sich gern auch mal hinter anderen Emotionen. Wut und Hass sind zum Beispiel Emotionen, denen häufig Angst zugrunde liegt. Der Hass auf Fremde entspringt beispielsweise häufig der eigenen Angst vor dem sozialen Abstieg oder auch dem eigenen Minderwertigkeitsgefühl und der damit einhergehenden Angst vor sozialer Ablehnung. Durch den Fremdenhass wird die empfundene Minderwertigkeit dann kompensiert, indem man sich gegenüber Ausländern höherwertig und überlegen fühlt.

Wie so oft sind auch unsere Gene am Ausmaß unserer Angst beteiligt. Ungefähr 20 Prozent der Babys werden mit einer hohen Angstbereitschaft geboren. Jerome Kagan, der Harvard-Professor, der diese Entdeckung machte, bezeichnete diese Babys als »High Reactives«. Das Angstzentrum (Amygdala) von Kindern mit dieser Veranlagung schlägt schon bei geringsten Anlässen Alarm, die andere Kinder nicht aus der Ruhe bringen würden. Ich vermute, dass es hier eine Schnittmenge zum Konzept der Hochsensibilität gibt. Die Forschungsarbeit der US-amerikanischen Psychologin Elaine Aaron scheint das zu bestätigen: Laut ihrer Studie tendieren hochsensible Menschen auch zum Neurotizismus und reagieren damit in den Augen ihrer Umwelt häufig übertrieben.

Exkurs: Was ist Hochsensibilität?

Die meisten von uns kennen Menschen, die sich schnell unwohl fühlen – manchmal schon wegen der Lautstärke oder des Geruchs in einem Raum oder der Stimmung in einer Gruppe. »XY ist halt ein Sensibelchen«, lautet die gängige Erklärung. »XY ist zartbesaitet. Der ist halt so empfindlich.« Tatsächlich gibt es zu dieser offenbar extremen Feinfühligkeit eine psychologische Diagnose beziehungsweise Vermutung: Hochsensibilität ist ein umgangssprachlicher Ausdruck für ein Persönlichkeitsmerkmal, das manchmal auch als Hypersensitivität oder Hypersensibilität bezeichnet wird. In der Wissenschaft werden dafür die Ausdrücke »Sensory Processing Sensitivity« (SPS) oder »Highly Sensitive Person«

(HSP) verwendet. Sogenannte hochsensible Menschen nehmen äußere Reize deutlich intensiver wahr als andere. Die Betroffenen hören, sehen, riechen und schmecken anders als weniger feinfühlige Menschen. Dementsprechend fühlen sie sich schneller reizüberflutet, reagieren heftiger und brauchen auch länger, um die Reize zu verarbeiten.

Die Definition dieses Persönlichkeitsmerkmals geht zurück auf die US-amerikanische Psychologin Elaine N. Aron, die 1997 eine Forschungsarbeit zu diesem Thema veröffentlichte. Inwieweit Hochsensibilität tatsächlich ein eigenständiges Persönlichkeitsmerkmal ist, ist in der Fachwelt umstritten. Es gibt wissenschaftliche Stimmen, die in Hochsensibilität eher eine Variante von Neurotizismus oder Ängstlichkeit sehen. Das Merkmal ist schwer zu fassen. Auch deshalb schwanken die Schätzungen zur Häufigkeit: Etwa 15 bis 30 Prozent der Bevölkerung sind betroffen. In jedem Fall gibt es neurowissenschaftliche Studien, die unterschiedliche Muster der Hirnaktivität bei Hoch- und Normalsensiblen nachgewiesen haben.

Außerdem überschneidet sich eine hohe Angstbereitschaft häufig auch mit der Persönlichkeitseigenschaft des Neurotizismus, den ich bereits im Abschnitt »Motivation und Gene« (siehe S. 128) vorgestellt habe. Auch bei sehr ängstlichen Kindern zeigt sich, ebenso wie bei »neurotischen« Kindern, dass sie ihre Veranlagung verändern und überwinden können, wenn sie bei einfühlsamen Eltern aufwachsen. Das trifft auf Eltern zu, die ihre Kinder darin bestärken, ihre Ängste zu überwinden, und sie keinesfalls überbehüten. Die sogenannten »High Reactives« entwickelten sich unter dieser Bedingung zu Erwachsenen, die Stress gut bewältigen konnten. Übrigens sind laut Kagans Forschung 40 Prozent der Kinder »Low Reactives« – diese lassen sich nur schwer aus der Ruhe bringen. Im Vergleich zu den High Reactives haben diese Menschen bei der Verteilung der genetischen Anlagen also vielleicht einen Startvorteil. Wie ich jedoch immer wieder gern betone, können Menschen über ihre Angst hinauswachsen, wenn es für sie einen persönlichen

Sinn ergibt. Dieser persönliche Sinn ergibt sich häufig aus unserer Mitmenschlichkeit und Liebe für andere Menschen und Wesen, oder auch einem tiefen Empfinden für Gerechtigkeit. Ich werde in Teil III dieses Buches näher darauf eingehen, was bei Ängsten und anderen »Problemgefühlen« konkret hilft.

Eine andere Form, unsere Ängste in Schach zu halten, stellt die Verdrängung dar. Wir verfügen über diverse psychische Abwehrmechanismen, um unliebsamen Gefühlen aus dem Weg zu gehen.

Die psychischen Abwehrmechanismen

Es bedarf keines wissenschaftlichen Belegs für diese Feststellung: Wir alle möchten ungute Gefühle möglichst vermeiden. Ungute Gefühle entstehen nicht nur in ausgeprägten Konflikt- oder Stresssituationen, sondern ganz generell immer dann, wenn es eine Kluft gibt zwischen dem, was wir wollen, und dem, was ist. Diesen Zustand bezeichnet man als Inkonsistenz (siehe dazu auch »Das Konsistenzprinzip«, S. 26). Um ihn zu beenden, benötigen wir Kontrolle, also Handlungsmöglichkeiten, um unsere Situation zu verändern. Wenn wir über wenig Handlungsmöglichkeiten verfügen, dann können wir unsere Einstellung zu der Situation verändern: beispielsweise, indem wir unsere Erwartungen dämpfen oder auch, indem wir neue Prioritäten setzen und somit unseren Fokus verändern. Eine psychisch gesunde Reaktion ist beispielsweise, wenn wir nach einem Misserfolg nach einer kurzen Phase der Trauer oder Verärgerung sagen können: Okay, geschehen ist geschehen. Ich konzentriere mich jetzt auf das nächste Projekt!

Psychisch gesund ist es auch, Dinge, die ich nicht verändern kann, anzunehmen. Wenn ich beispielsweise meine Hochzeit unter blauem Himmel geplant habe, es aber unentwegt regnet, dann kostet es mich unheimlich viel zusätzliche psychische Energie, gegen dieses Schicksal aufzubegehren, anstatt es »wegzuatmen« und das Beste daraus zu machen. Es trägt erheblich zu unserem Lebensglück bei, Dinge anzunehmen, die man nicht verändern kann (siehe auch »Glücksgefühle sind unsere Lebensdroge«). Eine große Hilfe bei der Bewältigung von Schicksalsschlägen ist deshalb, uns nicht ausschließlich auf den Verlust zu fokussieren, sondern uns auch immer wieder in Dankbarkeit zu üben für alles, was uns das Leben dennoch an Fülle bereitstellt.

Gesunde Maßnahmen, um meine innere Einstellung zu einem Problem zu verändern und es somit zu bewältigen, sind:

- die Anpassung von Erwartungen,
- die Fokussierung auf andere Prioritäten
- oder die Annahme von Unabänderlichem.

Es gibt aber auch psychische Bewältigungsstrategien, die uns mehr Probleme bescheren, als sie beseitigen. Dazu gehören Wahrnehmungsverzerrungen, die in der Fachsprache als *psychische Abwehrmechanismen* bezeichnet werden. Es waren Psychoanalytiker und Psychoanalytikerinnen, die die psychischen Abwehrmechanismen als Erste erkannten und benannten. Auf Wikipedia werden beispielsweise inzwischen eine Vielzahl unterschiedlicher Abwehrmechanismen beschrieben. In der untenstehenden Auflistung beschränke ich mich auf jene, die nach meiner psychotherapeutischen Erfahrung und meiner Lebenserfahrung am relevantesten sind.

Psychische Abwehrmechanismen haben die Funktion, Inkonsistenz zu reduzieren, also einen Konflikt, den ein Mensch mit sich selbst oder mit seiner Umwelt austrägt, zu beseitigen. Diese Beseitigung wird vollzogen, indem der Konflikt vom Bewusstsein des Betroffenen ferngehalten wird. Alternativ wird der Konflikt auf einen anderen, psychisch ungefährlicheren Schauplatz verschoben: Dies ist beispielsweise der Fall, wenn ich meinen Ärger auf meine Chefin an meinem Ehemann auslasse. Der Abwehrmechanismus heißt entsprechend *Verschiebung*.

Psychische Abwehrmechanismen werden in der Regel nicht bewusst herbeigeführt, sondern laufen unbewusst ab. Da Inkonsistenz Spannung erzeugt, steht der Abwehrmechanismus im Dienst der Spannungsreduktion und unterstützt somit unser Grundbedürfnis, Unlustgefühle zu vermeiden. *Mit Hilfe eines psychischen Abwehrmechanismus verändern wir unsere Wahrnehmung. Wir passen die Wahrnehmung so an, dass sie den zugrunde liegenden Konflikt verschwinden lässt oder ihn so umdeutet, dass er erträglich ist.* Ein Beispiel dafür wäre eine Beziehung, bei der einer der beiden Partner das außereheliche Verhältnis des anderen stillschweigend übersieht. Der betrogene Partner hängt so sehr an der Beziehung und hat so große Angst vor einem Konflikt oder einer Trennung, dass er alle möglichen Anzeichen ignoriert. Er nimmt zwar wahr, dass der andere oft spät nach Hause kommt, ständig am Handy hängt und Textnachrichten schreibt, aber er verschließt die Augen vor dem Offensichtlichen und meidet so den Konflikt.

Psychische Abwehrmechanismen sind aber nicht per se dysfunktional. Ein Abwehrmechanismus kann auch ein durchaus gesunder psychischer Vorgang sein, der uns das Leben etwas leichter macht. Hier ist zum Beispiel der allseits bekannte Abwehrmechanismus der *Verdrängung* zu nennen. Das klingt vielleicht überraschend, weil Sätze wie »Du bist ja ein Meister im Verdrängen« in der Regel ziemlich negativ gemeint sind. Aber ohne ein gewisses Maß an Verdrängung wären wir alle kaum funktionsfähig. Schließlich können wir uns nicht ständig mit unserer eigenen Verletzlichkeit, Sterblichkeit und dem Elend der Welt konfrontieren, ansonsten hätten wir kaum noch Lust, morgens aufzustehen. Wie so oft im Leben geht es auch hierbei um das Ausmaß, mit dem man innere oder äußere Konflikte verdrängt. Die Verdrängung wird dann dysfunktional, wenn sie mir am Ende des Tages mehr Probleme beschert als löst. Wenn ich also permanent meine eigenen Bedürfnisse verdränge, um mich anderen Menschen besser anpassen zu können, damit sie mich mögen (Leben in der Vermeidung), dann kann das im schlimmsten Fall im

Burnout münden, also einem Zusammenbruch meiner psychischen Funktionsfähigkeit.

Verdrängen ist ein Vorgang, der halbbewusst abläuft. Wir können die verdrängten Inhalte ins Bewusstsein hervorholen, wenn wir später mit ihnen konfrontiert werden – oder uns selbst damit konfrontieren. Wer ist nicht schon einmal rückblickend auf eine gescheiterte Beziehung oder einen Misserfolg in anderer Sache zu der selbstkritischen Einsicht gekommen: »Das hätte ich eigentlich verhindern können, wenn ich den Tatsachen eher ins Auge gesehen hätte!«

In meinen Therapiegesprächen stelle ich häufig fest, dass Menschen »sehenden Auges« in ihr Unglück laufen. Wenn ich sie nämlich frage: »Wann haben Sie die ersten Anzeichen bemerkt, dass diese Beziehung schwierig werden könnte?«, so räumen die meisten ein, dass es sehr frühe Anzeichen gegeben habe. Man habe diese aber nicht wahrhaben wollen beziehungsweise sich der Hoffnung hingegeben, es würde schon besser werden. Um ihren Wunsch nach Bindung zu erfüllen, haben die Betroffenen also Hinweise ausgeblendet, dass das Liebesobjekt ihrer Wahl ihnen diesen Wunsch wahrscheinlich nicht erfüllen würde.

Bei der *Abspaltung* (Dissoziation) verdrängen wir die Inhalte nicht allein aus unserem Bewusstsein, sondern die Gefühle schalten sich sozusagen ab (siehe auch »Unsere Gefühle«). Dissoziationen kann man mit einem tranceähnlichen Zustand vergleichen: Der Körper macht irgendetwas und man ist mit dem Bewusstsein ganz woanders. Sogenannte Alltagstrancen kennt jeder, zum Beispiel beim Autofahren, wenn man sich am Ende der Strecke fragt: Wie bin ich eigentlich hier hingekommen? In so einem Fall kann man sich jedoch sofort wieder in das Hier und Jetzt zurückbeamen. Anders verhält es sich mit Dissoziationen, die aus traumatischen Erfahrungen entstehen. Hier werden Gefühle abgespalten, die nicht auszuhalten sind. Es ist sozusagen wie ein Gefühls-Shutdown, der uns hilft, das Unerträgliche zu überstehen. Viele Menschen, die ein Trauma überlebt haben, wie beispielsweise ein Gewaltverbrechen, berichten, dass sie ab einem gewissen Zeitpunkt quasi aus ihrem Körper herausgetreten seien. Traumatische Erfahrungen können aber auch dazu führen, dass man nicht nur für den Moment, sondern grundsätzlich von seinen Gefühlen abgespalten ist und sein Leben im »Funktionsmodus« gestaltet. Das heißt, man funktioniert – teilweise sogar sehr gut – in seinem Alltagsleben, aber man hat dennoch kaum einen Zugang zu den eigenen Gefühlen. Dies ist öfter bei Menschen der Fall, die in ihrer Kindheit traumatischen Erfahrungen ausgesetzt waren. Der Unterschied zu Überangepassten, die häufig auch auf einem Funktionsmodus operieren, ist, dass diese den Kontakt zu ihren Gefühlen herstellen können, wenn sie ihren Gefühlen ihre Aufmerksamkeit widmen: Das geschieht meistens unter der Bedingung, dass kein potenzieller Erwartungsträger in der Nähe ist, sprich, wenn sie allein sind. Traumatisierte können hingegen den Kontakt grundsätzlich schwer herstellen, selbst wenn sie es wollen. Wer übrigens tiefer in das Thema Trauma und Dissoziation einsteigen möchte, kann sich im Internet hierzu einen guten ersten Überblick verschaffen.

Generell stehen alle Abwehrmechanismen im Dienst eines oder mehrerer psychischer Grundbedürfnisse. Um unsere Grundbedürfnisse nach Bindung, Autonomie und Selbstwerterhöhung sicherzustellen, müssen einige Realitäten aus dem Bewusstsein ferngehalten werden. So ist das Verharren in einer dysfunktionalen beziehungsweise toxischen Beziehung die Folge einer starken Bindungssehnsucht und somit einer überhöhten Anpassungsbereitschaft der Betroffenen, wie ich es weiter oben bereits skizziert habe. Umgekehrt müssen wir, wenn wir für unsere Autonomie kämpfen wollen, unsere Bindungswünsche abwehren, die der Unabhängigkeit im Weg stehen könnten. Unser Grundbedürfnis nach Vermeidung von Unlustgefühlen respektive Erlangung von Lustgefühlen spielt bei der Abwehr immer eine Rolle: Die Abwehr zielt darauf aus, schmerzliche Gefühle vom Bewusstsein fernzuhalten. Wenn ich beispielsweise ein stark ausgeprägtes Bindungsbedürfnis habe, rede ich mir möglicherweise Angewohnheiten oder Verhaltensweisen meines Partners schön, die ich eigentlich als schwierig empfinde. Fühle ich mich im Gegenteil durch eine Bindung in meinem Freiheitsbedürfnis bedroht und habe Angst, mich in einer nahen Beziehung zu verlieren, dann muss ich meine Liebesgefühle kleinhalten. Das funktioniert sehr gut über einen Abwehrmechanismus, der mich meinen Partner überaus kritisch beäugen und auf dessen Schwächen fokussieren lässt. Diese vermeintlichen Fehler meines Partners schrecken mich dann dermaßen ab, dass ich mich weniger stark gebunden fühle. Es gibt also Abwehrmechanismen, die bevorzugt unser Bindungsbedürfnis schützen, und solche, die in erster Linie unserem Bedürfnis nach Autonomie dienen. Beides ist eng verwoben mit unserem Selbstwertgefühl.

Abwehr im Dienste der Bindung: Idealisieren und Schönreden

Wenn das Verhalten einer wichtigen Bindungsperson eine starke Inkonsistenz in uns erzeugt oder erzeugen könnte, die eigentlich mit dem Wunsch im Widerspruch steht, die Beziehung zu dieser Person aufrechtzuerhalten, dann liegt es nahe, die Wirklichkeit ein wenig zu idealisieren, um die Inkonsistenz zu reduzieren. Wenn ich Inkonsistenz erlebe, dann sind in meinem Bewusstsein (Arbeitsspeicher) mindestens zwei Inhalte vorhanden, die einander widersprechen. Dieser Widerspruch löst eine innere Anspannung (Stress) aus und *verhindert die bewusste Entscheidung und Planung einer Handlung.* Man ist blockiert und weiß nicht, in welche Richtung man sich bewegen soll. Um diesen Zustand zu beenden, muss ich die sich widersprechenden Informationen umdeuten, verdrängen oder schönreden, bis der innere Konflikt erträglich und ich selbst wieder entscheidungsfähig bin.

Eine Form der Inkonsistenz ist die sogenannte *kognitive Dissonanz.* Bei der kognitiven Dissonanz stehen Gedanken, die normalerweise eng an das persönliche Wertesystem des Betroffenen gekoppelt sind, im Widerspruch zueinander. (Die zweite Unterform der Inkonsistenz ist die *Inkongruenz*. Hier besteht eine Kluft zwischen dem, was ich gern hätte, und der äußeren Realität: Ein simples Beispiel: Ich wünschte mir, dass die Sonne scheint, aber es regnet. Siehe dazu auch »Das Konsistenzprinzip«, S. 26.)

Nehmen wir einmal an, Michael verliebt sich in Philipp. Während ihres dritten Dates erfährt Michael, dass Philipp die AfD wählt. Das erzeugt in Michael eine extreme kognitive Dissonanz, weil die AfD massiv gegen Michaels Wertesystem verstößt und er gleichzeitig sehr starke Gefühle für Philipp empfindet. Wie kann Michael mit dieser Situation umgehen? Aus dem Kontakt zurückziehen will er sich nicht, seine Gefühle für Philipp sind bereits zu stark. Wenn er also mit Philipp eine enge Beziehung eingehen möchte, muss er seine kognitive Dissonanz intern regulieren, um die Anspannung und den Stress, die sie in seinem Gehirn erzeugt, abzubauen. Dafür muss er etwas an seinen inneren Einstellungen schrauben, wofür ihm die folgenden Möglichkeiten zur Verfügung stünden:

1. Er verdrängt die Information, dass Philipp die AfD wählt, möglichst weit aus seinem Bewusstsein.
2. Er fügt konsonante (zu seiner Einstellung passende) Informationen hinzu, indem er sich beispielsweise sagt: »In einigen Punkten liegt die AfD ja gar nicht so falsch.«
3. Er reduziert die Wichtigkeit der dissonanten Information, indem er sich beispielsweise einredet: Politik ist nicht so wichtig.
4. Er erhöht die Wichtigkeit der konsonanten Information, indem er sich klarmacht: Philipp ist mein Traummann.
5. Er hegt die Hoffnung, dass er Philipps Überzeugungen bezüglich der AfD im Laufe der Beziehung verändern kann.

Allen Lösungen liegt zugrunde, dass Michael ein bisschen an seiner Wirklichkeit »herumbiegen« muss, um die kognitive Dissonanz und somit sein ungutes Gefühl zu reduzieren. Verdrängen und Schönreden sind hier die Abwehrmechanismen der Wahl. Man reduziert die dissonante Information, indem man sie verdrängt, oder man fügt konsonante Informationen hinzu, mit denen man sich die Situation etwas besser darstellt.

Während die Verdrängung ein ganz grundlegender Abwehrmechanismus ist, den wir unbewusst anwenden, um alle möglichen konflikthaften Wahrnehmungen aus unserem Bewusstsein zu rücken, so wenden wir die Idealisierung und das Schönreden insbesondere an, um unsere Beziehungen zu schützen. Wir idealisieren nahestehende Menschen, damit wir uns konfliktfrei an diese binden können. Naturgegeben ist, dass Kinder ihre Eltern idealisieren. Sie müssen dies tun, um sich sicher und geschützt zu fühlen – und das geht nur bei »guten und richtigen« Eltern. Wie ich bereits unter dem Abschnitt »Ein geringer Selbstwert zum Schutz der Elternbindung« (siehe S. 111) erwähnt habe, geben sich kleine Kinder immer selbst die Schuld, wenn ihre Beziehung zu den Eltern oder einem Elternteil schwierig ist. Kinder benötigen vor allem das Gefühl von Sicherheit. Dieses käme ihnen völlig abhanden, wenn sie ihre Eltern als »unfähig« wahrnehmen würden. Davon abgesehen sind kleine Kinder intellektuell nicht in der Lage, sich ein objektives Urteil über die Bindungsfähigkeit und Erziehungskompetenz ihrer Eltern zu bilden. Diese ungesunde Idealisierung anderer Menschen im Sinne von »Im Zweifelsfall gebe ich mir selbst die Schuld, weil ich dich als besser als mich selbst einschätze« wird von vielen Menschen auch noch im Erwachsenenalter praktiziert.

Es gibt allerdings auch eine gesunde Form von Idealisierung. Diese findet beispielsweise in intakten Beziehungen statt: Man fokussiert auf die Stärken des Partners und blendet seine Schwächen aus (wohl wissend, dass diese existieren). Wenn ich jedoch in eine schwierige oder gar toxische Beziehung verstrickt bin, dann kann mich eine verklärte Wahrnehmung meines Partners in den Abgrund führen. Der toxische Partner wird häufig idealisiert, um die unterschwellige Trennungsangst zu reglementieren. Würde der Partner nämlich realistisch wahrgenommen, dann käme man nicht mehr um eine Trennung herum. Einige Menschen sind jedoch lieber todunglücklich in einer Partnerschaft als allein. Aber nicht nur in unglücklichen Partnerschaften wird das Gegenüber idealisiert, sondern auch in problematischen Freundschaften oder Arbeitsbeziehungen. Die Idealisierung trägt immer dazu bei, eine Bindung aufrechtzuerhalten beziehungsweise die Beziehungssituation erträglicher zu gestalten.

Diese Form von Idealisierung betrifft besonders häufig konfliktscheue Menschen: Sie scheuen nicht nur den Konflikt, sondern nehmen ihn häufig als solchen nicht wahr. Sie deuten ihn oftmals auch um: Der andere hat es nicht so gemeint! und verharmlosen hierdurch eine gegen sie gerichtete Aktion. Manchmal merken sie auch nicht, wenn sie schlecht behandelt werden, oder sie merken es erst einige Zeit später, wenn sie wieder für sich allein sind. Denn nur, wenn sie allein sind, können sie ihren Anpassungsmodus abstellen und endlich sich selbst spüren. Im Anpassungsmodus verlieren sie den Kontakt zu ihren eigenen Gefühlen, weil sie stark damit beschäftigt sind, sich auf die Bedürfnisse ihres Gegenübers einzustellen. Konfliktscheue wollen Harmonie um jeden Preis, und das hat zur Folge, dass sie sich andere Menschen gern schönreden. Sie projizieren deshalb auch positive Eigenschaften in ein Gegenüber, das dieser Wahrnehmung gar nicht gerecht wird.

Abwehr im Dienste der Autonomie: Abwerten und Rationalisieren

Befürchten wir einen Bindungsverlust, so hilft uns das Schönreden und Idealisieren, um diesen Verlust beziehungsweise die nötige Trennung abzuwehren. Aber nicht nur der Verlust von Nähe und Bindung kann für uns bedrohlich sein, sondern auch das Gegenteil: Manchen Menschen macht Nähe Angst. Für sie erscheint das Einhalten einer gewissen Distanz zu anderen Menschen als vermeintlich sichere Option. Sie haben beispielsweise als Kinder erfahren, dass sie sich nicht wirklich auf ihre Eltern verlassen konnten, und deswegen unbewusst beschlossen, sich am besten nur auf sich selbst zu verlassen. Anstatt also andere Menschen beziehungsweise ihre potenziellen Liebespartner idealisiert wahrzunehmen, wie die Verlustängstlichen es tun, nehmen die »Autonomen« eine kritische Distanz ein. Das führt nicht selten dazu, dass sie in einen gewissen *Schwächenzoom* verfallen. Dies geschieht normalerweise unbewusst und automatisch, wenn eine Beziehung zu eng zu werden droht. Der Autonome fokussiert in diesem Stadium der Beziehung vorwiegend auf die Schwächen seines Partners, was zwangsläufig dazu führt, dass seine Liebesgefühle erkalten. Hierdurch kann er die emotionale Distanz zu seinem Partner herstellen, die er benötigt, um sich sicher zu fühlen und Kontrolle über die Situation zu erlangen.

Eine überaus kritische und abwertende Haltung gegenüber anderen Menschen ist eine negative Wahrnehmungsverzerrung, die nicht nur dem Kontrollbedürfnis, sondern auch dem Selbstwertgefühl dient. Nicht wenige Menschen verwalten ihr lädiertes Selbstwertgefühl, indem sie vorwiegend auf die vermeintlichen Schwächen anderer fokussieren. Wer auf andere herabschaut, ist automatisch in einer etwas überlegenen Position. Durch diesen Rangunterschied verliert der andere sein potenzielles Gefährdungspotenzial. Zur Erinnerung: Menschen, deren Selbstwert gering ist, nehmen andere schnell als überlegen und bedrohlich wahr. Durch die Abwertung ihres Gegenübers wird diese Gefahr abgewendet.

Menschen mit narzisstischen Strukturen bedienen sich besonders gern der Abwertung als psychischem Abwehrmechanismus. Entgegen der landläufigen Annahme, dass Narzissten über ein überhöhtes Selbstwertgefühl verfügen, verbirgt sich hinter ihrem scheinbar grandiosen Auftreten ein geringes Selbstwertgefühl. Um dieses in Schach zu halten, arbeitet der Narzisst an zwei Fronten: Zum einen bemüht er sich, mit seinen Fähigkeiten zu brillieren, was häufig auch sein Aussehen einschließt, und zum anderen wertet er andere Menschen ab.

Exkurs: Was steckt eigentlich hinter dem Begriff »Narzissmus«?

Derzeit wird von Laien (und Medien) schnell eine narzisstische Störung vermutet, vor allem wenn es um Paarprobleme und Trennungen geht. Tatsächlich führt eine narzisstische Störung zu massiven Beziehungsproblemen, aber sie tritt als psychologisches Störungsbild seltener auf, als man derzeit glauben könnte.

Der Name »Narzissmus« kommt ursprünglich aus der griechischen Mythologie: Laut der Sage hat der schöne Jüngling Narziss sich unsterblich in sich selbst verliebt, als er sein Spiegelbild in einem Wasser sah. Den Rest seines Lebens vergötterte er sich selbst. Ein Narzisst ist im allgemeinen Sprachgebrauch also ein Mensch, der sich in selbstverliebter Manier als großartig und bedeutend wahrnimmt. In der Psychologie versteht man unter Narzissmus eine Selbstschutzstrategie, mit deren Hilfe die Betroffenen ihr Schattenkind beschützen. Sie demonstrieren ihre eigene Größe und Unfehlbarkeit, um ihr verletztes Selbstwertgefühl nicht spüren zu müssen.

Zur Entstehung von Narzissmus gibt es unterschiedliche Theorien. Die eine besagt, dass das selbstverliebte Verhalten entsteht, um in der Kindheit erlittene Kränkungen zu kompensieren. Die andere Theorie geht davon aus, dass erwachsene Narzissten als Kinder übermäßig behütet und verwöhnt wurden und so kein realistisches Selbstbild entwickeln konnten. Ob die Prägung durch die Eltern bei diesem Persönlichkeitsmerkmal überhaupt eine besondere Rolle spielt, wird ebenfalls diskutiert: Inzwischen weiß man, dass Narzissmus eine hohe genetische Komponente aufweist und stark mit unserem angeborenen Temperament korrespondiert.

In einem gewissen Ausmaß benutzen wir alle narzisstische Schutzstrategien: Wir alle wollen möglichst gut dastehen – vor anderen und vor uns selbst. Die meisten Menschen geben dann und wann mal ein bisschen an. Die meisten lästern auch mal über andere und werten sich dadurch auf. Das ist vielleicht kein besonders sympathischer Charakterzug, aber so weit ganz normal. Wir alle versuchen, unser Schattenkind möglichst nicht zu spüren und unsere Schwächen zu verstecken. Entsprechend reagieren wir gekränkt auf Zurückweisung und Kritik.

Unabhängig davon, ob im Einzelfall genetische Faktoren oder prägende Kindheitserfahrungen die größere Rolle spielen: Narzisstische Persönlichkeiten haben übergroße Ängste vor Zurückweisung, Kritik und Beschämung. Sie konstruieren sich ein Idealselbst, indem sie alles dafür tun, sich vom Durchschnitt abzuheben. Narzissten strengen sich unglaublich an, etwas Besonderes zu sein, weil ihr Schattenkind genau das Gegenteil empfindet. Um ihr Schattenkind in Schach zu halten, streben sie nach außerordentlichen Leistungen, nach Macht, Schönheit, Erfolg und Anerkennung. Narzissmus besteht somit aus einem ganzen Bündel von Schutzstrategien.

Zu diesen Schutzstrategien gehört leider auch die Abwertung anderer Menschen. Narzissten haben ein ausgeprägtes Gespür für die Schwächen ihres Gegenübers, die sie gern in Form von scharfer, verletzender Kritik verbalisieren. Narzissten können ihre eigenen Schwächen nicht ertragen und ertragen sie deswegen auch nicht bei ihren Mitmenschen. Indem sie aber auf deren Schwächen fokussieren, sind sie von den eigenen Schwächen abgelenkt. Dadurch lösen sie bei ihren Mitmenschen genau jene Gefühle aus, die sie selbst nicht spüren wollen: eine tiefe Verunsicherung und Minderwertigkeit. Bei Narzissten tritt das Prinzip der Täter-Opfer-Perversion besonders deutlich zutage. Gegen den Schwächen-Zoom des Narzissten hat kein Partner eine Chance. Die abhängigen Partner meinen jedoch leider oftmals, wenn sie nur irgendwie besser und schöner wären, dann wäre der Narzisst auch zufrieden mit ihnen. Das suggeriert der narzisstische Partner auch. Manche Narzissten wählen nämlich eine Zeit lang die gegenteilige Strategie zum Abwertungsmuster: Sie idealisieren ihre Partner oder nahestehende Menschen, um sich selbst dadurch aufzuwerten. In diesem Fall geben sie beispielsweise mit ihrem tollen Partner, ihren grandiosen Kindern und ihren wichtigen Freunden an. Viele Narzissten verwenden auch beide Strategien: Sie switchen zwischen Idealisierung und Abwertung. Nicht selten wird eine neue Bekanntschaft oder Liebe zunächst idealisiert, dann abgewertet und fallen gelassen.

Die Beziehung mit einem narzisstischen Partner ist häufig zum Scheitern verurteilt. Das liegt daran, dass es narzisstischen Typen naturgemäß schwerfällt, ihre eigene Struktur zu erkennen. Wenn ihnen dies jedoch gelingt, können sie den Ausstieg aus ihrem destruktiven Muster finden. Kurz: Wenn es ihnen gelingt, sich mit ihren eigenen Schwächen anzunehmen, dann benötigen sie nicht mehr die ständige Bestätigung im Außen und die Abwertung anderer.

Ein weiterer Abwehrmechanismus, um sich die eigenen Gefühle und somit auch jene des Partners vom Leib zu halten, ist die *Rationalisierung*. Menschen, die sich vorwiegend in ihrem Verstand aufhalten, haben einen schlechten Kontakt zu ihren Gefühlen. Sie verstricken sich gern in theoretische, intellektuelle Diskussionen, zum Beispiel über das Wesen der Liebe, ohne sich jedoch auf eine nahe Liebesbeziehung einzulassen. Sie wahren zu den Menschen eine kritische Distanz und lassen nichts wirklich nah an sich herankommen. Wie ich bereits unter dem Abschnitt »Motivation und Gene« geschrieben habe, haben auch unsere Gene einen starken Einfluss auf unsere Wesensart; die Neigung zur Rationalisierung ist also nicht allein auf Kindheitseinflüsse zurückzuführen. Gleichwohl wird sie natürlich begünstigt, wenn die Betroffenen, neben ihrem angeborenen Naturell, als Kinder in ihrem Nähebedürfnis verletzt worden sind, so dass sie sich umso stärker auf der autonomen Seite der »Unverletzbarkeit« verankert haben. Die Rationalisierung ebenso wie die Abwertung verfolgen den unbewussten Zweck, andere Menschen nicht zu nah an sich heranzulassen.

Introjektion und Projektion

Die sogenannte *Projektion*, auf die ich bereits unter »Unser Selbstbild bestimmt, was wir wahrnehmen« eingegangen bin, zählt zu den Klassikern der psychischen Abwehr. Bei der Projektion sehe ich mein Gegenüber durch die Brille meiner eigenen Bedürfnisse und Gefühle. Wenn ich beispielsweise ein Schattenkind verinnerlicht (introjiziert) habe, das sich chronisch zu kurz gekommen fühlt, dann projiziere ich schnell in andere Menschen, dass sie mich übervorteilen wollen. Oder ich übertrage die Erfahrungen, die ich in meiner Kindheit gemacht habe, auf meine späteren Beziehungspartner. Nicht selten sieht man unbewusst die eigene Mutter oder den eigenen Vater im anderen. Zwei Beispiele: Einer meiner Klienten hatte eine derart kontrollierende Mutter, dass er sich als Erwachsener schon bei der Frage »Wie war dein Tag, Schatz?« in seiner Selbstbestimmung eingeschränkt fühlte, anstatt sich über das Interesse seiner Frau an seiner Person zu freuen. Eine Klientin hingegen, die ständig der Liebe ihres gefühlsarmen Vaters hinterhergelaufen war, suchte sich unbewusst ähnliche Männer aus. Sie projizierte ihr Vaterbild in diese Partner, in der (unbewussten) Hoffnung, diesmal ein Happy End herbeiführen zu können.

Ich erinnere an die Abfolge von Reiz → Interpretation → Gefühl →Verhalten, die ich bereits unter dem Abschnitt »Unser Selbstbild bestimmt, was wir wahrnehmen« beschrieben habe. Die Projektion, wie auch andere psychische Wahrnehmungsverzerrungen, bestimmt die Interpretation unserer Wahrnehmung, die – wie ich nicht müde werde zu betonen – wesentlich durch unsere frühen Lernerfahrungen, also von unserer mentalen Landkarte/dem inneren Kind bestimmt ist.

Menschen, die sich nicht auf Augenhöhe mit anderen Menschen wähnen, sondern sich tendenziell unterlegen fühlen, sind anfällig für die Opferrolle. Wie ich bereits unter dem Abschnitt »Geringer Selbstwert und Opferrolle« geschrieben habe, geschieht dies häufig aus einer erlernten Resignation heraus, die ihnen tief in den Knochen sitzt. Daraus resultiert das Problem, dass das potenzielle Opfer in das scheinbar mächtige Gegenüber die Täterrolle projiziert. Aus Angst vor Unterlegenheit und Ablehnung positionieren die betroffenen Menschen sich dann beispielsweise in einer Diskussion nicht deutlich, und wenn dann Entscheidungen getroffen werden, die nicht in ihrem Sinne sind, verübeln sie das den Entscheidungsträgern. Simpel ausgedrückt kann ihre Projektion mit: »Ich klein, du böse!«, zusammengefasst werden. Dieser Projektion ist der vermeintliche Täter hilflos ausgeliefert. Seine »Verbrechen« bleiben auch nicht ungestraft. Das vermeintliche Opfer rächt sich zum Beispiel gern mit passiver Aggression, die sich durch innere wie äußere Beziehungsboykotte ausdrückt: Mauern, den anderen auflaufen lassen, Zusagen machen, die man nicht einhält, oder Mobbing sind Spielarten der passiven Aggression. Der vermeintliche Täter steht auf verlorenem Posten, weil das scheinbare Opfer jede seiner Handlungen und Aussagen durch den Filter seiner Projektion wahrnimmt. Das ist auch ein Grund, warum viele Gewaltverbrecher sich selbst als Opfer wahrnehmen. Wenn jemand aufgrund seiner Kindheitserfahrungen ein feindseliges Menschenbild entwickelt hat und zudem keine Empathie empfinden kann, so mag er sich als Opfer wähnen, das sich »nur das nimmt, was ihm das Leben bisher vorenthalten hat«.

In ihrer Kindheit waren die Betroffenen häufig tatsächlich die Opfer ihrer wenig einfühlsamen Eltern. Durch die Macht und Mittel, über die sie jedoch als Erwachsene verfügen, verkehrt sich ihre Rolle unbewusst in die des Täters oder der Täterin. Der psychologische Fachausdruck für diesen Prozess lautet *Täter-Opfer-Perversion*. Das scheinbare Opfer fügt dabei dem scheinbaren Täter genau jene Schmerzen zu, die es selbst nicht fühlen möchte. Dies geschieht, wenn

- … ich aus Angst vor Verletzung meinen Partner oder potenziellen Partner immer wieder auf Distanz halte. Der Partner bekommt die Verletzung und Zurückweisung zu spüren, die ich für mich selbst vermeiden möchte.
- … ich aus Angst, in eine unterlegene Position zu geraten, den anderen kontrolliere und abwerte – dann wird sich der andere in meiner Gegenwart häufig unterlegen und kontrolliert fühlen.

- … ich aus Angst vor persönlichen Angriffen und Zurückweisung den anderen auflaufen lasse – dann wird sich der andere von mir abgewiesen und verletzt fühlen.
- … ich aus Angst, meine persönlichen Freiräume zu verlieren, kompromisslos die Nähe und Distanz in einer Beziehung allein bestimme – dann verliert der andere die Freiheit über seinen Terminkalender.

Die Liste der Beispiele ließe sich noch lange fortsetzen. Im Grunde ist es fast immer so, dass ich, indem ich Dinge bei mir unbewusst und unreflektiert abwehre, dem anderen genau das zufüge, was ich selbst nicht spüren möchte. Dies gilt auch für den Fall, dass ich unliebsame Regungen und Triebe, die zu mir gehören, auf einen anderen Menschen projiziere. Bin ich selbst aggressionsgehemmt, so kann es mir schnell passieren, dass ich den anderen für gefährlich halte. Oder ich gestehe mir nicht ein, wie neidisch ich auf meinen erfolgreichen Nachbarn bin, und unterstelle ihm, dass er ein blöder Angeber sei, nur weil er ein schickes Auto fährt. Vielleicht habe ich auch das Gefühl, dass mein Gesprächspartner unaufrichtig und wenig authentisch ist, dabei bin eigentlich ich selbst es, die nur mit einer Tarnkappe aus dem Haus geht.

Wir projizieren jedoch nicht nur in die negative Richtung. Insbesondere Menschen, die selbst sehr fair und anständig durchs Leben gehen, fehlt manchmal die Vorstellungskraft, wie niederträchtig, feige und neidisch sich manche ihrer Mitmenschen verhalten können. Sie neigen zu positiven Projektionen. Das ist zwar generell hilfreich für das Miteinander, weil der Umgang sich dann auf ganz ungezwungene Weise wertschätzend gestaltet, allerdings führt es bei den Betroffenen auch immer wieder zu Verletzungen, wenn sie feststellen müssen, dass sie sich im anderen getäuscht haben.

Es passiert uns also ständig, dass wir etwas beim Gegenüber wahrnehmen, was eigentlich zu uns selbst gehört. Deswegen ist es so wichtig, dass man sich seiner inneren Vorgänge möglichst bewusst ist. Je klarer ich mir nämlich meiner selbst bin und meine entwicklungsbedürftigen Seiten kenne, desto besser kann ich sortieren und einschätzen, welche Introjektion beziehungsweise Projektion zu mir gehört und was tatsächlich im Verantwortungsbereich meines Gegenübers liegt. Übungen, die dabei helfen, stelle ich unter dem Abschnitt »Vierter Schritt: sich aus der Verstrickung lösen und dem Leben Sinn geben« (S. 339) vor.

Die Selbstschutzstrategien

Nicht nur auf der reinen Wahrnehmungsebene, sondern auch durch unser Verhalten sind wir bestrebt, Inkonsistenz zu reduzieren und Unlustgefühle wie Scham, Angst oder Enttäuschung zu vermeiden. Wenn wir eine innere Prägung verinnerlicht haben, die uns glauben lässt, wir seien klein und minderwertig, dann wollen wir uns nicht ständig so fühlen, und noch weniger wollen wir, dass andere unsere vermeintliche Minderwertigkeit feststellen. Wir entwickeln Schutzstrategien, die uns vor den negativen Gefühlen und Gedanken unseres Schattenkindes schützen sollen. Sie sind die Kompensation für unseren angeschlagenen Selbstwert.

Viele dieser Schutzstrategien hat man sich schon als Kind angeeignet, um bestmöglich mit den Eltern klarzukommen. So war man vielleicht schon als Kind immer bestrebt, der kleine »Sonnenschein« der Mutter zu sein, und überträgt diese Schutzstrategie nun unbewusst auf das Erwachsenenleben, indem man stets bemüht ist, alle Erwartungen zu erfüllen. Also auch unsere Schutzstrategien generieren sich aus unseren Introjektionen und daraus entstehenden Projektionen.

In meinen Büchern »Das Kind in dir muss Heimat finden« und »Jeder ist beziehungsfähig« gehe ich ausführlich auf die Selbstschutzstrategien ein, weswegen ich sie im Folgenden nur kurz zusammenfassen möchte.

Die Schutzstrategien schützen unseren Selbstwert, und zwar entweder im Dienste der Bindung oder im Dienste der Autonomie. Ich hatte bereits unter dem Abschnitt »Bindung: Die Basis des Lebens« (S. 63) erläutert, dass manche Menschen Sicherheit innerhalb der Bindung suchen, während andere sich am liebsten auf sich selbst zurückziehen. Für die Ersteren bedeutet Sicherheit, dass jemand für sie da ist; für Letztere bedeutet Sicherheit, dass sie auf keinen Menschen außer sich selbst angewiesen sind. Beiden gemeinsam ist, dass sie im Herzen überangepasst sind. Während die »Bindungstypen« jedoch auf der überangepassten Seite verweilen, haben sich die »Autonomen« auf die Seite der Rebellion geschlagen: Sie halten dagegen. Sie rebellieren – zumeist unbewusst – gegen die Überanpassungsleistungen, die sie als Kinder vollbringen mussten, wobei ihnen vermutlich auch noch ein »rebellisches Gen« mit in die Wiege gelegt worden ist. Erwartungen, die an sie gestellt werden, lösen einen geradezu reflexartigen Widerstand in ihnen aus.

Bei den Selbstschutzstrategien handelt es sich in den meisten Fällen um normale Verhaltensweisen, derer wir uns alle bedienen, um möglichst unversehrt durchs Leben zu kommen. Kein Mensch wird gern abgelehnt, und deswegen ist jeder um Anpassung und Harmonie bemüht (Selbstschutz: Harmoniestreben). Kein Mensch mag es, in eine unterlegene und hilflose Situation zu geraten, weswegen jeder daran interessiert ist, eine gewisse Kontrolle und Macht auszuüben (Selbstschutz: Kontroll- und Machtstreben). Problematisch werden die Schutzstrategien erst, wenn sie so massiv ausgeübt werden, dass man sich selbst oder anderen mit ihnen schadet, wie es bei einem übertriebenen Perfektionsstreben oder einem außerordentlichen Machthunger der Fall sein kann.

Im Folgenden habe ich die Schutzstrategien nach den Grundbedürfnissen Bindung und Autonomie sortiert. Manche Menschen benutzen vorwiegend bindungsorientierte Schutzstrategien, andere vorwiegend autonome. Nicht wenige bedienen sich auch von beiden Seiten.

Selbstschutz im Dienste der Bindung

Schutzstrategien, die auf Bindung abzielen, sind all jene Verhaltensweisen, die auf die Anpassung an die Bedürfnisse anderer Menschen ausgerichtet sind. Sie verfolgen den Sinn, Ablehnung durch andere Menschen zu vermeiden. Hierzu zählt beispielsweise die weit verbreitete Schutzstrategie *Perfektionsstreben.* Die Nutzer dieser Strategie wollen alle Erwartungen, die an sie gestellt werden, möglichst perfekt erfüllen, um sich hierdurch unangreifbar zu machen. Weit verbreitet auf der angepassten Seite ist auch das *Harmoniestreben.* Indem man Konflikte vermeidet und es anderen möglichst recht macht, will man Angriffen und Ablehnung aus dem Weg gehen. Der Nachteil ist, wie ich bereits im letzten Abschnitt ausgeführt habe, dass man sich hierdurch leicht in die Opferrolle begibt und in das Gegenüber eine Täterrolle projiziert. Weiter auf der Bindungsseite sind die psychischen Abwehrmechanismen der *Idealisierung* und des *Schönredens* (siehe auch »Abwehr im Dienste der Bindung: Idealisieren und Schönreden«, S. 155). Um mich an die Bedürfnisse meiner Mitmenschen (über-)anzupassen, muss ich meine eigenen Gefühle möglichst unterdrücken, weil ein starker eigener Wille der Anpassung im Weg steht. Überangepasste verlieren deswegen in Gegenwart anderer Menschen häufig den Kontakt zu ihren Gefühlen.

Eine Schutzstrategie, die ebenfalls auf der Bindungsseite steht, ist das sogenannte *Helfersyndrom*, bei dem ich durch gute Taten mein beschädigtes Selbstwertgefühl zu reparieren trachte. Der Nachteil, der sich für die Helfenden einstellt, ist allerdings häufig, dass sie sich an »beratungsresistente« Beziehungspartner binden und all ihre Bemühungen ins Leere laufen. Meistens verkehrt sich dann auch die Richtung der Abhängigkeit: Dachte der Helfende zunächst, dass der vermeintlich schwächere Partner von ihm abhängig sei, so fühlt er sich selbst irgendwann abhängig von diesem, weil er dessen Problem weder beseitigen kann noch von ihm loskommt. Die Ursache hierfür ist, wie so häufig, dass die selbstwertgeschädigten Helfer sich selbst die Schuld für die geringe Beziehungsqualität geben. Menschen, die sich sehr abhängig von der Nähe anderer fühlen, fallen auch manchmal durch *Jammern, Klammern* und *Fordern* auf. Dies passiert vor allem dann, wenn die Beziehung bereits aus der Balance geraten ist und ein unsicher-anklammernd Gebundener einem unsicher-vermeidenden Beziehungspartner hinterherläuft.

Sehr fordernd treten häufig auch Menschen auf, deren Schattenkind sich chronisch zu kurz gekommen wähnt. Aufgrund ihrer Projektion, dass andere sie nicht hinreichend beachten, benötigen sie mehr Aufmerksamkeit und Zuwendung als der Durchschnitt. Hier kann man beispielsweise an die ständig fordernde und leicht zu kränkende »Diva« denken oder den dauerbeleidigten Narzissten. Und natürlich auch all jene, die, ohne es selbst zu bemerken, ständig mehr fordern, als sie zu geben bereit sind.

Die *Delegation von Verantwortung* und das *Verharren in der Opferrolle* sind ebenfalls Selbstschutzmaßnahmen, die auf der Bindungsseite zu verorten sind, weil die Betroffenen diffus auf Erlösung von außen hoffen. Sie vertrauen zu wenig in die eigene Autonomie und Selbstständigkeit und ersehnen sich, dass eine Bindungsperson sie beschützen und durchs Leben führen möge.

Selbstschutz im Dienste der Autonomie

Menschen, die sich vorwiegend autonomer Schutzstrategien bedienen, haben irgendwann einmal unbewusst entschieden, dass Alleinsein die sicherste Option für sie darstellt. Während die angepassten, bindungsbezogenen Schattenkinder oft zu naiv und vertrauensselig sind, neigen die Autonomen dazu, eher zu misstrauisch zu sein. Während die Angepassten idealisieren, argwöhnen die Autonomen.

Autonome Schutzstrategien laufen insgesamt darauf hinaus, Distanz und Kontrolle zum Gegenüber herzustellen. Es geht um die Vermeidung von Ohnmacht und Unterlegenheit. Zu den autonomen

Selbstschutzstrategien gehören beispielsweise *Kontroll- und Machtstreben*. Wer diese Strategie anwendet, will möglichst die Oberhand behalten und Stärke ausspielen. Die Betreffenden haben gern das letzte Wort und möchten bestimmen, wo es langgeht. Dies tun sie entweder ganz offen autoritär oder verdeckt manipulativ. Ihre Kontrollbemühungen richten sie jedoch häufig nicht nur auf andere Menschen aus, sondern auch auf sich selbst. Durch penible Ordnung, Perfektionismus oder das Einhalten sturer Routinen soll die darunterliegende Angst vor der eigenen Angreifbarkeit überwunden werden. Die Betroffenen projizieren mithin in andere häufig Macht und Überlegenheit, die sie genau mit dieser Schutzstrategie bekämpfen wollen.

Autonome können schlecht vertrauen und beäugen deswegen ihre Mitmenschen mit einem gewissen Argwohn. *Misstrauen* und *Abwertung* gehören zu ihren Schutzstrategien, um andere Menschen auf Distanz zu halten, wie ich es bereits unter »Abwehr im Dienste der Autonomie« beschrieben habe. Ich erinnere daran, dass sowohl überangepasste Menschen als auch jene, die sich eher durch autonome Maßnahmen schützen, unter Selbstzweifeln beziehungsweise einem labilen Selbstwert leiden. Deswegen rechnen sie damit, früher oder später von anderen Menschen abgelehnt zu werden – es sei denn, sie zeigen sich nur von ihrer besten Seite. Genau diese Anstrengung jedoch, möglichst wenig authentisch zu sein, lässt in den Autonomen das Gefühl entstehen, dass Beziehungen anstrengend und einengend sind. Deswegen streben sie immer wieder nach Distanz zu anderen Menschen und ihren Partnern. Die kritische Abwertung dient der Distanzierung,

Menschen, die ein ausgeprägtes Autonomiemotiv haben, haben keine starken inneren Grenzen. Sie können im zwischenmenschlichen Kontakt schlecht bei sich selbst bleiben, weil sie im Herzen auch überangepasst sind. Deswegen ziehen sie sich gern in ihre vier Wände zurück beziehungsweise praktizieren häufig den Selbstschutz *Flucht* und *Vermeidung*. Hierzu zählt auch die Flucht in Aktivitäten wie Arbeit oder Hobbys. Viele Menschen, die unter Bindungsangst leiden und ein hohes Autonomiemotiv aufweisen, sind Workaholics – sie flüchten sich in die Arbeit. Durch die Flucht entziehen sie sich nicht nur den Ansprüchen ihrer Partner und anderer Menschen, sondern auch der Auseinandersetzung mit sich selbst und ihren inneren Nöten. Millionen Menschen können nicht stillsitzen, weil in der Stille ihre Ängste und Selbstzweifel laut werden.

Angriff und *Attacke* sind seit Urzeiten die Mittel der Wahl, um Leben und Revier zu verteidigen. Mit Aggression können wir unsere persönlichen Grenzen verteidigen. Autonome fühlen sich jedoch unglaublich schnell bedrängt von den Ansprüchen und Erwartungen anderer, insbesondere ihrer Partner. Durch Angriffe, Beleidigungen und eine grundlegende Streitlust versuchen sie, die vermeintlichen Freiheitsdiebe in Schach zu halten und dabei selbst möglichst unverletzt zu bleiben.

Sich einmauern, trödeln, verspäten und verweigern sind typische Spielarten der passiven Aggression. *Mauern* und *Gesprächsverweigerung* sind mithin einschlägige Verweigerungsformen, um die Ansprüche des Gegenübers abzuwehren. Die verzweifelten Partner halten Monologe, analysieren, kämpfen, zetern, weinen – und laufen gegen eine Wand des Schweigens beziehungsweise der Minimaläußerungen. Die Kernbotschaft der oder des Autonomen lautet: Lass mir meine Ruhe und misch dich nicht in meine Angelegenheiten ein! Ihre passive Aggression zielt auf Abgrenzung, weswegen ihre Partner – wie so oft – auf verlorenem Posten kämpfen.

Viele von uns erkennen sich vermutlich in der einen oder anderen Beschreibung der letzten Passagen wieder. Das ist nicht verwunderlich: Wir alle haben Glaubenssätze verinnerlicht. Wir alle sorgen uns um unser Wohl und versuchen, unangenehme Erlebnisse zu vermeiden. Wir alle verwenden deshalb bestimmte Schutzstrategien. Die Frage ist lediglich, ob wir uns unserer Mechanismen bewusst sind und ob wir uns von ihnen bestimmen lassen. Das muss nicht sein, daran lohnt es sich zu arbeiten! Im nachfolgenden Teil zeige ich anhand von Fallbeispielen, wie verschiedene Klientinnen und Klienten sich ihrer Muster bewusst geworden sind und was für Lösungen wir erarbeitet haben.

TEIL II

Fallgeschichten aus der psychotherapeutischen Praxis

Erklärung der Vorgehensweise

Bei meiner Arbeit als Psychotherapeutin habe ich immer wieder festgestellt, wie zentral das Selbstbild eines Menschen für seinen Lebensweg ist. Es entscheidet darüber, mit welchen Augen man andere Menschen betrachtet und wie man sich ihnen gegenüber verhält. Es entscheidet, welche Rolle man sich selbst zuschreibt.

Viele Menschen befürchten, dass eine Therapie aufwendig und schmerzhaft ist. In meiner psychotherapeutischen Arbeit vertrete ich den Ansatz, dass es nicht unbedingt notwendig ist, seine Kindheit vollkommen aufzuarbeiten. Das kann im Gegenteil sogar kontraproduktiv sein, weil das Gehirn dadurch stark auf die negativen Erfahrungen fokussiert. Es reicht oftmals, wenn man den *roten Faden* versteht, also eine grundsätzliche Idee davon entwickelt, welche Prägung man erfahren hat.

Wie man diesen roten Faden erkennen kann, demonstriere ich im folgenden Buchteil. Ich lasse ich Sie dabei ein Stück weit an meiner praktischen Arbeit teilhaben. Dazu habe ich 13 therapeutische Gespräche mit ganz unterschiedlichen Klientinnen und Klienten in Protokollform zusammengefasst. Das heißt, dass ich meine Fragen und meinen Gesprächsanteil herausgefiltert und daraus Ich-Erzählungen gemacht habe.

Die eigentlichen Gespräche waren unterschiedlich lang: Einige fanden in meiner therapeutischen Praxis über mehrere Sitzungen hinweg statt, manche entspringen kurzen Beratungen, andere stammen aus den Aufzeichnungen für meinen Podcast »Stahl aber herzlich«.[12]

12 Natürlich haben alle Beteiligten der Veröffentlichung zugestimmt. Ich habe außerdem alle sensiblen Daten anonymisiert.

Die Protokolle sind gewissermaßen die Essenz dieser therapeutischen Gespräche. Ich lade Sie dazu ein, beim Lesen selbstständig zu reflektieren, welche Prägungen, Muster und Verhaltensweisen Sie erkennen können. Ihre Überlegungen können Sie anschließend mit meiner fachlichen Einschätzung vergleichen, die sich am Ende jedes Protokolls befindet.

Alexa hält sich lieber klein

Als Alexa, 43 Jahre, zu mir in die Praxis kommt, fällt mir sofort ihre positive Ausstrahlung auf. Sie versteht es, ihr Gegenüber mit ihrem Lächeln und ihrem offenen Blick für sich einzunehmen. Alexa ist seit vielen Jahren selbstständig und sehr erfolgreich als Ökotrophologin und Ernährungsberaterin. Sie sagt von sich, dass sie einen großen Freundeskreis hat. Aber sie hadert damit, keinen Partner zu finden. Sie war bereits einmal verheiratet und hat aus dieser Ehe eine fast erwachsene Tochter. Seit Längerem wünscht sie sich eine neue Beziehung – aber sobald sie sich verliebt, kommen große Ängste in ihr hoch, die sie daran hindern, sich wirklich zu öffnen. Dazu kommt, dass die Männer, die Alexa interessieren, mit ihren Unsicherheiten und Emotionen nicht umgehen können. Alexa möchte ihre Verhaltensmuster und ihre Partnerwahl reflektieren und verändern.

Sobald ich mich wirklich verliebe, bekomme ich große, irrationale Verlustangst. Ich kann dann nicht mehr gut schlafen oder ruhig nachdenken. Wenn ich bei der Arbeit konzentriert bin oder wenn ich mich beim Sport verausgabe, dann geht es eine Zeit lang. Aber kaum bin ich nicht mehr abgelenkt, geht alles von vorne los. Meine Gedanken kreisen ständig um die Angst, den Betreffenden nicht für mich zu gewinnen oder wieder zu verlieren. In manchen Situationen habe ich das Gefühl, kaum atmen zu können.

1. Jedem Problem liegt eine Inkonsistenz zugrunde. Mit welchen sich widersprechenden Gefühlen (Motiven) ringt Alexa? Für den Konflikt, unter dem sie leidet, gibt es sogar eine übergeordnete Bezeichnung.

Diese Verlustangst hat ein Ausmaß, das durch die Realität nicht begründet ist. Aber ich kann trotzdem nicht aus diesem Gefühl aussteigen. Ich leide dann dermaßen, dass ich mittlerweile sogar denke, es sei vielleicht besser, dass ich mich gar nicht erst verliebe. Denn sobald ich denke »Ja, okay, das wäre ein Partner für mich«, geht das Spiel los.

2. Welche Verhaltensstrategie, die auch einen Selbstschutz darstellt, zieht Alexa in Erwägung?

Ich habe mir schon oft Gedanken gemacht, woher dieses Muster kommt. Eine Erklärung ist: In mir gibt es diese alte Wunde und diese unerfüllte Sehnsucht nach Zugehörigkeit. Ich weiß nicht, wer mein Vater ist. Meine Mutter war zum Zeitpunkt meiner Geburt erst 18 Jahre alt. Sie war zwar verheiratet, aber ihr damaliger Ehemann ist nicht mein Vater. Meine Mutter hat mir auch später nie gesagt, wer mein Vater ist.

Man darf annehmen, dass Alexas Mutter mit der Situation überfordert gewesen ist und Alexas unerfüllte Sehnsucht nach Liebe und Zugehörigkeit sich nicht allein auf ihr Vaterthema bezieht.

Sie sagt immer, sie weiß es nicht. Ob das stimmt? Ich habe jedenfalls meinen Frieden damit gemacht. Ich hege deshalb keinen Groll gegen sie.

3. Hegt Alexa wirklich keinen Groll gegen ihre Mutter? Oder benutzt sie möglicherweise einen Abwehrmechanismus, um ihre Beziehung zu ihrer Mutter zu schützen? Falls ja, welchen?

Als ich etwa ein halbes Jahr alt war, hat meine Mutter sich von ihrem damaligen Ehemann getrennt. Sie hat mich dann zu meinen Großeltern gegeben, und ich hatte jahrelang wenig Kontakt zu ihr.

4. Welchen Bindungsstil könnte sie erworben haben?

Irgendwann kam sie wieder zurück, und ich bin zu ihr und ihrem neuen Mann gezogen. Sie war mir natürlich fremd. Das neue Zuhause war mir fremd. Ich musste mich dann schnell an die ungewohnten Verhältnisse anpassen. Ich bekam auch ständig gesagt: »Sei nicht so vorlaut, halt dich zurück. Fall nicht auf.« Den Effekt merke ich heute noch: Ich kann mich super an alles anpassen und mich zurücknehmen.

5. Dieser Satz ist zentral – was sagt er über Alexas Selbstschutzstrategie aus? In welche Richtung ist ihre innere Balance aus dem Gleichgewicht geraten? Welche typischen Verhaltensweisen zieht das nach sich?

Wenn ich also jemand Neues kennenlerne, tauchen ganz schnell die Gedanken auf, wie ich mich verhalten soll, damit derjenige mich mag. Ich habe kein Vertrauen, dass man mich einfach so mögen könnte.

6. Wie könnte man Alexas mentale Landkarte beschreiben?

Dabei weiß ich eigentlich, dass ich eine angenehme Person bin. Viele Menschen mögen mich auch.

7. Welche psychische Instanz von Alexa kommt hier zu Wort?

Bei meiner Mutter war ich mir als Kind und Teenager aber oft unsicher, wie sie zu mir steht. Ich habe unser Verhältnis als schwierig empfunden. Sie war sehr bewertend, es gab immer Wettbewerb, immer Vergleiche. Ich war generell irgendwie falsch: Mal war ich zu schlau und zu besserwisserisch. Mal war ich zu dick oder ungepflegt. Es gab immer nur Aufwertung oder Abwertung.

Hier bestätigt sich meine Vermutung, dass Alexa nicht nur ein Thema mit ihren Vätern hat, sondern dass ihre Beziehung zu ihrer Mutter ebenfalls schwierig gewesen ist.

Wenn ich heute eine neue Bindung eingehe, taucht automatisch die Angst auf, wieder so bewertet zu werden. Da brauche ich wahnsinnig viel positives Feedback und Bestätigung. Das ist in der Anfangsphase einer Beziehung eine große Herausforderung oder Überforderung für den anderen.

8. Wie nennt man die Wahrnehmungsverzerrung, die hier stattfindet?

Die Männer, die ich mir aussuche, können damit nicht umgehen: Ich glaube, ich habe einen Hang zu Bindungsvermeidern. Mit deren Verhalten komme ich verrückterweise besser klar: Dieses Abweisende kenne ich ja, und das gibt mir irgendwie Sicherheit.

9. Warum kann dieses negative Verhalten Alexa Sicherheit geben? Warum sucht sie offenbar nach einem Muster, das sie eigentlich als ungünstig erkannt hat?

Diese Männer haben eine Kälte, die mich denken lässt: »Das ist jemand, der mich beschützen könnte.« Aber dazu kommt es gar nicht! Wenn ich dann nämlich kommuniziere, wie es mir geht oder wie ich mich fühle, dann tritt dieser Männertyp den Rückzug an. Die haben sich für mich als Frau interessiert, weil ich auf den ersten Blick vor allem selbstbewusst, leicht distanziert und heiter auftrete. Also wie eine Einzelkämpferin wirke. Bis zu einem gewissen Grad stimmt das auch. Ich bin jemand, der Freiheit leben kann. Aber um mich sicher zu fühlen, brauche ich Klarheit. Wenn ich Männern gegenüber aber meine Bedürftigkeit zeige oder Absprachen treffen möchte, wie oft man sich sieht, sind sie überfordert. Ein Treffen einmal pro Woche und jedes zweite Wochenende ist diesen Männern oft schon zu viel. In dem Moment, in dem ich mich wirklich einlassen möchte, vermeiden diese Männer Zugeständnisse.

10. Was sagt das Verhalten der Männer über deren Bindungsstil aus?

Dadurch passiert dann das, was ich von vorneherein vermutet habe. Ich suche schon in der Anfangszeit nach möglichen Haken: Wo ist die Bindung vielleicht unsicher? Ist der Typ wirklich zuverlässig? Wenn dann der Fall eintritt, dass die Männer sich zurückziehen, bedient das meine Erwartung. In gewisser Weise verläuft alles nach Plan. Ich bin anscheinend wieder zur Last gefallen. Ich bin anscheinend zu vorlaut gewesen.

11. Warum scheint es Alexa zu befriedigen, dass ihre negative Erwartung hier erfüllt wird? Wie heißt das Fachwort hierfür?

Ohne Beziehung bin ich eigentlich viel entspannter. Ich frage mich mittlerweile manchmal, warum ich mir diesen Stress antue. Aber diese Sehnsucht nach Bindung, nach diesem Gefühl, einfach auch nach körperlicher Nähe, die ist einfach da.

Mein bester Freund sagt immer, ich hätte ein Händchen für anstrengende Typen: »für die ganz schwierigen Männer«. Auch mein Ex-Mann war in gewisser Weise ein »Bindungsvermeider«. Der war zwar zuverlässig, aber er wollte sich nicht mit mir auseinandersetzen. Ich konnte ihn nie erreichen. Er hat nie das Gespräch gesucht.

Vielleicht ist meine Verlustangst nicht mein grundlegendes Problem. Vielleicht hemmen meine Prägungen und Glaubenssätze mich dabei, mir den richtigen Partner zu suchen. Ich habe natürlich Ihre Bücher gelesen und mich mit meinen Prägungen auseinandergesetzt. Meine tiefsten Glaubenssätze lauten: »Ich bin nicht gut genug. Ich muss mich anpassen. Keiner will mich. Für mich kann man sich nicht entscheiden wollen.«

Rein rational weiß ich, dass das falsch ist. Ich habe auch gütige Momente mir selbst gegenüber. Ich weiß, dass einige Menschen mich ganz arg mögen. Ich habe beruflichen Erfolg und komme bei anderen gut an, aber das andere Gefühl von Selbstabwertung dominiert. Wenn ich die Wahl habe, entscheide ich mich meistens für meinen Schmerz und mein Leid. Ich entscheide mich oft dafür, in meinem Schattenkind zu bleiben.

12. Welchen positiven Nutzen könnte es für Alexa haben, an ihrem Schattenkind festzuhalten?

Ich vermute, das liegt daran, dass ich auf diese Weise Anfeindungen vermeiden möchte. Wenn ich glücklich und zufrieden bin, dann errege ich unnötig Aufmerksamkeit. Dann mag mich erst recht keiner. Deshalb ducke ich mich seit meiner Kindheit lieber weg.

Aha, hier kommt noch einmal Alexas starkes Vermeidungsmotiv auf den Punkt und auch der Grund, warum es für sie vorteilhaft ist, an ihrem geringen Selbstwert festzuhalten.

Mein Stiefvater, mit dem ich aufgewachsen bin, war sehr cholerisch. Ich war immer zu laut, zu viel. Außerdem bin ich als Kind eines unbekannten Vaters in sehr katholische Umstände geboren worden. Dass ich nicht das Lieblingskind meiner Mutter bin, weil ich sie permanent daran erinnert habe, das wusste ich schon als Kind. Sie hat mir auch oft gesagt, dass ich diejenige bin, die sie am wenigsten liebt. Diese Haltung mir gegenüber erwarte ich heute auch von den Männern, mit denen ich zu tun habe.

Es ist doch immer wieder erschütternd, was manche Eltern ihren Kindern antun. Kein Wunder, dass Alexa so ein geringes Selbstwertgefühl und Beziehungsprobleme entwickelt hat.

In meinem Berufsleben habe ich diese Attitüde früh abgelegt. Ich wollte es allen beweisen und unabhängig sein.

13. Welche Selbstschutzstrategie, die gleichsam auch ein starker Antreiber in ihr ist, hat Alexa gewählt?

Das ist mir schon als ganz junger Frau gelungen. Ich habe aber die tiefe Überzeugung behalten, dass ich nicht zu übermütig werden darf. Zu gut darf es mir nicht gehen. Sonst halten meine Freunde mich womöglich für arrogant!

Ich nehme mich also oft zurück. Wenn ich nämlich im Sonnenkind-Gefühl bin und ganz natürlich selbstbewusst agiere, dann bekomme ich oft einen Schuss vor den Bug von den anderen.

Das verletzt mich sehr. Geschäftlich habe ich ein dickes Fell. Aber privat bin ich leicht kränkbar und verletzlich. Da begebe ich mich ganz oft, beinahe ständig, in das Schattenkind-Gefühl. Wenn ich so bin, erfahre ich von Freunden Zuwendung. Die bekomme ich nicht im Sonnenkind-Zustand.

Manchmal überlege ich, ob ich auch mit einigen Freunden Schluss machen müsste. Der Umgang mit Freunden sollte doch entspannt sein. Aber es kostet mich wahnsinnig viel Kraft, meine positive Energie zu unterdrücken und bloß nicht zu fröhlich zu sein. Mein inneres Alarmsystem sagt mir aber, dass diese Freundschaften nur so funktionieren. Mit meinem besten Freund ist das anders. Da darf ich strahlen, obwohl ich es auch da vermeide.

Hier formuliert Alexa noch einmal ganz deutlich ihr starkes Vermeidungsmotiv. Zudem wird hier noch einmal deutlich, wie das Festhalten am geringen Selbstwert ihre Freundschaften beschützt.

Im Grunde genommen müsste ich nach Menschen suchen, die mit meinen Stärken entspannt umgehen können, weil sie selbst selbstbewusst sind. Und die mir Bindungssicherheit vermitteln. Ich muss mich auch damit auseinandersetzen, dass ich per se fast allen Frauen unterstelle, dass ich mich in ihrer Gegenwart kleinmachen muss. Ich projiziere da meine erlernten Muster im Umgang mit meiner Mutter. Ich bin ja aber kein Kind mehr, dem diese Bindungen aufgedrückt werden. Ich kann ganz bewusst aussteigen aus dem Club der Selbstwertgeschädigten und Bindungsvermeider.

Gut so, Alexa, du bist auf dem richtigen Weg. ☺

Meine Überlegungen zu Alexa

1. Alexa hat einen Konflikt (Inkonsistenz): Sie sehnt sich einerseits nach einer festen Beziehung, andererseits hat sie große Angst, verlassen zu werden.
2. Sie erwägt, diese Inkonsistenz zu beseitigen, indem sie ihren Wunsch nach Beziehung unterdrückt und die Situation, sich zu verlieben, vermeidet (Vermeidungsmotiv). Die Selbstschutzstrategie wäre also Flucht und Vermeidung. Ihr Wunsch nach Nähe scheint jedoch stärker zu sein, schließlich lässt sie sich immer wieder auf Dating-Situationen ein. In der Fachsprache wird der Konflikt, den Alexa erlebt, auch als *Annäherungs-Vermeidungs-Konflikt* bezeichnet.
3. Ihre Mutter ist vermutlich ihre engste familiäre Bezugsperson, und diese Beziehung muss beschützt werden. Den Ärger, den Alexa eigentlich empfinden müsste, weil ihre Mutter ihr hartnäckig Informationen über ihren leiblichen Vater vorenthält, unterdrückt sie und nimmt stattdessen ihre Mutter in den Schutz. Wie ich unter dem Abschnitt »Ein geringer Selbstwert zum Schutz der Elternbindung« ausführlich erörtert habe, ist die Loyalität, die Kinder zu ihren Eltern empfinden, häufig auch im Erwachsenenleben fast unerschütterlich. Um die Beziehung zu schützen, werden berechtigte Wutgefühle unterdrückt. Diese Aggressionshemmung wird Alexa schon als Kind erworben haben. Ein ganz früher Abwehrmechanismus ist jener der *Spaltung*. Hierbei werden Gefühle aus dem Bewusstsein abgespalten, also nicht wahrgenommen. Dies könnte ein Grund sein, warum Alexa einen so schlechten Zugang zu ihren Wutgefühlen hat, deswegen in ihren Beziehungen zu Männern keine berechtigten Wutschübe erleidet und folglich keine Trennungsaggression entwickelt.
   Weitere Abwehrmechanismen, die hier im Spiel sein dürften, sind auf der Wahrnehmungsebene *Verdrängen* und *Idealisieren* und auf der Verhaltensebene *Harmoniestreben.*

4. Alexa wurde mit einem halben Jahr zur Oma gegeben, also in der Lebensphase, in welcher der Bindungsaufbau erfolgt. Später erfolgte auch zur Großmutter ein jäher Kontaktabbruch, als die Mutter sie wieder zu sich zurückholte. Diese Bindungstraumata dürften zu einem vermeidenden Bindungsstil geführt haben. Es dürfte sich um einen ängstlich-vermeidenden Bindungsstil handeln, weil Alexa ihre Verlustangst als ihr eigentliches Problem darstellt.
5. Alexa hat heftige Bindungsabbrüche in den ersten Lebensjahren erfahren. Ihre innere Balance ist hierdurch zugunsten der Bindung aus dem Gleichgewicht geraten. Sie benötigt Bindung, um sich sicher zu fühlen. Allerdings fühlt sie sich nie sicher, weil sie ständig mit Ablehnung und Beziehungsabbrüchen rechnet, was bei ihrer Biografie ja auch psycho-logisch ist. Wenn die innere Balance zugunsten der Bindung aus dem Gleichgewicht ist, dann sind die Betroffenen überangepasst und tun sehr viel dafür, von anderen Menschen nicht abgelehnt zu werden. Alexa weist also ein hohes Vermeidungsmotiv auf, durch überangepasstes Verhalten möchte sie vermeiden, dass man sie ablehnt.
6. Alexas mentale Landkarte (ihr Schattenkind) könnte man mit den folgenden Worten beschreiben: »Ich bin allein. Ich sehne mich sehr nach Bindung und Liebe, aber ich rechne damit, dass ich verlassen werde. Ich genüge nicht und ich muss viel dafür tun, um geliebt zu werden. Ich muss es allen recht machen.« Hier sieht man, wie eng die mentale Landkarte mit den Glaubenssätzen verwoben ist.
7. Hier spricht die »innere Erwachsene« aus Alexa. Ihr Verstand weiß ihre Person und ihren damit einhergehenden Selbstwert anders zu beurteilen. Die Diskrepanz zwischen ihrer frühen Schattenkind-Prägung und ihrer Vernunft, also ihrem Erwachsenen-Ich, ist also, wie bei vielen Menschen, recht groß.
8. Die Wahrnehmungsverzerrung, die hier stattfindet, wird als *Projektion* bezeichnet. Alexa projiziert ihre Kindheitserfahrun-

gen auf ihre Interaktionspartner, insbesondere auf ihre potenziellen Beziehungspartner. Die viele Bestätigung, die Alexa am Anfang einer Beziehung benötigt, verweist übrigens eher auf einen anklammernden als auf einen vermeidenden Bindungsstil.

9. Paradoxerweise geben abweisende Männer Alexa Sicherheit. Es ist die Situation, die sie gewöhnt ist – die Sicherheit besteht darin, dass ihr diese Situation vertraut ist. Eine neue Situation wäre hingegen, wenn sich Alexa an einen liebevollen Partner binden würde. Dieser würde ihre Verlustangst stärker triggern, weil sie in diesem Fall das Vertrauen aufbringen müsste, nicht verletzt zu werden. Bindungsvermeider sind für Alexa vorhersehbarer. Hier kann sie den Verlust früh antizipieren und sich darauf einstellen, hierdurch gewinnt sie eine gewisse Kontrolle über die Situation.
10. Alexas Ansprüche an die Beziehung, dass man sich wenigstens ein- bis zweimal die Woche sieht, sind alles andere als unangemessen, sondern eher noch als bescheiden zu bezeichnen. Wenn ein Mann sich von diesen Erwartungen erdrückt fühlt, dann hat er definitiv ein Bindungsproblem.
11. Alexa bestätigt sich ihren geringen Selbstwert. Sie hat anscheinend ein unbewusstes Motiv, an diesem festzuhalten. Das Fachwort lautet: Sich-selbst-erfüllende Prophezeiung.
12. Vielleicht beschützt Alexa ihre Beziehung zu ihrer Mutter. Wollte sie sich aus ihren Glaubenssätzen lösen, dann müsste sie sich auch in gesunder Weise von ihrer Mutter lösen, also ihre alten Glaubenssätze hinterfragen und sich auf einer tieferen emotionalen Ebene eingestehen, dass ihre Mutter ganz schön viele Fehler gemacht hat. Möglicherweise beschützt Alexa damit auch andere Beziehungen. Falls sie viel Kontakt hat zu Menschen, deren Selbstwert ebenfalls gering ist, dann könnte dies ihren Wunsch nach Zugehörigkeit und Bindung bedienen.
13. Im Berufsleben hat Alexa eine andere Entscheidung getroffen, hier ist sie stark und kämpferisch. Diese Diskrepanz zwischen

Berufs- und Privatleben ist bei vielen Menschen festzustellen. Der Grund ist, dass man über seine persönliche Leistung sehr gut Kontrolle herstellen kann, indem man fleißig und/oder sehr begabt ist (Selbstschutz: Perfektions- und Kontrollstreben). Im Privatleben geht es jedoch nicht um Fleiß und Leistung, sondern um Vertrauen, und das macht es so viel schwerer. In persönlichen Beziehungen muss ich mir selbst vertrauen, nämlich, dass ich genüge, so wie ich bin, und ich muss auch in den anderen vertrauen, dass er bei mir bleibt und mir nicht wehtut. Und ich muss mir selbst zutrauen, dass ich eine etwaige Verletzung oder Trennung überwinden (überleben) würde.

Hanna wechselt bei kleinsten Schwierigkeiten den Job

Hanna, 39, aktuell Therapeutin in einer Suchtklinik, kündigt immer wieder ihren Job. Stets aus dem Gefühl heraus, von ihrer Kollegenschaft nicht wertgeschätzt zu werden. Sie wittert überall Feindschaft. Ohne Dinge zu klären oder Wichtiges zu verhandeln, kündigt sie – immer dann, wenn sie sich nicht mehr anerkannt sieht und unwohl fühlt. Sie fragt sich, ob dieses Verhalten auf ihr Verhältnis zu ihrer Mutter zurückzuführen ist. Sie möchte lernen, sich in ihrem Beruf mit anderen auf einer Augenhöhe zu fühlen und nicht mehr so konfliktscheu zu sein.

Mein Problem würde ich Job-Hopping nennen. Ich bin Sozialarbeiterin und arbeite therapeutisch in einer Suchtklinik. In den letzten zehn Jahren habe ich meine Jobs sehr oft gewechselt. Es ist leider so, dass ich immer wieder kündige, wenn die Chemie nicht stimmt oder ich mich nicht wohlfühle. Ich gehe aber nicht in die Konfrontation oder kläre irgendetwas, sondern bin dann einfach weg.

1. **Unter welchem Gefühl leidet Hanna vermutlich, wenn sie sagt, sie fühle sich nicht wohl bzw. die Chemie würde nicht stimmen?**

Oft fängt es schon beim Vorstellungsgespräch an. Ich nehme mir fest vor, selbstbewusst zu sein, meine Vorstellungen durchzusetzen, und kaum sitze ich da, schrumpfe ich zu einem kleinen Mädchen. Bin dann nur noch nett, setze nichts durch. Immer wenn eine Autoritätsperson vor mir sitzt, vergesse ich alles, was ich wollte. Häufig sind es ja Frauen, bei denen ich mich vorstelle. Und es sind tatsächlich weibliche Autoritäten, die mir das Gefühl geben, winzig zu sein. Egal, was ich mir vorgenommen habe, ich komme nicht auf Augenhöhe. Dann beginne ich den Job schon mit dem Frust, mich nicht wirklich positioniert zu haben und auch nicht genug zu verdienen.

2. Hier offenbart Hanna ihr Schattenkind, und man kann schön den Zusammenhang zwischen Introjektion und Projektion erkennen. Was hat sie introjiziert und was projiziert sie in weibliche Vorgesetzte?

Ich glaube, ich habe ein großes Problem mit meiner Mutter. Jetzt als Erwachsene nicht mehr so, aber in meiner Kindheit. Sie war unberechenbar, auch ungerecht, herrisch. Und dunkelhaarig. Deswegen: dunkelhaarige Frauen im Vorstellungsgespräch – ganz schlimm. Da habe ich sofort das Gefühl, ich werde bewertet, ich muss abliefern. Außer, die Person ist sehr herzlich zu mir. Sonst triggert das sofort etwas bei mir.

Der Zusammenhang mit ihrer Mutter war natürlich zu erwarten.

Eine Situation aus meiner Kindheit: Meine Mutter hatte eine Mütze, türkisblau. Die fand ich so schön, deshalb habe ich sie mir mal heimlich ausgeliehen. Als ich zurückkam, ist sie richtig ausgeflippt, hat mich auch ein bisschen geschlagen. Es war vielleicht nicht toll, die Mütze einfach so zu nehmen. Aber dass sie so harsch reagiert hat, hat mich sehr verletzt. Mein Vater war zu weich. Der hat mich nicht beschützt. Der war immer auf ihrer Seite. Sie hatte ihn auch in der Hand. Meine Mutter, der Drache, sage ich immer. Meine Großmutter, das war meine Wärmestelle. Die hat bei uns gewohnt. Die hat mich auch verteidigt. Aber mit meiner Mutter hatte ich immer ein unbehagliches Gefühl, null Vertrauen. Ich war froh, wenn sie in alleine in Urlaub gefahren ist. Dann dachte ich, endlich ist sie weg. Mit meiner Großmutter und meinem Vater alleine, das war dann schön. Und meinem Bruder. Mein Bruder war auch noch da.

Hannas Mutter scheint eine starke Bindungsstörung aufzuweisen. Hanna hatte Glück, dass sie die Großmutter auf ihrer Seite hatte, und anscheinend hatte sie auch eine gute Beziehung zu ihrem Bruder. Ihr Vater ist zwar nicht für sie eingetreten, scheint aber emotional warm gewesen zu sein. Insofern hatte sie noch ein paar protektive Faktoren auf ihrer Seite.

Ich war auch in der Schule immer die Klassenbeste, immer eine Eins. Das spielte für meine Mutter überhaupt keine Rolle: Egal, wie ich mich bemühte, ich bin nie gelobt worden. Ich habe mich auch nie getraut zu fragen, ob ich Freundinnen einladen darf, nicht mal: »Darf ich zum Geburtstag von XY gehen?« Ich hatte immer Angst vor ihrer Ablehnung.

3. Welche Selbstschutzstrategien hat Hanna entwickelt?

Jetzt schwappt das noch so rüber in mein Leben. Ich glaube, genau dieses Gefühl projiziere ich jetzt immer auf meine Vorgesetzten: Ich muss lieb sein, bloß nichts sagen. Ich vermeide Ablehnung. In Freundschaften und Beziehungen mache ich das wahrscheinlich auch so, dass ich sie beende, ohne zu sagen, dass mich etwas gestört hat. Nur in meiner jetzigen Beziehung habe ich es geschafft, auf Augenhöhe zu sein. Da fühle ich mich sehr aufgehoben, und die hält ja auch schon 19 Jahre.

Hier zeigt sich auch Hannas Vermeidungsmotiv, in einer übertriebenen Konfliktscheu zieht sie sich einfach aus Beziehungen zurück, wenn sie etwas stört. Dieses Störgefühl geht sicherlich auch häufig darauf zurück, dass sie sich schnell von anderen Menschen abgelehnt fühlt. Aus meiner Sicht ist es ein kleines psychologisches Wunder, dass sie offensichtlich beziehungsfähig ist. Dies könnte auf ihre Beziehung zu ihrem Vater zurückzuführen sein, den sie als schwach, also wenig bedrohlich, und emotional warm erlebt hat.

Aber im Job ist immer eine große Wut in mir drin. Weil ich es ja schon von Anfang an nicht richtig schaffe, etwas zu sagen. Das steigert sich immer mehr. Ich gehe immer davon aus, dass die anderen mich ablehnen. Finde die Kollegen oft sehr überheblich. Vielleicht ist das eine sich-selbst-erfüllende Prophezeiung. Ich denke, die anderen sind negativ und aggressiv, und am Ende kommt es auch so, weil ich es durch meine Brille sehe. Und dann muss ich kündigen.

4. Wie hängt Hannas Wut mit ihrer Angst vor Ablehnung zusammen?

Es läuft immer derselbe Film ab: Ich nehme mir fest vor, in die nächste Situation ganz friedlich und entspannt hineinzugehen. Trotzdem habe ich sofort das Gefühl, die Kollegin ist herrisch, überheblich oder scheint über mich zu lachen. Und ich fühle mich augenblicklich komplett wertlos. Ich glaube aber, dass ich das nur hineininterpretiere. Auf jeden Fall werde ich so hintenrum wütend. Weil ich meine Kollegin als bedrohlich wahrnehme, obwohl sie das vielleicht gar nicht ist. Eigentlich gebe ich den anderen keine Chance. Ich weiß nicht, wie ich diesen Film auflösen könnte. Ich meditiere, versuche, in ein liebevolles Gefühl zu gehen, nichts.

Ich hätte gerne einen neuen Blick, einen Erwachsenenblick, mit dem ich ganz ruhig und offen gucken kann, was ist da wirklich? Ohne zu werten, ohne zu interpretieren. Ich will meinen Job nicht ständig wechseln, meinen jetzigen mag ich sogar sehr. Ich müsste nur mein Gehalt nachverhandeln – ganz erwachsen: Ich hätte gerne den Mut zu erklären, warum ich mehr möchte. Ich glaube auch, ich bin so konfliktscheu, weil ich das superperfekt machen will, bloß keine Schwäche dabei zeigen. Diese Autobahn, die ich mir da gebaut habe, in Richtung »Ich bin nichts wert«, die ist leider sehr breit. Aber ich würde gerne einen ganz neuen Weg nehmen. Auf dem ich, wenn ich wieder das ängstliche Kind bin, umswitche und sagen kann, nein, ich schaue da jetzt anders drauf: Ist die Person mir gegenüber tatsächlich so feindselig? Dieses negative Bild möchte ich gerne loswerden, auch nicht mehr so misstrauisch sein. Und wenn ich eine andere, eine neutralere Perspektive einnehme, könnte ich mich vielleicht auch anders äußern. Ich will auch nicht mehr nichts sagen. Reden ist fairer als kündigen. Dann kann mein Gegenüber auch besser reagieren. Ich glaube natürlich, man muss das üben. Das ist bestimmt nicht so einfach. Ich bin neugierig, ob sich etwas verändert.

Hannas Überlegungen sind goldrichtig.

Meine Überlegungen zu Hanna

1. Ich vermute, dass Hanna immer dann die Flucht ergreift, wenn sie sich in irgendeiner Form abgelehnt fühlt.
2. Hanna leidet unter einem sehr schlechten Selbstwertgefühl. Sie hat Gefühle massiver Unterlegenheit und Ohnmacht introjiziert, die sie geradezu »schockgefrieren« lassen, wenn sie es mit weiblichen Autoritätspersonen zu tun hat. Entsprechend projiziert sie eine ungeheure Überlegenheit, Dominanz und mithin auch Feindseligkeit in diese hinein.
3. Hanna hat ihr Bestes gegeben (Perfektionsstreben), um die Zuwendung ihrer Mutter zu erhalten. Damit hat sie ganz viel Verantwortung für die Eltern-Kind-Beziehung übernommen, wie alle Kinder, deren Eltern nicht in der Lage sind, ihre Grundbedürfnisse nach Bindung zu erfüllen. Weil Hanna jedoch trotz aller Anstrengung keinerlei Einfluss auf das Verhalten ihrer Mutter nehmen konnte, hat sie ein starkes Vermeidungsmotiv entwickelt, das heißt, es ging ihr nur noch darum, Ablehnung durch ihre Mutter zu vermeiden. Mit anderen Worten ausgedrückt: Sie hat eine sehr niedrige internale Kontrollüberzeugung entwickelt, was sie auch in den Vorstellungsgesprächen so sprachlos macht.
4. Hanna fühlt sich ständig unterlegen. Unterlegenheitsgefühle machen häufig aggressiv. Die Aggressivität resultiert aus dem Bedürfnis, die eigenen Grenzen, die man sehr schnell verletzt wähnt, zu verteidigen. Je wehrhafter und stärker man sich hingegen fühlt, desto gelassener kann man im Umgang mit seinen Mitmenschen bleiben, zumal man sich unter dieser Bedingung auch nicht so schnell angegriffen fühlt, da man sich auf Augenhöhe mit seinen Mitmenschen befindet.

Torsten kann sich nicht zwischen zwei Frauen entscheiden

Torsten, 53, ist seit zwei Jahrzehnten in einer festen Beziehung. Mit seiner Partnerin hat er zwei Söhne, sie bewohnen ein gemeinsames Haus und haben auch viele Jahre zusammengearbeitet. Bis vor kurzem war Torsten als Messebauer selbständig tätig, inzwischen ist er Angestellter. Er kommt zu mir, weil er parallel zu seiner langjährigen Partnerschaft eine zweite Beziehung führt. Seit sechs Jahren hat er eine Freundin. Die beiden Frauen wissen voneinander und wollen, dass Torsten sich endlich zwischen ihnen entscheidet. Aber Torsten kommt bei seinem Entscheidungsprozess zu keinem Ergebnis. Er möchte wissen, woran das liegt.

Mein Problem lässt sich eigentlich schnell zusammenfassen: Ich fühle mich zwischen zwei Beziehungen hin und her gerissen. Ich kann mich nicht zwischen meiner Freundin und meiner langjährigen Partnerin, der Mutter meiner Kinder, entscheiden. Wir sind jetzt schon im sechsten Jahr dieser Katastrophe. Das ist für alle sehr zermürbend.

1. Hier deutet sich bereits das grundlegendere Thema von Torsten an – welches könnte das sein?

Ich bin in meiner langjährigen Partnerschaft schon einmal fremdgegangen. Die erste Affäre war kurz vor der Geburt meines ersten Sohnes. Ich hatte kein sexuelles Interesse mehr an meiner Partnerin. Wir haben diese ganze Geschichte aber eigentlich ziemlich gut verarbeitet. Wir haben auch noch einen zweiten Sohn bekommen. Unsere Kinder sind jetzt zwölf und neun Jahre alt.

2. Hier findet die Vermutung, dass Torsten unter Bindungsangst leidet, weitere Hinweise. Welche?

Der Hintergrund meiner jetzigen Affäre ist anders: Meine Freundin war in meiner Jugend mal meine große Liebe. Wir haben uns nach etwas über 30 Jahren wiedergetroffen. Sie hatte mich übers Internet gesucht und hatte gefragt: »Sag mal, bist du das?« Dann haben wir uns getroffen, und es hat sofort gefunkt. Ich habe das meiner Partnerin gegenüber ziemlich schnell offengelegt. Im Grunde genommen verstehe ich auch nicht, warum keine der beiden Frauen mir inzwischen einen Arschtritt verpasst hat. Aber beide sagen, sie lieben mich.

3. Hier bestätigt sich weiter die Vermutung, dass Torsten unter Bindungsangst leidet. Typisch ist die Flucht in Affären, wo dann die Leidenschaft und Sexualität ausgelebt werden, die in der Hauptbeziehung nicht stattfinden. Warum ist das so?

Ich versuche jetzt dahinterzukommen, warum ich selbst mich eigentlich nicht entscheiden kann.

4. Welcher psychologische Konflikt liegt Torstens Entscheidungslosigkeit zugrunde?

Meine langjährige Partnerin und ich haben in gewisser Weise eine ideale Beziehung. Wir sagen beide, dass wir zusammen alles bewältigen können. Wir haben auch schon einiges zusammen auf die Beine gestellt. Wir haben zwei tolle Söhne, die mir auch sehr viel bedeuten. Wir haben gemeinsam ein Haus gekauft. Das ist jetzt so ein Ankerpunkt für sie und die Kinder. Mir ist wichtig, dass die ein verlässliches Zuhause haben. Das managt meine Partnerin momentan eigentlich fast alleine. Das macht sie gut, ich kann mich auf sie verlassen.

5. Eigentlich läuft die Beziehung ja ideal, nur die Sexualität verweigert Torsten und lebt sie woanders aus. Somit hat er sich nicht wirklich auf die Partnerschaft eingelassen. Liebe bedeutet auch immer, im gesunden Maße Verantwortung für den anderen zu überneh-

men. Und ein gesundes Maß wäre hier, seine Partnerin nicht mit seiner Daueraffäre zu verletzen. Aber gerade die Übernahme von Verantwortung (zumindest im partnerschaftlichen Bereich) verweigern Bindungsängstliche. Warum ist das so?

Wir haben auch schon zusammengearbeitet, und auch das hat reibungslos funktioniert. Meine Partnerin ist ebenfalls im Messebau tätig gewesen. Sie ist gelernte Tischlerin. Ich hatte die Firma und habe sie dann tatsächlich angestellt. Ich habe sie dann auch mal auf Baustellen schicken können. Das hat ihr auch Spaß gemacht, unterwegs zu sein. In gewisser Weise haben wir gemeinsam die Firma aufgebaut, ich zwar als Chef, aber im Endeffekt miteinander. Es gibt also einiges, was uns verbindet. Das Einzige, was wir nicht zusammen geschafft haben, ist unsere Liebe und Leidenschaft. Das hat bei mir komplett nachgelassen. Wir können eigentlich alles miteinander machen, aber nicht ins Bett springen. Ihr fehlt das aber. Sie findet, dass das zu einer Beziehung dazugehört. Sie hat da viel Druck gemacht. Und dieses Gefühl von Verpflichtung hat dann eigentlich den letzten Funken Erotik bei mir gekillt.

Hier bestätigt sich, dass Torsten bezüglich des Themas Sex mit seiner Partnerin viel Druck und Verpflichtung empfindet. Diese Gefühle sind durch ihre Forderungen sicherlich verstärkt worden. Dass seine Partnerin aber überhaupt in die Situation gekommen ist, ihre Bedürfnisse bei ihm einzufordern, wird daran gelegen haben, dass er sich vorher schon sexuell stark von ihr zurückgezogen hat, womit wir wieder bei seinem Thema mit Verpflichtungen wären.

Mit meiner Freundin ist es genau umgekehrt. Die stellt eigentlich keine Ansprüche. Die nimmt mich, so wie ich bin. Natürlich wünscht sie sich, dass ich meinen Lebensmittelpunkt bei ihr habe. Aber sie drängt nicht. Ich habe theoretisch jede Freiheit. Sie ist einfach mit sehr wenig zufrieden und freut sich, wenn ich bei ihr bin

6. Aha, die Freundin stellt keine Ansprüche. Was wird bei Torsten hierdurch nicht getriggert? Wie lautet der Fachausdruck?

Meine Freundin ist ein sehr gefühlsbetonter, sensibler Mensch. Mit 18 Jahren habe ich sie bei der Ausbildung kennengelernt, und wir waren sehr verliebt. Aber ich hatte damals das Gefühl, so einer Verpflichtung nicht nachkommen zu können und so einem zarten Wesen nicht gerecht werden zu können. Ich habe mich dann getrennt und ihr das Herz gebrochen. Das hat sie mir dann bei unserem Wiedersehen erzählt. Sie ist in eine Ehe geflohen, in der sie immer unglücklich war. Als wir uns 30 Jahre später wiedergesehen haben, war sie schon geschieden, ihre Kinder sind auch erwachsen. Sie hatte also keinen Ballast. Zwischen uns gibt es eine große Verliebtheit und sehr viel Leidenschaft.

7. Hier schlägt das Psychologinnen-Herz höher. ☺ Was kann man aus diesem kleinen Absatz alles an psychologischen Beweggründen herauslesen?

Natürlich frage ich mich, warum ich das vom Gefühl her so trenne: Einerseits die Verpflichtung der Familie und meiner Partnerin gegenüber, und andererseits die Leidenschaft und Liebe für meine Freundin. Eine Verpflichtung empfinde ich aber gegenüber beiden Frauen. Auch deshalb weiß ich eigentlich nicht, was ich machen soll. Es gibt in mir einen großen inneren Widerstand, schon wieder Verantwortung zu übernehmen und diese Entscheidung treffen zu müssen.

Hier bestätigt sich, dass Torsten ein großes Thema mit Verantwortung und Verpflichtung hat.

Wenn ich mir meinen Lebenslauf ansehe, deutet aber eigentlich nichts darauf hin, dass ich nicht gerne Verantwortung übernehme oder mich davonstehle. Ich brauche viel Freiheit, das stimmt. Aber ich komme meinen Verpflichtungen nach. Ich bin auch kein Mann, der ständig wechselnde Beziehungen hatte. Ich brauche nur meinen Freiraum. So bin ich einfach.

8. Warum legen Bindungsängstliche so viel Wert auf ihre Freiheit, ihren Freiraum? Und was meinen sie damit überhaupt?

Das habe ich auch kurz nach der Ausbildung gemerkt. Ich war im öffentlichen Dienst und schon verbeamtet auf Lebenszeit. Da habe ich beschlossen: Das Büroleben ist nichts für mich. Dann habe ich mich ein wenig in der Weltgeschichte herumgetan und mich dann für den Messebau entschieden. Und da war ich dann wirklich ständig unterwegs. Die Festlegung mit Haus und Kindern war auch deshalb nicht so schlimm für mich, weil ich als Firmenchef viel unterwegs und gar nicht so viel zu Hause war.

Torstens Bindungsangst hat, wie bei vielen seiner Leidensgenossen, auch seine Berufswahl motiviert. Der Messebau bietet ihm viel Freiheit – auch die Freiheit, nicht oft zu Hause zu sein. Es ist übrigens ja auch nicht überraschend, dass Torsten nie geheiratet hat.

Ich konnte abends im Hotelzimmer sitzen und einfach nur Fernsehen gucken und abschalten. Ich musste mich nicht großartig kümmern um etwas. Ich habe mich daran gewöhnt, diese Verantwortung abzugeben an meine Partnerin. Das war gut für mich. Im Job musste ich ja permanent verantwortungsbewusst sein.

Im Job gelingt das meistens leichter mit der Verantwortungsübernahme, vor allem in der Selbstständigkeit. Im Angestelltendasein kann es hingegen leicht passieren, dass das bindungsängstliche Schattenkind seine Themen auf den Chef oder die Chefin projiziert und es deswegen zu Konflikten kommt.

So bin ich auch erzogen worden: Einer Verantwortung, die man angenommen hat, kommt man nach. Das ist einer der Werte aus meiner Kindheit. Ich habe wenig konkrete Erinnerungen an meine Kindheit, aber ich habe sie als schön in Erinnerung. Meinen Eltern, die beide inzwischen verstorben sind, habe ich auch gesagt: »Wenn ich noch mal zur Welt käme, würde ich euch gerne wieder als Eltern nehmen.« Das kam wirklich von Herzen.

Mein Vater war zielgerichtet, er hat zugesehen, dass er uns auch gut versorgen kann. Er hatte insgesamt, glaube ich, 14 verschiedene Berufe, vom gelernten Hufschmied bis zum Schluss Angestellten bei der Stadt. Er hat wirklich viel gearbeitet, das Arbeitsethos habe ich von ihm.

Er hatte allerdings das Problem, dass er sich in jüngeren Jahren im Bergbau ein Lungenemphysem eingefangen hatte. Das hatte zur Folge, dass die Lungenbläschen bei ihm nach und nach aufgaben. Es war klar, dass er an dieser Krankheit auch sterben würde. Mit diesem Bewusstsein bin ich aufgewachsen. Mein Vater hat deutlich gemacht, dass das eigentlich jederzeit passieren kann. Deswegen bin ich durch meine Eltern, also hauptsächlich durch meinen alten Herrn, sehr früh zur Selbstständigkeit erzogen worden.

Also die »schöne Kindheit« wird vielleicht dadurch eingeschränkt, dass ich immer das Bewusstsein hatte, dass mein alter Herr eigentlich jederzeit sterben kann. Aber meine Eltern haben sich liebevoll um mich gekümmert. Wenn ich an meine Eltern denke und meine Kindheit, dann könnte ich sofort weinen. Ich vermisse meine Eltern einfach so sehr.

Meine Mama war eine Seele von Mensch. Ich habe auch nie wirklich einen Streit zwischen meinen Eltern erlebt. Das weiß ich. Meine Mutter ist Streit aus dem Weg gegangen. Die Vorgabe zu Hause war auch, dass wir meinen Vater nicht noch mit zusätzlichem Ärger belasten. Ich bin selbst also ein wenig konfliktscheu aufgewachsen und bin es noch. Ich habe ein großes Harmoniebedürfnis. Ärger und Differenzen versuche ich, aus dem Weg zu gehen. Ich habe in frühen Jahren Kampfsport gemacht, Krafttraining, und habe auch im Bereich Sicherheit gearbeitet. Aber ich konnte alle Konflikte friedlich lösen. Im Umgang mit meiner Partnerin gehe ich Ärger auch aus dem Weg.

9. In den letzten Absätzen haben wir erfahren, was Torstens Schattenkind geprägt hat. Wodurch ist seine Bindungsangst entstanden?

Ein schönes Beispiel ist unsere gemeinsame Arbeit in einem Büroraum. Wenn meine Partnerin am Computer sitzt und schimpft, dann denke ich: »Meine Fresse. Muss das jetzt sein?« Ich sage aber nichts. Ich stehe dann auf und gehe. Am liebsten würde ich aber so rausplatzen: »Nun halt doch einfach mal den Mund. Dein Computer kann nichts dafür.« Ich bin eigentlich irgendwie jähzornig, klar, aber ich kann das kontrollieren. Ich gehe solchen Sachen aus dem Weg, damit ich nicht überreagiere. Ich flüchte. Oft flüchte ich mich in die Arbeit. Arbeiten kann ich. Ich bin von morgens bis zum späten Nachmittag unterwegs als Taxifahrer für die Rollifahrer, um die kümmere ich mich, das macht mir Spaß. Im Alltag ist es manchmal so: Ich bin dann mal kurz da, wo ich zurzeit wohne, nämlich bei meiner Freundin. Dann muss ich abends um neun noch mal kurz los, um Gabelstapler zu fahren.

10. In diesem Absatz zeigt sich wunderbar, wozu Torstens Überangepasstheit im Alltag führt: Anstatt zu reden und sich auseinanderzusetzen, flüchtet er. Welches Gefühl gegenüber seiner Lebensgefährtin spielt hier eine wichtige Rolle?

Ich merke auch, wenn ich von irgendwo nach Hause komme und das ankündige, dann bleibe ich gerne noch mal eine Viertelstunde einfach im Auto sitzen. Weil ich da meine Ruhe habe. Ich mag mich dann noch nicht unterhalten müssen. Und nett sein müssen. All das will ich nicht. Ich habe im Moment tatsächlich keine Lust auf Verantwortung. Ich weiß, dass das falsch ist. Und obwohl ich mich wie ein Arschloch fühle, mag ich im Moment einfach nicht. Ich mag nicht Verantwortung übernehmen.

Hier zeigt sich noch einmal die kalte Wut, die Torsten in sich trägt, und wie unfrei er sich in seiner Beziehung fühlt. Sein Gefängnis ist sein Schattenkind und dessen Projektion.

Ich würde diese Situation gerne bereinigen und versuche das auch immer mal wieder, aber ich stoße dann immer wieder an eine innere Mauer.

Ich wüsste gerne, woher das kommt, dass ich diese Entscheidungen nicht treffen möchte. Ich habe auch schon überlegt, ob es vielleicht einfach sinnvoller ist, wenn ich einfach für mich bin. Ich würde mich dann zwar um die Familie kümmern, weil ich diese Verantwortung natürlich nicht abgäbe. Ich möchte, dass es den Jungs gut geht, dass das Haus besteht, dass die ihren Fixpunkt haben, bis sie selbstständig sind. Das sind Gedanken, die ich habe. Vielleicht wäre es der bessere Weg, wenn ich für mich bin.

Das sind alles kopfgesteuerte Überlegungen, die Torsten nicht weiterbringen werden.

Ich möchte gerne eigenständige, unabhängige Entscheidungen treffen können. Mit Außenwirkung. Und mit Innenwirkung! Aber dafür müsste ich erst mal fühlen können, was richtig ist.

Das ist der entscheidende Satz: Erst mal fühlen können, was richtig ist! Torsten müsste seinen Gefühlen viel stärkere Beachtung schenken. Wie das gelingen kann, beschreibe ich im dritten Teil dieses Buches.

Meine Überlegungen zu Torsten

1. Wenn man sich über einen längeren Zeitraum nicht zwischen zwei Partnern entscheiden kann, dann hat das etwas mit Bindungsangst der Betroffenen zu tun.
2. Der Verlust an sexuellem Interesse an der Partnerin/dem Partner ist eines der Kernmerkmale bindungsängstlicher Beziehungen. Dass dies im Zeitraum der Geburt des ersten Kindes pas-

sierte, dürfte auf den Umstand zurückzuführen sein, dass die Geburt des Kindes ein weiterer Schritt zu mehr Festlegung und Verbindlichkeit gewesen ist. Bindungsängste brechen immer dann aus beziehungsweise werden stärker, wenn die nächste Phase der Verbindlichkeit in einer Beziehung eintritt, wie beispielsweise die Geburt eines Kindes.

3. Bindungsängstliche sind überangepasst. Ihr Schattenkind hat abgespeichert, dass sie die Erwartungen ihrer Partner erfüllen müssen, um nicht zurückgewiesen zu werden. Dieser Erwartungsdruck, den sie verspüren, schlägt sich auf ihre Libido nieder. Ich vermute, dass Torsten sich gegenüber seiner langjährigen Partnerin geradezu verpflichtet fühlt, Sex mit ihr zu haben. Das löst passiven Widerstand in ihm aus. Die feste Partnerschaft bedroht seine Autonomie. Die Affäre fühlt sich hingegen freiwillig und verboten an. Also das Gegenteil von Verpflichtung, hier kann bei Torsten wieder Raum für Lust und Leidenschaft entstehen.
4. Der Kernkonflikt dürfte Torstens Überangepasstheit sein. Deswegen kann er nicht klar fühlen, was er möchte und wohin es ihn zieht. Überangepasste haben Schwierigkeiten, ihre eigenen Gefühle von den Wünschen und Bedürfnissen ihrer Partner zu unterscheiden. Es ist höchstwahrscheinlich, dass Torsten sich als Kind zu stark den Erwartungen seiner Eltern unterordnen musste und daraus einen schlechten Kontakt zu seinen Gefühlen mitgenommen hat.
5. Weil Bindungsängstliche als Kinder die Verantwortung dafür übernommen haben, dass ihre Beziehung zu ihren Eltern gelingt, fühlen sie keine innere Freiheit in ihren Beziehungen. Sie haben das Gefühl, sich anpassen zu *müssen*. Aufgrund dieser gefühlten Unfreiwilligkeit entziehen sie sich der Verantwortung für ihre Partner. Unbewusst wird Torsten in seine Partnerin seine fordernden Eltern projizieren, hierdurch ist sie in seinen Augen die Stärkere. Diese verzerrte Wahrnehmungsper-

spektive, nämlich, dass er sich unbewusst als potenzielles Opfer seiner Partnerin wahrnimmt, vermindert sein empathisches Einfühlungsvermögen. Er verspürt kein Mitgefühl für ihre Situation. Er verspürt nur den Druck, sich entscheiden zu müssen.

6. Durch die Anspruchslosigkeit der Freundin wird Torstens Schattenkind (motivationales Schema, motivationale Landkarte, Mindmap, inneres Kind) nicht getriggert. Er gelangt also nicht in die Wahrnehmung seines Schattenkindes, nämlich, dass der kleine Torsten sich seinen Eltern anpassen muss.
7. Hier zeigt sich, dass Torstens Bindungsangst auch schon im ersten Anlauf mit seiner damaligen großen Liebe durchgebrochen ist. Auch damals hat er sich schon verpflichtet gefühlt und gemeint, die Erwartung seiner Freundin nicht erfüllen zu können. Letztlich verbirgt sich dahinter ein labiles Selbstwertgefühl, nämlich: nicht zu genügen. Dahinter verbirgt sich wiederum Verlustangst. Denn wenn Torsten nicht genügt, dann wird er seiner Freundin nicht gerecht und sie wird ihn irgendwann verlassen. Um dies zu vermeiden, verlässt er sie lieber selbst, dann hat er wenigstens Kontrolle über die Trennung. Durch die Trennung hat er also paradoxerweise seinen Bindungswunsch beschützt (er wird nicht verlassen), sein Selbstwertgefühl stabilisiert und sein Kontrollbedürfnis gestärkt. Hierdurch ist die sogenannte *Täter-Opfer-Perversion* eingetreten: Torsten, der sich als das potenzielle Opfer einer Trennung wähnte, hat sich, um diesen Schicksalsschlag abzuwehren, in die Täterrolle begeben und seine Freundin verlassen. Er hat ihr also den Schmerz zugefügt, den er bei sich selbst vermeiden wollte.

Aber auch aufseiten der Freundin kann man einiges vermuten: Für sie war die Trennung ein großer Schock. Vermutlich kam sie, wie so oft in bindungsängstlichen Beziehungen, aus heiterem Himmel. Sie hat also einen großen Bindungsverlust und eine starke Selbstwertkränkung erfahren. Wir dürfen vermuten, dass diese Wunde der Zurückweisung in ihr nie ganz verheilt ist. Anstatt also in einer anderen Beziehung mit einem beziehungsfähigen Mann glücklich zu werden, hängt sie Torsten nach und startet einen zweiten Versuch. Sie verhält sich dabei so anspruchslos und überangepasst (sie stellt ja laut Torsten keine Forderungen), damit sie ihn bloß kein zweites Mal verliert. Hierfür nimmt sie auch über Jahre in Kauf, dass er mit einer anderen Frau zusammenlebt, und auch, dass es dieser Frau deswegen schlecht geht (gäbe es mehr Solidarität unter den Frauen, dann käme Torsten so auch nicht durch).

8. Freiheit bedeutet für Bindungsängstliche, dass kein Mensch etwas von ihnen erwartet. Sie haben sich in ihrer Kindheit sozusagen eine »Anpassungsallergie« zugezogen und benötigen deswegen das Gefühl, sich jederzeit frei entscheiden zu können, was allerdings nicht eintritt, solange sie ihre Projektionen nicht auflösen, oder anders ausgedrückt: ihr Schattenkind heilen.
9. Torstens Kindheit war sehr liebevoll, aber von der chronischen Angst geprägt, dass der Vater versterben könnte. Das war eine große psychische Belastung für den kleinen Torsten, und er wird sicherlich lieb und artig gewesen sein, um seinem Vater keinen weiteren Kummer zu bereiten. Durch die tödliche Erkrankung seines Vaters konnte der kleine Torsten nicht frei agieren und sich seinen Eltern mit seinen Wünschen und Bedürfnissen zumuten. Hinzu kommt, dass es in seinem Elternhaus keine Konfliktkultur gab. Torsten hat also nicht gelernt, wie man eigene Wünsche innerhalb einer Beziehung behauptet. Er hat noch nicht einmal gelernt, diese überhaupt zu äußern. Entsprechend verbleibt ihm in Beziehungen nur die Anpassung oder die Flucht in die Freiheit. Torsten macht beides: Er passt sich an und flüchtet in seine Freiräume, vor allem in die Arbeit, aber auch in seine Daueraffäre.
10. Weil Torsten seine Bedürfnisse in der Beziehung unterdrückt, entsteht eine Menge Wut auf seine Partnerin. Diese Wut unterdrückt er dann auch, so dass es sich um kalte Wut, also passive

Aggression handelt. Passive Aggressionen spielen in bindungsängstlichen Beziehungen immer eine wichtige Rolle. Passive Aggression entsteht häufig da, wo die aktive Aggression, also ein Konflikt, eine Auseinandersetzung vermieden wird. Passive Aggression führt zum Rückzug von der Person, auf die sich die passive Aggression richtet. Torsten schildert auch anschaulich, wie er sich, wo es nur geht, rarmacht in der Beziehung. Die sexuelle Verweigerung Torstens gegenüber seiner Partnerin ist übrigens auch eine Form der Aggression. Er verweigert hierdurch passiv-aggressiv ihre Erwartungen nach Sexualität, die er in seiner Schattenkind-Matrix als Verpflichtung und Freiheitsberaubung wahrnimmt. Übrigens haben Überangepasste, die passiv-aggressiv unterwegs sind, einen schlechten Kontakt zu ihren Gefühlen, außer eben jenem, dass sie »dagegen« sind. Trotz und Wut ist ihr Leitgefühl, andere Gefühle wie Trauer, Liebe oder Freude können sie nicht so klar fühlen. Das ist auch ein wesentlicher Grund, warum es ihnen schwerfällt, Entscheidungen zu treffen. Ohne klare Gefühlsausschläge drehen sie sich wie ein Schiff ohne Kompass im Kreis.

Anna kämpft mit ihrem Selbstwert und einer Essstörung

Anna, 28, hat Karriere als TV-Moderatorin gemacht. Mit 19 Jahren begann sie direkt nach dem Abitur bei einem Verkaufssender zu arbeiten, wurde kurze Zeit später von einem großen TV-Sender als Host einer Trend-Show engagiert. Parallel dazu begann sie auf Instagram und Youtube, Fotos und Filme von sich zu posten. Zu ihrer Community gehörten schon bald 100 000 Follower. Für die meisten kam es überraschend, als Anna im Mai 2020 ihren Rückzug erklärte und für eineinhalb Jahre von der Bildfläche verschwand. Inzwischen hat sie erklärt, dass sie unter extremen Essstörungen litt und kurz vor dem Zusammenbruch stand. Im Gespräch mit mir klärt sich, was sie in die Essstörung getrieben hat und wie sie ihren Selbstwert heute zu stabilisieren versucht.

Magersucht und Bulimie gehören übrigens zu den gefährlichsten kinder- und jugendpsychiatrischen Erkrankungen mit hoher Todesrate – ähnlich wie Depressionen mit Suizidalität.

Ich bin in meinen Erfolg unerwartet hineingestürzt. Nach meinem Abitur, als viele meiner Freunde erst mal ins Ausland gingen oder ein Soziales Jahr machten, habe ich gesagt: »Okay, ich will sofort richtig durchstarten und arbeiten.« Ich habe mich bei einem Verkaufssender als Moderatorin beworben und wurde auch sofort genommen. Ich hatte mit meiner Art ziemlich schnell ziemlich viel Erfolg. Aber ich bekam auch die Rückmeldung vom Aufnahmeteam und der Redaktionsleitung, dass ich auf mein Gewicht achten sollte, weil mein Gesicht sonst zu rund oder sogar mopsig aussähe. Kurze Zeit später habe ich ein Angebot von einem richtigen TV-Format bekommen und begann als Moderatorin für eine Trend-Sendung. Da gab es die gleiche Ansage zu meiner Figur. Ich bin vom Typ her keine Elfe, ich war viele Jahre leicht übergewichtig. Im Fernsehen sieht man immer noch mal ein paar Kilo schwerer aus. Ich habe dann Diät gemacht, den Effekt fanden alle super.

Anna stand ganz schön unter Druck, sehr schlank zu sein. Welche psychischen Grundbedürfnisse sind betroffen?

Das war einerseits natürlich toll. Aber es war für mich nicht leicht, das zu halten. Jedes halbe Kilo sah man mir sofort an. Zu dem Zeitpunkt wusste ich auch nicht wirklich, was so ein Job mir abverlangen würde. Ich hatte nie geplant, eine Fernsehkarriere zu machen. Zu meinem Moderationsjob gehörte auch die Präsenz in den sozialen Medien. Ich hätte nie gedacht, wie viel Arbeit hinter all den Bildern und Videos steckt. Ich wusste auch nicht, wie es sich anfühlt, so im Rampenlicht zu stehen. Zwar habe ich an sich eine freundliche Community. Aber natürlich habe auch ich viele kritische und abwertende Kommentare bekommen. Und das tagtäglich. Sobald ich ein wenig zugenommen hatte und das im Gesicht oder auf den Ganzkörperbildern zu sehen war, wurde das kritisiert: »Anna lässt sich gehen.«

Hier bestätigt sich, welch massiver Bedrohung Annas Selbstwertgefühl ausgesetzt war.

Es fühlte sich an, als würde ich von Tausenden Augen ständig beobachtet, beurteilt und bewertet. Das hat einen wahnsinnigen Druck ausgelöst und mich verunsichert. Das Problem ist aber gewesen, dass solche Gefühle nicht gefragt sind bei einer Trend-Moderatorin. Die Leute wollen gut gelaunte Menschen sehen, es soll alles smooth, perfekt und schön sein. Persönliche Probleme bedeuten persönliches Versagen. Das wollte ich nicht vermitteln, denn ich stand hinter dem, was ich gemacht habe. Ich wollte das weitermachen! Ich habe also nach außen hin versucht, mir meine Leichtigkeit zu bewahren. Es gab auch keinen Grund, ein Trauerkloß zu sein.

1. Was sagt diese Passage über Annas innere Balance aus? Ist sie zugunsten der Bindung oder der Autonomie aus dem Gleichgewicht? Und lebt sie eher mit einem Annäherungs- oder Vermeidungsmotiv?

Ich wollte darüber unbedingt die Kontrolle behalten, davon habe ich mir Sicherheit versprochen. Das heißt, ich habe mir extreme Ernährungs- und Diätpläne und auch Trainingspläne auferlegt. War mein Gesicht besonders schmal und waren die Wangenknochen stark zu sehen, habe ich viel positives Feedback bekommen. Im Nachhinein sehe ich es so: Ich habe für etwas, was sich für mich als negative Verhaltensweise herausgestellt hat, viel Anerkennung, Erfolg und Zuspruch bekommen. Ich habe erst jetzt gemerkt, dass ich sehr extrinsisch motiviert war. Ich habe die Diät nicht für mich gemacht, sondern für die Bestätigung von außen. Das war für mich vielleicht auch deshalb so bedeutend, weil ich diese Anerkennung in meiner Jugend nicht bekommen habe. Jedenfalls nicht von Gleichaltrigen. Mit meiner Familie hatte ich großes Glück, meine Kindheit war total unbeschwert. Sehr frei, sehr liebevoll.

2. Anna kämpft um ihr Selbstwertgefühl. Wie nennt man den psychologischen Mechanismus, in dem sie hier gefangen war?

Allerdings hatten meine Mum, meine Schwester und ich alle drei immer mit unserem Gewicht zu tun. Als Kind hätte ich am liebsten den ganzen Tag nur Süßigkeiten gegessen. Und dann hat meine Mutter immer gesagt: »Nein, für uns lieber gesunde Sachen.«

Ich habe dann auch von Gleichaltrigen fiese Kommentare zu meiner Figur bekommen. Ich habe Mobbingerfahrungen gemacht. Und ich hatte deswegen schon sehr früh ein komisches Essverhalten. Ich habe immer aus Emotionen heraus gegessen. Meistens zu viel. Dann ging auch ziemlich früh das heimliche Essen los. Da war ich ungefähr 13 oder 14 Jahre alt. Ich habe mich irgendwann nicht mehr getraut, vor anderen so etwas wie Pizza oder Kuchen zu essen. Ich hatte Angst, dass man denken könnte: »Ja, die hat's ja nötig.« Ich hatte dann oft so einen enormen Hunger, dass ich angefangen habe, heimlich zu essen, wenn ich alleine war, damit es keiner kommentieren konnte oder irgendetwas über mich denken konnte.

> 3. Hier sieht man, dass es nicht immer nur die Familie sein muss, die das Schattenkind prägt. In Annas Fall waren es die Gleichaltrigen. Mobbing ist häufig ein Auslöser für Essstörungen. Das hat etwas mit dem hohen Kontrollmotiv zu tun, das bei Essstörungen eine große Rolle spielt. Anna hatte Angst vor Ablehnung und hat deswegen auf den Selbstschutz zurückgegriffen, heimlich zu essen. Was das bewirkt, finden Sie unten unter Punkt 3a unter »Meine Überlegungen zu Anna«.

Jedenfalls wollte ich schon in dem Alter gerne abnehmen. Ich habe in der Schule auch mitbekommen, dass die beliebten, hippen Kids irgendwie alle schlank und cool waren. In der Fachoberschule wurde es dann immer drastischer, und ich habe dann angefangen, erst mal laufen zu gehen. Dann kam FdH dazu, Kalorien zählen, Kohlenhydrate weglassen und so weiter. Irgendwann bin ich zum Kraftsport gekommen, das hat mir geholfen. Das hat mir Kraft gegeben! Aber ich bin dann auch in diese Kontrollschiene reingeraten. Die wurde dann noch mal hochgefahren, als ich mich öffentlich gezeigt habe. Die negativen Kommentare konnte ich einfach nicht ausblenden. Ich habe dann alles getan, um das zu vermeiden. Ich wollte perfekt sein. Glücklich war ich dabei nicht.

> 4. Wie zu vermuten war, hat die Essproblematik bei Anna schon früher begonnen. Hier wird auch noch einmal das Vermeidungsmotiv von Anna besonders deutlich. Kontrolle ist häufig die Antwort auf Angst. Was wäre die psychologische Alternative zur Kontrolle?

Mein Kontrollzwang hat sich dann irgendwann ins Gegenteil verkehrt. Ich hatte heftige Essanfälle, deswegen habe ich immer mal wieder etwas zugenommen. Das wurde in den sozialen Medien jedes Mal kommentiert. Dann kam noch die Trennung von meinem damaligen Freund dazu. All das zusammen – meine Erschöpfung, der Druck, die Diät und die Trennung – war der perfekte Nährboden für meine Essstörung. Ich hätte mir zu diesem Zeitpunkt Hilfe holen müssen. Ich hatte riesige Selbstzweifel. Eigentlich habe ich meinen Selbstwert ausschließlich über mein Aussehen und die Bewertung meines Aussehens definiert. Aber eine Therapie entsprach damals nicht meinem Anspruch an mich. Ich dachte: »Ach, das schaffe ich selber. Ich bin doch nicht gaga!«

Bei essgestörten Menschen verändert sich der Stoffwechsel, was zu einem winterschlafähnlichen Zustand der Gefühlsarmut führen kann. Durch den negativ veränderten Stoffwechsel können auch Depressionen entstehen oder bestehende Depressionen verstärkt werden.

Ein weiteres Problem war aber auch, dass ich gar keinen Freundeskreis oder ein Sozialleben gehabt hätte, um mich aufzubauen oder auch nur abzulenken. Ab einem gewissen Punkt meiner TV-Karriere hatte ich nicht mehr viel mit meinen früheren Freunden zu tun. Ich wollte nicht mehr auswärts essen gehen. Für mich gab es auch keinen Kaffee und Kuchen mehr am Nachmittag. Auch mit meiner Familie hatte ich nur noch über WhatsApp sporadisch Kontakt. Und es gab dann auch keine Feiertage oder Wochenenden, weil ich entweder moderiert habe oder meine Kanäle bedienen wollte.

5. Hier zeigt sich eine typische Problematik von Überangepassten. Welche könnte das sein?

Heute sehe ich das anders. Lieber Qualität vor Quantität. Wenn ich mal kein Foto habe, dann gibt's kein Foto. Wenn ich auf einem Video wenig Likes oder wenige Aufrufe habe, dann ist das halt so. Ich arbeite inzwischen wieder fürs Fernsehen, moderiere aber kein Lifestyle-Format mehr. Ich poste auch mit einem anderen Schwerpunkt: Es geht bei mir inzwischen viel um mentale Gesundheit.

6. Was hat Anna hier schon gelernt?

Der Weg zu diesem Selbstverständnis war allerdings nicht einfach. Er begann, als 2020 plötzlich nichts mehr bei mir ging. Für mein Umfeld kam das sicherlich überraschend und war sehr schwer nachvollziehbar. Ich hatte ja immer so getan, als wäre alles super. Ich habe nie Nein gesagt. Aber auch das war Teil des Problems. Ich konnte nicht mehr fühlen, was ich eigentlich brauche. Ich wusste nicht mehr, was normales Essen bedeutet und wann ich Ruhe benötige.

Hier formuliert Anna noch einmal deutlich, wie stark sie den Kontakt zu ihren Gefühlen und somit auch zu ihren natürlichen Grenzen verloren hatte.

In einer Art Aufbäumen habe ich dann sozusagen den Stecker gezogen: Ich habe mich von meiner Sendung verabschiedet und auch von den sozialen Medien abgemeldet. Am Anfang meiner Auszeit habe ich eigentlich gedacht, dass ich schnell wieder auf Spur komme. Ich habe in dieser Zeit auch meinen heutigen Freund kennengelernt, und diese Liebe gibt mir viel Halt. Aber ein Zurück gab es trotzdem nicht. Nach einem halben Jahr habe ich gemerkt, dass ich grundlegend umdenken muss.

Ich habe mir eine Therapeutin gesucht und mich mit meiner Essstörung beschäftigt. Die Diagnose hat natürlich erst mal geschmerzt: Bulimia nervosa. Das ist mit viel Scham verbunden. Ich habe aber gelernt, dass Scham ein Teil meines Problems ist und mich daran hindert, Dinge zu verändern. Je offener und ehrlicher ich mit meiner Diagnose in der Öffentlichkeit umgehe, desto freier bin ich auch. Die Scham hält solche Schwierigkeiten sogar am Leben, auch weil es viel Energie kostet, den Schein aufrechtzuerhalten.

Ein ganz wichtiger Punkt. Diese Schamgefühle sind ganz oft die Verhinderung der Verbesserung. Anna schämte sich so sehr für ihr Problem, dass sie alles mit sich alleine ausgemacht hat. Hierdurch versperrte sie jedoch den Lösungsweg. Durch die Verheimlichung konnte sie weder eine neue Perspektive auf ihr Problem erwerben, noch neue Verhaltensstrategien erarbeiten. Ihr vermeintlicher Selbstschutz hat ihr Problem aufrechterhalten und ihren Selbstwert weiter destabilisiert.

Heute nehme ich mich anders wahr: Ich habe zwar manchmal Phasen, wo ich zu viel esse und den ganzen Tag Bock auf Schokolade habe, weil ich gestresst bin. Aber dann verfalle ich nicht sofort in Panik. Wenn ich jetzt auswärts esse, dann ist das für mich auch kein Fehler mehr. Es gibt natürlich Phasen, wo ich einfach mit mir selbst so ein bisschen unzufrieden bin, aber das sind keine wirklich tiefen Täler mehr. Ich sehe ganz klar auch andere Dinge, die mich ausmachen. Da sind zum Beispiel meine Werte. Ich denke, dass ich ein wertvoller Mensch bin, weil ich mitfühlend bin, liebevoll und hilfsbereit. Ich bin fleißig. Ich bin ordentlich. Das sind Eigenschaften, die sind wichtiger als die Kontur meines Gesichts. Meine Art oder mein Sein als Mensch kann mir keiner nehmen.

Loslassen habe ich früher als etwas Schlechtes angesehen, weil ich damit Maßlosigkeit und mangelnde Disziplin verbunden habe. Jetzt weiß ich, dass loslassen auch bedeutet, das Leben zu genießen.

Sehr schön, Anna ist auf einem guten Weg. Sie hat ihre Werte verschoben, mehr Kontakt zu ihren Gefühlen und Grenzen. Und sie lernt, ihr Leben zu genießen.

Meine Überlegungen zu Anna

1. Annas innere Balance ist zugunsten der Bindung aus dem Gleichgewicht. Sie ist überangepasst und deswegen bestrebt, alle Erwartungen zu erfüllen. Um sich vor Ablehnung und somit vor Selbstwertverlust zu schützen, verfolgt sie vorwiegend Vermeidungsziele: Ihr Ziel ist, *nicht* abgelehnt zu werden. Frauen und Mädchen, die unter einer Essstörung leiden, weisen übrigens typische Eigenschaften auf. So etwa eine hohe soziale Überan-

passung, einhergehend mit einer sehr strengen Selbstbewertung bis hin zur Selbstverachtung sowie einer Neigung zu Zwängen und Perfektionismus. Durch die Überanpassung ergibt sich natürlich auch ein gestörter Kontakt zu den eigenen Emotionen. Alles typische Schutzstrategien, die einem hohen Vermeidungsmotiv dienen.

2. In erster Linie ist Annas psychisches Grundbedürfnis nach Selbstwerterhöhung betroffen. Sie möchte keinesfalls auf Ablehnung stoßen und ihren Selbstwert durch die TV-Karriere stärken. Sie strengt sich an, den Anforderungen zu genügen, indem sie sich den Regeln anpasst. Durch die Diät stellt sie Kontrolle über ihre Angst vor Ablehnung und Versagen und somit über ihren Selbstwert her. Vermutlich ist es übrigens kein Zufall, dass sie sich einen Beruf gewählt hat, in dem das Aussehen eine sehr wichtige Rolle spielt. Ihr Selbstwertgefühl dürfte schon früh mit diesem Thema verknüpft gewesen sein, und unbewusst hat sie wohl durch ihre Berufswahl die Kontrolle darüber herstellen wollen.
3. Anna ist hier im Selbstwertspiegel gefangen (siehe auch »Wir sind unsere Erinnerung«, S. 35). Ihr Selbstwert hängt von der Spiegelung ihrer Umwelt ab. Sie tut hierdurch fast alles für die Anerkennung anderer und verliert den Kontakt zu ihren eigenen Bedürfnissen und ihrer Authentizität.

3a. Das heimliche Essen erhöht die soziale Isolation und verhindert damit, dass Anna ein reales Maß für Essensportionen finden konnte, weil der Vergleichsmaßstab mit anderen fehlte. Außerdem verursacht heimliches Essen Schuldgefühle, weil Heimlichkeit dem Gehirn signalisiert: Das ist besonders schlimm! Die Schuldgefühle in Kombination mit den Minderwertigkeitsgefühlen verstärken die Abwärts- und Suchtspirale. Letztlich fördert heimliches Essen auch Fressanfälle, weil sowohl die soziale Kontrolle fehlt als auch die soziale Wärme. Essen ist schließlich oft eine Ersatzhandlung für mangelnde Geborgenheit.

4. Die Alternative zur Kontrolle wäre hier Vertrauen. Anna bräuchte in sich das Selbstvertrauen, dass sie auch unter der Bedingung, pummelig zu sein, ein wertvoller und schöner Mensch ist. Auch wenn der Druck durch unsere Schönheitsnormen im Außen hoch ist, bestimmt das eigene Selbstvertrauen in hohem Maße mit darüber, wie stark man geneigt ist, diesem Druck nachzugeben. Es ist schwer für Anna zu glauben, dass sie pummelig schön sein kann. Denn das Wissen, dass nur die schlanke Frau zählt, hat sie ganz früh geprägt.

   Kontrolle bei Essstörungen bedeutet aber auch Kontrolle über das Hungergefühl, und diese wiederum pampert das Selbstwertgefühl. Wer sein Hungergefühl unter Kontrolle hat, ist sichtbar besser als die anderen – so empfinden das zumindest die meisten Essgestörten.
5. Überangepasste gehen häufig weit über ihre psychischen und physischen Grenzen hinaus, weil sie sich selbst so schlecht spüren. Um ihr Selbstwertgefühl zu stabilisieren, fokussiert sich Anna total auf ihre Karriere und vernachlässigt hierdurch Freunde und Familie; sie isoliert sich von ihren Sozialkontakten, was ihre Einsamkeit und ihre Probleme noch verstärkt. Durch ihre Essstörung beißt sich hier auch noch die Katze in den Schwanz: Sozialkontakte sind häufig mit Nahrungsaufnahme (Restaurantbesuch; Kaffee und Kuchen) verbunden. Das wollte Anna ja in dieser Phase ihres Lebens unbedingt vermeiden.
6. Anna hat hier schon gelernt, besser auf ihre Bedürfnisse zu achten und gesunde Grenzen zu ziehen. Sie hat einen neuen Freund gefunden, ihre Werte verändert und auch ihre Interessen verschoben. Damit kann sie sich jetzt mit gutem geistigem Input füttern und ihr Bedürfnis nach Liebe und Anerkennung viel gesünder befriedigen. Die Ersatzhandlung/Droge »Essstörung« kann somit in den Hintergrund treten. Anna hat viel gelernt, so auch, sich anzunehmen, wie sie ist, und damit auch ihr Perfektionsstreben aufzugeben und das Leben mehr zu genießen.

Charlotte ist superwütend auf ihre Mutter

Charlotte, 33, hadert mit der Beziehung zu ihrer Mutter. Sie wünscht sich von ihrer Mutter Nähe und Anerkennung, wozu diese nicht in der Lage ist. Ständig enden die Begegnungen der beiden in heftigem Streit. Trotzdem gibt Charlotte die Hoffnung nicht auf, endlich von ihrer Mutter wahrgenommen zu werden. Im Gespräch mit mir geht es darum, ihre Erwartungen an die Mutter zu verändern und mit milderem Blick und größerer Distanz auf die verfahrene Situation zu schauen. Charlotte möchte sich aus der Rolle des nicht wertgeschätzten, wütenden Kindes befreien.

Das Thema ist meine Mutter. Niemand triggert mich so krass wie sie. Wenn wir uns sehen, eskaliert es extrem schnell: Nur 20 Minuten, und schon ist ein Riesenstreit da. Das ist so anstrengend, und ich kriege es nicht gelöst. Ich fühle ganz oft nur krassen Ärger. Ich hätte gerne, dass meine Gefühle weniger hoch ausschlagen, aber das ist wirklich schwierig. Ich bin viele Jahre auf Distanz gegangen, aber ich mag den Rest meiner Familie, und deshalb sehen wir uns einmal pro Woche.

1. Charlotte scheint etwas von ihrer Mutter zu erwarten, was sie nicht bekommt, sie leidet also unter einer Inkonsistenz. Das löst eine ungeheure Wut in ihr aus. Welche psychischen Grundbedürfnisse Charlottes sind hier betroffen?

Meine Mutter und ich sind komplett verschieden. Meine Mutter plant überhaupt nicht, sondern ist total spontan. Ich plane sehr viel. Sie ist sehr emotional, ich bin eher detached, gucke mir alles erst mal von außen an. Meine Mutter ist sehr widersprüchlich. Ich sage ganz oft: »Mama, ich verstehe dich nicht.« Ich habe das Gefühl, sie ist völlig realitätsfern. Deshalb clashen wir auch so oft miteinander. Zum Beispiel helfe ich ihr, den Keller auszuräumen. Ich frage sie: »Hey, kann das weg?« – Und sie: »Ja, kann weg.« Dann bereite ich alles vor, sortiere aus. Und sie sagt plötzlich: »Nee, das können wir doch nicht wegschmeißen.« Das macht mich total wütend, und es sind dauernd solche Sachen.

Hier bestätigt sich, dass Charlotte der Kontrollverlust, den sie bei ihrer Mutter immer wieder verspürt, so wütend macht. Sie dringt irgendwie nicht zu ihrer Mutter durch, und das macht sie hilflos. 2. Welches Defizit könnte bei ihrer Mutter vorliegen?

Meine Mutter hat mir beigebracht: Alle Männer sind schrecklich. Das ist so ein Glaubenssatz von mir. Deshalb habe ich auch Probleme, mit Männern eine längere Beziehung einzugehen. Sie denkt sehr, sehr negativ. Ich habe das leider ein bisschen übernommen. Ich mache sie für meine Eigenschaften verantwortlich, die mir an mir nicht gefallen.

Charlotte glaubt, dass sie die negative Einstellung ihrer Mutter zu Männern übernommen hat, was sie ihr zusätzlich verübelt. Sie ist – trotz ihrer Wut – noch stark mit der Meinung ihrer Mutter identifiziert. Bislang übernimmt sie nicht die Verantwortung für ihr Schattenkind.

Als Kind hatte ich manchmal das Gefühl, meine Mutter ist nicht so auf meiner Seite. In der Grundschule habe ich mich drei, vier Jahre sehr gemobbt gefühlt, und mir ging's ziemlich schlecht. Meine Mutter hat das nie mitgekriegt. Ich dachte oft, warum hilfst du mir nicht? Aber ich habe mich nicht getraut, Sachen zu erzählen, unter denen ich gelitten habe. Auch als sich mein Körper verändert hat in der Pubertät: Ich wollte das alles nicht, es war mir total peinlich. Ein Riesenproblem für mich, und trotzdem habe ich nie mit ihr darüber gesprochen. Sie hat mir nur ein Aufklärungsbuch mit Hasen geschenkt, und das war's.

3. Was bewirkt das mütterliche Defizit bei Charlotte?

Meine Mutter hat früher sehr viel gearbeitet, weil sie Angst hatte, dass sie die Miete nicht bezahlen kann. Sie wollte aber immer, dass es mir gut geht, hat mir sehr viele Geschenke gemacht. Haufenweise Geschenke. Ich hatte alles, aber ich wollte nie irgendwas. Sie meinte immer, ich bin das Allerwichtigste für sie, dass sie mich über alles liebt. Aber emotional war sie abwesend. Das habe ich als Kind nicht gemerkt. Das war alles sehr materiell. Sie hat mich auch immer gelobt, aber da ging es um Äußerlichkeiten: Es hieß dann, du bist ja so hübsch. Aber es war nie auf einer tieferen Ebene. Die emotionale Nähe fehlte. Ab und zu habe ich mal eine auf den Mund bekommen, weil sie die ganze Zeit meinte, ich bin so frech.

4. Die emotionale Abwesenheit, die Charlotte bei ihrer Mutter beklagt, verdichtet die Vermutung, dass ihre Mutter vermutlich ein Trauma aufweist und ihre Gefühle abgespalten hat. Was dürfte das Verhalten ihrer Mutter für Charlottes Selbstwertgefühl bzw. ihr Schattenkind bewirkt haben?

Im Nachhinein hätte ich mir ein Vorbild gewünscht, eine starke Frau, die auch mal Nein sagen kann, die für sich einsteht und weiß, was sie will. Sie hat mir aber keinen Halt gegeben, ich musste alles immer alleine machen. Meine Eltern haben sich sehr früh scheiden lassen. Da war ich fünf. Meinen Vater habe ich so einmal im Jahr gesehen, zu Weihnachten. Mit dem verstehe ich mich jetzt sehr gut. Mit meinem Stiefvater war es immer schwierig. Als ich in die Pubertät kam, hat der immer Kommentare zu meinem Äußeren abgegeben. Wie: »Uh, jetzt hat die ja einen großen Pickel auf der Nase.« Oder: »Guck mal, die Brüste wachsen.« Da stellen sich bei mir die Nackenhaare auf, wenn ich daran denke. Ganz furchtbar. Und meine Mutter ist nicht für mich eingetreten. Ich glaube, sie ist sehr dissoziiert, emotional nicht da. Obwohl sie immer ihr Bestes versucht. Macht immer Essen. Backt immer Kuchen. Verbal oder oberflächlich vermittelt sie mir das Gefühl, dass ich total wichtig bin. Aber darunter stimmt das gar nicht.

In diesem Absatz zeigt sich, dass Charlotte früh auf sich allein gestellt war. Selbst die Grenzüberschreitungen ihres Stiefvaters wurden von der Mutter nicht unterbunden.

Ich wünsche mir, dass sie mir richtig zuhört, mich wahrnimmt, mich versteht. Aber das bringt überhaupt nichts. Ich stelle sie mir wie einen Hamster in einem Hamsterrad vor, der ganz schnell rennt, und ich stehe draußen, winke und rufe: »Hallo, kannst du mal aufhören zu rennen?« Aber da passiert nichts. Eigentlich macht deshalb auch meine Wut gar nicht richtig Sinn. Ich bin wie ein Duracell-Hase, der immer weiterlaufen muss, aber ich müsste die Batterien rausmachen.

5. Charlotte gibt die Hoffnung nicht auf, dass ihre Mutter sich ihr zuwendet und sie wahrnimmt. Hier formuliert sie jedoch, dass ihre Wut eigentlich keinen Sinn macht. Was müsste Charlotte verändern, um aus diesem »Hamsterrad« auszusteigen?

Vielleicht sollte ich lernen, in diesem Film Nebendarstellerin zu werden. Es würde sich besser anfühlen, wenn ich eine distanzierte Haltung zu meiner Mutter einnehmen könnte. Wenn ich nicht mehr das kleine Mädchen wäre, das sich von seiner Mutter etwas wünscht, was sie gar nicht geben kann. Sie hatte es auf jeden Fall nicht einfach im Leben. Sie hätte sich gerne mehr geliebt gefühlt von ihren Eltern. Da war sehr viel Kälte, keine Nähe. Was mir total leidtut: Ich habe eine große Empathielosigkeit gegenüber meiner Mutter. Das merkt sie natürlich. Sie ist ja sehr emotional, und ich bin ihr gegenüber ultrakalt.

Hier reflektiert Charlotte sehr schön, wie sie zu einer liebevolleren Haltung zu ihrer Mutter gelangen kann, indem sie Empathie für deren Situation aufbringt.

Ich überlege trotzdem oft, vielleicht sollte ich ein besseres Verhältnis zu ihr haben. Denke dann, ich muss lieb sein, so wie früher vielleicht. Ich habe einen großen Wunsch nach Nähe, was ich gar nicht verstehe, weil mein Ärger so krass ist. Der kommt sofort hoch, obwohl ich es eigentlich immer recht machen will.

Aber ich werde nicht müde, darauf zu hoffen, dass wir eine tiefere Verbindung haben können. Es macht mich immer wieder so wütend, weil ich es nicht bekomme. Ich denke immer noch: »Mama, ich will doch ein gutes Verhältnis mit dir haben.« Meine Haltung müsste vielleicht eher so sein: Das ist ein Mensch, der mir sehr nahe sein will und nur das Beste für mich will, aber aus bestimmten Gründen geht es nicht. Ich werde diese Bestätigung, diese Anerkennung von ihr nicht bekommen, weil sie es nicht kann. Ich würde gerne Verantwortung für mich selber übernehmen, also dass die große Charlotte die kleine Charlotte an die Hand nimmt. Ich glaube, dann könnte ein großer Raum von Freiheit und von Leichtigkeit entstehen. Ich möchte, dass dieser Ärger nicht mehr da ist. Ich würde ihn gerne loslassen. Und ich wünsche mir, dass ich meiner Mutter gegenüber milder sein kann.

Diese Überlegungen gehen genau in die richtige Richtung, damit Charlotte ihren Frieden mit ihrer Mutter machen kann.

Meine Überlegungen zu Charlotte

1. Da es um ihre Beziehung zu ihrer Mutter geht, ist auf jeden Fall Charlottes Bedürfnis nach Bindung frustriert. Außerdem ist ihr Bedürfnis, Unlustgefühle zu vermeiden, betroffen, weil sie sich so sehr über ihre Mutter aufregt. Dass sie so superwütend ist, dürfte jedoch wesentlich dem Umstand geschuldet sein, dass sie keinerlei Kontrolle über die Situation herstellen kann: Ihre Mutter bleibt, wie sie ist. Charlottes Erwartungen an ihre Mutter werden immer wieder frustriert. Letztlich ist natürlich auch ihr Bedürfnis nach Selbstwerterhöhung tangiert, darauf gehe ich weiter unten noch ein.

2. Charlottes Mutter scheint ein Defizit an elterlichem Einfühlungsvermögen zu haben. Dies sowie die Schilderungen Charlottes, dass sie ihre Mutter als schwer erreichbar erlebe, deuten darauf hin, dass ihre Mutter ziemlich abgespalten von ihren eigenen Gefühlen ist. Wahrscheinlich weist sie ein Trauma auf. Dafür spricht, dass sie andauernd mit Aktivitäten zur Befriedigung ihrer Grundbedürfnisse beschäftigt ist, die in der sogenannten *Bedürfnispyramide* ganz unten stehen: ein Dach über dem Kopf (Miete), Nahrung (immer kochen und backen) sowie materielle Geschenke, die es in schlechten Zeiten nicht gibt. Die Mutter läuft ständig auf Hochtouren, wie im Hamsterrad, so als herrsche im Leben ein chronischer Notfall, bei dem es besser ist, seine Gefühle im Griff zu haben. Da gibt es keine Zeit zur Selbstreflexion. Höhere Bedürfnisse, wie das einfühlsame Eingehen auf ihre Tochter und deren individuelle Förderung, kommen da zu kurz. Das ist typisch für den »Dauerausnahmezustand«, in dem Traumatisierte sich psychisch befinden.
3. Der Mangel an Verständnis und Einfühlungsvermögen, den Charlottes Mutter aufzuweisen scheint, hat bei Charlotte bewirkt, dass sie kein Vertrauen in ihre Mutter entwickelt hat. Sie erwartet folglich nicht, bei dieser auf Verständnis und Anteilnahme zu stoßen, sondern rechnet eher mit Unverständnis und Zurückweisung.
4. Charlottes Schattenkind wird durch die Empfindung geprägt sein, dass sie nicht geliebt wird. Obwohl ihre Mutter sie materiell so sehr beschenkt und sie ihrer Liebe mit Worten versichert hat, scheint diese Botschaft bei Charlotte nicht angekommen zu sein. Die kleine Charlotte hat gespürt, dass ihre Mutter emotional nicht anwesend ist. Ich erinnere daran, dass kleine Kinder sich selbst die Schuld für das Fehlverhalten oder die mangelnde Liebe ihrer Eltern geben. Folglich wird Charlotte für sich Glaubenssätze abgespeichert haben wie: Ich bin nicht liebenswert! Ich genüge nicht! Diese tiefe Konditionierung ist ihr Schattenkind. So gese-

hen erfährt sie von ihrer Mutter jedes Mal wieder eine Selbstwertkränkung, wenn diese nicht auf sie eingeht. Charlotte gibt jedoch die Hoffnung nicht auf, dass sie irgendwann doch noch die Bestätigung und Liebe erhält, nach der sie sich so sehnt. Der psychologische Prozess, der hier wirkt, ist das *gespiegelte Selbstwertempfinden.* Charlotte gibt sich für die Unfähigkeit ihrer Mutter selbst die Schuld (»Ich bin nicht liebenswert«; »Ich genüge nicht«) und kränkt sich mit dieser Deutung quasi selbst. Diese Glaubenssätze dürften einhergehen mit Gefühlen von tiefer Kränkung und Verlassenheit. Für Charlottes Heilungsprozess wäre es wichtig, diese Gefühle anzunehmen und in einen liebevollen Kontakt mit ihrem Schattenkind zu gehen. Wie dies geschehen kann, beschreibe ich im dritten Teil dieses Buches unter »Zweiter Schritt: Zugang zu den Gefühlen schaffen« (S. 312).

5. Wenn sie aus dem Hamsterrad aussteigen wollte, müsste Charlotte im ersten Schritt die Hoffnung aufgeben, dass sie ihre Mutter verändern kann. Im zweiten Schritt müsste sie die Anteile, die zu ihrer Mutter gehören, bei dieser belassen. Konkret bedeutet dies, dass Charlotte sich klarmacht, dass ihre Mutter (sehr wahrscheinlich, weil sie ein Trauma aufweist) nicht in der Lage ist, ihr die Aufmerksamkeit und Empathie zu geben, die sie sich so dringlich wünscht. Ganz wichtig ist hierbei, dass Charlotte dies nicht auf ihren persönlichen Wert als Mensch oder Tochter bezieht, sondern diese Schwäche bei ihrer Mutter belässt. Umgekehrt kann sie sich natürlich auch fragen, wie es ihrer Mutter mit ihr als Tochter geht. Wenn man sich empathisch in die Mutter hineinversetzt, dürfte diese traurig sein, weil ihre Tochter immer so wütend auf sie ist. Das Mitfühlen mit ihrer Mutter könnte Charlotte nicht nur innerlich versöhnen, sondern auch eine positive Dynamik zwischen beiden anstoßen. Dies setzte jedoch aufseiten Charlottes einen wichtigen Zwischenschritt voraus, nämlich die Versöhnung und Heilung mit ihrem inneren Schattenkind, wie ich es unter Punkt 4 bereits geschrieben habe. Wenn sie ihre

innere Verletzung nämlich übergehen würde und diese unverarbeitet bliebe, dann übernähme sie lediglich die Verantwortung für die Probleme ihrer Mutter. Es passiert übrigens häufig, dass erwachsene Kinder ihre Eltern in Schutz nehmen und für deren Defizite Verständnis aufbringen, ohne dass die Eltern selbst hierfür die Verantwortung übernehmen und ohne dass aufseiten des erwachsenen Kindes eine Heilung stattgefunden hat. Dies ist eine ungesunde Fortsetzung des Themas: Ich übernehme die Verantwortung dafür, dass meine Beziehung zu den Eltern gelingt. Fortsetzung insofern, als diese Kinder durch Überanpassung an die Bedürfnisse ihrer Eltern bereits sehr früh die Verantwortung für die Eltern-Kind-Beziehung übernommen haben.

Elisa macht Beziehungen kaputt

Elisa, 36 Jahre, schafft es nicht, sich auf eine vertrauensvolle Liebesbeziehung einzulassen. Sobald ihr ein Mann echtes Interesse signalisiert und Zeit investiert, fühlt sie sich eingeengt und sabotiert die aufkommende Nähe. Sie sagt, dass sie immer Schluss macht, bevor es ernst werden könne. Eigentlich sehnt sie sich aber nach einem Partner. Elisa vermutet, dass es in ihrer schwierigen Kindheit Gründe für ihr Verhalten geben könne. Sie kommt zu mir, um diese Ursachen zu erkennen und zu reflektieren, was sie ändern könnte.

Am Anfang ist bei mir immer alles himmelhochjauchzend. Wenn ich jemanden kennenlerne, idealisiere ich denjenigen total. Ich denke dann etwas wie: »Wahnsinn, der ist total auf meiner Wellenlänge und es passt zu 100 Prozent.« Manchmal denke ich sogar: »Der ist jetzt mein Mann! Der ist es!« Dann verstreichen ein paar Monate, und es passiert irgendetwas, das kann auch nur eine Kleinigkeit sein, und das überschwängliche Gefühl verkehrt sich schlagartig ins Gegenteil. Es kann schon ausreichen, dass der Mann einfach nur zehn Minuten zu spät von der Arbeit kommt, und in dieser kurzen Wartezeit startet bei mir sofort ein Film im Kopf. Ich denke dann: »Aha, der belügt mich« oder »Eigentlich findet er mich wohl nicht so wichtig«. Und dann werde ich superwütend.

1. Elisa leidet unter starken Verzerrungen ihrer Wahrnehmung. Am Anfang idealisiert sie ihren potenziellen Partner und ist euphorisch. Nach einigen Monaten der Beziehung reichen jedoch kleinste Anlässe aus, dass sie ihrem Partner misstraut und extrem wütend wird. Wie nennt man die Wahrnehmungsverzerrung, die Elisa erleidet und die sie selbst als »Film« bezeichnet? Was können uns diese Aussagen bereits über ihr Selbstwertgefühl verraten?

Diese Abläufe spielen sich immer wiederkehrend in den gleichen Zeiträumen ab. Nach etwa drei bis sechs Monaten Beziehungen fühle ich mich plötzlich wie gefangen und gefesselt. Ich muss dann ausbrechen. Das ist mir in der akuten Phase meistens nicht bewusst, aber im Nachhinein fällt mir auf, dass ich ziemlich manipulative Techniken eingesetzt habe, um das Ganze zu beenden. Ich fange zum Beispiel an, wegen kleinerer Unstimmigkeiten einen grundlegenden Streit vom Zaun zu brechen. Und dann streite ich das Ende herbei. Ich mache meistens Schluss, bevor es überhaupt ernst werden kann. Wenn meine Partner also anfangen, Pläne zu schmieden, und sei es nur, dass sie mit mir in Urlaub fahren wollen, ist das meistens der Anfang vom Ende.

2. Hier bestätigt sich, dass es sich um ein grundlegendes Beziehungsmuster bei Elisa handelt. Nahe Beziehungen triggern sehr viel Wut in ihr, mit der sie die Beziehung zerstört. Woher kommt die Wut? Und welches psychologische Grundbedürfnis ist wirkt, wenn sie Streit vom Zaun bricht und die Beziehung beendet?

Warum ich solche Panik bekomme, kann ich gar nicht genau sagen. Ich habe zu dem Zeitpunkt oft das Gefühl, dass es gar nicht um mich als Mensch geht. Die Männer, die ich kennenlerne, kommen meistens aus langjährigen Beziehungen, sie sind also durchaus bindungsfähig. Ich habe jedoch das Gefühl, dass ich denen nicht genügen werde. Ich habe das Gefühl, wenn sie mich richtig kennenlernen als Mensch, werden sie feststellen, dass ich eigentlich nicht gut genug bin.

3. Hier erfahren wir, dass Elisa Panik verspürt. Worauf bezieht sich ihr starkes Angstgefühl vermutlich?

Viele dieser Männer kommen gerade aus Beziehungen, und ich komme mir dann wie das Trostpflaster vor. Ich befürchte, dass an mich die Erwartung gestellt wird, die Lücke zu füllen, welche die Ex hinterlassen hat. Ich befürchte, dass es gar nicht um mich geht, sondern ich nur das Mittel zum Zweck bin.

Auch hier ist wieder eine Projektion Elisas im Spiel, die ihr Selbstwertgefühl betrifft. Sie scheint in Beziehungen das Gefühl zu haben, dass sie selbst gar nicht wahrgenommen wird und somit auch nicht persönlich gemeint ist, sondern lediglich das Mittel zum Zweck darstellt.

Ich kenne dieses Gefühl aus meiner Kindheit und aus meiner Beziehung zu meiner Mutter. Ich befürchte, dass die Männer, die ich kennenlerne, quasi in der Rolle meiner Mutter sind. Meine Mutter wollte ein Loch in ihrem Leben mit mir füllen, und ich habe diese Hoffnung nicht erfüllen können.

Hier erfahren wir, woher diese Wahrnehmung Elisas rührt. Sie formuliert ganz deutlich, dass sie für ihre Mutter eine Enttäuschung gewesen ist (zumindest hat Elisa das so empfunden). Das hat ihr Schattenkind geprägt, deswegen geht sie fest davon aus, dass sie auch ihre Beziehungspartner enttäuschen wird.

Ich bin bei meiner Mutter und bei meinem eingetragenen Vater aufgewachsen, der bei meiner Geburt mit meiner Mutter verheiratet war. Ich bin allerdings aus einer Affäre entstanden, weil mein Vater keine Kinder zeugen konnte. Meine Mutter wollte aber Kinder und hat sich deshalb einen anderen Erzeuger gesucht. Mein »Vater« hatte keine Ahnung davon. Ich habe das auch erst viel später erfahren. Mein eingetragener Vater war Alkoholiker und meine Mutter ist durch ihre Co-Abhängigkeit selbst später Alkoholikerin geworden. Mein Vater war Gewohnheitstrinker, er hat sich abends zwei bis drei Flaschen Wein reingeballert. Allerdings war er immer friedlich und auch zuverlässig, er war nicht aggressiv. Meine Mutter war viel liebloser mit mir als er. Sie war eine starke, mächtige Frau, an die ich schlecht herankam. Sie hatte zwischendurch ihre weichen Momente, in denen sie mich in den Arm genommen hat. Das habe ich wahnsinnig genossen als Kind. Aber meistens war sie eher ablehnend. Sie hat mich oft geschlagen und mir das Gefühl gegeben, dass ich sie einfach störe. Vermutlich hat mich meine Mutter nur bekommen, um ein Loch in sich selbst zu füllen. Als sie dann merkte, dass ich ihre Erwartungen nicht erfülle, wollte sie mich nicht mehr so wirklich.

4. Das sind wirklich schlimme Erfahrungen, die Elisa gemacht hat. Welchen Bindungsstil könnte sie entwickelt haben? Wie könnte man ihr motivationales Schema in Worte fassen?

Meinen leiblichen Vater habe ich erst mit 16 kennengelernt. Gerade als wir so etwas wie ein Verhältnis zueinander aufgebaut hatten, ist er leider gestorben. Wir hatten nur vier Jahre.

Immer wieder erleidet Elisa Verlust.

Ich habe bereits einige Therapien gemacht, da habe ich gelernt, sensibel für meine Muster zu sein und offen mit meiner Thematik umzugehen. Wenn ich einen potenziellen Partner kennenlerne, dann versuche ich, zeitnah Klarheit zu schaffen und sage ihm: »Hör mal, bei mir ist das so und so … ich kann das nicht so gut … aber ich versuche, dass es klappt.« Aber egal wie verständnisvoll oder zugewandt die Männer waren, irgendwann kommt immer meine Panik. Dann kommen diese Ausbruchsgedanken, und mein Verhaltensmuster greift. Ich haue dann mit Worten alles kurz und klein. Ich habe mich verbal nicht mehr unter Kontrolle. Ich kenne auch genau die wunden Punkte bei meinem Partner und ziele darauf ab. Ich habe meine Partner bisher k. o. geredet. Vor mir standen einige erwachsene Männer und haben geweint.

5. Was macht Elisa hier? Welchen Selbstschutz wendet sie an und welches psychologische Grundbedürfnis wird hierdurch bedient?

Das Schlimmste ist: Ich rede dann so, wie meine Mutter früher mit mir gesprochen hat. Das ist dann ganz vulgär. So rede ich normalerweise gar nicht. Ich bin dann ein komplett anderer Mensch in dieser Situation.

6. Welchen Zweck könnte Elisa hier unbewusst verfolgen, indem sie in die Rolle ihrer Mutter schlüpft?

Ich verletze mich dadurch auch selbst, denn einige dieser Männer haben mir wirklich etwas bedeutet. Ich verachte mich dafür, dass ich so mit ihnen umgehe. Ich habe inzwischen auch einfach Angst, dass ich immer wieder Menschen verletzen könnte, die mir eigentlich wichtig sind.

Mir ist inzwischen klar, dass sich die Ablehnung durch meine Mutter auf meinen Selbstwert und meine Herangehensweise an Beziehungen übertragen hat. Das Verhältnis zu meiner Mutter dominiert mein Gefühlsleben. Ich habe überhaupt kein Vertrauen, dass eine Beziehung mich glücklich machen könnte. Also zerstöre ich sie lieber selbst, bevor ich noch einmal so ausgeliefert bin und verletzt werde. Diesen Schutzmechanismus müsste ich aufgeben, um mich überhaupt auf eine Beziehung einlassen zu können.

Ich müsste es also irgendwie schaffen, meinen Selbstwert von dieser Erfahrung mit meiner Mutter zu entkoppeln. Ich müsste irgendwie Urvertrauen in mich selbst aufbauen.

Ich versuche auch, mir jeden Tag klarzumachen, dass mein Wert nichts mit meiner Mutter zu tun hat. Sie hat sich so verhalten, weil sie nicht anders konnte – nicht, weil ich daran schuld war. Ich versuche inzwischen, sehr auf mich zu achten und in mich hineinzuhorchen, was ich möchte. Ich versuche, mir die Wertschätzung entgegenzubringen, die ich als Kind nicht bekommen habe. Aber ich glaube, dass es noch viel Überzeugungsarbeit braucht, bis mein inneres Kind sich liebenswert findet.

Auch wenn es noch viel Überzeugungsarbeit brauchen mag, das ist genau der richtige Weg, den Elisa hier einschlägt.

Meine Überlegungen zu Elisa

1. Elisa projiziert am Anfang einer Beziehung all ihre Wünsche und Träume in ihren potenziellen Partner und idealisiert ihn hierdurch. Im Verlauf der Beziehung macht der Idealisierung ein starkes Misstrauen Platz, das sie auf ihren Partner projiziert. Diese Projektionen implizieren, dass ihr Partner sie verlassen wird, auch wenn sie dies hier noch nicht ausdrücklich formuliert. Man darf hier bereits annehmen, dass Elisa in ihrer Kindheit viel Ablehnung erfahren und somit ein geringes Selbstwertgefühl entwickelt hat. Dieses lässt sie ständig schwanken zwischen der Hoffnung auf eine große Liebe am Anfang einer Beziehung und der Gewissheit, dass man sie nicht lieben kann und sie sowieso verlassen wird, wenn die Beziehung enger wird.
2. Elisa geht aufgrund ihrer Projektion davon aus, dass der Partner sie belügt, betrügt und verlässt. Diese fantasierte Selbstwertkränkung und der damit einhergehende Kontrollverlust setzen eine ungeheure Wut in ihr frei. Die Wut hilft ihr, ihre autonomen Grenzen zu verteidigen und ihr »Leben zu retten«. Will heißen, dass die Vorstellung, verlassen zu werden, sich für sie vermutlich »wie Sterben« anfühlt. Um diese entsetzliche Situation abzuwenden, schlägt sie verbal um sich. Wenn ihr Partner sie dann verlässt beziehungsweise sie selbst Schluss macht, dann hat sie wenigstens die Kontrolle bewahrt – aktiv zerstören fühlt sich nämlich besser an, als passiv verlassen zu werden.
3. Elisa leidet unter extremer Verlustangst, die sich aus ihrem geringen Selbstwertgefühl speist. Die Vorstellung, verlassen zu werden, scheint geradezu Panik in ihr auszulösen.
4. Durch das ablehnende Verhalten ihrer Mutter und den wohl wenig engagierten Vater dürfte Elisa einen vermeidenden Bindungsstil erworben haben. Da sie im ersten Absatz schildert, wie stark sie ihre potenziellen Beziehungspartner am Anfang einer Beziehung idealisiert und da sie offensichtlich unter starker Ver-

lustangst leidet, können wir einen ängstlich-vermeidenden Bindungsstil annehmen.

5. Ihr motivationales Schema und somit ihre Glaubenssätze dürften in etwa lauten: Ich bin allein. Ich bin eine Enttäuschung und werde verlassen. Deswegen darf ich keinem Menschen vertrauen. Ich muss es allein schaffen. Extreme Gefühle der Verlassenheit und Ohnmacht scheinen hiermit einherzugehen.

Zunächst versucht Elisa, mit konstruktiven Verhaltensweisen die Partnerschaft zu stabilisieren, indem sie ihren Partner auf ihre Problematik aufmerksam macht. Wenn jedoch ihre Projektionen und die damit einhergehende Verlustangst zu stark werden, wird sie destruktiv-aggressiv. Sie praktiziert also einen Selbstschutz, der viel mit Macht und Kontrolle zu tun hat. Vermutlich, um ihren Ohnmachtserfahrungen, die sie in ihrer Kindheit gemacht hat, entgegenzuwirken.

Aus diagnostischer Sicht weist Elisa Symptome einer Borderline-Störung auf. Diese ist unter anderem gekennzeichnet durch eine instabile Wahrnehmung naher Bezugspersonen. So wie bei Elisa kann die Wahrnehmung zwischen Idealisierung und Dämonisierung schwanken und hierdurch sehr starke aggressive Impulse auslösen. Wer sich über die Borderline-Störung tiefer gehend informieren möchte, der sei auf Fachliteratur oder das Internet verwiesen. Aus meiner Sicht wirken bei Elisa die gleichen psychologischen Gesetzmäßigkeiten, die ich in diesem Buch vorgestellt habe, nur eben in recht massiver Ausprägung. Durch ihre traumatischen Kindheitserfahrungen (vermutlich in Verbindung mit einer genetischen Komponente) ist ihr Schattenkind von starken Gefühlen der Lieblosigkeit, Ohnmacht und Verlustangst geprägt. Sie gerät schnell in diese Schattenkind-Wahrnehmung, die vor allem in nahen Liebesbeziehungen getriggert wird, und sie reagiert hierauf mit extremer Verlustangst, die in der Folge eine massive Zerstörungswut in ihr auslöst.

6. Elisa identifiziert sich in dieser Situation unbewusst mit ihrer Mutter. Sie wechselt also von der ehemaligen Opfer- in die Täterrolle. Die Täterrolle verleiht ihr Stärke. Man darf davon ausgehen, dass Elisa unheimliche Angst hat, sich noch einmal so ohnmächtig und ausgeliefert wie in ihrer Kindheit zu fühlen und deswegen über die Identifizierung mit der Täterrolle starke Kontrolle und Macht ausübt.

Stefan hat Angst, als Vater zu versagen

Stefan arbeitet im Finanzwesen als Abteilungsleiter. Er ist 33 Jahre alt und hat eine vierjährige Tochter. Von der Mutter seiner Tochter lebt er seit einigen Jahren getrennt. Die Trennung verlief einvernehmlich. Seine Ex-Partnerin hat einen neuen Partner, mit dem sie auch zusammenlebt. Stefan sorgt sich um seine Vaterrolle. Dass er sich schon viele Gedanken um Persönlichkeitsentwicklung gemacht hat, merkt man ihm im Gespräch an. Er ist sehr offen und selbstreflektiert.

Meine Ex-Partnerin und ich haben uns getrennt, als unsere Tochter eineinhalb Jahre alt war. Unsere Lebensplanung hatte sich stark in unterschiedliche Richtungen entwickelt. Für uns beide war die Trennung die richtige Entscheidung. Insofern haben wir auch ein wunderbares Verhältnis zueinander. Wir kommen wirklich ohne jegliche Streitereien aus.

Vor etwa zwei Jahren, kurz nach unserer Trennung, kam der neue Partner ins Leben meiner Ex-Freundin. Inzwischen sind die beiden auch verheiratet. Ich habe auch zu ihm ein wunderbares Verhältnis, das ist also überhaupt kein heikles Thema. Und wir wollen auch wirklich zu dritt für die Kleine da sein und etwas Gemeinsames aufbauen. Das ist uns ganz besonders wichtig.

Trotzdem habe ich die grundsätzliche Sorge – und da triggern mich auch einige Ereignisse –, dass ich zum »Zweitpapa« werden könnte. Ich frage mich, wie ich es schaffe, die Beziehungsebene zu meiner Tochter so aufzubauen, dass ich weiterhin als der eigentliche Vater wahrgenommen werde. Der Stiefvater soll gern eine Ergänzung sein, aber er soll nicht als vollwertiger Ersatz wahrgenommen werden.

1. Welche Inkonsistenz beschreibt Stefan hier? Welche psychischen Grundbedürfnisse sind bedroht?

Ich sehe meine Tochter aber rein zeitlich deutlich weniger als der Stiefvater. Die drei wohnen zusammen, sie hat auch eine super Beziehung zu ihm. Ich sehe sie an zwei Vormittagen unter der Woche und dann am Sonntag. Mehr ist für mich schwer zu organisieren.

Die Frage, die sich daraus ergibt, ist: Muss ich mich um meine Position sorgen? Ist diese Sorge überhaupt berechtigt? Oder existiert die nur in meinem Kopf?

Also was davon ist tatsächlich objektiv so, dass man sagt, da sollte man auch dran arbeiten? Was kann ich tatsächlich kontrollieren? Und worauf habe ich keinen Einfluss?

2. Stefan ist sehr reflektiert: Mit welchem psychologischen Mechanismus setzt er sich hier auseinander?

Mein Wunsch wäre tatsächlich so eine klassische Vater-Tochter-Beziehung. Ich bin da auch durch den Verlust in meiner eigenen Kindheitsgeschichte geprägt. Meine Eltern haben sich getrennt, als ich acht Jahre alt war. Ich habe meinen Vater damals in gewisser Weise verloren. Ob ich das ganz aufgearbeitet habe, weiß ich nicht.

3. Wie könnte diese Erfahrung Stefans Vaterschaft prägen?

Ich hatte jedenfalls viele Jahre damit zu tun. Nachdem mein Vater weg war, hat mich das wirklich aus der Bahn geworfen. Ich hatte dann ein extremes Autoritätsproblem. Das ist wahrscheinlich sogar immer noch da, aber mittlerweile habe ich einen bewussteren Umgang damit. Aber ich habe jahrelang keinerlei Autoritäten anerkannt, weder Lehrer noch irgendeinen Erwachsenen.

4. Welche Emotion ist hier im Spiel und warum hat Stefan vermutlich so ein Problem mit Autoritäten entwickelt?

Das hat mich dann auf die Hauptschule gebracht. Dann musste ich später alles aufarbeiten: Ich habe dann die Realschule nachgeholt, dann das Gymnasium, dann bin ich studieren gegangen.

Ich gehe zwar eigentlich davon aus, dass ich meinem Vater inzwischen verziehen habe, wie er meinen Lebensweg erschwert hat. Aber da ist mit Sicherheit noch die eine oder andere Facette meines Schattenkindes, die noch nicht zu 100 Prozent verziehen hat. Mag sein, dass mich das beeinflusst.

Als meine Tochter Svea dann kürzlich Tobias – so heißt der Mann ihrer Mutter – in meinem Beisein »Papa« genannt hat, hat mich das echt getriggert. Ich brauchte danach Monate, um mit mir wieder ins Reine zu kommen. Mir ist bewusst, dass ich da etwas mit mir herumtrage, und das möchte ich auf keinen Fall auf Tobias oder auf Svea projizieren.

5. Was könnte es sein, was Stefan mit sich herumträgt? Welche Emotion könnte dahinterstecken? Was dürfte das mit seinem Selbstwertgefühl zu tun haben?

Ich befasse mich auch seit vielen Jahren mit Buddhismus, Persönlichkeitsentwicklung, weil ich als Führungskraft selbstreflektiert sein muss. Deswegen sind mir viele Prozesse bewusst, die in mir ablaufen, aber bewusst zu unbewusst ist ja auch noch mal ein Unterschied.

Ich habe jedenfalls das Thema ganz sachlich angesprochen. Ich habe Svea erklärt, dass ich einfach verwirrt bin, wenn ich nicht weiß, wen sie meint. Jetzt sagt sie manchmal »Tobi« oder »Papa Tobi«, manchmal aber auch direkt »Papa«. Das ist auch nicht überraschend, weil Tina, meine Ex-Partnerin, ihn als »Papa« vor ihr anspricht. Wenn sie mit Svea redet, sagt sie »der Papa«.

6. Wie könnte man das Verhalten der Ex-Partnerin bewerten? Woran fehlt es Stefan vielleicht? Was sagt diese Passage über seine Unsicherheit aus?

Ich käme damit vielleicht besser zurecht, wenn ich mehr Zuversicht entwickeln könnte. Wenn ich wüsste: »Okay, die Konkurrenzsituation gibt es eigentlich nicht. Tobi und ich sind keine Konkurrenten.« Tobi hat auch schon geäußert, dass das sein Wunsch ist. Und wenn ich mehr Zutrauen hätte, dass ich nichts großartig falsch mache als Vater und auf jeden Fall eine innige Vater-Tochter-Beziehung entstehen kann, dann wäre ich weniger unsicher. Dann würde mich auch der zeitliche Vorsprung, den Tobi nun mal hat, nicht so triggern.

Hier bestätigt sich, dass Stefan unsicher ist, ob er ein guter Vater sein kann.

Svea ist nicht im Kindergarten, sondern wir versuchen, das interfamiliär zu organisieren mit Großeltern und uns drei Erwachsenen. Daraus hat es sich in den ersten Jahren wohl auch entwickelt, dass sie sehr mamafixiert war. Das heißt, in den ersten Jahren war es sehr schwer, dass sie mit mir allein Zeit verbracht hat. Da haben wir immer zu dritt etwas gemacht.

Aber mittlerweile verbringt sie auch mit mir viele Stunden alleine, teilweise sogar den ganzen Tag. Jetzt hat sie tatsächlich zum ersten Mal vor ein paar Wochen alleine bei mir übernachtet und es hat sehr gut geklappt. Das war vorher überhaupt nicht möglich. Also das Zutrauen nimmt langsam zu. Das hatte ich selbst so nie zu meinem Vater. Das gelingt mir besser.

Ich frage mich im Nachhinein, warum ich meine Ängste und Bedürfnisse eigentlich nicht deutlich thematisiert habe. Warum habe ich zum Beispiel nicht darum gebeten, dass der Tobi mit »Daddy« angeredet wird und ich mit »Papa«? Mir ist aber erst später klar geworden, wie wichtig mir diese Unterscheidung ist.

7. Was zeigt sich hier noch einmal deutlich in Bezug auf Stefans Selbstwertthema und seine bisherigen Bewältigungsstrategien?

Ich nehme bei mir häufiger wahr, dass ich länger brauche, um meine Bedürfnisse überhaupt wahrzunehmen. Noch länger brauche ich dann, um meine Wünsche auch zu kommunizieren.

Harmonie- und Perfektionsstreben sind Themen, an denen ich schon seit Längerem arbeite. Ich arbeite daran, eben nicht den Anspruch nach Perfektion zu haben. Ich habe als Kind oft vermittelt bekommen, dass ich den Ansprüchen nicht genüge. Ich komme aus einer sowjetischen Familie mit entsprechenden Erziehungsmethoden. Mutter überfordert. Vater überfordert. Ich habe durchaus auch körperliche Gewalt erlebt als Kind. Auch mal mit dem Gürtel. Ich habe sicherlich verinnerlicht, genügen zu wollen und es anderen recht machen zu wollen. Ich möchte in allem perfekt sein, was ich tue. Ich möchte auch den Frieden in dieser Familienkonstellation auf keinen Fall gefährden. Also von meiner Seite besteht da durchaus ein verstärktes Harmoniebedürfnis.

In dieser Passage bestätigt sich noch einmal, wie stark Stefan sich als Kind aufgrund der mangelnden Empathie und der Gewalttätigkeit seiner Eltern auf diese einstellen und überanpassen musste und welchen negativen Einfluss das auf sein Selbstwertgefühl hatte. Auch seine überangepassten Schutzstrategien, wie Perfektions- und Harmoniestreben, kommen hier noch einmal deutlich zum Ausdruck.

Das betrifft mich auch in anderen Situationen. Daran arbeite ich jetzt schon seit vielen Jahren. Ich zwinge mich quasi, sobald ich das wahrnehme, aus meiner Komfortzone hinauszutreten in die Wachstumszone. Aber in diesem Fall ist mir das nicht gut gelungen.

8. Was ist seine Komfortzone und was ist seine Wachstumszone?

Dazu kommt, dass Tina, meine Ex-Partnerin, dieses Thema anders wahrnimmt. Sie hat überhaupt kein klassisches Papa-Tochter-Bild im Kopf. Sie hat kein gutes Verhältnis zu ihrem Vater und sagt: »Ich habe männliche Bezugspersonen in meinem Leben, und diese können vatergleich sein.«

9. Was für eine Projektion überträgt die Ex-Partnerin auf die Familienkonstellation?

Ich würde mir eigentlich wünschen, dass Tina unserer Tochter erklärt, was es eigentlich mit den zwei Vaterfiguren auf sich hat. Ich möchte, dass die Kleine weiß, dass wir zwar nicht zusammen sind – aber sie deshalb nicht auf mich und ihre Familie verzichten muss. Nicht jetzt und nicht in Zukunft.

Für mich selbst wünsche ich mir auch, dass mein Schattenkind wirklich versteht, dass ich in dieser Situation, die nicht meinen Wunschvorstellungen entspricht, trotzdem irgendwie genüge. So nach dem Motto: Ich bin okay, wir sind als Familie okay. Meine Ratio versteht das. Aber mein Unterbewusstsein funkt mir dazwischen. Wie schaffe ich es, mich umzuprogrammieren und meinen Fokus auf das zu richten, was eigentlich ziemlich gut läuft?

Hier fasst Stefan gut zusammen, woran er arbeiten muss. Wie es ihm gelingen könnte, sich umzuprogrammieren, zeige ich im dritten Abschnitt dieses Buches auf.

Meine Überlegungen zu Stefan

1. Stefan möchte die väterliche Hauptbezugsperson für seine Tochter sein, er hat jedoch das Gefühl, eher in der zweiten Reihe zu stehen. Sein Selbstwertgefühl und sein Bindungsbedürfnis sind bedroht. Damit einhergehend erleidet er einen starken Kontrollverlust, weil er die Situation kaum mitgestalten kann. Hierdurch entstehen Unlustgefühle wie Verlustangst, Eifersucht und Kränkung. Mithin sind alle vier psychischen Grundbedürfnisse bei Stefan betroffen.
2. Stefan fragt sich, ob er die Situation falsch beurteilt, indem er eigene Anteile in sie hineinprojiziert. Er möchte genau verstehen, welche subjektiven Anteile des Problems also auf seiner Seite zu verorten sind und welche Anteile in der Verantwortung der anderen Beteiligten, wie Kindesmutter oder Stiefvater, liegen.

3. Der frühe Verlust seines Vaters scheint Stefan damals stark getroffen zu haben. Es scheint so, als ob diese Erfahrung in ihm den starken Wunsch auslöst, seinem Kind ein besonders guter und präsenter Vater zu sein.
4. Hinter dem Aufbegehren gegen Autoritäten steckt Wut. Man darf annehmen, dass der Weggang seines Vaters Stefan sehr wütend gemacht hat und dass er diese Aggression auf Autoritäten im Allgemeinen projiziert hat. Übrigens verarbeiten Jungen und Männer Gefühle von Niedergeschlagenheit und Trauer häufig über Wut und Aggression. Deswegen verstecken sich Depressionen bei Männern und Jungen nicht selten hinter aggressiven Verhaltensweisen.
5. Die Emotionen, die Stefan in dieser Situation gesteuert haben, dürften Verlustangst, Eifersucht und Wut sein. Ich vermute, dass er ein geringes Selbstwertgefühl mit sich herumträgt und Angst hat, als Vater seiner Tochter nicht zu genügen – so, wie sein Vater nicht genügt hat. Als Kind wird er den Verlust des Vaters höchstwahrscheinlich auf sich selbst bezogen haben. Hieraus könnten Glaubenssätze entstanden sein wie: Ich genüge nicht! Ich bin nicht wichtig! Ich bin nicht liebenswert! Ich bin wertlos!
6. Dass Stefans Ex-Partnerin ihren neuen Partner als Sveas »Papa« bezeichnet, empfinde ich als etwas respektlos und wenig empathisch. Meines Erachtens könnte sie feinfühliger und überlegter die Rolle Stefans als leiblicher und zugewandter Vater respektieren. Dass Stefan dies einfach so hinzunehmen scheint, deutet darauf hin, dass er er über keine guten Selbstbehauptungsfähigkeiten verfügt.
7. Hier zeigt sich, was ich unter dem obigen Punkt vermutet hatte: Stefan ist konfliktscheu und bemüht, es allen recht zu machen. Wie alle Überangepassten hat er einen schlechten Zugang zu seinen Gefühlen und spürt deswegen nicht, wenn jemand seine Grenzen verletzt.

8. Stefans Komfortzone ist sein überangepasstes, konfliktscheues Verhalten. Seine Wachstumszone wäre, dass er seine Bedürfnisse wahrnimmt und für sich eintritt.
9. Hier wird deutlich, dass die Kindesmutter ihr schwieriges Verhältnis zu ihrem leiblichen Vater auf die gegenwärtige Situation beziehungsweise auf Stefan projiziert. Indem sie von männlichen Bezugspersonen spricht, die »vatergleich« sein können, mindert sie Stefans Bedeutung als Vater, was Stefan zusätzlich zu seinen eigenen Selbstzweifeln verunsichert.

Birgit leidet an Panikattacken

Als Birgit, 43 Jahre, zu mir kommt, leidet sie seit einem Jahr an Panikattacken. Die Angstschübe überfallen sie in scheinbar harmlosen Situationen und zwingen sie wortwörtlich in die Knie. Es ist ihr einige Male passiert, dass sie sich in einem Geschäft oder Café auf den Boden legen musste. Deswegen verlässt die Webdesignerin seit einigen Monaten ihr Haus nur noch selten. Ihren Job macht sie vom Homeoffice aus. Ihre Lebensgefährtin kümmert sich um die Organisation des Alltags, übernimmt alle Einkäufe und Erledigungen. Die Situation ist zusehends eine Belastung für das Paar. Birgit möchte so nicht mehr weiterleben und sucht einen Ausstieg aus ihren Angstattacken. Der ist ihr vor einigen Jahren schon einmal gelungen.

Vor 19 Jahren war ich schon einmal in dieser Situation. Ich war ein Häufchen Elend. Es fühlte sich an, als würde ich mein Leben auf einem wackligen Untergrund verbringen. Jederzeit hätte ich mein Gleichgewicht verlieren können. Mir wurde plötzlich schwindelig, ich bekam Herzrasen, Schweißausbrüche. Ich hatte Atemnot und Todesangst. Damals hing das mit der schwierigen Beziehung und Trennung von meinem früheren Lebensgefährten zusammen. Ich habe mich dann aber mit einer Therapie so stabilisiert, dass ich richtig aufgeblüht bin. In den letzten zehn Jahren war ich so selbstbewusst wie nie. Ich habe mich beruflich weiterentwickelt. Ich habe meine heutige Lebensgefährtin kennengelernt, und wir haben uns ein gemeinsames Zuhause geschaffen. Wir haben ein schönes Haus, zwei Hunde. Ich habe eigentlich das, was ich mir immer gewünscht habe.

Birgits Problem sind starke Angstgefühle, die scheinbar gar nichts mit ihrem aktuellen Leben zu tun haben. Menschen, die unter Panikattacken leiden, können häufig keinen direkten Zusammenhang zwischen ihrer Angst und sich selbst herstellen.

Deshalb hat es mich wie aus heiterem Himmel erwischt, als die Panikattacken zurückkamen. Ich fühle mich inzwischen wieder so, als wäre mir meine ganze Kraft flöten gegangen. Ich habe große Verlustängste, ich habe Angst, den Halt zu verlieren. Und dadurch ist mein Alltag geprägt. Ich kann vieles nicht mehr machen, was für andere normal ist. Das stößt manchmal auf Unverständnis, auch in meinem engsten Umfeld. Wenn mein Vater vorschlägt, in eine Pizzeria zu gehen, muss ich ihm erst mal erklären: »Tut mir leid, wenn wir das machen, müssen wir damit rechnen, dass ich irgendwann auf dem Fußboden der Pizzeria liege und Schweißausbrüche bekomme.« Meine Panikattacken bestimmen, was möglich ist und was nicht.

1. Es liegt auf der Hand, dass Birgits psychisches Grundbedürfnis, Unlustgefühle zu vermeiden, vollumfänglich betroffen ist, schließlich leidet sie massiv unter ihren Angstgefühlen. Aber welches weitere psychische Grundbedürfnis ist ebenfalls stark beeinträchtigt? Und welcher Lösungsversuch deutet sich hier an?

Mein Verhältnis zu meiner Mutter hat sich durch die Angstattacken allerdings stark verbessert. Sie kommt oft vorbei und geht mit mir und den Hunden spazieren. Sie weiß, dass ich mittags manchmal Angst habe, allein vor die Tür zu gehen. Da ist sie zur Stelle und fängt mich auf. Eigentlich kümmert sie sich jetzt erstmals um mich. Wir haben auch richtig viel Spaß miteinander. Im Grunde genommen habe ich jetzt zum ersten Mal die Mutter, die ich mir immer gewünscht habe.

2. Welches psychische Grundbedürfnis kommt hier zur Sprache? Und welchen sogenannten Krankheitsgewinn formuliert Birgit?

Meine Mutter hatte immer ein Problem mit ihrem Alkoholkonsum. Sie ist in gewisser Weise alkoholabhängig, das ist aber nie so ausgeartet, dass sie in eine Entzugsklinik gekommen wäre. Seit es mir so schlecht geht, trinkt sie viel weniger. Sie hat das derzeit offenbar unter Kontrolle.

Hier zeigt sich ein weiterer Krankheitsgewinn: Die Mutter trinkt weniger unter der Bedingung, dass Birgit ihre Hilfe benötigt. Indirekt übernimmt Birgit hier anscheinend die Verantwortung für das Alkoholproblem ihrer Mutter.

In meiner Kindheit und Jugend war ich aber oft gefordert, für sie da zu sein und mich um sie zu sorgen. Meine Eltern haben sich getrennt, als ich noch in der Grundschule war. Die Trennung war unschön. Es gab viele laute Streits. Meine Eltern haben schlimm übereinander geredet – und zwar mit mir. Mir wurde damals auch einige Male gesagt, dass ich schuld an der Trennung sei. Es ging meiner Mutter damals ziemlich schlecht, und ich habe versucht, sie aufzuheitern und zu beschützen.

3. Hier zeigt sich, dass Birgits Bindungsbedürfnis in der Kindheit verletzt wurde. Sie hat sehr viel Verantwortung für ihre Mutter übernommen. Mit anderen Worten: Sie musste zu früh zu autonom sein. Welche Glaubenssätze dürfte sie entwickelt haben?

Wenn sie zu viel getrunken hatte, habe ich mich auch um meine kleine Schwester gekümmert. Aus heutiger Perspektive weiß ich, dass eigentlich ich den Halt und Schutz gebraucht hätte und nicht meine Eltern.

Jetzt bekomme ich diesen Halt und diese Aufmerksamkeit: von meiner Mutter, von meiner Lebensgefährtin und auch von Außenstehenden, die sofort Mitleid mit mir haben. Ich dachte nicht, dass ich da so bedürftig bin. Aber offensichtlich bekomme ich durch die Panikattacken genau das, was ich als Kind gebraucht hätte.

Die Attacken rauben mir auch meine Unabhängigkeit und Stärke. Ich bin seit Beginn der Angstzustände vollkommen abhängig von anderen. Das gefällt mir nicht.

Hier zeigt sich noch einmal, wie sehr Birgit sich Zuwendung wünscht. Dieser Wunsch steht allerdings im Konflikt mit ihrem Bedürfnis nach Autonomie und Unabhängigkeit.

Aber die Panikattacken erfüllen offensichtlich auch eine Funktion. Das muss ich mir eingestehen. Und vielleicht habe ich sie deshalb auch bekommen. Sie geben mir die Möglichkeit, meinen Alltag und meine Mitmenschen zu kontrollieren. Ich habe so viel Kontrolle wie noch nie zuvor in meinem Leben. Manchmal – auch das muss ich mir eingestehen – möchte ich die Panikattacken deshalb sogar behalten. Sie beschützen mich irgendwie.

Das ist interessant: Einerseits ist Birgits Kontrollbedürfnis durch die Panikattacken stark verletzt, und gleichzeitig verspürt sie hierdurch sehr viel Kontrolle. Die Panikattacken schützen ihren Bindungswunsch.

Sie schützen in gewisser Weise auch die Beziehung zu meiner Lebensgefährtin. Mir fehlen in dieser Partnerschaft einige Dinge, die normalerweise zu einer Liebesbeziehung dazugehören. Ich bin eigentlich nie in meine Lebensgefährtin verliebt gewesen. Ich interessiere mich sexuell nicht für Frauen, ich bin nicht lesbisch. Meine Partnerin und ich sind Freundinnen, wir haben ein familiäres Miteinander. Wir unterstützen uns. Wir haben es schön zusammen, wir kuscheln. Aber ich habe überhaupt kein sexuelles Interesse an meiner Partnerin. Wir knutschen nicht mal. Sie weiß auch, dass ich sexuell an Männern interessiert bin, und ich habe von ihr einen Freifahrtschein, meine erotischen Bedürfnisse mit Männern auszuleben. Manchmal mache ich das. Ich suche mir aber nicht einfach irgendwelche One-Night-Stands. Es gibt einen Mann in meinem Bekanntenkreis, mit dem ich immer wieder ins Bett gehe. Der Sex ist toll. Ich weiß auch, dass dieser Mann mich vergöttert und sich mehr vorstellen könnte.

4. Welches psychologische Motiv könnte Birgit haben, mit einer Frau eine Beziehung einzugehen, obwohl sie gar nicht auf Frauen steht?

Ich kann mir aber nicht vorstellen, meine Partnerin zu verlassen und alles aufzugeben, was wir uns erarbeitet haben. Meine Partnerin ahnt das auch. Sie sagt manchmal: »Du würdest mich nie verlassen. Du brauchst mich doch viel zu sehr. Du kannst doch ohne mich gar nicht so gut leben und so kochen, waschen, putzen.« Manchmal denke ich mir dann: »Doch, ich kann auch alleine einen Haushalt führen und mit dem Leben klarkommen.« Der Gedanke löst aber auch Angst aus, Verlustangst.

Meine Panikattacken bewahren mich dann davor, diesen Gedanken weiterzuverfolgen. In der jetzigen Situation kann ich mir nicht vorstellen, meine Lebensgefährtin zu verlassen. Diese Angstattacken unterbinden also alle Überlegungen, ob ich mich vielleicht lieber trennen sollte.

Hier bringt Birgit noch einmal krass auf den Punkt, wie sehr ihre mangelnde Autonomie, die sie durch die Panikattacken erlebt, ihre Beziehung beschützt. Die Beziehung beschützt sie wiederum vor autonomen Entscheidungen und vor ihrer Verlustangst, und zwar nicht nur in Bezug auf ihre Partnerin, sondern auch in Bezug auf ihre Bindungsangst, wie ich es weiter oben bereits ausgeführt habe.

Ich stecke sozusagen fest. Meine Panikattacken verschaffen mir einerseits den Halt und den Schutz, den ich als Kind gerne gehabt hätte. Sie schenken mir die Nähe zu meiner Mutter, die ich mir wünsche. Sie hindern mich aber auch daran, das Leben anzugehen, das ich mir auch wünsche. Dazu gehört vermutlich eine Beziehung zu einem Mann, den ich sexuell anziehend finde.

Ich müsste mir also bewusst machen, dass ich nicht haltlos und ungeschützt bin, wenn ich meine Muster ändere. Ich kann meiner Mutter sagen, dass ich sie brauche und sehen möchte, wenn ich nicht als psychisch labil gelte. Ich kann einfach sagen: »Können wir mehr Zeit miteinander verbringen, auch wenn ich keine Panikattacken habe?«

Ich muss mir klarmachen, dass ich meine Beziehung nur weiterführen sollte, wenn ich das will – und nicht, weil ich so große Angst davor habe, Neuland zu betreten. Ich muss irgendwie verinnerlichen, dass ich es schaffen kann, neu anzufangen. Wenn ich mich trennen muss, dann ist das eben so. Aber nur wegen der Angst gar nichts zu machen, kann nicht die Lösung sein.

Diese Überlegungen Birgits gehen haargenau in die richtige Richtung.

Ich glaube, dass ich die Panikattacken erst dann überwinden und aufgeben kann, wenn mir klar wird, dass ich sie nicht wirklich brauche. Was ich eigentlich brauche, sind Entscheidungen.

Meine Überlegungen zu Birgit

1. Birgit erleidet einen massiven Kontrollverlust, es ist also ihr psychisches Grundbedürfnis von Kontrolle und Autonomie betroffen. Da sie offensichtlich nicht mit ihrem Vater in die Pizzeria gehen wollte, können wir annehmen, dass sie – wie praktisch alle Angstpatienten – Situationen vermeidet, in denen eine Panikattacke auftreten könnte. Durch die Vermeidung gibt sie ihrem Gehirn jedoch wiederholt die Botschaft, dass die vermiedenen Situationen tatsächlich gefährlich seien, und sie verhindert die Erfahrung, dass sie diese bewältigen kann. Deswegen trägt die Vermeidung wesentlich zur Aufrechterhaltung und auch zur Verstärkung der Symptomatik bei.
2. Hier formuliert Birgit deutlich ihren Bindungswunsch an ihre Mutter. Sie sagt, dass sie zum ersten Mal die Mutter habe, die sie sich immer gewünscht habe. Dies dürfte ein Krankheitsgewinn ihrer Angststörung sein.
3. Birgits Glaubenssätze könnten lauten: Ich bin allein. Ich muss für dich sorgen. Ich genüge nicht. Ihr Kernglaubenssatz dürfte jedoch lauten: Ich bin schuld! Dies haben ihr ihre Eltern sogar wörtlich gesagt.

4. Ich würde vermuten, dass Birgit unter Bindungsangst leidet. Der Dauerstreit ihrer Eltern, die Scheidung, die hohe Verantwortung, die sie für ihre Mutter übernommen hat, sind psychologische Wegbereiter, um ein negatives motivationales Schema über Beziehungen im Allgemeinen und Liebesbeziehungen im Besonderen zu entwickeln. Indem sie sich an eine »ungefährliche« Person bindet, geht sie echter Nähe und Intimität, in der sie verletzt werden könnte, aus dem Weg und kann sich trotzdem ihr Bedürfnis nach Nähe und Geborgenheit erfüllen. Die erotische Nähe lebt sie mit einer anderen Person aus. Die Abspaltung von Sexualität innerhalb einer festen Beziehung ist ein typisches Merkmal bindungsängstlicher Beziehungen. Viele Bindungsängstliche verspüren keinerlei sexuelles Interesse an ihren Partnern, auch unter der Bedingung, dass sie in einer Partnerschaft ihrer sexuellen Ausrichtung leben. Der Grund ist, dass sexuelle Leidenschaft einen stark an die andere Person bindet. Diese Person hat dann die Macht und die Reichweite, einen zu verletzen, was vermieden werden soll. Ein weiteres Motiv für sexuelle Unlust ist häufig passive Aggression. Bindungsängstliche fühlen sich in ihrer Autonomie bedroht, wenn sie die Erwartungen ihrer Partner erfüllen, deswegen stellt sich bei ihnen eine starke Verweigerungshaltung ein, die sich vor allem auch im sexuellen Bereich niederschlägt.

Übrigens gibt es praktisch immer einen Zusammenhang zwischen Angst- und Panikstörungen und einer gestörten autonomen Entwicklung der Betroffenen. Im Kern geht es in der Psychotherapie immer darum, die Autonomie der Klientinnen und Klienten zu stärken. Wie auch bei Birgit geht mit der verminderten Autonomie der Betroffenen auch immer ein verletztes Bindungsbedürfnis einher. Angststörungen liegt häufig ein unbewusstes Motiv der Betroffenen zugrunde, sich ihre Wünsche nach Nähe und Versorgtsein zu erfüllen (siehe auch Abschnitt »Angst: ein wichtiges und ungeliebtes Gefühl«, S. 143).

Philipp wählt die falschen Partner aus

Philipp, 32 Jahre, sehnt sich nach einer festen Beziehung, in der er Geborgenheit und Halt findet. Er ist schon viele Jahre Single und verliebt sich immer wieder in Männer, die viel älter als er oder bereits vergeben sind. Doch nach ersten Dates und anfänglicher Anziehung wenden sich potenzielle Partner schnell wieder von ihm ab. Er scheint sie entweder zu langweilen, zu bedrängen oder zu ich-bezogen zu sein. Er befürchtet, dass dieses Muster an der Abwertung liegt, die er in seiner Kindheit durch Eltern und Stiefvater erfahren hat.

Ich mache immer wieder die Erfahrung, dass mich andere Männer nervig und anstrengend finden. Ich bin schon sehr lange Single. Es belastet mich, dass ich keine Beziehung habe, niemanden länger an mich binden kann. Meine Dates sind meistens einmalig, und ich stehe überwiegend auf Männer, die viel, viel älter sind. Und die ganz oft schon vergeben sind.

1. Unter welcher Inkonsistenz leidet Philipp und wie hängt dies mit seinem Selbstwertgefühl zusammen?

Ich hatte bislang nur eine Beziehung mit einem 20 Jahre älteren Mann, das war vor gut zehn Jahren und ging ungefähr drei Jahre lang. Zwischen uns gab es ein großes Ungleichgewicht. Er war viel bodenständiger als ich. Er wusste, was er wollte, hatte Hobbys, feste Freunde, einen festen Job. Ich war damals 21, gerade frisch nach Berlin gezogen. Ich hatte ein großes, emotionales Paket auf dem Rücken: Ich hatte eine ziemlich schwierige Kindheit. In meinem Leben gab es keine Vaterfigur, die mich geliebt und wertgeschätzt hat. Ältere Männer ziehen mich deshalb vielleicht schon seit meiner Kindheit an. Mit ungefähr fünf sah ich im Schwimmbad in meinem Dorf so einen Mann, haarige Brust, Schnauzbart, den fand ich sehr attraktiv. Der war sehr selbstsicher und beliebt im Dorf, ein Hetero-Mann, der Familie hatte.

2. Was hat Philipp in seinen älteren Partner projiziert? Und welche psychischen Grundbedürfnisse sind hier involviert?

Im Nachhinein glaube ich, dass ich in meinem damaligen Partner einen Vaterersatz gesucht habe. Vermutlich ging es in dieser Beziehung auch zu viel um mich. Wir haben viel unternommen, hatten Sex, was sehr schön war. Wir hatten auch viel Spaß, mit ihm konnte man rumblödeln. Aber es ging sehr viel um meine Themen, er musste viel zuhören. Ich habe viel gejammert. Natürlich wollte ich auch Liebe geben, aber ich habe das nicht so gut hingekriegt. Nach drei Jahren hat er sich von mir getrennt. Da bin ich in ein riesiges Loch gefallen.

Hier reflektiert Philipp, dass er sehr bedürftig nach Anerkennung und Bindung gewesen ist und seinen Partner mit dieser Bedürftigkeit wohl überfordert hat. Wer selbst viel zu kurz gekommen ist, hat oft nicht viel zu verschenken.

Heute kann ich mich selbst besser aushalten. Ich habe studiert und arbeite jetzt. Ich bin selbstständiger und erwachsener geworden. Aber in mir nagt diese Sehnsucht, von jemandem geliebt zu werden. Körperliche Nähe, Zärtlichkeiten – das fehlt mir unheimlich. Wenn ich mal jemanden kennenlerne, stehe ich unter großem Druck und denke, was soll ich erzählen? Ich finde mein Leben gar nicht so spannend.

3. Hier zeigt sich, dass Philipp viel geschafft hat. Das scheint jedoch sein Schattenkind, also sein geringes Selbstwertgefühl, nicht zu heilen. Welche Glaubenssätze schimmern hier durch?

Früher habe ich es immer so erlebt, dass die Männer mich zwar ganz gut aussehend fanden, aber schnell ihr Interesse verloren haben. Vor ungefähr drei Monaten hatte ich ein Date mit einem älteren Psychotherapeuten. Der meinte, was ihm an mir auffällt, sei dieses Muster, dass ich auf der einen Seite nach Liebe suche und mich auf der anderen Seite sehr abwerte. Er hatte recht, auch wenn er mich mit dieser Erkenntnis ziemlich alleingelassen hat: Ich finde jemanden toll, will ihm unbedingt näherkommen, und gleichzeitig weiß ich gar nicht, was der an mir gut finden könnte. Dann verkrampfe ich mich – und das ist schon der Anfang vom Ende.

Hier zeigt sich mal wieder, wie Sich-selbst-erfüllende-Prophezeiungen funktionieren: Aufgrund seines schlechten Selbstbildes verkrampft Philipp sich so sehr, dass er tatsächlich uninteressant auf andere wirkt.

Die Wurzeln liegen vielleicht in meiner Kindheit: Mein biologischer Vater, der wollte mich nicht, ich war für ihn ein Unfall. Von meiner Mutter war ich gewollt. Als ich drei Jahre alt war, hat sie meinen Stiefvater kennengelernt. Bei unserer allerersten Begegnung habe ich mich unter dem Esstisch verkrochen, so eine tiefe und laute Stimme hatte er. Das war der Beginn einer sehr, sehr schwierigen Beziehung, die geprägt war von Demütigungen und Anschreien.

4. Hier erfahren wir, wie viel Verlust und Ablehnung Philipp als Kind erlebt hat. Seine Mutter hat ihn zwar gewollt, setzt ihm dann aber diesen Stiefvater vor die Nase. Welche Spuren könnte das in Philipp hinterlassen haben?

Als ich 14 war, hat sich meine Mutter getrennt, und ich bin bei meinem Stiefvater geblieben. Sie hat mich über Nacht vor die Entscheidung gestellt, ob ich mit ihr mitkommen möchte. Sie ist in eine andere Stadt gezogen. Ich war völlig überrumpelt und überfordert.

Hier zeigt sich noch einmal, dass Philipps Mutter stärker mit ihren eigenen Bedürfnissen als mit denen ihres Kindes beschäftigt gewesen ist. Wieder macht Philipp die Erfahrung, im Stich gelassen zu werden.

Aber ich wollte bleiben, weil ich meine Freunde und meine Schule nicht verlieren wollte. Im Nachhinein war das ein großer Fehler. Mit 19, kurz vor meinem Abi, bin ich von meinem Stiefvater rausgeschmissen worden.

… und wieder eine krasse Abfuhr …

Eine einzige gute Bindungsperson hatte ich, als ich Kind war: Das war mein Opa. Der ist gestorben, als ich vier Jahre alt war. Ich habe ihn als sehr liebevoll wahrgenommen, er war ein sensibler Mann.

Der Opa ist ein Segen für Philipp gewesen, konnte er doch die mangelnde Liebesfähigkeit von Philipps Eltern etwas auffangen. Leider ist er viel zu früh aus Philipps Leben verschwunden. Also wieder ein schlimmer Verlust für Philipp.

Ich habe mich auch von meiner Mutter lange nicht wirklich geliebt und wertgeschätzt gefühlt. Ich war ein sehr aktives Kind und hatte oft das Gefühl, dass ich sie nerve. Schlagen und Schreien gab es bei ihr auch.

5. Welche Botschaft hat Philipp von seiner Mutter erhalten?

Es hat viel Zeit und Arbeit gebraucht, dass ich jetzt zu ihr ein gutes Verhältnis habe.

Hier liegt die Vermutung nahe, dass Philipp eher derjenige gewesen ist, der die Arbeit geleistet hat …

Mit 19 habe ich meinen leiblichen Vater angerufen, und wir haben persönlichen Kontakt aufgenommen. Das war total schön. Ich habe geweint, als ich ihn das erste Mal gesehen habe. Aber dann habe ich ihn zu sehr mit meiner Bedürftigkeit überfordert, ein halbes Jahr später hat er den Kontakt abgebrochen. Ich habe ihn noch ein paarmal gefragt, ob wir darüber reden können, was schiefgelaufen ist, aber er wollte nicht.

6. Es scheint eine schier endlose Wiederholung von Zurückweisungen in Philipps Leben zu geben. Dabei fällt auf, dass er sich hierfür automatisch selbst die Schuld zuweist. Er könnte ja auch sagen, dass sein Vater eine große Beziehungsschwäche hat. Was sagt der Umstand, dass er immer bei sich den Fehler sucht, über Philipps motivationales Schema aus?

Meine Mutter ist der einzige richtige Halt, den ich zurzeit habe.

Vielleicht scheint die Mutter heute wieder einiges gutzumachen, was sie früher versäumt hat.

Meine Freunde nehmen das alles nicht richtig ernst. Die sagen: »Ach, du bist so eine Drama-Queen, du jammerst immer nur. Sei doch mal positiv. Ich finde mich auch irgendwie uncool, aber keiner von denen kann sich vorstellen, was ich durchgemacht habe.

Philipp möchte unbedingt, dass andere Menschen Anteil an seinem Erleben nehmen und verstehen, was er durchgemacht hat. Womöglich drückt er das in einer Art und Weise aus, dass andere – mal wieder – genervt sind. Und/oder umgekehrt: Auch seine Freunde verstehen ihn nicht.

Meine größte Sehnsucht ist, dass mich jemand gernhat, so wie ich bin. Manchmal denke ich, ich bin es nicht wert, gut behandelt zu werden. Ich kenne es ja nicht anders, habe jahrelang immer nur zurückgemeldet bekommen, dass ich nicht genüge. Dieser Gedanke bedrückt mich sehr. Ich fühle mich, wenn ich ehrlich bin, schon seit meiner Kindheit depressiv. Manchmal hatte ich auch Selbstmordgedanken.

7. Depressionen sind gekennzeichnet von Gefühlen der Wert- und Sinnlosigkeit. Wie hängt das mit Philipps internaler Kontrollüberzeugung zusammen?

Aber ich möchte dieses Gefühl endlich wegbekommen, will nicht mehr, dass meine Seele ständig so negativ ist, in allem Gefahren wittert. Manchmal weiß ich gar nicht, ob ich mit diesem Gefühl der Wertlosigkeit eine schöne Erfahrung und eine gute Begegnung überhaupt zulassen kann. Trotzdem möchte ich den Mut haben, mich darauf einzulassen.

8. Warum dürfte es Philipp Mut kosten, sich auf eine schöne Erfahrung einzulassen?

Ich möchte mich nicht mehr an Beziehungen hängen, wo ich nur mit Ablehnung rechnen muss. Dass ich mir immer wieder Männer aussuche, die schon vergeben sind, hat ja auch damit zu tun. Ich bestätige mir immer wieder: Ich bin es nicht wert, dass mich jemand wirklich liebt. Oder wenn ein Date nichts wird, dann denke ich sofort etwas wie: »Ja, das lag wieder an mir, weil ich zu langweilig bin.«

9. Warum scheint Philipp geradezu die Zurückweisung zu suchen?

Aber ich spüre, dass eigentlich viel mehr in mir steckt als das, was ich zeige. Dass es eine Stimme in mir gibt, die an mich glaubt, die gut zu mir ist. Das Abwertende dagegen – das sind die negativen Gedanken und Verhaltensweisen meines Umfeldes von damals, die haben mich so geprägt. Das Gefühl der Wertlosigkeit gehört eigentlich zu meinen Eltern, die haben großen Mist gebaut. Ich erinnere mich nämlich an Szenen aus meiner Kindheit, in denen ich mich als sehr fröhlich wahrgenommen habe, bis zu dem Zeitpunkt, wenn ich dann bestraft wurde. Ich will unbedingt aus meinem Schattenkind rauskommen, das ist nur eine Rolle, die gar nichts mit mir zu tun hat.

Wunderbar, das sind genau die richtigen Überlegungen, mit denen Philipp sich aus seinem alten Muster, seinem Schattenkind, herausentwickeln kann.

Meine Überlegungen zu Philipp

1. Philipp sehnt sich danach, geliebt und angenommen zu werden, stößt jedoch auf Ablehnung. Das ist eine massive Inkonsistenz. Wenn er sagt, dass andere Männer ihn als »nervig und anstrengend« erleben, dann dürfte das eine massive Kränkung für sein Selbstwertgefühl sein. Wir dürfen davon ausgehen, dass Philipp ein geringes Selbstwertgefühl aufweist, das zu Verhaltensweisen führt, mit denen er seine Beziehungen belastet. Zudem scheint er bei älteren Männern etwas zu suchen, was sein niedriges Selbstwertgefühl stabilisieren könnte.
2. Philipp sucht nach einem väterlichen Liebesobjekt, das ihn beschützt und führt. Er formuliert hier, dass er – zumindest in seinem damaligen Alter – stark in seiner Autonomie geschwächt war, also wenig festen Boden unter den Füßen verspürte. Er suchte in seinem wesentlich älteren Partner äußeren Halt, weil ihm der innere Halt gefehlt hat. Er sehnt sich nach der väterlichen Liebe und Anerkennung, die er als Kind nicht erhalten hat. Liebe und Anerkennung durch eine väterliche Bezugsperson stellen auch seinen Heilungsversuch für sein labiles Selbstwertgefühl dar.
3. Philipps Glaubenssätze dürften in allen Variationen lauten, dass er nicht genügt und nicht wertvoll ist, und sich folglich immer wieder unheimlich anstrengen muss, um geliebt und anerkannt zu werden.
4. Die Mutter hat Philipp quasi verraten, indem sie ihm diesen Stiefvater zugemutet hat. Sie hat die Beziehung zu diesem Mann über die Beziehung zu ihrem Sohn gestellt. Philipps Unsicherheit, seine Einsamkeit, sein dringender Wunsch nach Halt und Liebe sind also nicht allein durch einen »Vaterschaden« entstanden, sondern auch seine Mutter hat ihm nicht genügend Bindungssicherheit vermittelt. Philipp dürfte sich von seiner Mutter alleingelassen und nicht geliebt gefühlt haben.

5. Die Botschaft seiner Mutter lautete: Du bist schuld, wenn man dich nicht lieben kann. Du bist so anstrengend!
6. Als Kind hat Philipp kaum Sicherheit erfahren durch viele Beziehungsabbrüche und die schwache Bindung seiner Mutter an ihn. Die Botschaft seiner Mutter hatte sogar explizit gelautet, dass er nervig und anstrengend sei. Philipp hat in seinem motivationalen Schema abgespeichert, dass er nicht liebenswert ist, dass er anderen Menschen mit seiner Liebesbedürftigkeit auf die Nerven geht. Philipp sucht also grundsätzlich die Schuld bei sich, wenn er zurückgewiesen wird, so wie er es als Kind gelernt hat. Das Perfide hieran ist, dass er durch diese vielen falschen Botschaften und die Bindungsunsicherheit seiner leiblichen Eltern ein so labiles Selbstwertgefühl entwickelt hat, dass er sich heute wohl tatsächlich öfter in einer Weise präsentiert, die andere Menschen als anstrengend empfinden, weil er zu viel Bestätigung und Aufmerksamkeit benötigt.
7. Weil Philipp sehr wenig bis keine Kontrolle über die Bindung zu seinen Hauptbezugspersonen erlebt hat, dürfte er eine sehr niedrige internale Kontrollüberzeugung entwickelt haben. Das heißt, er hat das Gefühl, keinen Einfluss auf seine Beziehung nehmen zu können. Dieser tief eingeprägte Mangel an Kontrolle führt ihn ins depressive Erleben von Sinn- und Wertlosigkeit. Ohne Philipp hätte die Mutter es leichter gehabt mit dem neuen Partner. Philipp wird von ihr als nervend beschimpft, geschlagen und schließlich verlassen. Solche zutiefst verletzenden Taten und Worte, die eine Mutter an ihr Kind richtet, können tiefe Schneisen der Verwüstung ins Herz des Kindes reißen, weil sie häufig den Wunsch der Mutter transportieren, die Geburt dieses Kindes rückgängig zu machen. Kinder haben keine Möglichkeit, sich von den Absichten einer Mutter zu distanzieren. Philipp hat die Ablehnung seiner Mutter verinnerlicht (Introjekt) und gegen sich selbst gerichtet.

Die auftauchenden Suizidgedanken dürfen nicht übersehen werden, denn Selbstmord ist eine der häufigsten Todesursachen.

Alle 40 Sekunden tötet sich ein Mensch selbst. In der Altersgruppe der 15- bis 44-Jährigen ist der Suizid inzwischen eine der drei häufigsten Todesursachen, bei den Zehn- bis 24-Jährigen sogar die zweithäufigste Todesursache (Zahlen der WHO). In einem Nachgespräch hat Philipp mir erfreulicherweise mitgeteilt, dass es ihm inzwischen viel besser gehe. Er vermochte sich da schon recht gut von seinen alten Prägungen zu distanzieren.

8. Aufgrund seiner Kindheitserfahrungen rechnet Philipp fest damit, dass er abgelehnt wird. Er hat kein Selbstvertrauen: Er traut sich nicht zu, dass man ihn lieben kann, und somit vertraut er auch keinem potenziellen Partner. Philipp bräuchte also viel Mut, um seine Angst vor Ablehnung zu überwinden und Vertrauen in einen anderen Menschen aufzubringen. Unter den gegebenen Bedingungen dürfte das für Philipp schier unmöglich sein. Hierfür müsste er zunächst sein Selbstwertgefühl stabilisieren.
9. Da Philipp fest mit Ablehnung rechnet und (noch) nicht in der Lage ist, Vertrauen aufzubringen, bleibt ihm nur, alte Beziehungserfahrungen, die von Ablehnung geprägt sind, zu wiederholen. Da weiß er, womit er zu rechnen hat (nämlich Ablehnung), und hiermit kennt er sich aus. Das gibt ihm wenigstens ein gewisses Maß an Vorhersehbarkeit und Kontrolle.

Sara lehnt ihr Kind ab

Sara, 29 Jahre, hat einen drei Jahre alten Sohn. Nach seiner Geburt erlitt sie eine postnatale Depression. Sie und der Vater des Kindes erlebten das Elternsein als totale Überforderung: Ihr Mann trennte sich von ihr und ließ sie mit dem Kind allein. Heute hat sie sich von der schwierigen Zeit erholt, sie hat eine gute Bindung zu ihrem Kind aufgebaut, sie studiert. Trotzdem kämpft sie immer wieder mit einem Gefühl von Ohnmacht und Angst. Sie will herausfinden, wie sie in solchen Momenten zu mehr Stärke und Autonomie findet.

Nachdem mein Sohn geboren war, konnte ich keine gute Bindung zu ihm aufbauen. Ich bin nach der Geburt in eine schwere Depression gerutscht. Heute geht es mir viel besser, aber ich spüre ganz stark, dass mir immer noch etwas fehlt. Was das ist, möchte ich gerne herausfinden.

Meinen Ex-Mann habe ich mit 20 kennengelernt, er war damals 35, also deutlich älter als ich. Ich hatte gerade mein Abitur gemacht. Für mich war es Liebe auf den ersten Blick, es war sehr romantisch. Als ich ihm begegnete und sehr schnell zu ihm zog, hatte ich zum ersten Mal in meinem Leben das Gefühl, ich bin frei.

1. Was mag sich hinter Saras Sehnsucht nach Freiheit verbergen? Welche Wünsche könnte sie auf ihren Ex-Mann projiziert haben?

Meine Eltern waren sehr behütend, man könnte auch sagen vereinnahmend oder bestimmend. Meine Mutter, sie ist Marokkanerin, war das auf eine positive Art, sie war warm, sehr herzlich. Mein Vater dagegen ist sehr cholerisch, er hat immer versucht, mich in einer Art Käfig zu halten. Für ihn war wichtig, dass ich funktioniere und in der Schule Leistung zeige. Ich sage mal: Er war da sehr deutsch. Er hat viel Druck gemacht. Eigentlich habe ich 20 Jahre lang bei meinen Eltern eine Rolle gespielt und mich möglichst so verhalten, dass ich keinen Ärger bekomme. Mein Freund dagegen hat mir eine Tür aufgemacht: Ich wusste, hier kann ich »ich« sein. Fröhlich oder wütend. Offen und frei. Ich war natürlich noch sehr jung, sehr unerfahren. Ich wusste nicht wirklich, wie das Leben funktioniert.

2. Wie zu erwarten, hat Sara Vereinnahmung und Druck durch ihre Eltern erfahren. Sie war überangepasst und hat eine Rolle gespielt. Welchen Einfluss dürfte das auf ihre psychischen Grundbedürfnisse gehabt haben?

Wir haben dann ziemlich schnell geheiratet, ich fing an zu studieren. Und irgendwann kam der Zeitpunkt, an dem wir sagten: »Ja, wir wollen ein Kind.« Für mich war das mit Mitte 20 eigentlich ein guter Zeitpunkt. Aber es kam dann ganz anders, als ich es mir vorgestellt hatte. Leider war mit dem Tag der Geburt mein Leben zu Ende. Das begann schon mit meinem Gefühl direkt nach der Geburt: Mein Sohn lag auf meiner Brust, ich habe ihn angeschaut und gedacht: »Du hast mir das angetan.« Ich habe ihn für meine Schmerzen verantwortlich gemacht.

3. Welches Gefühl aus Saras Kindheit könnte durch ihre Elternschaft getriggert worden sein?

Dazu kam, dass mein Sohn als Baby gefühlt nur geschrien und nie geschlafen hat. Ich hatte im ersten Jahr nie das Gefühl, es ist schön und bereichernd, dass er da ist. Ich konnte nichts mehr machen, ohne zu denken: »Wie geht es meinem Baby?« Mein Mann hat gearbeitet. Wenn er dann zu Hause war, waren wir beide völlig hilflos mit der Situation. Und wir waren eigentlich nur damit beschäftigt, das Baby zu beruhigen. Wir waren völlig überfordert.

Schreikinder stellen einen Risikofaktor für postnatale Depressionen dar. Nicht nur Sara, sondern auch ihr Mann war mit der Situation völlig überfordert.

Die Ursachen für postnatale Depressionen sind noch nicht ganz geklärt. Hormonumstellungen spielen eine geringere Rolle, als man bisher angenommen hat. Einen größeren Einfluss haben äußere Stressoren, wie mangelnde Unterstützung, Trennung des Partners oder Tod einer wichtigen Bindungsperson. Und natürlich ist auch die psychische Grundverfassung der betroffenen Eltern ein wichtiger Faktor. Übrigens können auch Väter unter einer postnatalen Depression leiden. Möglicherweise war auch Saras Mann zu diesem Zeitpunkt depressiv. Ich dachte die ganze Zeit: »Was tut mir mein Kind da an?« Ich konnte keine gute Bindung aufbauen, da war immer nur dieses Pflichtgefühl: »Du musst ihn stillen, du musst ihn wickeln. Du musst ihn anlächeln, du musst mit ihm spielen.« Ich habe all das aber nicht gerne gemacht. Ich habe eine Rolle erfüllt. Die Liebe, die ich damals für mein Kind gespürt habe, war eine kalte Liebe.

4. Ich erinnere an das »gespiegelte Selbstwertempfinden« – was spiegeln sich Mutter und Kind hier?

Die Stimmung zwischen meinem Mann und mir wurde so schlecht, dass ich ihm nur noch Anweisungen gegeben habe: Wickeln! Anziehen! Tragen! Aber er hat wenig gemacht. Ich kann mich noch genau an eine Szene erinnern, als er von der Arbeit nach Hause kam, sich aufs Sofa setzte und irgendwelchen Papierkram erledigen wollte. Ich sagte: »Nimm ihn doch bitte mal. Ich möchte einmal am Tag in Ruhe aufs Klo gehen oder duschen oder was auch immer.« Da ist er richtig wütend geworden, hat alles auf den Boden geschmissen. So hatte ich ihn bis dahin nie erlebt.

Saras Mann war auch sehr überfordert, und somit hat er Sara zu wenig entlasten können. Zudem könnte der plötzliche Wutausbruch auf eine gewisse Konfliktscheu seinerseits hindeuten. Es scheint sich in ihm etwas länger angestaut zu haben.

Irgendwann ist es mir wie Schuppen von den Augen gefallen: Wir waren überhaupt nicht mehr nett im Umgang miteinander. Da habe ich ihn gefragt: »Willst du eigentlich noch mit mir zusammen sein?« Und er meinte: »Nein.« Sobald das ausgesprochen war, war die Beziehung für ihn zu Ende. Von jetzt auf gleich. Ich war supertraurig, superdeprimiert, habe ihn monatelang angebettelt, dass er zurückkommt. Aber er wollte nicht. Ich habe nach der Trennung realisiert, wie sehr ich mit ihm verschmolzen war, wie emotional abhängig ich war. Ich war gar nicht frei. Ich brauchte immer viel Bestätigung von ihm, habe immer nur im »Wir«-Modus gedacht.

Was hier auffällt, ist, dass der Trennung eigentlich keine Problemgespräche oder Lösungsversuche vorausgegangen sind. Auch wenn die Stimmung schon lange schlecht gewesen war, kam die Trennung für Sara trotzdem sehr unvorhersehbar. Kein Wunder, dass sie am Boden zerstört war, zumal sie ja mit dem Kind ohnehin stark überfordert war. Sara realisiert hier aber auch, wie stark sie ihren Mann als Stütze für ihr Selbstwertgefühl benötigt hat – hierin könnte eine Chance für sie liegen.

Und er hatte eine Persönlichkeit, die es mir die ganze Zeit recht machen wollte. Er hat eigentlich alles für mich getan, mich auf Händen getragen. Er hat oft lieber nachgegeben als zu streiten. Sein Haupttrennungsgrund war dann, dass er darauf keine Lust mehr hatte. Mich hat sehr gedemütigt, dass er meinte, er wäre schon seit Jahren nicht mehr glücklich in der Beziehung. Ich dachte: »Wie kann er es wagen, mich nicht mehr zu lieben?« Mein Urvertrauen war total erschüttert.

5. Dieser Abschnitt sagt sehr viel über die psychologische Struktur ihres Mannes aus. Wie kann man sein Verhalten analysieren?

Leider hatte ich keine Zeit, um darüber traurig zu sein. Ich konnte ja nicht im Bett liegen, Serien schauen, Eis essen, ich hatte ja das Kind. Ich stand alleine da mit der Verantwortung. Aber ich habe mich nach der Trennung sehr stark entwickelt, viel mehr meine Mitte gefunden.

6. Was meint Sara, wenn sie sagt, sie habe mehr in ihre Mitte gefunden?

Ich weiß jetzt, auch mit einem Kind kannst du dein Leben leben. Es kann auch sehr schön und bereichernd sein, Mutter zu sein.

7. Wieso hat sich Saras Beziehung zu ihrem Kind verbessert?

Heute würde ich sagen, die Trennung ist das Beste, was mir passieren konnte. Ohne sie wäre ich niemals erwachsen geworden.

Aber ich bin immer noch wütend über die Zeit damals. Ich war so hilflos, musste von heute auf morgen damit klarkommen. Da war plötzlich keiner mehr, der für mich die Verantwortung übernommen hat.

8. Woran könnte es liegen, dass Sara immer noch wütend ist?

Ich habe dann wieder bei meinen Eltern gewohnt, aber das habe ich zwei Wochen ausgehalten, dann haben mein Vater und ich uns wieder angeschrien. Und meine Mutter war sehr, sehr traurig. Ich hatte aber das Glück, dass ich in ein Studentenwohnheim für studierende Eltern ziehen konnte.

Es passiert mir immer wieder, dass ich über die Trennung weinen muss. Da kommt eine Angst hoch, ganz alleine zu sein. Nicht zu wissen, was ich machen soll. Niemand ist da, den ich um Hilfe bitten kann. Ich fühle mich dann ganz klein und denke panisch: »Ich schaffe das nicht alleine.« Dabei weiß die Erwachsene in mir längst, es gibt keinen Grund, warum ich das nicht schaffen soll. Ich habe ja schon viele Lebenssituationen gut hinbekommen. Ich weiß, wie stark ich bin. Ich habe auch sehr viele Freunde, Kontakt zu meiner Familie, ich weiß, was mir guttut. Und doch rutsche ich immer wieder in dieses Gefühl von großer Verlassenheit, fühle mich in eine Opferrolle gedrängt. Ich will wissen, welcher Schritt mir dabei helfen könnte, das loszuwerden und mich dann gut zu trösten. Dieses Schwere in mir möchte ich abschütteln.

Hier zeigt sich, dass Sara immer wieder in ihr Schattenkind, also in einen Zustand von großer Verlassenheit abrutscht. Aber auch ihr Erwachsenen-Ich kommt deutlich zu Wort, das sie seit der Trennung von ihrem Ex-Mann sehr gestärkt hat.

Ich denke, ich müsste trainieren, die kleine Sara von der großen Sara zu trennen. Wenn ich in diesem traurigen, schweren Zustand bin, dann bin ich voll mit der kleinen Sara identifiziert, dann glaube ich wirklich, ich schaffe das nicht. Wenn ich in meinem Erwachsenen-Ich bin, dann sehe ich viel klarer. Ich sollte mir einen neuen Glaubenssatz verinnerlichen: Ich schaffe das! Ich müsste auf meine Stärken schauen und auf alles, was ich bereits erreicht habe. Die Erwachsene müsste noch mehr die Oberhand über die kleine Sara behalten und diese auch öfter mal trösten und ihr erklären, wie das damals mit ihren Eltern gewesen ist.

Genau, auf diesem Wege kann Sara es schaffen, immer mehr in ihre innere Balance und Stärke zu kommen.

Meine Überlegungen zu Sara

1. Wenn Sara sich in der Beziehung zu ihrem Mann das erste Mal frei gefühlt hat, lässt dies die Vermutung zu, dass sie ihre Kindheit und Jugend als einengend erlebt hat. Das Gefühl, unfrei zu sein, geht einher mit einer Überanpassung an die Bedürfnisse anderer Menschen beziehungsweise an ihre Eltern. Ihr älterer Partner dürfte für Sara die »Erlöserfigur« dargestellt haben, bei der sie das Gefühl hatte, authentisch sein zu dürfen. Sie könnte auf ihn eine liebende und annehmende Vaterfigur projiziert haben.

2. Saras Bindungsbedürfnis wurde frustriert, weil sie nicht das Gefühl hatte, sie selbst sein zu dürfen. Ihr Bedürfnis nach Autonomie wurde frustriert, weil sie zu wenig in ihrer Selbstständigkeit gefördert wurde. Beides dürfte auf ihr Bedürfnis nach Selbstwert einen negativen Einfluss genommen haben: Sie traut sich nicht genügend zu und hat das Gefühl, nicht zu genügen. Alles zusammen hat natürlich auch zu Unlustgefühlen wie Frustration, Ärger oder Niedergeschlagenheit geführt. Wie so oft sind also alle vier psychologischen Grundbedürfnisse betroffen.
3. Die Geburt ihres Sohnes hat in Sara ihr Schattenkind getriggert, nun fühlt sie sich wieder – wie früher bei ihren Eltern – stark unter Druck, sie muss funktionieren und besitzt keine Freiheit mehr. Obwohl es sich ja um ein Wunschkind handelt, scheint dieses Gefühl der Freiwilligkeit mit der Geburt des Kindes in ein Verpflichtungsgefühl umgekippt zu sein. Die Erfahrung, dem Geburtsschmerz ohnmächtig ausgeliefert zu sein, hat dieses Empfinden anscheinend noch verstärkt.
4. Schreikinder sind nicht nur deshalb so anstrengend, weil sie ihre Eltern nicht zur Ruhe kommen lassen, sondern auch, weil sie diese so hilflos machen und ihnen hierdurch das Gefühl geben, keine guten Eltern zu sein. Im Sinne des Selbstwertspiegels spiegelt Saras Kind ihr: Du bist eine schlechte Mama, du kannst mich nicht beruhigen! Das frustriert Sara natürlich ungeheuer und macht es ihr schwer, eine liebevolle Beziehung zu dem Kind aufzubauen. Umgekehrt bekommt das Kind von seiner Mutter entsprechend auch nicht die Liebe und Freude gespiegelt, die es für einen sicheren Bindungsaufbau benötigt. Schreikinder weisen ein höheres Risiko auf als andere Kinder, eine unsichere Bindung an ihre Mütter zu entwickeln. Die Ursachen, warum manche Babys so viel schreien, sind noch unklar. Ausschließen kann man aber, dass die Eltern durch inkompetentes Verhalten hieran die Schuld trügen.
5. Saras Ex-Mann ist offensichtlich überangepasst und sehr konfliktscheu. Harmoniestreben stellt eine zentrale Selbstschutzstra-

tegie von ihm dar. Das führt zwangsläufig zu einer geringen Offenheit. Konfliktscheue verbiegen sich in Liebesbeziehungen, was sie sich zwar auch ein bisschen selbst verübeln, aber noch mehr dem scheinbar dominanten Partner. Beziehungsprobleme werden nicht angegangen, sondern unter den Teppich gekehrt, und dies meistens so lang, bis alle Gefühle für den Partner erkaltet sind, und dann bleibt nur noch die Trennung. Diese erfolgt für den Partner häufig aus heiterem Himmel, weil der Konfliktscheue bis dahin seine wahren Gefühle und Probleme verborgen gehalten und äußerlich funktioniert hat.

6. »In seine Mitte finden« ist ja ein gängiger Ausdruck für mehr innere psychische Stabilität. Diese Formulierung Saras verweist darauf, dass sie in eine bessere Balance zwischen Anpassung und Autonomie gekommen ist. Sie hat ihre autonomen Fähigkeiten gestärkt und hierdurch einen besseren Kontakt zu ihren eigenen Gefühlen gewonnen. Als Überangepasste war sie zu stark mit den Gefühlen ihres Partners und anderer Menschen identifiziert. Jetzt spürt sie besser, was sie selbst möchte, und übernimmt für die Erfüllung ihrer Bedürfnisse die Verantwortung. Hierdurch entwickelt sie eine höhere internale Kontrollüberzeugung, was ihr Selbstwertgefühl stärkt.
7. Indem Sara nicht einfach nur »funktioniert«, sondern in die Selbstverantwortung gegangen ist, verändert sich ihre Beziehung zu ihrem Kind. Sie fühlt sich freier, und hierdurch projiziert sie in das Kind nicht mehr so viel »Pflichterfüllung« hinein. Wo weniger Pflicht und Zwang, da mehr Raum für Liebe und Zuneigung.
8. Ich vermute, dass sie nach wie vor große Wut auf ihren Mann verspürt, weil dieser sie einfach im Stich gelassen hat. Zudem dürfte da auch eine große Wut auf ihre Eltern sein, die sie weder früher noch heute wirklich unterstützt und aufgefangen haben. Letztlich wird sich ihre Wut auch auf sich selbst richten, weil es vermutlich immer noch Situationen gibt, in denen sie sich hilflos

und überfordert fühlt. Letzteres dürfte auch der Grund sein, weshalb Sara schlecht von ihrer Wut loslassen kann. Die Wut stellt sich aus der Frustration ihrer Bedürfnisse nach Sicherheit, Kontrolle und Bindung ein. Ich erinnere daran, dass Frustration oft Aggression hervorruft.

Christoph will Harmonie um jeden Preis

Christoph, 53 Jahre, ist Senior Manager in einer PR-Agentur. Er ist ein sehr kommunikativer und redegewandter Mann. Umso mehr überrascht es, dass er von sich selbst sagt, er könne nicht gut seine Interessen und seine Meinung vertreten. Absagen und Kritik fallen ihm sehr schwer. Oftmals verheddert er sich deshalb in seiner zeitlichen Planung. Das ärgert auch seine Freundin, mit der er seit ein paar Jahren zusammenlebt.

In meinem Leben habe ich tatsächlich ein paar Beziehungen aufgegeben, weil ich nicht in der Lage war, einen Konflikt zu klären. Manchmal ging es dabei gar nicht um einen heftigen Streit oder eine größere Verletzung, meist ging es um Meinungsverschiedenheiten oder unterschiedliche Vorstellungen. Dieses Problem hatte ich in Berufsbeziehungen und auch in engen Freundschaften. An einem bestimmten Punkt habe ich einfach einen Abgang gemacht. Ich habe dann gedacht: »Mach einfach einen Strich drunter, dann ist da Ruhe an der Stelle.«

1. Unter welcher Inkonsistenz leidet Christoph? Und zu welcher Selbstschutzstrategie greift er?

Seit einiger Zeit überlege ich aber, woher das eigentlich kommt. An welchem Punkt komme ich in solche Sackgassen? Und warum? Ich muss mir wohl eingestehen, dass ich beinahe krankhaft harmoniesüchtig bin.

Ich habe in meiner Kindheit nie streiten gelernt. Meine Eltern haben sich nie gestritten. Bei uns zu Hause gab es absolut keine Auseinandersetzungen! Und ich bin zu einem erwachsenen Mann geworden, der – nur um den Moment zu retten – auch einfach irgendwas sagt, damit bloß nichts Unangenehmes passiert. Das klingt erst mal nett, bringt mich aber manchmal ganz schön in die Klemme.

2. Welche Glaubenssätze könnte Christoph entwickelt haben?

Ich versuche zwar, dabei nicht zu lügen, aber manchmal biege ich die Realität so ein bisschen positiv zurecht. Und irgendwann kommt natürlich der Moment der Wahrheit, wo man die Hose runterlassen muss.

Christoph redet sich die Dinge schön, um einen potenziellen Konflikt zu vermeiden, bis ihn die Realität einholt und er hierdurch wieder in die Klemme (Inkonsistenz) gerät.

Ein ganz typisches Beispiel ist meine Terminplanung. Ich muss ab und an beruflich in andere Städte fahren, um Kunden zu treffen. Wenn ich dann also von Berlin nach Stuttgart reise, kann es sein, dass der Agenturleiter mich fragt, ob ich bei der Gelegenheit nicht noch zwei, drei andere Termine wahrnehmen möchte. Und dann wird aus einem Tag, wo ich morgens anreisen und abends zurückfahren wollte, ganz plötzlich eine halbe Woche. Manchmal ist mir das eigentlich nicht so recht, aber das sage ich dann meinem Chef gegenüber nicht. Meiner Freundin sage ich allerdings auch nicht umgehend, dass ich nicht nur einen, sondern gleich drei oder vier Tage weg bin. Ich enttäusche sie so ungern. Das geht mir aber nicht nur bei meiner Freundin so, sondern auch bei vielen Freunden, Kollegen oder früher bei meinen Eltern und meiner Schwester.

3. Christoph möchte nicht enttäuschen und sagt deswegen nicht die Wahrheit. Welches tiefer liegende Gefühl möchte er mit seinem Selbstschutz vermeiden?

Ich kann mein Muster an einem absurden Beispiel erklären: Wenn ich mir jetzt mal vorstelle, ich hätte mir von einem Freund das Auto geliehen, das dieser Freund sehr mag. Ich habe dann aber direkt vor der Rückgabe beim Einparken so eine richtige Macke reingefahren. Mein Freund hat ein schönes Essen gemacht, damit wir vor der Rückgabe noch ein bisschen zusammensitzen können. Dann würde ich denken: »Na ja, bevor ich's ihm jetzt erzähle, warte ich lieber mal das Essen ab.« Ich würde wahrscheinlich bis nach dem Nachtisch und bis zum Digestif warten, weil ich die ganze Zeit noch hoffen würde, dass vielleicht unten ein LKW in das Auto fährt, wo die Macke dann gar keine Rolle mehr spielt.

Das nennt man Wunschdenken. Christoph hofft bis zur letzten Minute, dass er nicht die Verantwortung für sein Verhalten übernehmen muss.

Es ist also seit jeher so, dass ich mit der ganzen unangenehmen Wahrheit bis zum Schluss warte, so in der Hoffnung, dass noch etwas passiert, was alles irgendwie auflöst. Ich weiß genau, dass das aus meinem Harmoniebedürfnis kommt. Ich möchte eigentlich vermeiden, dass meine Freundin und auch andere Menschen wütend auf mich sind. Ich habe das Gefühl, diesen Ärger nicht aushalten zu können.

Hier bestätigt sich, dass Christophs Harmoniestreben aus einer tiefen Angst vor Zurückweisung entspringt.

Deshalb eiere ich herum. Ich bin nicht ganz aufrichtig, obwohl ich Ehrlichkeit wichtig finde. Bei meiner Freundin setzt das zum Beispiel Fantasien frei, ob ich ihr noch viel wesentlichere Dinge verschweige. Sie fragt sich, ob man sich auf mich überhaupt verlassen kann. Mein Verhalten wird mir letztendlich mehr verübelt, als die Dinge rechtzeitig beim Namen zu nennen. Letztendlich enttäusche ich dann wahrscheinlich sogar mehr.

Christoph liegt hier mit seiner Vermutung völlig richtig. Indem er nicht gleich mit der Wahrheit herausrückt, ist die Enttäuschung bei den anderen am Ende größer. Es ist jedoch Teil seiner Verdrängung, dass er JETZT keinen Ärger haben will und hierfür die langfristige Konsequenz verdrängt.

In einigen Fällen habe ich Beziehungen sogar abgebrochen, weil ich dieses Gefühl zu enttäuschen nicht ausgehalten habe.

4. Welche psychischen Grundbedürfnisse werden hier bedient?

Es gab ein paar Fälle, wo man sich Jahre nicht gesehen hatte und wo man sich dann mal wiedergetroffen hat und ich gefragt wurde: »Sag mal, was war denn damals eigentlich los?« Und da ich über den Fall dann lange genug nachgedacht hatte und das auch für mich analysiert hatte, konnte ich dann detailliert dazu Stellung nehmen und auch sagen: »Pass auf, ich habe den Kopf in den Sand gesteckt. Ich war überfordert. Und deshalb habe ich genau das Falsche gemacht. Ich habe mich zurückgezogen.«

5. Hier tut sich eine Inkonsistenz von Christophs Werten und seinem Verhalten auf. Welche seiner Werte dürfte Christoph verletzen durch seine Rückzugsmanöver?

Ich muss zugeben, dass ich mir leider wenig Gedanken gemacht habe, wie es eigentlich meinem Gegenüber mit meinem wortlosen Abtauchen ging. Ich habe aber auch meinen Wert für denjenigen nicht so hoch eingeschätzt. Ich bin einfach jedem klärenden Gespräch und jeder Diskussion aus dem Weg gegangen. Das liegt vielleicht auch daran, dass ich von mir weiß, dass ich ohnehin jede Diskussion verliere. Sobald nämlich ein Gegenargument kommt, denke ich entweder: »Na ja, haste auch wieder recht.« Oder ich denke: »Komm, denk doch, was du willst.« Oder ich denke: »Es bringt doch sowieso nichts.« Ich spüre meinen eigenen Willen und Standpunkt in solchen Momenten gar nicht so sehr. Und wenn mir das ohnehin nicht so wichtig ist, will ich nicht durch Kritik oder Streit die Beziehung belasten.

6. Was sagt diese Passage über Christophs Selbstwertgefühl aus?

Ich habe schon in meinem Elternhaus gelernt, keine Wut zu empfinden beziehungsweise meine Wut in Schach zu halten. Das ist sicherlich auch der Geschichte meines Vaters geschuldet: Der war so ein richtiges Opfer von Nazi-Ideologie und Weltherrschaftsfantasien. Er ging mit 17 als

Soldat aus dem Haus. Als er mit 30 Jahren aus russischer Kriegsgefangenschaft zurückkam, hatte er die schlimmsten Gräuel gesehen, die der Krieg bietet. Er hat dann ganz bewusst entschieden, dass sein Leben ab jetzt nur noch harmonisch verlaufen soll. Ich glaube, dass er eigentlich eine große Wut in sich hatte. Die hat er aber zeitlebens unterdrückt. Ich bin also tatsächlich aufgewachsen in einem Elternhaus, wo Streit verboten war.

Meine Mutter hat vielleicht mal eine Ansage uns Kindern gegenüber gemacht. Aber mein Vater, der war so warmherzig. Der sagte dann: »Ja, komm mal her, das wird schon.«

Ich war ein umhegtes und verzogenes Kind. Ich habe überhaupt nicht gelernt, dass man schlechte Stimmung auch mal aushalten kann. Ich bin da komplett untrainiert. Wirklich. Ich hätte mir gewünscht in der Schule, einen Debattierklub als Pflichtfach zu haben. Das hätte mir sehr gutgetan. Als Erwachsener regle ich jetzt die Dinge so, dass die Erwartungen aller möglichst erfüllt werden, um Konflikte zu vermeiden.

Hier erfahren wir die Gründe für Christophs Konfliktscheu. In diesen Beschreibungen seiner Kindheit verbergen sich sein motivationales Schema und seine Glaubenssätze.

Erst als ich das Gespräch für dieses Buch noch einmal analysiert habe, ist mir der Gedanke gekommen, dass hinter dem Harmoniebedürfnis von Christophs Vater vermutlich mehr steckt, als dass er die Gräueltaten des Krieges satthatte. Ich vermute, dass er sich auch schuldig gemacht hat und die bösen Geister seiner Nazivergangenheit, die ihm seine Jugend geraubt haben, für immer verbannen wollte. Deswegen mussten die Gespräche in der Familie vielleicht auch an der Oberfläche bleiben, es durfte nicht zu viel nachgefragt werden, damit das Geheimnis nicht gelüftet wird.

Ich wertschätze aber Menschen, die das ganz anders handhaben: Menschen, die immer klare Ansagen machen. Bei denen weiß ich, woran ich bin. Bei mir ist das vielen vermutlich nicht so klar.

Der Vorteil ist: Ich mache mich dadurch unangreifbar. Wie heißt es so schön? »Du wärst Philosoph geblieben, wenn du geschwiegen hättest.« Jedenfalls habe ich durch mein Schweigen einen gewissen Ruf von Schlauheit. Oft genug denke ich aber: »Wenn ihr wüsstet, wie dumm ich bin!«

7. Welchen Vorteil zieht Christoph aus seinem Schweigen?

Ich weiß nämlich aus meiner Kindheit, dass ich nicht der Schlaueste bin! Meine Schwester war eine Überfliegerin. Die hatte nur gute Noten und war außerdem eine begnadete Pianistin. Die hat eine große Karriere an einer Eliteuniversität in England gemacht. Meine Mutter hat zu uns Kindern oft gesagt: »Du, lass das mal lieber. Das erledigt deine Schwester, aber lass du die Finger davon.«

Hier zeigt sich noch ein weiterer wichtiger Einfluss, der Christophs Selbstwertgefühl, sein Schattenkind, negativ geprägt hat.

Zusammengefasst ist es wohl so, dass ich eine gewisse Unsicherheit kaschiere und gleichzeitig Konflikte zwanghaft vermeide. Ich komme damit zwar nicht schlecht durch meinen Alltag. Aber ich zeige mich anderen nicht offen. Ich behalte immer eine Art Tarnkappe auf. Ich nehme also meinem Gegenüber die Chance, etwas mit mir zu klären. Das ist eigentlich eine Haltung, die meinem Verständnis von Miteinander und Freundschaft nicht entspricht. Ich muss das ändern, das wird mir jetzt klar. Es ist nicht fair, was ich da mache. Wenn ich mich das nächste Mal dabei ertappe, dass ich mich wieder drücken will, dann mache ich mir vorher klar, welchen Schaden ich damit anrichte. Lieber mal im Kleinen enttäuschen als eine große Enttäuschung zu sein.

Gut so, Christoph!

Meine Überlegungen zu Christoph

1. Christoph erlebt – wie jeder von uns hin und wieder – Inkonsistenz, weil sein Gegenüber etwas macht oder sagt, das seinen, Christophs, Wünschen und Vorstellungen zuwiderläuft. Hieraus entsteht die nächste Inkonsistenz, dass er sein Problem ansprechen müsste, hiervor aber zurückschreckt und sich zur »Lösung« der Inkonsistenz zurückzieht. Die präferierte Selbstschutzstrategie Christophs ist mithin Flucht und Rückzug.
2. Seine Glaubenssätze dürften lauten: Ich muss mich anpassen. Ich darf keinen eigenen Willen haben. Die Bedürfnisse der anderen sind wichtiger als meine eigenen! Auseinandersetzung und Streit sind verboten und schlecht! Zudem scheint Christoph sich sehr verantwortlich für die Stimmung anderer zu fühlen. Hierauf verweist seine Aussage, dass er, nur um die Stimmung zu retten, irgendetwas sagt.
3. Hinter Christophs Konfliktscheu dürfte sich eine tiefer sitzende Angst vor Zurückweisung und Verlust verbergen, der er mit seinen Flucht- und Vermeidungstendenzen ausweichen möchte. Oberflächlich betrachtet möchte er keinen enttäuschen; es stellt sich aber die Frage, was die Konsequenz wäre, wenn er jemand enttäuschte? Die Konsequenz wäre, dass jemand ihm dies verübeln und böse auf ihn sein könnte. Diesem Ärger, dieser möglichen Zurückweisung möchte er höchstwahrscheinlich aus dem Weg gehen.
4. Christoph weicht seiner Verlustangst aus und der damit vermutlich einhergehenden Enttäuschung und Verletzung. Er möchte also Unlustgefühle vermeiden. Zudem erfüllt er durch diese Vermeidungsstrategie sein Kontrollbedürfnis, indem er lieber aktiv verlässt als passiv verlassen zu werden.
5. Ich vermute, dass Christoph Werte hegt wie Aufrichtigkeit, Offenheit, Freundschaft oder auch Zivilcourage, die er durch seine feigen Fluchtmanöver verletzt.

6. Diese Passage zeigt, dass Christophs Selbstwertgefühl labil ist. Er meint, er sei für die andere Person nicht wichtig. Hierdurch kann er sich allerdings auch der Illusion hingeben, sein Verhalten sei gar nicht so schlimm, worin wir einen gewissen Nutzen Christophs erkennen können, an seinem niedrigen Selbstwert festzuhalten. Aufgrund seines labilen Selbstwerts und der damit einhergehenden Unterlegenheitsgefühle fühlt er sich auch wehrlos – er resigniert direkt, wenn ihm jemand etwas entgegensetzt. Um diesem Gefühl der Resignation und Unterlegenheit auszuweichen, redet er sich ein, dass ihm die Beziehung nicht so wichtig sei (Abwehrmechanismen: Verdrängen und Abwerten).
7. Christoph erhält durch sein Schweigen die Anerkennung anderer, weil sie ihn hierdurch für besonders schlau halten. Im nächsten Absatz erfahren wir, warum ihm dies ein besonderes Bedürfnis ist.

Elke leidet unter Wutausbrüchen

Elke, 37 Jahre, hat immer öfter heftige Wutausbrüche – und das ohne wirklichen Anlass. Von außen betrachtet würde niemand vermuten, dass sie mit diesem Problem kämpft. Elke, von Beruf Vorstandsassistentin, ist eine sehr sympathische Frau. Sie erzählt mir, dass sie diese Wutanfälle ausschließlich zu Hause hat und ihren Zorn an ihrem Mann auslässt. Die beiden sind seit acht Jahren verheiratet und seit 20 Jahren ein Paar. Sie haben keine Kinder. Inzwischen leidet ihre Ehe unter Elkes Wutanfällen. Aber Elke weiß weder, woher diese Aggressionsschübe eigentlich kommen, noch, was sie dagegen tun kann.

Ich habe seit vergangenem Jahr immer wieder Phasen, in denen ich unkontrollierte Wutausbrüche habe. Eine Kleinigkeit reicht aus, damit ich ausflippe: Ich brülle dann meinen Mann an, stampfe mit dem Fuß auf, knalle Türen oder schmeiße etwas durch die Gegend. In den letzten Monaten hat mein Mann mich deshalb immer wieder gefragt, ob irgendwas bei mir nicht in Ordnung sei oder ob mich etwas belaste. Er hat gesagt, dass er durch unsere Wohnung wie durch ein Minenfeld laufe und es jederzeit passieren könne, dass ich ihn angreife. Er hat auch gesagt, dass er das so nicht mehr aushält.

Ich muss ihm recht geben, dass die Situation so nicht tragbar ist. Eigentlich waren wir immer ein harmonisches Paar. Es gab wohl auch schon früher dann und wann Momente, in denen ich explodiert bin, ohne dass es in dem Augenblick einen konkreten Anlass gegeben hätte. Ich habe dann in dem Augenblick nach der konkreten Ursache gesucht. Die Erklärung war dann etwas wie: »Da hast du halt mal überreagiert.« Aber jetzt raste ich mehrmals pro Woche ungerechtfertigt aus. Meinem Mann und mir ist auch bewusst, dass das nicht direkt mit ihm zu tun hat. Ich benutze ihn für etwas, damit es mir besser geht. Aber ihm geht es dadurch immer schlechter.

Es fällt hier auf, dass Elke keinen Zusammenhang zwischen ihren Wutausbrüchen und etwaigen Auslösern erkennt. Sie tappt im Dunkeln, was sowohl den auslösenden Reiz anbelangt als auch ihre Interpretation des Reizes. Ich erinnere an den Zusammenhang zwischen Reiz-Interpretation-Emotion-Verhalten, den ich im Abschnitt »Unser Selbstbild bestimmt, was wir wahrnehmen« (S. 41) beschrieben habe. Aus psychotherapeutischer Sicht gilt es, hier Licht ins Dunkel zu bringen.

Das Merkwürdige ist, dass ich es anderen Menschen gegenüber immer schaffe, eine gewisse Fassade aufrechtzuerhalten. Da bin ich die nette, die freundliche, die verständnisvolle Frau, die auch alle gerne mögen. Aber scheinbar brodelt bei mir unterschwellig etwas, was ich nur bei meinem Mann zulasse.

1. Welche psychologischen Hypothesen können wir bezüglich Elkes »Fassade« und ihrer unterschwelligen Wut aufstellen? Welchen Selbstschutz praktiziert sie?

Unterschwellig habe ich in meinem Alltag öfter das Bedürfnis, einfach mal meine Meinung zu sagen. Aber da traue ich mich das nicht. Vor Kurzem gab es eine konkrete Situation, die das ganz gut veranschaulicht: Wir haben neue Nachbarn, und die haben von heute auf morgen einen neuen Zaun im Garten errichtet. Morgens habe ich die Rollos hochgezogen, diesen Zaun gesehen und gedacht: »Das ist doch eine Unverschämtheit, wie können die da einfach einen Zaun bauen, ohne uns zu fragen.« Ich habe mich innerlich furchtbar darüber aufgeregt. Wenig später habe ich die Nachbarn getroffen, war dann aber nicht in der Lage zu artikulieren, was ich gedacht habe, als ich die Rollos hochgezogen habe. Stattdessen vergingen ein paar Stunden, mein Mann machte irgendeine Kleinigkeit falsch und ich explodierte. Und er wusste gar nicht, wie ihm geschah.

2. Hier bestätigt sich noch einmal, wie überangepasst Elke ist und dass sie ihre Wut auf ihren Mann verschiebt. Welche psychischen Grundbedürfnisse Elkes sind hier betroffen?

Dahinter steckt schon ein Muster. Ich traue mich eigentlich an fast an allen anderen Stellen nicht zu protestieren und laut zu werden – außer eben bei meinem Mann.

Bei anderen Menschen habe ich nicht das Vertrauen, die Beziehung durch Kritik belasten zu dürfen. Ich würde mich auch bei anderen Menschen schämen, wenn ich ihnen meine aggressive Seite zeigen würde. Ich weiß, dass ich da eine große Schwäche habe. Ich bin nicht in der Lage, einen Konflikt da zu lösen, wo er entsteht.

3. Wie könnte man dieses motivationale Schema mit Worten beschreiben? Welche Glaubenssätze könnten damit einhergehen?

Ich beiße die Zähne zusammen und bin innerlich wütend. Bei den Nachbarn zum Beispiel habe ich gedacht: »Die verbauen mir meine Aussicht, die verbauen mir meinen schönen Garten. Wir hatten alles so schön offen und jetzt ist das hier wie im Gefängnis. Die hätten ja wenigstens mal fragen können.« Meine Interpretation zu diesem Verhalten lautet dann: »Meine Meinung zählt wohl nicht« oder »Ich bin es nicht wert, dass die mich mal fragen«. Ich fühle mich dann ganz klein und minderwertig.

4. Hier zeigt sich jetzt sehr schön der Zusammenhang zwischen Reiz, Interpretation, Gefühl und Verhalten. Wie könnte man das schematisch darstellen (gemeint ist: Reiz → Interpretation → Gefühl → Verhalten)?

Von außen betrachtet, hat das Verhalten der Nachbarn eigentlich nichts mit mir zu tun. Jeder hat das Recht, auf seinem Grundstück einen Zaun zu errichten, wenn er das möchte. Meine Nachbarn haben den Zaun im Übrigen errichtet, weil sie Obstbäume daran hochwachsen lassen wollen. Es hat also eigentlich nichts damit zu tun, dass die Nachbarn nichts mit mir zu tun haben wollen.

5. Hier hat Elke einen Perspektivwechsel vorgenommen. In welcher Wahrnehmungsposition befindet sie sich hier, und welche psychische Instanz in ihr kommt hier zu Wort?

Wenn ich aber erst mal in meinem Interpretations-Film gefangen bin, kann ich den überhaupt nicht mehr aufhalten. Dieser Prozess kann sich über Tage hinziehen, bis die Emotionen in meinem Kopf so groß geworden sind, dass ich explodiere. Davor durchlebe ich ganz stark Angstgefühle von Einsamkeit und Verlassen-Werden.

Das sind die tiefsitzenden Ängste, die Elkes gesamtes Erleben und Verhalten bestimmen.

Diese Ängste kommen wohl daher, dass ich eine recht lieblose Kindheit hatte. Ich habe nicht erfahren, dass ich gut bin, so wie ich bin. Mein Vater war sehr autoritär, und man war als Kind immer auf der Hut. Ich habe immer versucht abzuschätzen, wie seine Stimmung war und ob er wieder laut werden würde. Bei uns durfte man als Kind keine eigene Meinung vertreten und dann darüber diskutieren. Das habe ich nicht richtig gelernt.

Dann kommt noch hinzu, dass ich nicht viel Unterstützung in meiner Kindheit bekommen habe. Ich habe gelernt – das ist auch heute noch einer der Leitsätze meiner Mutter –, dass ich am Ende immer alleine dastehe. Ich habe nicht gelernt, dass man mir hilft. Ich habe eher gelernt, dass ich Probleme alleine bewältigen muss.

Hier zeigt sich sehr schön, woher diese Angst kommt und wie Elkes Schattenkind geprägt wurde und somit die Brille geformt hat, durch sie häufig die Wirklichkeit sieht.

Meine Schlussfolgerung daraus ist wohl: Wenn ich meine Meinung sage, werde ich am Ende damit bestraft, dass ich dann alleine dastehe. Es klingt vielleicht absurd, aber selbst bei einer Kritik an den Nachbarn hätte ich die Befürchtung, dass die mich danach vielleicht nicht mehr mögen.

Ich habe als Kind offensichtlich verinnerlicht, dass ich immer lieb sein muss, um gemocht zu werden. Das ist meine Prägung. Wie kann ich als Erwachsene trotzdem ein glückliches Leben führen, in dem ich meine Bedürfnisse äußern kann?

Ich muss es irgendwie schaffen, diese Prägung zu überwinden, und mir klarmachen, dass die Überzeugung »Ich bin nicht wichtig« eigentlich gar nichts mit meiner Person zu tun hat. Nicht ich habe als Kind unendlich viele Fehler gemacht. Meine Eltern haben Fehler gemacht, indem sie mir das vermittelt haben. Wären meine Eltern anders drauf gewesen, dann hätte ich jetzt auch andere Glaubenssätze. Ich müsste mir selbst Glaubenssätze beibringen, die meiner erwachsenen Realität entsprechen.

Ich muss mich in Zukunft beobachten, damit ich rechtzeitig merke, wenn ich wieder in meinem alten Programm feststecke. Dann könnte ich aus einer sachlichen Perspektive feststellen, ob der andere mich wirklich geringschätzig behandelt oder ob ich wieder in meinem alten Film feststecke. Falls es nicht der alte Film ist und ich dann meine, ich hätte ein Recht, mich zu beschweren oder den Mund aufzumachen, dann werde ich das tun. Und zwar auf die freundliche Art.

Elke ist genau auf dem richtigen Weg. Wenn sie hieran arbeitet und dranbleibt, wird sie ihr altes Muster auflösen können.

Meine Überlegungen zu Elke

1. Aus dieser Aussage Elkes geht hervor, dass sie überangepasst ist. Sie zeigt der Welt häufig eine Fassade und versteckt ihre Gefühle. Zu ihrem Mann scheint sie hingegen eine vertrauensvolle und sichere Beziehung zu unterhalten. Sie verschiebt (Abwehrmechanismus *Verschiebung*) deswegen ihre Aggression auf einen ungefährlicheren Schauplatz, nämlich auf ihren Mann. Diesem scheint sie zu vertrauen, hier gibt sie sich die Erlaubnis, ihren Gefühlen freien Lauf zu lassen. Bei anderen Menschen scheint sie hingegen ein hohes Vermeidungsmotiv aufzuweisen, indem sie sich durch »Wohlverhalten« vor Zurückweisung schützt.
2. Elkes Bindungsbedürfnis steht im Vordergrund. Ihre innere Balance ist zugunsten der Bindung aus dem Gleichgewicht, sie tut viel dafür, gemocht und angenommen zu sein. Durch ihr angepasstes Verhalten stellt sie gleichsam Kontrolle darüber her, dass ihr Bindungsbedürfnis erfüllt wird. Hierdurch vermeidet sie Unlustgefühle wie beispielsweise Kränkung oder Beschämung, was wiederum einen positiven Einfluss auf ihr Selbstwerterleben hat. Also sind, wie so oft, alle vier psychischen Grundbedürfnisse im Spiel.
3. Elkes motivationales Schema könnte wie folgt lauten: »Ich genüge nicht (bin wertlos, nicht wichtig usw.) und muss deswegen deine Erwartungen erfüllen, damit du mich nicht ablehnst. Meine Wünsche und Gefühle sind nicht wichtig, und ich darf nicht authentisch sein. Wenn ich einen eigenen Willen oder meine Meinung äußere, werde ich abgelehnt. Ich benötige aber deine Zustimmung, um meinen Selbstwert zu stärken und mich einigermaßen sicher zu fühlen!«

   Hier sieht man sehr schön, wie Glaubenssätze und das motivationale Schema beziehungsweise das Schattenkind ineinander verschränkt sind. Denn die obigen Formulierungen sind ja allesamt Glaubenssätze.

Reiz = Nachbarn bauen einen Zaun.

Interpretation = »Meine Meinung zählt nicht. Ich bin es nicht wert, dass man mich fragt.«

Hier sieht man wieder, wie eng die Glaubenssätze des Schattenkindes mit der Interpretation der Wirklichkeit zusammenhängen.

Emotion: Elke fühlt sich aufgrund ihres Schattenkindes nicht respektiert und ist deswegen vermutlich gekränkt. Diese Kränkung spürt sie jedoch nicht, sondern die starke Wut, die auf diese Kränkung erfolgt. Ich erinnere: Wut ist das Gefühl aufseiten der Autonomie. Elke fühlt sich in ihrer Autonomie (Mitbestimmung über Grenzzaun) beschränkt und reagiert deswegen mit Wut.

Verhalten: Gegenüber ihren Nachbarn beißt Elke aufgrund ihrer Überanpassung und Konfliktscheu die Zähne zusammen, lässt jedoch ihre Wut später an ihrem Mann aus.

4. Elke hat sich hier von der Identifizierung mit ihrem Schattenkind in die Beobachterposition begeben. Von hier aus kann sie die Situation von außen betrachten und deswegen rational bewerten. Die psychische Instanz, die hier zu Wort kommt, wird als der *innere Erwachsene* bezeichnet. Zu den verschiedenen Wahrnehmungspositionen werde ich noch ausführlich im dritten Teil dieses Buches berichten.

Harry verweigert »Gehorsam«

Harry, 48 Jahre, ist ein erfolgreicher Unternehmer. Im Gespräch wirkt er sehr sympathisch, offen und dynamisch. Er hat allerdings viele gescheiterte Beziehungen und auch eine Ehe hinter sich, aus der ein Sohn (19 Jahre) hervorgegangen ist. Als Harry zu mir in die Sprechstunde kam, hatte er erkannt, dass er selbst einen großen Anteil daran trägt, dass seine Beziehungen immer wieder scheitern. Diesem Anteil wollte er auf die Schliche kommen und Lösungswege finden.

Im Laufe meines Lebens sind mehrere Beziehungen gescheitert, und ich habe festgestellt, dass das nicht nur mit meinen Partnerinnen zu tun hat, sondern auch mit mir. Deswegen habe ich angefangen, mich mit mir selbst und mit meiner Vergangenheit zu beschäftigen. Ich habe da mal in mich hineingefühlt und gemerkt, dass ich mich eigentlich nie so richtig wohlgefühlt habe in meinem Leben, auch nicht in meinen Beziehungen.

1. Welchen inneren Konflikt (Inkonsistenz) beschreibt Harry hier? Welche psychischen Grundbedürfnisse sind betroffen? Welchen guten ersten Schritt vollzieht er?

Dieses Unwohlgefühl kenne ich schon aus meiner Kindheit: Ich bin der Erstgeborene von gehörlosen Eltern. Und es gab dann auch immer mal die Situation als Kleinkind, dass ich geschrien habe und mich keiner gehört hat.

2. Welchen Einfluss könnte dies auf Harrys Entwicklung in den ersten zwei Lebensjahren gehabt haben?

Aus diesem Grund musste ich selbst dann schon ganz früh für meine kleine Schwester Verantwortung übernehmen. Ich musste mich auch um den Betrieb kümmern, meine Eltern hatten eine Schreinerei. Ich musste mit den Kunden reden und auch auf die Elternsprechtage von meiner Schwester. Und, und, und … ich hatte ständig Pflichten.

3. Welche Last lag auf Harrys Schultern und welche Glaubenssätze hat er vermutlich entwickelt?

Ich habe mich ganz früh freigestrampelt aus diesem Umfeld, habe ein Ingenieurstudium abgeschlossen und mich danach selbstständig gemacht. Inzwischen habe ich habe einen Laden mit 70 Mitarbeitern. Wir bauen Landwirtschaftsmaschinen und agieren weltweit. Mit Eigen-Engineering, alles completely selbst. Ich habe als One-Man-Show angefangen und bin bis hierhergekommen. Das lief ziemlich gut.

4. Auf welche Seite hat Harry sich innerlich geschlagen – auf die der Bindung oder der Autonomie? Inwieweit könnte Harrys Berufswahl damit zusammenhängen?

In all den Jahren habe ich in meinen Beziehungen ein bestimmtes Verhalten an den Tag gelegt: Wenn die Partnerschaft einen bestimmten Grad der Tiefe erreicht in der Zweisamkeit, dann werde ich unruhig. Dann ertappe ich mich selbst dabei, dass es mir zu eng wird. Ich habe ein riesiges Bedürfnis nach Freiheit und Unabhängigkeit, und das passt nicht mit der Zweisamkeit zusammen.

5. Wie könnte man Harrys Schattenkind, sein motivationales Schema beschreiben? Welchen tief eingravierten Glaubenssatz trägt er zum Thema »Beziehung« in sich?

Bei meinen Eltern musste ich mich immer stark anpassen. Es gab eine andere Sprache, die Gehörlosensprache. Ich konnte zu Hause niemanden rufen. Es gab keinen Telefonanschluss. Ich war auf mich allein gestellt. Oder ich hatte zumindest das Gefühl, ich sei auf mich allein gestellt. Wenn ich durch die Schreinerei gestolpert bin, habe ich irgendwann zwar meine Eltern gefunden, aber die haben mich nicht gehört. Daraus hat sich ein hohes Bedürfnis nach Autonomie entwickelt. Und auch ein sehr intensives Gefühl von »Ich vertraue mir. Mir! Nur mir!«.

6. Hier formuliert Harry einen zentralen Glaubenssatz. Was bedeutet das für sein Bedürfnis nach Bindung? Was bedeutet das für sein Bedürfnis nach Kontrolle? Welche Selbstschutzstrategie könnte er hieraus entwickelt haben?

Die Gehörlosigkeit meiner Eltern war aber nicht das einzige Problem, auch die Wertschätzung für uns Kinder hat gefehlt. Der Betrieb ging immer vor. Wir hatten zu funktionieren. Da war kein Raum für Trost und Zuwendung. »Kinderwille ist Kälberdreck«, so hat es bei uns geheißen. Das war landläufig und normal. Man nimmt sich zurück, zuerst kommen die anderen.

Hier wird ganz deutlich, dass Harry als Kind zu wenig Wertschätzung erfahren hat und entsprechend ein geringes Selbstwertgefühl entwickelt hat, das durch Glaubenssätze wie »Ich bin nicht wichtig«, »Ich genüge nicht«, »Ich muss mich fügen« usw. geprägt sein dürfte.

Beruflich haben mir diese Erfahrungen wohl nicht geschadet. Ich habe meinen Weg gemacht. Ich stelle aber fest – insbesondere in Beziehungen –, dass mir meine Glaubenssätze auf die Füße fallen, immer und immer wieder. Ich habe das Gefühl, wenn ich mich so zeige, vollumfänglich, wie ich wirklich bin, dann falle ich durch.

7. Was mag das für Harry wohl heißen, »sich zeigen, vollumfänglich«, wie er ist? Was meint er damit genau?

Am Traualtar habe ich mich dabei ertappt, dass ich gedacht habe: »Ach herrje, was wird das hier denn, wie kommst du denn da wieder raus aus der Nummer?«

Das muss man sich mal vorstellen! Ich fand mich selbst scheiße. So war's aber.

8. Was ist Harrys innerer Konflikt, warum will er aus der Ehe flüchten, kaum dass sie anfängt?

Auch in späteren Beziehungen gab es immer eine gewisse Hürde, sich vollständig zu öffnen – auch aus Angst, nicht geliebt zu werden. Ich schaue mir die Frau dann an und denke, was mir alles an ihr nicht gefällt. Ich stelle innerlich Checklisten auf, und häufig gefallen mir dann fünf von zehn Punkten an ihr nicht. Das beruhigt mich.

9. Das klingt ja scheinbar widersprüchlich – im ersten Satz sagt Harry, er habe Angst, abgelehnt zu werden. Im nächsten Satz formuliert er, dass er viel an der Frau auszusetzen habe. Wie passt das zusammen? Welcher Abwehrmechanismus ist hier im Spiel?

Und es hält mich auch davon ab, mich vollständig zu öffnen. Sich ganz zu öffnen würde bedeuten, meine Bedürfnisse zu äußern, zu sagen, was mir wichtig ist, was ich haben möchte, und was mir egal ist. Aber dazu gehören ja auch Eigenschaften, die vielleicht nicht so rühmlich sind. Ich weiß nicht, wie weit man die äußert oder nicht äußern darf. Ich weiß nicht, ob man schon beim Kennenlernen jemandem direkt reinen Wein einschenkt.

10. Welcher Konflikt besteht hier zwischen Harrys Selbstwert und seinem Bindungsbedürfnis?

Ich hatte mal ein Date mit einer Frau, der habe ich direkt reinen Wein eingeschenkt. Ich habe ihr damals gesagt, dass mein Sohn und meine Firma eine große Rolle in meinem Leben spielen. Ich habe gesagt: »Also, wenn du dir vorstellst, dass wir da jeden Abend kuscheln und Zweisamkeit haben, dann kannst du das vergessen. Mein Sohn spielt die Hauptrolle in meinem Leben!« Das habe ich gleich klargestellt, und da sagte die Frau: »Nee, das passt für mich nicht!« Ich habe daraus gelernt: »Da haben wir es wieder, sobald ich mal ehrlich und authentisch bin, werde ich abgelehnt.« Hätte ich flunkern sollen? Ich kann einer Frau gegenüber ehrlicherweise nicht behaupten »Du bist meine absolute Nr. 1 und alles andere ordne ich jetzt unter!«.

11. Welche unbewusste Selbstschutzstrategie könnte Harry hier im Gespräch mit der Frau verwendet haben? Und wieso fühlt er sich so abgelehnt? Er scheint sich als Opfer wahrzunehmen.

In meinen Beziehungen habe ich immer wieder das Gefühl gehabt, meine Wünsche nicht äußern zu können. Ein Beispiel: Meine damalige Freundin hatte Freunde von sich an einem Montagabend eingeladen. »Die kommen um acht Uhr. Ich koche was. Und ich hätte gerne, dass du da bist.« Die sollten mich kennenlernen, sie wollte mehr Austausch und so weiter. Ich wollte die aber gar nicht kennenlernen. Und ich wollte mich nicht so spät am Abend vor einem Arbeitstag treffen. Ich habe es dann aber gemacht. Ich kann nämlich nicht gut Nein sagen. Ich ärgere mich dann zwar. Ich schimpfe wie ein Rohrspatz, aber ich passe mich an. Ich mache das um des lieben Friedens willen, wenn man so will.

Hier erklärt Harry noch einmal sehr schön an einem konkreten Beispiel, wie seine Überanpassung im Beziehungsalltag abläuft.

Aber ich will das einfach nicht mehr. Ich möchte gerne eine stabile Beziehung führen. Ich habe aber einfach überhaupt keinen Bock, mich ständig Erwartungen anpassen zu müssen. In keiner Beziehung und niemandem zuliebe möchte ich mich so anpassen, wie ich es als Kind musste. Ohnmacht war das zentrale Gefühl meiner Kindheit. Es war irgendwie ausweglos. Es gab keine Alternative. Ich musste mit meinen Eltern und der schwierigen Situation klarkommen, ob ich wollte oder nicht. Das war einfach so. Keine Chance.

Seitdem weiß ich, wie ungeheuer viel Kraft es raubt, sich gegen den eigenen Willen anderen anpassen zu müssen.

12. Was hat Harry in seiner Kindheit introjiziert und welche Projektion findet hierdurch auf (potenzielle) aktuelle Partnerinnen statt?

Ich muss diesen Film mit meinen Eltern in meinem Kopf auflösen. Es wird Zeit, dass ich kapiere, dass meine Partnerin eine andere Person als meine Eltern ist, und ich mir selbst die Erlaubnis gebe, frei und authentisch zu sein.

Ein sehr guter Ansatz, Harry!

Meine Überlegungen zu Harry

1. Harry leidet unter zwei Konflikten: Erstens möchte er eine feste Partnerschaft, ist bislang jedoch immer gescheitert. Zweitens strebt er gute Gefühle an, fühlt sich aber meistens unwohl in seinem Leben. Sein Bindungsbedürfnis ist nicht erfüllt, er erleidet Unlustgefühle, und sein Kontrollbedürfnis ist ebenso frustriert, weil er bislang keine Abhilfe für seine Probleme weiß. Dass auch sein Selbstwertgefühl hierbei eine große Rolle spielt, dürfen wir getrost annehmen. Harry hat den ersten positiven Schritt unternommen, um seine Probleme zu lösen, indem er seine Eigenverantwortung anerkennt.
2. Die Gehörlosigkeit seiner Eltern könnte Harrys Bindungsfähigkeit beeinträchtigt und damit einhergehend die Ausbildung von Urvertrauen verhindert haben.
3. Harry musste viel zu früh viel zu viel Verantwortung für seine Eltern und für seine Schwester übernehmen. In der psychologischen Fachsprache wird diese Verkehrung der Eltern-Kind-Rolle übrigens als *Parentifizierung* bezeichnet. Harrys Glaubenssätze dürften unter anderem lauten: Ich bin zu 100 Prozent verantwortlich, dass es allen gut geht. Ich muss stark sein. Ich bin allein und muss es allein schaffen. Ich darf nicht vertrauen.

4. Harry hat sich unbewusst auf die autonome Seite geschlagen, weil er gelernt hat, dass er sich nur auf sich selbst verlassen kann. Menschen mit einem hohen Autonomiemotiv landen beruflich, wie Harry, häufig in der Selbstständigkeit. Bei Harry läuft es beruflich bestens, hier nutzt ihm seine hohe Autonomie, nur im Privatleben verhindert sie Nähe und Intimität.
5. Harrys motivationales Schema würde ich wie folgt beschreiben: Ich bin allein und kann mich nur auf mich selbst verlassen. Wenn ich dir gefallen will, dann muss ich mich stark anpassen. (Das verweist übrigens auf einen Selbstwertschaden bei Harry. Im tiefsten Inneren dürfte er das Gefühl aufweisen, nicht zu genügen; ansonsten müsste er sich nämlich im Kontakt mit einer potenziellen Partnerin nicht so verbiegen.) Zudem weist Harry einen Glaubenssatz auf, der alle Beziehungsängstlichen miteinander verbindet: Entweder bin ich in einer Beziehung *oder* ich bin ein freier Mensch. Beides passt nämlich wegen des krassen Anpassungsprogramms nicht unter einen Hut. Harry musste sich als Kind stark den äußeren Bedingungen anpassen, die vor allem durch die Gehörlosigkeit seiner Eltern geprägt waren. Weil er so früh so viel Verantwortung für seine Eltern und die kleine Schwester tragen musste, musste er altersunangemessen autonom agieren.
6. Der Umstand, dass Harry meint, sich nur auf sich selbst verlassen zu können, bewirkt, dass er ständig die Kontrolle über sich und seine Beziehungen bewahren muss. Im Hinblick auf seine Bindungen bedeutet dies, dass er nicht vertrauen darf. Wenn man jedoch nicht vertrauen kann, dann bedrohen Gefühle wie Liebe und Leidenschaft die eigene Autonomie und das Kontrollbedürfnis. Die Betroffenen tun deswegen teils bewusst, teils unbewusst viel dafür, die Beziehung nicht zu eng werden zu lassen. Sie benötigen immer einen gewissen Sicherheitsabstand zu ihrem Liebesobjekt. Dieser Sicherheitsabstand bedeutet in den meisten Fällen auch, dass die Beziehung früher oder später be-

endet wird. Die Selbstschutzstrategien laufen also darauf hinaus, die Kontrolle zu behalten, sei es durch Flucht und Abschottung und/oder durch ein hohes Kontroll- und Machtstreben. Hinzu kommen die autonomen Abwehrmechanismen, die ich im Abschnitt »Abwehr im Dienste der Autonomie: Abwerten und Rationalisieren« (S. 158) beschrieben habe.

7. Harry hat von seinen Eltern nicht die Botschaft erhalten, dass er geliebt wird, so wie er ist. Deswegen fehlt ihm das Gefühl für seinen eigenen Wert. Dies hat zur Folge, dass er glaubt, nicht authentisch sein zu dürfen. Authentizität schließt ein, dass man zu seinen Wünschen, Werten, Gefühlen und Vorstellungen vom Leben steht. Im Vordergrund von Harrys Beziehungsgestaltung steht, dass er die Erwartungen seiner jeweiligen Partnerin erfüllen muss und sich selbst ganz zurücknimmt.
8. Die Ehe bedeutet für Harry, dass er sich in ein Gefängnis begibt, denn spätestens jetzt schlägt seine Prägung (motivationales Schema, Schattenkind) zu, dass er sich vollständig den Erwartungen seiner Frau (ehemals seiner Eltern) unterordnen muss.
9. Harry formuliert hier seine Angst, abgelehnt zu werden. Um diese Angst unter Kontrolle zu bekommen, sucht er nach Fehlern bei seiner Dating-Partnerin. Wenn er sie nämlich zuerst ablehnt, umgeht er die Gefahr, von ihr abgelehnt zu werden. Der Abwehrmechanismus ist also Abwertung und Kritik.
10. Harrys Konflikt: Er sehnt sich danach, um seiner selbst willen geliebt zu werden, hält dies jedoch aufgrund seiner Prägung nicht für möglich. Sein geringer Selbstwert steht seinem Bindungswunsch im Weg. Bindung kann er in seiner Vorstellung nämlich nur erhalten unter der Bedingung, dass er sich verbiegt, um die Erwartungen seiner Partnerin zu erfüllen.
11. Harry stellt hier auf eine unterschwellig aggressive Art klar, dass die Frau eine untergeordnete Position hinter seiner Arbeit und seinem Sohn einnehmen wird. Er zieht also schon eine klare Grenze, bevor die Beziehung anfangen kann. Sein Schattenkind

verteidigt schon beim ersten Date vehement seine Autonomie. Die Frau reagiert (völlig richtig), indem sie sich zurückzieht. Harry reflektiert an dieser Stelle nicht, dass er mit seiner Eröffnung den »Erstschlag« ausgeführt hat und seine Dating-Partnerin hierauf lediglich antwortet. Gemäß seiner Prägung wähnt er sich als Opfer, indem er sich von ihr abgelehnt fühlt, dabei war er derjenige, der sie durch seine schroffe Klarstellung indirekt abgelehnt hat.

12. Harry hat ein überangepasstes Schattenkind mit einem geringen Selbstwert introjiziert. Dieses projiziert er auf seine potenziellen Partnerinnen. Er bildet sich ein, dass er sich über die Maßen anpassen und verbiegen müsste – so, wie es bei seinen Eltern der Fall gewesen ist –, um geliebt zu werden. Wenn er aus diesem Programm aussteigen wollte, müsste er es im ersten Schritt als solches klar erkennen und dann auflösen.

TEIL III

Die wichtigsten Lösungsansätze der Psychotherapie

Die ersten beiden Teile dieses Buches haben sich anhand von wissenschaftlichen Erkenntnissen und therapeutischen Fallbeispielen damit beschäftigt, wie unsere Psyche strukturiert ist. Beide Teile haben deutlich gemacht, dass unsere persönlichen Probleme – wenn man sie auf der Strukturebene analysiert – nicht so individuell und unlösbar sind, wie die Betroffenen es oftmals annehmen. Letztlich sind immer dieselben psychischen Mechanismen aktiv. Das soll die Probleme nicht banalisieren. Es ist eine gute Nachricht, weil es die Lösung erheblich vereinfacht.

Zusammengefasst kann man sagen: Ein Problem entsteht immer da, wo es eine Diskrepanz zwischen Wunsch und Wirklichkeit gibt, also mindestens eines der psychischen Grundbedürfnisse frustriert ist. Diese Inkonsistenz löst ungute Gefühle wie Trauer, Wut, Angst oder Scham aus, die jeder und jede von uns gern beseitigen möchte. Alle Problemlösungen zielen darauf ab, Konsistenz und somit wieder gute Gefühle herzustellen. Bei der Beseitigung von Inkonsistenz können wir psychisch gesunde oder psychisch ungesunde Strategien anwenden. Eine gesunde Strategie könnte beispielsweise sein, mit meinem Konfliktpartner das Gespräch zu suchen. Eine ungesunde Strategie wäre, mich in der nächsten Kneipe zu betrinken.

Viele der weniger konstruktiven Lösungsstrategien haben wir bereits in der Kindheit erworben. Im Kindesalter mag es durchaus funktional gewesen sein, die eigene Wut zu unterdrücken, um mit dem harmoniesüchtigen Vater klarzukommen, wie es beispielsweise bei Christoph (siehe »Christoph will Harmonie um jeden Preis«, S. 263) der Fall gewesen ist. Die Konfliktscheu und Harmoniesucht, mit denen Christoph seine erwachsenen Beziehungen belastet, sind jedoch dysfunktional. Dies gilt in vielen Varianten für etliche Probleme, die aus unserem Schattenkind resultieren: Ehemals funktionale Anpassungsleistungen an die Bedingungen der Kindheit erweisen sich im Erwachsenenleben als kontraproduktiv – ganz einfach, weil sich die äußeren Bedingungen geändert haben und man heute erwachsen und unabhängig ist. Die meisten Versuche, Inkonsistenz mit den veralteten Mechanismen zu reduzieren, führen zu weiterer Inkonsistenz. Deswegen ist bei vielen Menschen die Inkonsistenz systemimmanent, wie beispielsweise bei den »Perfektionsstrebern«.

Im Grunde geht es immer um Folgendes: Entweder kompensiere ich mein labiles Selbstwertgefühl durch Überanpassung an die Erwartungen anderer Menschen, oder ich tue das durch Überabgrenzung. Will heißen: Indem ich der Anerkennung anderer Menschen hinterherlaufe oder indem ich mir einbilde, auf diese völlig verzichten zu können, etabliere ich Wahrnehmungsverzerrungen und Selbstschutzstrategien, die meinem Wesen und meinen eigentlichen Bedürfnissen entgegenstehen. Verbiege ich mich für die Bindung, opfere ich häufig meine Autonomie – verbiege ich mich für die Autonomie, opfere ich häufig meinen Bindungswunsch. Wenn ich, um mir die Zuwendung anderer Menschen zu sichern (Bindung), meine eigenen Bedürfnisse häufig verleugne, dann führe ich kein selbstbestimmtes Leben (Autonomie). Wenn ich mich hingegen für die Selbstbestimmung ständig von anderen abgrenze, dann kann ich keine nahe und vertrauensvolle Beziehung leben. In beiden Fällen opfere ich also einen Teil meiner Authentizität, um in der Gesellschaft klarzukommen. Dieses Opfer ist jedoch immer ein Resultat subjektiv verzerrter Annahmen über die Wirklichkeit. Diese Aussage gilt zumindest für alle Probleme, die im weitesten Sinne einen eigenen Anteil aufweisen, also die Schwierigkeiten, an deren Entstehung und Aufrechterhaltung mein Schattenkind beteiligt ist.[13] Ausgenommen sind lediglich völlig unverschuldete Schicksalsschläge. (Allerdings spielt dann wiederum die innere Einstellung eine erhebliche Rolle bei der Bewältigung.) *In allen Fällen ist das Ziel einer gelungenen Psychotherapie oder einer gelungenen persönlichen Weiterentwicklung, dass der Mensch sich aus seiner Überanpassung oder*

---

13 Die Bedeutung und Ausdrucksformen des Schattenkindes als Teil des inneren Kindes werden im ersten Teil des Buchs ausführlich erklärt.

seiner Überabgrenzung befreit und zu seinem authentischen Selbst findet.

Die Frage ist, was ein »authentisches Selbst« bedeutet. Im allgemeinen Verständnis verhält sich ein Mensch authentisch, wenn er zu seiner Meinung und zu seinen Eigenarten steht und sich dabei relativ unabhängig davon macht, was andere Menschen von ihm denken. Diese Eigenschaften sind auf jeden Fall Teil eines authentischen Selbst, wobei es hier manchmal zu Überschneidungen mit einer etwas trotzig-autonomen Haltung kommen kann – nach dem Motto »Ich mache stur mein eigenes Ding und pfeife auf die Meinung anderer«. Ein weiteres wichtiges Kriterium für Authentizität ist ein guter Kontakt zu allen Gefühlen. Menschen, die unter einem Mangel an Authentizität leiden, sind zumindest von einem Teil ihres Gefühlslebens abgeschnitten. Sie befinden sich in einem überangepassten Funktionsmodus. Ein weiteres Merkmal von authentischen Menschen ist, dass sie über eine gute Balance zwischen Autonomie und Bindung verfügen, sich also sowohl selbst behaupten als auch anpassen können. Dies impliziert ein weiteres Kennzeichen von Authentizität, nämlich, dass die Gefühle des betreffenden Menschen in den meisten Fällen angemessen sind und entsprechend zu angemessenen Verhaltensweisen führen. Alte Prägungen in Form von Wahrnehmungsverzerrungen und Projektionen beherrschen dann nicht das Fühlen, Denken und Handeln der Person. Ein authentischer Mensch ist nicht zwangsläufig gut gelaunt, denn auch negative Gefühle wie Trauer, Hoffnungslosigkeit oder Verzweiflung können je nach Lebenssituation durchaus angemessen sein. Ein authentischer Mensch steht mit all seinen Gefühlen, auch den belastenden, in guter Verbindung. Dadurch kann er sich auch empathisch in andere Menschen einfühlen. Wenn nötig, kann er sich aber auch abgrenzen und seine eigenen Interessen vertreten.

Ich habe mit sehr vielen Menschen psychologische Gespräche geführt und viel über die Wirkprinzipien einer gelungenen Psychotherapie nachgedacht und nachgelesen. Da wir Menschen eine gemeinsame psychische Grundstruktur aufweisen, sind auch die grundlegenden Lösungswege allgemeingültig, und mit unterschiedlicher Gewichtung spielen dieselben psychologischen Prozesse eine wichtige Rolle in jedem Veränderungsprozess. Diese sind aus meiner Sicht:

1. Die ratsuchende Person lernt, ihre vergangenen Prägungen von ihrer aktuellen Wirklichkeit zu unterscheiden.
2. Sie findet einen guten Zugang zu ihren Gefühlen und vermag diese angemessen zu regulieren. Hierdurch erwirbt sie eine gute Balance zwischen Bindung und Autonomie.
3. Sie findet für sich zu inneren Haltungen und Verhaltensstrategien, die sie alternativ zu den dysfunktionalen Schutzstrategien anwendet. Ich bezeichne beides als Metastrategien.
4. Sie lernt, Verantwortung für sich selbst zu übernehmen und sich aus zwischenmenschlichen Verstrickungen zu lösen. Letzteres bedeutet, dass sie Verantwortung, die nicht in ihren Bereich fällt, bei ihrem Interaktionspartner belässt.

Alle vier Schritte bewirken eine Stabilisierung des *Selbstwertgefühls* der Klientinnen und Klienten, was umgekehrt einen positiven Einfluss auf die Umsetzung dieser Schritte hat. Es besteht also eine enge Wechselwirkung zwischen dem Selbstwerterleben des Klienten, der Klientin und den benannten psychologischen Prozessen. Mit den vier Schritten und der Stabilisierung des Selbstwertgefühls geht einher, dass Klient oder Klientin zunehmend *Vermeidungsziele durch Annäherungsziele ersetzen.*

Bevor ich in den folgenden Abschnitten näher auf die Lösungsansätze eingehe, die in der Fachsprache als *Interventionen* bezeichnet werden, möchte ich mich kurz noch zu der viel thematisierten therapeutischen Beziehung äußern.

Die psychotherapeutische Beziehung

Grundlegend für den Therapieerfolg ist, dass ein Klient/eine Klientin eine vertrauensvolle Beziehung zur Psychotherapeutin beziehungsweise zum Psychotherapeuten unterhält. Hierfür ist es unabdingbar, dass die Klientin oder der Klient sich gemocht und wertgeschätzt fühlen. Welche Fähigkeiten aufseiten der Psychotherapeuten erforderlich sind, definierte der bedeutende Psychotherapeut, Psychotherapieforscher und Begründer der Gesprächspsychotherapie Carl Rogers (1902–1987). Er nannte drei Grundhaltungen der klientenzentrierten Gesprächspsychotherapie, die ich bis heute für zentral und goldrichtig halte und deswegen an dieser Stelle wiedergeben möchte:

1. *Kongruenz.* Hierunter versteht Rogers, dass die Therapeutin echt und authentisch ist und sich nicht hinter einer Fassade versteckt. Die Therapeutin sollte dem Klienten auf Augenhöhe und nicht hierarchisch übergeordnet begegnen. Sie sollte sich auf eine emotional echte Beziehung mit ihm einlassen, in der sie auch ihre Gefühle und Einschätzungen ausdrücken kann. Nur in solch einer echten Beziehung kann Heilung und Wachstum entstehen.
2. *Empathie.* Der Therapeut fühlt sich in die Klientin ein und verbalisiert mit seinen Worten die Bedeutung dessen, was die Klientin erlebt. Wenn eine Klientin beispielsweise den Ablauf ihres Alltags schildert, dann könnte der Therapeut an einer Stelle formulieren: »Sie fühlen sich also stark überfordert.« Im Idealfall realisiert die Klientin durch diese Formulierung, dass der Therapeut den Nagel auf den Kopf getroffen hat und ist hierdurch einen Schritt weiter, weil sie sich zum ersten Mal eingesteht, dass sie tatsächlich total überfordert ist. Dies verändert ihre Selbstwahrnehmung und öffnet den Weg für Veränderung. Diese Methode – tiefes Einfühlen des Therapeuten in die Situation der Klientin und verbale *Reformulierung* ihrer Schilderungen, bezeichnete Rogers als *aktives Zuhören.*

Um möglichst genau die Bedeutung des Gesagten für die Klientin zu erfassen, ist es natürlich wichtig, dass der Therapeut selbst gut reflektiert ist. Denn gerade beim empathischen Einfühlen in das Gegenüber kann es sonst leicht zu Projektionen des Therapeuten auf die Klientin kommen. In diesem Fall projiziert der Therapeut Gefühle und Gedanken auf die Klientin, die aus seinem Schattenkind resultieren und nicht der Situation der Klientin entsprechen. Neben der Empathie ist die Selbstreflexion von Psychotherapeutinnen und -therapeuten also unabdingbar. Selbstreflexion und die Bearbeitung eigener Themen sind deswegen ein wichtiger Bestandteil jeder psychotherapeutischen Ausbildung.

3. *Bedingungslose positive Zuwendung.* Hierunter versteht Rogers, dass die Therapeutinnen und Therapeuten den Ratsuchenden echte emotionale Wärme und Wertschätzung entgegenbringen. In dieser Atmosphäre kann die Klientin oder der Klient sich vertrauensvoll öffnen und seine inneren Gedanken und Gefühle preisgeben. Indem die Therapeutin diese nicht abwertet, kann der Klient, die Klientin lernen, sich selbst mehr und mehr anzunehmen. Diese annehmende Haltung bedeutet aber nicht, dass Therapeuten den Gefühlen und Gedanken der Klientin oder des Klienten zustimmen müssen. Sie können einerseits eine tiefe Anteilnahme für ihre Verzweiflung zeigen und andererseits darauf aufmerksam machen, dass ein belastendes Gefühl aus dem Schattenkind resultiert und in der erwachsenen Realität einige Handlungsoptionen offenstehen.

Da alle psychischen Probleme sich auch auf die Beziehungen der Ratsuchenden auswirken beziehungsweise aus den Beziehungen heraus entstehen, ist die Beziehung zwischen Therapeut, Therapeutin und Klient, Klientin häufig eine Projektionsfläche für die Beziehungsprobleme der Ratsuchenden. Man spricht in diesem Zusammenhang auch von *Übertragung* und *Gegenübertragung* – die Begriffe kommen aus der Psychoanalyse. *Übertragung* bedeutet, dass Klienten ihre Probleme auf den Therapeuten, die Therapeutin übertragen. Ein Klient kann in seiner Therapeutin beispielsweise unbewusst seine dominierende Mutter sehen und sich deswegen ihren Interventionen verschließen. Eine Klientin, die ihr Selbstwertgefühl mit Hilfe diverser Affären zu stabilisieren versucht, überträgt dieses Muster gegebenenfalls auf ihren männlichen Therapeuten, mit dem sie verführerisch flirtet. Oder eine überangepasste Klientin ist sehr bestrebt, alle Erwartungen ihrer Therapeutin zu erfüllen, um von dieser möglichst viel Anerkennung zu bekommen. In den psychotherapeutischen Gesprächen kann man diese Übertragungen thematisieren und gemeinsam mit den Ratsuchenden reflektieren.

Hierbei kann man auch mit der sogenannten *Gegenübertragung* gut arbeiten. Gegenübertragung bedeutet, dass eine Klientin bzw. ein Klient auch im Therapeuten bestimmte Gefühle auslöst. Ist der Klient beispielsweise auf eine passiv-aggressive Weise verschlossen und lässt den Therapeuten gegen die Wand laufen, so kann das beim Therapeuten Gefühle von Hilflosigkeit und Wut auslösen, die dieser thematisieren und dem Klienten spiegeln kann. Solche Situationen in der Psychotherapie bieten also eine sehr gute Möglichkeit, dass die Klientinnen und Klienten sich ihrer unterschwelligen Muster bewusst werden. Und sie bieten ein gutes Übungsfeld, andere Kommunikationswege auszuprobieren.

Ich selbst bin übrigens ausgebildete Gesprächspsychotherapeutin und werde häufig gefragt, woran man denn einen guten Therapeuten, eine gute Therapeutin erkenne. Meine Antwort lautet: Erstens fühlen Sie sich respektiert und verstanden, und zweitens haben Sie in den ersten Sitzungen bereits tiefere Einsichten und machen Fortschritte. Ich selbst vergebe übrigens nur noch einmalige Termine. In diesen erarbeite ich mit meinen Klientinnen und Klienten den *roten Faden* ihres Problems. Von dort aus können sie entweder allein weitergehen oder sich zur Vertiefung und Begleitung weitere Unterstützung suchen. Wer sich einen Einblick in meine Arbeit verschaffen möchte, der möge in meinen Psychotherapie-Podcast »Stahl aber herzlich« hineinhören.

Die Interventionen – also die Lösungsansätze –, die ich im Folgenden ausführe, stellen ebenfalls so einen roten Faden dar. Die weiter oben genannten drei Schritte (siehe S. 292) haben sich in meiner langjährigen Erfahrung als die zentralen Bausteine meiner Gespräche erwiesen. Diese Schritte müssen nicht unbedingt chronologisch erfolgen, sondern können sich aus dem Gesprächsfluss ergeben. Bei vielen an sich verschiedenen Psychotherapieschulen spielen diese Schritte unter unterschiedlichen Namen ebenfalls eine wichtige Rolle. Hinzu kommt, dass es eine ungeheure Vielzahl von sinnvollen und hilfreichen psychotherapeutischen Interventionen gibt, die ich nicht alle darstellen kann und will.

Die meisten Psychotherapeutinnen und -therapeuten entwickeln im Verlauf ihres Berufslebens eine Art Basishandwerk, mit dem sie gern und erfolgreich arbeiten. In den folgenden Abschnitten stelle ich das meinige vor.

Erster Schritt: die vergangene von der gegenwärtigen Realität trennen

Der erste Schritt ist die Grundlage, um sich aus seinem alten Muster – seinem Schattenkind, seiner mentalen Landkarte, seiner Matrix oder wie auch immer man die frühen Prägungen des Gehirns bezeichnen möchte – zu befreien. Die allermeisten Probleme, die wir mit uns herumschleppen, sind das Resultat eines veralteten, negativen Selbstbildes und der dysfunktionalen Versuche, den damit einhergehenden geringen Selbstwert zu kompensieren. Solange ich mit meinem Schattenkind identifiziert bin, falle ich immer wieder in mein altes Muster zurück.

Um mein Schattenkind zu heilen, ist zunächst unabdingbar, dass ich es überhaupt als solches identifiziere, also erfahre, mit wem ich es überhaupt zu tun habe. Im Folgenden gebe ich eine grundlegende Orientierung, wie das funktionieren kann. [14]

Ich erarbeite die mentale Prägung meiner Klienten meistens im freien Gespräch. Es ist nicht unbedingt erforderlich, sich an die Reihenfolge zu halten, die ich im Folgenden beschreibe. Ich lasse den Klienten, die Klientin ihr Problem frei schildern und gehe begleitend auf die Themen ein, die aus meiner Sicht psychologisch relevant sind.

Die alte Prägung identifizieren

Alle Klientinnen und Klienten, die ich Ihnen im vorausgegangenen Buchteil II (ab S. 173) vorgestellt habe, tragen eine negative Schattenkind-Introjektion in sich, die sie im ersten Schritt erkennen müssen, um sich von ihr sowohl kognitiv als auch emotional zu distanzieren. Ich möchte an das Beispiel von Alexa (»Alexa hält sich lieber klein«, siehe S. 177) erinnern, die immer an die falschen Männertypen geriet und stark zerrissen war zwischen ihrer Sehnsucht nach einer festen Liebesbeziehung und ihrer Angst, verletzt zu werden. Alexa hatte sehr tiefe Prägungen durch ihre Mutter erfahren, die sie häufig abgewertet und kritisiert hat. Zudem fehlte ihr eine liebende Vaterfigur. Mit einem halben Jahr wurde sie zu ihrer Großmutter gegeben und hatte ein paar Jahre kaum Kontakt zu ihrer Mutter. Dann wurde sie aus dem Alltag mit ihrer Großmutter wieder herausgerissen und kam zu ihrer Mutter zurück, der sie inzwischen entfremdet

---

14 In meinen Büchern »Das Kind in dir muss Heimat finden«, »Jeder ist beziehungsfähig« und in meinem Arbeitsbuch habe ich mich eingehender auf die praktische Auseinandersetzung mit diesem Thema konzentriert. In diesen Büchern habe ich die konkreten Übungen vorgestellt, die man systematisch und in Eigenverantwortung durchführen kann. Einzelne Schritte dieser Übungen finden sich in den folgenden Abschnitten wieder.

war. Sie hat also in ihrer Kindheit massive Bindungsabbrüche und mangelnde Geborgenheit und Sicherheit erfahren.

Während eine Klientin wie Alexa mir über ihre Kindheit und Jugend berichtet, habe ich bestimmte Fragen im Hinterkopf, die mir helfen, ihre Prägungen zu verstehen und sie im Gespräch einfühlsam zu begleiten. Solche Fragen wären:

- Gab es sichere Bindungspersonen?
- Wie war die Atmosphäre in im Elternhaus? Liebevoll und warmherzig oder eher gestresst, kühl und lieblos?
- Haben die Eltern meiner Klientin vermittelt, dass sie um ihrer selbst willen geliebt wurde, oder musste sie bestimmte Bedingungen erfüllen?
- Wurde mein Klient in seiner autonomen Entwicklung unterstützt? Durfte er einen eigenen Willen haben? Oder musste er vielleicht sogar zu früh zu autonom sein, weil seine Bindungsbedürfnisse vernachlässigt wurden?
- Welchen Kontakt zu den eigenen Gefühlen hat der Klient, die Klientin erlernt? Waren bestimmte Gefühle unerwünscht oder wurden bestimmte Gefühle gefordert?

Während des Gesprächs versetzte ich mich empathisch in den Menschen hinein, der meinen Rat sucht: Wie hat er das Verhalten seiner Eltern beziehungsweise seiner Pflegepersonen erlebt? Welche Glaubenssätze könnte er entwickelt haben? Gern bitte ich die Klientinnen und Klienten, einmal die Augen zu schließen und in sich zu spüren, welche Glaubenssätze da entstanden sind. Manchmal formuliere ich auch im Gespräch einen mutmaßlichen Glaubenssatz, den mein Gegenüber dann verifizieren oder korrigieren kann. Den meisten Klientinnen und Klienten fällt es ziemlich leicht, ihre Glaubenssätze aufzudecken. Nicht wenige kennen ihre Glaubenssätze auch schon, wenn sie in die Sprechstunde kommen, weil sie sich bereits damit auseinandergesetzt haben. Auch bei Alexa war das der Fall.

Es gibt verschiedene Kategorien von Glaubenssätzen: Die einen sagen etwas unmittelbar über den Selbstwert aus, wie beispielsweise: Ich genüge nicht. Ich bin nicht liebenswert. Ich bin schlecht/hässlich/dumm. Der schlimmste Glaubenssatz lautet: Ich darf nicht leben!

Andere Glaubenssätze sagen etwas über die Beziehung zu den Pflegepersonen (und folglich auch anderen Menschen) aus, wie: Ich bin schuld. Ich bin nicht wichtig. Ich bin unterlegen. Ich bin ein Niemand usw.

Häufig transportieren die Glaubenssätze schon die Lösung für das Problem mit den Eltern, sie formulieren also bereits die Selbstschutzstrategie. Beispiele: Ich muss mich anpassen. Ich muss funktionieren. Ich muss lieb und artig sein. Ich muss es allein schaffen. Ich muss stark sein usw.

Alexas Glaubenssätze lauteten übrigens: Ich bin nicht gut genug. Ich muss mich anpassen. Keiner will mich. Für mich kann man sich nicht entscheiden wollen.

Sie wies also – wie viele Menschen – Glaubenssätze aus allen drei Kategorien auf.

Natürlich gibt es auch noch Glaubenssätze, die mehr oder minder dumme, gefährliche oder banale Allgemeinplätze über das Leben manifestieren. Beispiele dafür sind: Männer sind schlecht. Frauen sind schwach. Araber sind böse. Geld verdirbt den Charakter etc. Diese Glaubenssätze, die zum Teil auch ganze Glaubenssysteme darstellen, können natürlich auch zu gesellschaftlichen Auseinandersetzungen oder gar Kriegen führen. Eine Vertiefung dieser Thematik würde jedoch an dieser Stelle zu weit führen.

Aus meiner Sicht sind die Glaubenssätze die Essenz des Selbstwertgefühls, quasi dessen Programmiersprache – zumindest gilt das für die Glaubenssätze der ersten drei Kategorien. Glaubenssätze sind die Brille, durch die wir die Wirklichkeit wahrnehmen. Sie sind die essenzielle Kurzfassung unserer mentalen Prägung, unseres Schattenkindes. Deswegen ist es sehr wichtig, dass die Klientinnen und Klienten ihre Glaubenssätze identifizieren.

Auf Engste verbunden mit den Glaubenssätzen sind die Gefühle, die sich aufgrund der mentalen Prägung tief im Erleben der Person verankert haben. Glaubenssätze, die sich um die subjektiv empfundene Minderwertigkeit drehen, können Schamgefühle, Angst, Trauer oder Wut triggern. Unsere Gefühle sind es, die unseren Handlungen ungeheuren Schub verleihen. Deswegen bitte ich die Menschen, die meinen Rat suchen, in den psychotherapeutischen Gesprächen auch immer wieder, ihre Aufmerksamkeit auf ihre Gefühle zu lenken und jene Gefühle zu spüren, die häufig aus ihrem Schattenkind entspringen. Diese Gefühle benötigen Aufmerksamkeit und Zuwendung, weil es sich um alte Verletzungen handelt, die geheilt werden wollen. Hierauf werde ich in den folgenden Abschnitten noch öfter eingehen.

Entscheidend ist, dass unsere Gefühle unser Bewusstsein viel leichter erreichen als die tiefer liegenden Glaubenssätze. Alexa spürt beispielsweise sehr intensiv ihre Verlustangst, die sie dazu veranlasst, engen Liebesbeziehungen auszuweichen. Diese Verlustangst ist viel quälender und im negativen Sinne motivierender als ihre Glaubenssätze, die ja nur die sprachliche Repräsentation dieses Gefühls darstellen. Das Gefühl an sich ist unmittelbarer und deswegen auch dem Bewusstsein am schnellsten zugänglich. Im Alltag geht es also darum, sich möglichst schnell bei seinem Schattenkindgefühl zu ertappen, um dann möglichst rechtzeitig in das Erwachsenen-Ich, also den klar denkenden und reflektierenden Verstand, umzuschalten, wie ich es bereits im Exkurs »Intervention bei negativen Gefühlen« auf Seite 140 erklärt habe. Die Grundlage psychotherapeutischer Veränderungsprozesse ist, dass Klient oder Klientin sich *nicht* mit jenen unangemessenen Gefühlen identifizieren, die aus alten Prägungen resultieren.

Alexa erklärte, wenn sie eine neue Bindung eingehe, tauche automatisch große Angst auf, wieder so negativ bewertet zu werden, wie sie es bei ihrer Mutter erfahren hat. Sie rechnet also aufgrund ihrer alten Prägung mit Kritik und Ablehnung. Diese Vorstellung/Erinnerung triggert ihre Verlustangst. Wann immer sie sich mit diesem Gefühl voll identifizierte, spulte sie ihr vertrautes Verhaltensprogramm ab, das bei ihr paradoxerweise dazu führte, sich Männer mit einem bindungsvermeidenden Schema auszusuchen (siehe »Alexa hält sich lieber klein«, S. 177). Würde es ihr im Alltag gelingen, sich bei ihrer Verlustangst und den dahinterstehenden Minderwertigkeitsgefühlen selbst zu ertappen, dann könnte sie mit Hilfe ihres Verstandes einen kleinen Abstand zu ihren früheren Erfahrungen herstellen. Sie könnte sich dann der heutigen Realität bewusst werden, in der sie eine liebenswerte, erfolgreiche und attraktive Frau ist. Es geht also darum, dass sie sich mit den gesunden Anteilen ihrer Persönlichkeit identifiziert und nicht mit den negativen Prägungen ihrer Kindheit.

Das Erwachsenen-Ich stärken

Wir können durch gedankliche Arbeit unsere Emotionen verändern (siehe dazu auch S. 140). Deswegen ist es mir als Psychotherapeutin sehr wichtig, dass Klienten auf der kognitiven Ebene eine klare Vorstellung davon entwickeln, dass ihre negativen Prägungen willkürlich sind. Diese sagen nichts über ihren persönlichen Wert aus, sondern ausschließlich etwas über die Art und Weise, wie sie in ihrer Kindheit geprägt wurden. Wenn man im Verstand eine klare Vorstellung dazu entwickelt, dann kann man negative Emotionen leichter außer Kraft setzen. Der Verstand, also das Erwachsenen-Ich, kann dann die Emotionen, also das Schattenkind, regulieren. Deswegen ist es wichtig, den reflektierenden Verstand des Klienten, der Klientin zu stärken.

Um das Erwachsenen-Ich zu stärken und einen bestmöglichen Abstand zu dysfunktionalen Prägungen herzustellen, lade ich meine Klientinnen und Klienten gern zu einer Vorstellungsübung ein. Dabei stellen sie sich selbst als kleines Kind und ihre Eltern (Pflegepersonen) vor: Sie schauen wie aus der Beobachterperspektive, also von außen, auf sich selbst als Kind und ihre Eltern. Sie betrachten also mit einigem Abstand die Situation ihrer Kindheit. Dabei sollen sie eine ganz neutrale Haltung einnehmen, wie jene eines Richters oder einer Richterin. Aus dieser Haltung sollen sie die Frage untersuchen, ob das Kind Fehler gemacht hat, indem es nicht genügte, nicht wichtig war, schuld gewesen ist oder in irgendeiner Form minderwertig. Oder verhält es sich eher so, dass die Eltern ein paar Fehler gemacht haben? Dem schließe ich die Frage an, was das Verhalten der Eltern über den Wert des Kindes aussagt.

Bislang sind alle, die zu einem Therapiegespräch zu mir kamen, zu der klaren Einsicht gekommen, dass das Kind unschuldig und wertvoll gewesen ist und die Probleme aufseiten der Eltern zu verorten sind. Ich bitte meine Klientinnen und Klienten dann, diese Einsicht einmal tief in ihrem Gefühl zu verankern. Das funktioniert, indem sie ihre innere Aufmerksamkeit auf ihren Bauch-Brustbereich richten und fühlen, wie sich diese gedankliche Klarheit dort anfühlt. Im nächsten Schritt bitte ich darum, die negativen Glaubenssätze vor dem inneren Auge an die Eltern zurückzugeben. Hierdurch entsteht ein Bild im Kopf meiner Klientinnen und Klienten, bei dem sie die Verantwortung für die Situation des Kindes an die Eltern delegieren.

Durch die Imagination werden Verknüpfungen im Gehirn für angemessene Gedanken hergestellt beziehungsweise alte Programme anhand von Vorstellungsübungen entmachtet. Wenn Klientinnen und Klienten dies wiederholt tun, dann verändert sich ihr Gehirn in die gewünschte Richtung. Das Lernen neuer psychischer Muster erfolgt anhand derselben Gesetzmäßigkeiten wie Lernen im Allgemeinen: Durch Wiederholung und Verknüpfung der Lerninhalte mit (positiver) Emotion.

Beim Loslassen der alten Glaubenssätze können unterschiedliche Widerstände auftauchen, die dann zunächst bearbeitet werden müssen (vgl. dazu »Festhalten am geringen Selbstwert«, S. 103). Bei einigen Klienten regt sich beispielsweise ein starker innerer Protest, weil sie das Gefühl haben, ihre Eltern quasi zu verraten. Dies weist aus psychologischer Sicht darauf hin, dass der betreffende Mensch sich nicht in gesunder Weise von seinen Eltern gelöst hat und sich ihnen gegenüber zu einer (ungesunden) Loyalität verpflichtet fühlt. In diesem Fall gebe ich sinngemäß den folgenden Hinweis: »Gehen Sie die Sache etwas entspannter an, indem Sie sich bewusst machen, dass Ihre Eltern ja auch bereits ein Schattenkind in sich trugen und dementsprechend – und nicht in böser Absicht – gehandelt haben. Dies ist eben der Lauf der Generationen, bis man ihn unterbricht. Dazu haben Sie jetzt die Chance. Es geht nicht um Eltern-Bashing, sondern darum, ein möglichst gründliches Verständnis für sich selbst zu entwickeln. Nur wenn Sie sich Ihrer Prägungen bewusst sind, haben Sie die Chance, sich aus Ihrem alten Muster zu befreien.«

Im nächsten Schritt kann man sich den Selbstschutzstrategien der Ratsuchenden zuwenden. Ich frage beispielsweise meine Klientin: Was tun Sie, um diese negativen Glaubenssätze und die unangenehmen Gefühle, die damit verbunden sind, zu vermeiden? Was sind typische Wahrnehmungsverzerrungen und Selbstschutzstrategien, die Sie gern anwenden? Bei den Selbstschutzstrategien handelt es sich häufig um Verhaltensweisen wie erhöhtes Machtstreben, Streben nach Perfektion, übertriebene Harmonieliebe und Konfliktscheu. Sie gehen jedoch in der Regel einher mit Wahrnehmungsverzerrungen, die entweder die Funktion haben, eine bestehende Beziehung zu idealisieren oder zu entwerten (siehe dazu die Abschnitte »Abwehr im Dienste der Bindung«, S. 155, und »Abwehr im Dienste der Autonomie«, S. 158).

Gemeinsam mit dem Klienten, der Klientin schaue ich mir an, zu welcher Seite – Bindung oder Autonomie – ihre Selbstschutzstrategie tendiert. Ist jemand eher der Bindungstyp, der sehr viel dafür tut, um anerkannt zu werden? Der möglichst perfekt alle Erwartungen erfüllt? Der sich seine Beziehungen auch gern mal schönredet und öfter die Augen verschließt, um unangenehmen Wahrheiten auszuweichen? Oder ist jemand eher ein autonomer Typ, der meint, er dürfe sich auf keinen außer auf sich selbst verlassen? Der andere Menschen stets kritisch beäugt und gern mal recht stur sein eigenes Ding macht? Oder ist er ein Mischtyp, der mal zu überangepasst und dann wieder zu abgegrenzt und autonom agiert?

Für die Klientinnen und Klienten ist die Erkenntnis, ob sie sich eher auf der bindungsorientierten oder autonomen Seite verankert haben, sehr hilfreich, weil es zu einem tieferen Verständnis ihres Problems beiträgt. Diese Einsicht schärft ihre Aufmerksamkeit dafür, wann sie ihr altes Muster im Alltagsleben bedienen. Entsprechend können sie sich besser ertappen und umschalten.

Ich habe bereits erwähnt, dass man sich nicht streng an die Reihenfolge der oben genannten psychotherapeutischen Interventionen halten muss. Themen wie frühe Prägungen, Glaubenssätze, Selbstschutzstrategien oder Abwehrmechanismen vertiefe ich häufig an der Stelle im Gespräch, wo sie auftauchen. Wenn eine Klientin beispielsweise erzählt, wie anziehend und attraktiv sie einen Partner empfindet, mit dem sie in eine toxische Beziehung verstrickt ist, dann könnte ich thematisieren, dass sie diesen Mann stark idealisierend wahrnimmt, und mit ihr reflektieren, welche Funktion diese Idealisierung für ihren Bindungswunsch ausübt. Ich erinnere: Die Idealisierung des Partners in einer dysfunktionalen Beziehung bewirkt, dass die Beziehung beschützt wird. Häufig leiden die Betroffenen unter starken Verlustängsten, die durch die Idealisierung und ein Zuviel an Empathie im Zaum gehalten werden. Sie verhindern das Auftauchen von angemessener Aggression, die in Trennungsaggression münden könnte.

Selbstannahme

In der Regel möchte man sich nicht mit schmerzhaften Erinnerungen und frühen Verletzungen auseinandersetzen, sondern diese am liebsten verbannen. So geht es zumindest meinen Klientinnen und

Klienten. Sie möchten ihre schlechten Gefühlszustände und destruktiven Verhaltensweisen einfach nur loswerden und abschütteln. Ein Wunsch, der vollkommen verständlich ist, aber leider eine ungünstige Lösungsstrategie befördert, nämlich, diesen Gefühlszuständen möglichst aus dem Weg zu gehen. Durch Verdrängung kann man sie jedoch nicht bearbeiten. In der Psychotherapie hat sich in den letzten Jahren der Begriff des *Selbstmitgefühls* etabliert. Dieser bezeichnet eine freundlich-liebevolle Haltung gegenüber der eigenen Person und ihren Verletzungen. Anstatt also unliebsame Gefühle einfach wegzudrücken, nimmt man eine Haltung ein, die als liebevolle Annahme bezeichnet werden kann. Hat ein Klient sein Schattenkind identifiziert, so lade ich ihn gern dazu ein, dieses von seinem Erwachsenen-Ich zu trennen: Auf der einen Seite nimmt er das Erwachsenen-Ich wahr, das aus der Beobachterperspektive reflektieren kann. Auf der anderen Seite sieht er seinen verletzten, kindlichen Anteil. Mit dem erwachsenen Persönlichkeitsanteil kann man sich in eine liebevolle, zugewandte Haltung gegenüber seinen verletzten Gefühlen begeben. Psychotherapeutinnen und -therapeuten formulieren gern, dass man selbst die Rolle des liebevollen Elternteils einnimmt, den man als Kind benötigt hätte. Aus dieser erwachsenen Perspektive heraus kann man sein Schattenkind an die Hand nehmen oder es auf den Schoß setzen und ihm in liebevollen Worten die Welt erklären. Ein solcher innerer Dialog könnte bei Alexa beispielsweise so aussehen: »Oje, mein armes kleines Kind. Das war nicht leicht mit Mama, die hat dich so früh weggegeben zur Oma … Und den Papa, den gab es gar nicht. Da warst du schon sehr allein. Aber dann hat es dir bei der Oma so gut gefallen, und plötzlich kommt die Mama und reißt dich da wieder raus. Das war ganz schlimm, mein armer Schatz. Und zurück bei Mama musstest du dich so sehr anpassen, die hatte ja auch einen neuen Mann, und alles war ganz fremd. Und immer gemeckert hat die Mama mit dir … deswegen denkst du noch heute, dass du nicht genügst und dich anpassen musst. Die Mama hat dich so oft abgewertet, deswegen denkst du immer wieder, du wärst falsch.

Und dann kommt die ganz schlimme Verlustangst, und die ist so schlimm, dass du schon darüber nachdenkst, lieber allein zu bleiben … Aber schau doch mal, mein Schatz: Das mit der Mama war doch nicht deine Schuld. Sie hat die Fehler gemacht. Sie war überfordert. Du warst ein ganz liebes, unschuldiges Kind. Wäre deine Mama heil gewesen und hättest du auch einen heilen Papa gehabt, dann wüsstest du heute, dass du vollkommen genügst, so wie du bist. Du bist wertvoll und hast schon sooo vieles richtig gemacht im Leben. Deine heilen Eltern wären unendlich stolz auf dich und würden dich gegen kein anderes Kind der Welt tauschen …«

Das obige Beispiel habe ich relativ knapp gehalten, man kann diesen Dialog zwischen dem Erwachsenen-Ich und dem Schattenkind noch viel weiter ausbauen. Hier soll nur das Prinzip verdeutlicht werden: Es wird eine Trennung der gesunden Ebene der erwachsenen Vernunft von den Verletzungen des inneren Kindes vorgenommen. Die Selbstansprache fördert die Einsicht, dass die inneren Glaubenssätze rein willkürlicher Natur sind, und verankert sie im Gefühl der Klientinnen und Klienten.

Im psychotherapeutischen Setting übernehme ich selbst auch gern die Rolle der tröstenden Mutter, indem ich das Schattenkind der Person, die mir gegenübersitzt, direkt anspreche. Sie hat bei dieser Übung nichts anderes zu tun, als mit geschlossenen Augen und eng verbunden mit ihren Gefühlen zuzuhören. Bei dieser Übung fließen fast immer Tränen, und nicht wenige Menschen äußern danach, dass noch nie jemand so liebevoll mit ihnen gesprochen habe. Die liebevolle Ansprache fördert nicht nur eine klare Differenzierung zwischen der Verantwortung der eigenen Eltern und der Verantwortung des Kindes, sondern sie ist auf der Gefühlsebene erlösend und heilsam. Sie ist emotional deshalb kraftvoller als die rein rationale Distanzierung, die in Form der inneren Beobachterposition des Richters/der Richterin vorgenommen wurde.

Ich ermuntere die Menschen, die mich aufsuchen, diese Übung in ihren Alltag zu integrieren. Hierfür habe ich auch eine sogenannte

Schattenkind-Trance eingesprochen, die unter diesem Namen auf YouTube zu finden ist.

Es stellt übrigens keinen Widerspruch dar, einerseits die liebevolle Selbstannahme zu praktizieren und sich andererseits im Alltag von Schattenkind-Introjektionen durch *Ertappen und Umschalten* zu distanzieren. Bei Letzterem geht es darum, möglichst schnell seine eigenen Projektionen aufzulösen, während es bei der liebevollen Selbstannahme um die Integration schmerzvoller Erlebnisse geht. Unter *Integration* verstehen Psychologen, dass man schmerzhafte Erinnerungen anerkennt und ihnen innerlich Raum gibt. Dies verhindert, dass sie unbewusst getriggert werden und man unangemessen auf sie reagiert. Wenn Alexa beispielsweise ihre schmerzhaften Kindheitserlebnisse innerlich integriert, indem sie mit ihrem Schattenkind immer wieder in einen liebevollen Kontakt geht, dann kann sie ihre gefühlte Minderwertigkeit und Verlustangst verarbeiten und hierdurch zu einer psychisch gesunden Gestaltung ihrer erwachsenen Beziehungen gelangen. Um diesen Prozess zu unterstützen, arbeite ich mit meinen Klientinnen und Klienten zusätzlich aktiv an der Identifikation mit positiven und angemessenen Glaubenssätzen. Wir stärken ihre eigenen Ressourcen und entwerfen gemeinsam sogenannte Schatzstrategien, die ein konstruktives Gegenprogramm zu den dysfunktionalen Schutzstrategien darstellen.

Neue Glaubenssätze und ein neues Lebensgefühl

Wenn Klientinnen und Klienten ihre alten Glaubenssätze und Überzeugungen auflösen, dann stellt sich manchmal eine gewisse Verunsicherung ein, die sich in der Frage ausdrückt: Wer bin ich denn, wenn nicht das Schattenkind? Die alten Prägungen stifteten schließlich bislang einen Teil ihrer Identität. Insbesondere überangepasste Menschen, die naturgemäß einen schlechten Kontakt zu ihren Gefühlen haben, können bezüglich der »wahren Natur« ihrer eigenen

Bedürfnisse und Eigenschaften ins Schwimmen geraten, wenn sie sich von ihrer alten Prägung verabschieden. Aus diesem Grunde habe ich der Metapher des Schattenkindes jene des Sonnenkindes entgegengesetzt. Dieses repräsentiert die gesunden Prägungen der Persönlichkeit, die persönlichen Stärken und Ressourcen, positive Glaubenssätze und konstruktive Verhaltensweisen.

Wichtig ist, dass die Klientinnen und Klienten ihre dysfunktionalen in funktionale Glaubenssätze verwandeln. So kann aus einem »Ich genüge nicht« ein »Ich genüge« werden. Wenn das als zu hoch gegriffen erscheint, kann der Glaubenssatz modifiziert werden, beispielsweise so: »Ich genüge meinen Freunden« oder »Ich genüge meiner Chefin«. Damit die neuen Glaubenssätze eine Veränderung im Denken und Fühlen bewirken, gilt die Regel: Sie müssen annehmbar sein. Zumindest muss der Klient, die Klientin ihnen verstandesmäßig zustimmen, selbst wenn er/sie den Wahrheitsgehalt noch nicht fühlen kann. Wie bereits gesagt, ist eine ganz klare kognitive Repräsentation sehr hilfreich für die Veränderung des emotionalen Erlebens.

Wenn die Klientin beispielsweise einen Glaubenssatz aufweist, der lautet: »Ich bin hässlich«, dann würde es ihr nichts nützen, wenn sie ihn in ein »Ich bin schön« transformierte. Damit könnte sie sich nicht identifizieren. Der Schritt wäre zu groß und der neue Glaubenssatz damit nicht annehmbar. Wir können uns nicht eine neue Identität einreden, aber wir können unsere Identität modifizieren. Der Glaubenssatz »Ich bin schön genug!« wäre eine solche Modifizierung. Dieser Glaubenssatz ist für die meisten Betroffenen gut annehmbar, zumal er auch humorig ist.

Eine weitere Regel für die Konstruktion neuer Glaubenssätze ist, dass sie realistisch sein sollten. Manche Menschen möchten sich beispielsweise mit dem neuen Glaubenssatz »Ich kann alles schaffen« motivieren, aber das ist nicht realistisch. Es gibt Grenzen der Machbarkeit für jeden Menschen, und leider können wir nicht alles schaffen. »Ich kann vieles schaffen« könnte hingegen eine realistische Vorstellung sein. Entsprechend sollten auch narzisstische Überkompensierungen vermieden werden, wie »Ich bin die Größte« oder »Ich bin der Beste«. Eine Übertreibung in die andere Richtung verändert nur das Problem des Klienten, aber löst es nicht.

Hilfreich ist, wenn die neuen Glaubenssätze keine Verneinung aufweisen. Der weit verbreitete Glaubenssatz »Ich bin schuld« wäre hierfür ein gutes Beispiel. »Ich bin nicht schuld« ist psychologisch keine gute Umkehrung, weil das Wort Schuld darin steckt und deswegen im Bewusstsein der Klienten präsent bleibt. Menschen, die sich chronisch schuldig fühlen, haben sich als Kinder für die Stimmung und das Verhalten ihrer Eltern verantwortlich gefühlt. Deswegen haben sie sich den elterlichen Erwartungen überangepasst und entsprechend schlechte Abgrenzungsfähigkeiten erworben. »Ich darf mich abgrenzen« ist deswegen für viele Betroffene ein hilfreicher neuer Glaubenssatz.

Beispiele für positive Glaubenssätze sind: Ich genüge. Ich bin wertvoll (oder liebenswert). Ich darf meine Gefühle fühlen. Ich darf Fehler machen. Ich befinde mich mit meinen Mitmenschen auf Augenhöhe. Ich bin wichtig (für meine Kinder/Freunde/Kollegen). Ich darf mich wehren. Ich darf ich sein. Ich kann mich jederzeit verbinden (anstatt: Ich bin allein). Ich darf mir Hilfe suchen (anstatt: Ich muss es allein schaffen). Ich bin willkommen. Ich darf leben.

Ich werde nicht müde, es zu betonen: Es ist beim Erlernen neuer mentaler Repräsentationen sehr wichtig, wie beim Lernen allgemein, dass die Inhalte wiederholt und idealerweise an positive Emotionen geknüpft werden. Meditationen und Imaginationstechniken sind hilfreich, um die neuen Inhalte tiefer im Bewusstsein der Betroffenen zu verankern. Kleine Vorstellungsübungen wie die folgende können da bereits helfen:

LIEBLINGSSITUATIONEN IMAGINIEREN

Stellen Sie sich bitte eine Situation vor, in der diese neuen Glaubenssätze bereits wahr sind. Eine Lieblingssituation sozusagen. Sei es, wenn Sie mit Ihrem Hund im Wald spazieren. Sei es, dass Sie mit Ihrer Familie einen Tag am Strand verbringen oder einfach mit Ihren Freunden in geselliger Runde sitzen. Imaginieren Sie eine Situation, in der es Ihnen rundum gut geht. Falls Sie sich so belastet fühlen, dass Ihnen keine Situation einfällt, dann nehmen Sie Ihre Fantasie zu Hilfe und malen sich eine Situation aus, in der es Ihnen richtig gut ginge. Tauchen Sie tief in die Situation ein und geben Sie den guten Gefühlen, verknüpft mit ihren neuen Glaubenssätzen, innerlich Raum.

Diese Übung kann man auch noch weiter ausbauen und hierbei in der Vorstellung gezielt alle Sinne mit einbeziehen, was zu einer noch tieferen Verarbeitung führt. Beispielsweise so:

EINTAUCHEN MIT ALLEN SINNEN

Nun tauchen Sie bitte in diese Situation mit all Ihren Sinnen (in Ihrer Vorstellung) ein. Sehen Sie sich dort um, hören Sie …, schmecken/riechen Sie …, fühlen Sie taktil, also mit den Händen, Füßen, dem Körper, und schließlich fühlen Sie emotional, wie gut es Ihnen dort geht, wie schön das Leben sein kann Geben Sie diesem Gefühl ganz viel Raum in Ihrem Inneren. Atmen Sie tief ein und aus.

Jetzt denken Sie bitte an Ihre Stärken: Was können Sie alles gut, worauf dürfen Sie stolz sein? Sind Sie vielleicht kreativ, intelligent, ehrlich, loyal, fleißig, sportlich, handwerklich geschickt, witzig, gut aussehend – was haben Sie gut drauf? Was mögen Ihre Freunde und Freundinnen an Ihnen? Bitte spüren Sie Ihre Stärken, lassen Sie diese durch Ihren ganzen Körper strömen.

Nun stellen Sie sich bitte vor, Ihr Lieblingsmensch stünde hinter Ihnen und legte ganz liebevoll seine Hände auf Ihre Schultern. Ihr Lieblingsmensch flüstert Ihnen jetzt Ihre neuen Glaubenssätze ins Ohr. Falls Sie zu keinem Menschen ein ungestörtes Verhältnis haben, so können Sie sich auch gern ein Fantasiewesen vorstellen. Fühlen Sie Ihre neuen Glaubenssätze, lassen Sie sie durch Ihren ganzen Körper strömen.

Derartige Imaginationsübungen sind für die Klientinnen und Klienten leicht in ihren Alltag zu integrieren. Am effektivsten sind sie bei regelmäßiger, am besten täglicher Anwendung. Zudem können sie auch zum schnellen Auftanken in stressbeladenen Alltagssituationen dienen, indem man innerlich kurz einmal in ein Vorstellungsbild eintaucht.

Die Imagination, die ein Mensch wählt, kann man als dessen persönliche *Kraftquelle* bezeichnen. Er oder sie sollte sie so oft wie möglich in seinen Alltag einbauen. Ich habe diese kleine Übung während meiner Ausbildung zum *Neurolinguistischen Programmieren (NLP)* erlernt. Einige Techniken aus dem NLP verwende ich in meiner Arbeit bis heute ganz gern.

Kleiner Exkurs: Neurolinguistisches Programmieren

Das Neurolinguistische Programmieren, kurz NLP, wurde bereits in den 1970er Jahren an der University of California in Santa Cruz von einigen namhaften Psychotherapeuten und Linguisten entwickelt; dazu gehören beispielsweise die US-Amerikaner Richard Bandler und John Grinder. NLP ist ein Motivations- und Kommunikationsmodell, es ist ein Vorreiter der Neuropsychologischen Psychotherapie. Beim Neurolinguistischen Programmieren werden gesprächs-, verhaltens-, hypno- und körperorientierte Ansätze zusammengeführt.

- »Neuro« steht für das Nervensystem, das wir brauchen, um Informationen aus der Umwelt mittels unserer Sinnesorgane aufzunehmen und dann zu verarbeiten.
- »Linguistik« nimmt Bezug auf die Sprache, die wir benutzen, um mit anderen Menschen zu kommunizieren. Wir kommunizieren aber auch innerlich mit uns selbst. Unsere Worte und Sätze prägen unsere innere Wirklichkeit.

- »Programmieren« steht für die zielgerichtete Veränderung unseres Systems.

NLP fördert die Selbstreflexion, hilft, zielorientierte Lösungsansätze zu finden. Unser Denken, Fühlen und Verhalten (Neuro) wird mittels Sprache (Linguistik) systematisch verändert (programmiert).

Viele Techniken, die im NLP entwickelt wurden, wurden zu meiner Studentenzeit noch belächelt, im Zuge neuer Erkenntnisse der Hirnforschung haben sie sich jedoch rückblickend als völlig richtig erwiesen.

Im folgenden Abschnitt geht es um einen sehr zentralen Bestandteil einer jeden Psychotherapie, nämlich um das Gefühlsleben der Klientinnen und Klienten und dessen Regulation.

Zweiter Schritt: Zugang zu den Gefühlen schaffen

Überangepasste Menschen, auch jene mit autonomer Ausprägung, weisen meist ein bestimmtes Problem auf: Sie haben einerseits einen schlechten Zugang zu ihren Gefühlen oder verspüren andererseits bestimmte Gefühle zu intensiv. Unsere Gefühle sind die Essenz unseres Bewusstseins. Wie ich schon mehrfach betont habe, wollen wir unangenehme Gefühle möglichst vermeiden und angenehme erlangen. Unsere Probleme sind mit unseren Gefühlen verzahnt. Viele Probleme resultieren aus Überangepasstheit oder autonomer Abgrenzung der Betroffenen. Um in eine gute Balance zwischen Autonomie und Bindung zu gelangen, benötige ich einen guten Zugang zu meinen Gefühlen. Bei der Bindung geht es um das Miteinander, das Wir. Bei der Autonomie geht es um die Abgrenzung, das Ich. Für die Bindung benötige ich einen guten Zugang zu meinen Gefühlen, um mitmenschlich und empathisch zu sein. Für die Autonomie benötige ich den guten Zugang, um zu wissen, was ich will oder auch, was ich nicht will. Wenn ich meine eigenen Grenzen nicht spüren kann, dann kann ich auch nicht für mich eintreten. Gefühle formatieren den Willen: Wenn ich nicht fühle, dass ich erschöpft bin, dann fehlt der Wille zur Erholung, und es unterbleiben die folgerichtigen Handlungsschritte.

Für die Empathie und ein möglichst liebevolles und friedliches Miteinander muss ich fühlen können. Ich kann nur jene Gefühle beim anderen mitfühlen, die mir selbst zur Verfügung stehen (siehe dazu »Exkurs: Warum wir mehr Mitgefühl und Selbstreflexion brauchen«, S. 20). Brutalität entsteht immer da, wo Menschen innerlich abgestumpft sind. Die ungeheuren Grausamkeiten, die Menschen sich gegenseitig antun, können nur auf dem Boden mangelnden Mitgefühls gedeihen. Selbstreflexion, die in meinem Verständnis immer den Kontakt zu den eigenen Gefühlen mit einschließt, wäre ein Weg, der zu einem liebevolleren und friedlichen Miteinander führen könnte. Dies gilt sowohl für unsere persönlichen Beziehungen als auch tatsächlich für den Weltfrieden.

Überangepasste und Autonome leiden darunter, dass sie manche Gefühle oder sogar fast alle Gefühle kaum spüren können. Ihr Leben erscheint ihnen deswegen dumpf und leer, und es fällt ihnen schwer, Entscheidungen zu treffen, die sich »gut anfühlen«. Und/oder sie leiden unter ihren zu intensiven Gefühlen wie Panikattacken, Wutausbrüchen oder tiefer Verzweiflung. Wieder andere leiden unter einer oder mehreren Süchten, sie werden von einer Droge abhängig, die ihnen kurzfristig gute Gefühle bereitet, sie jedoch langfristig zerstört.

Gefühle sind nicht nur Ausdruck unseres Seins, sie legen uns auch nahe, wie wir uns verhalten sollen. Wut rät uns beispielsweise zu kämpfen. Trauer rät uns zum Rückzug, Eifersucht zu Kontrolle usw. Unsere Selbstschutzstrategien resultieren aus unseren Gefühlen – entweder, weil wir bestimmte Gefühle vermeiden oder, weil wir sie erlangen wollen. Wenn mein Schattenkind Angst vor Ablehnung hat, möchte es dieses Gefühl vermeiden, indem es nach Perfektion strebt oder indem es sich zurückzieht und unter seinen Möglichkeiten bleibt. Ist das Schattenkind hingegen häufig wütend, dann fängt es möglicherweise Streit wegen Nichtigkeiten an und zerstört damit seine Beziehungen. Längst nicht alle Gefühle sind gute Berater. Entspringen sie nur unserem Schattenkind und sind der Situation an sich unangemessen, verführen sie uns zu Verhaltensweisen, mit denen wir unsere Beziehungen belasten.

Gefühle wahrnehmen

Weil Überangepasste früh gelernt haben, sich den Erwartungen ihrer Umgebung anzupassen, verlieren sie schnell den Kontakt zu sich selbst, sobald andere Menschen in der Nähe sind – und manchmal sogar dann, wenn sie allein sind. Weil dieser Prozess automatisiert abläuft, muss er durch eine bewusste Hinwendung zu den eigenen Gefühlen unterbrochen beziehungsweise abtrainiert werden. Die Betroffenen sollten sich darin üben, ihre Aufmerksamkeit auf die eigenen Gefühle und Bedürfnisse zu richten. In den psychotherapeutischen Sitzungen frage ich deswegen immer wieder: »Wie fühlen Sie sich jetzt gerade? Wie fühlen Sie sich, wenn Sie darüber reden/sich erinnern? Wie geht es Ihnen gerade mit mir in dieser Situation?«

Klienten, die sich schwertun, ihre Gefühle wahrzunehmen, selbst unter der Bedingung, dass sie bewusst in sich hineinfühlen, kann man auch über ihren Körper an ihr Gefühlsleben heranführen. Man leitet sie an, mit ihrer Aufmerksamkeit durch den eigenen Körper zu reisen und die einzelnen Körperteile bewusst wahrzunehmen. Dabei sollte die Aufmerksamkeit auch auf die Atmung gelenkt werden. Durch eine bewusstere Wahrnehmung des eigenen Körpers und der Atmung lernen wir, unserer eigenen Person wieder mehr Beachtung zu schenken und Qualitätsunterschiede wie verspannt, locker, warm, kalt usw. wahrzunehmen. Hierüber kann lässt sich dann auch wieder Zugang zu Gefühlszuständen wie Freude, Trauer oder Angst finden.

Ich rate meinen Klientinnen und Klienten, diese Selbstaufmerksamkeit in ihren Alltag einzubauen. Hierfür können sie über den Tag verteilt immer mal wieder eine kleine Reise durch ihren Körper machen, von den Füßen bis zum Kopf. Sie sollen ganz bewusst fühlen und wahrnehmen. Es hilft auch, immer wieder in den Brust-Bauchraum hineinzuspüren und sich zu fragen: Was fühle ich gerade? Oder: Welches Bedürfnis habe ich gerade? Die Klientinnen und Klienten lernen, sich rechtzeitig zu ertappen, wenn sie wieder reflexartig ein Gefühl wegdrücken wollen. Wenn also ein Funke Ärger, Trauer oder Freude aufkommt, geben sie diesem Gefühl innerlich Raum und heißen es willkommen. Nun können sie es erforschen: Woher kommt das Gefühl? Was will es mir sagen? Welchen Handlungsvorschlag hat es für mich? Je achtsamer eine Klientin mit ihren Gefühlen umgeht, desto genauer kann sie ihre Bedürfnisse erspüren und diese auf eine angemessene Weise erfüllen oder auch zugunsten eines anderen Ziels zurückstellen.

Nicht wenige Menschen leiden aber auch unter einer zu großen Intensität eines bestimmten Gefühls. Ich erinnere an meine Klientin Birgit (siehe »Birgit leidet an Panikattacken«, S. 238). Wenn bestimmte Gefühle das Leben durch eine unangemessen starke Intensität dominieren, geht es darum, den lebensgeschichtlichen Zusammenhang zu eruieren. Bei Birgit bestand dieser Zusammenhang in einer Bindungsunsicherheit an ihre Eltern und dem damit einhergehenden Wunsch nach Geborgenheit und Bindung. Die Panikattacken Birgits wiesen somit einen Krankheitsgewinn für sie auf: Sie wurde dadurch enger an ihre Mutter, aber auch an ihre Lebensgefährtin gebunden. Birgit wies, wie praktisch alle Angst-Betroffenen, ein Defizit an Bindung und folglich auch eine gestörte Autonomieentwicklung auf. Menschen mit diesem Problem machen sich angreifbar und fühlen sich dem Leben nicht gewachsen (siehe dazu auch den Abschnitt »Angst: ein wichtiges und ungeliebtes Gefühl«, S. 143). Sie sehnen sich nach einer Bindungsperson, die sie an die Hand nimmt und durch die scheinbar gefährlichen Situationen begleitet. Je besser die Klientin die lebensgeschichtlichen Zusammenhänge erkennt, desto leichter gelingt es ihr, ihre Projektionen aufzulösen und Strategien zu entwickeln, ihrer Konditionierung von angstauslösendem Reiz (zum Beispiel eine Autofahrt von A nach B) und der Angstreaktion entgegenzuwirken (die entsprechenden Strategien zur Bewältigung starker Gefühle stelle ich noch unter dem Abschnitt »Gefühle regulieren« vor, siehe S. 323).

Auch massive Wutgefühle lassen sich am besten regulieren, indem man gemeinsam mit den Betroffenen deren Ursachen auf die Schliche kommt, wie es beispielsweise bei Elke (»Elke leidet unter Wutausbrüchen«, S. 271) der Fall gewesen ist. Elkes Wut resultierte aus einer alten Kindheitswunde, aus einem Gefühl des Nicht-respektiert-Werdens. Ihre aktuelle Wut wird also durch ein altes beziehungsweise primäres Gefühl von Trauer/Verletztheit getriggert.

Primäre und sekundäre Gefühle

In der Psychologie wird zwischen *primären* und *sekundären* Emotionen unterschieden. Primäre Emotionen sind die allererste Reaktion auf eine Situation oder ein Ereignis. Allerdings leben wir diese unmittelbaren Emotionen nicht immer aus: Wenn zum Beispiel jemand etwas Verletzendes zu uns sagt, kann unsere primäre Reaktion darauf Traurigkeit sein. Es kann aber sein, dass wir diese primäre Emotion hinter einem anderen Gefühl verstecken: Wut ist beispielsweise eine sekundäre Emotion, die oftmals eine Reaktion auf Traurigkeit ist.

Manche Emotionen wie Schuld, Angst oder Ärger sind schwer auszuhalten, weswegen Menschen sie gern vermeiden und unterdrücken. Dabei besteht häufig ein Zusammenhang mit kindlichen Prägungen, also mit dem Umgang mit bestimmten Emotionen während unserer Kindheit. Konnten die Eltern beispielsweise nicht mit kindlicher Wut umgehen, wie es bei Christoph (»Christoph will Harmonie um jeden Preis«, S. 263) der Fall gewesen ist, so lernt das Kind früh, seine Wut zu unterdrücken und in Christophs Fall durch Angst vor Ablehnung und eine übertriebene Harmonieliebe zu ersetzen. Auch Stefan, der sich sorgte, als Vater zu versagen (S. 230), erstickte seine Wut in Angst und Trauer und merkte deswegen nicht, wie wenig seine Ex-Partnerin seine Vaterrolle respektierte, was die Voraussetzung dafür gewesen wäre, sich ihr gegenüber zu behaupten.

Übrigens verbirgt sich hinter einer Depression häufig eine ganze Menge kalter Wut. Depressive Menschen sind in der Regel überangepasst und verfügen über eine geringe internale Kontrollüberzeugung, sie haben also das Gefühl, wenig Einfluss auf ihre Beziehungen und ihr Leben nehmen zu können. Eine wesentliche Ursache hierfür ist, dass sie primäre Wutgefühle durch sekundäre Gefühle von Angst oder Trauer austauschen und hierdurch ihre Grenzen kaum spüren und mithin auch nicht verteidigen können. Depression kann auch als Aufgabe jeglicher Bemühungen, auf sein Leben Einfluss zu nehmen, verstanden werden. In manchen Fällen versteckt sich dahinter auch eine passive Aggression des Nicht-mehr-funktionieren-Wollens, also eine massive Verweigerungshaltung.

Wut kann sich jedoch auch als Sekundär-Emotion einstellen, wenn wir beispielsweise Scham oder Kränkung empfinden. Wer hat noch nicht auf eine angemessene Kritik, für die man sich ein bisschen schämt, mit Ärger und Gegenwehr reagiert? Ich erinnere mich an einen Klienten, der als Kind wegen seines Übergewichts viel gemobbt und gehänselt wurde. Er hat früh gelernt, auf diese Hänseleien mit massiven Wutausbrüchen zu reagieren. Damit hat er sich einen gewissen Respekt verschafft. Als Erwachsenem kam ihm diese Wut dann immer wieder in die Quere. Er kam zu mir, um seine impulsiven Ausbrüche in den Griff zu bekommen.

Wenn wir ein Gefühl ganz schlecht aushalten können und es deswegen durch eine sekundäre Emotion eintauschen, spricht man auch von einer geringen *Emotionstoleranz.* So ist Wut beispielsweise ein Gefühl, das uns Stärke verleiht, deswegen können wir sie häufig besser ertragen als Kränkung, Trauer oder gar Verzweiflung, die dafür sorgen, dass wir uns schwach und hilflos fühlen.

In den psychotherapeutischen Gesprächen versuche ich deswegen gemeinsam mit den Klientinnen und Klienten, ihre primären Gefühle zu identifizieren, so wie es auch in dem Gespräch mit Elke (S. 271) geschehen ist. Erst als Elke gewahr wurde, dass sich hinter ihrer Wut eine alte Kränkung verbarg, war sie in der Lage, ihre Wutgefühle aufzulösen.

Adaptive und maladaptive Emotionen

Gefühlszustände werden von vielen Menschen als zu wenig wichtig erachtet, weil sie deren Auswirkungen nicht hinreichend berücksichtigen: Unsere Gefühle spiegeln aber nicht nur unsere Bedürfnisse, sondern sagen uns auch, was wir tun sollten. Auf der Handlungsebene bewirken sie entweder, dass ich mich einer Situation annähere oder sie vermeide. Wenn ich mich ärgere, dann suche ich vielleicht die Konfrontation (Annäherung). Wenn ich mich einsam fühle, rufe ich eine Freundin an (Annäherung). Wenn ich enttäuscht bin, ziehe ich mich vielleicht zurück (Vermeidung). Wenn ich Angst habe, ergreife ich vielleicht die Flucht (Vermeidung).

Grundsätzlich können Gefühle der Situation angemessen oder unangemessen sein. Entsprechend können die daraus folgenden Verhaltensweisen angemessen oder unangemessen sein. In der psychologischen Fachsprache spricht man von *adaptiven* und *maladaptiven* Emotionen und Verhaltensweisen. »Adaptiv« kommt aus dem Lateinischen und bedeutet: hilfreich bei der Anpassung.

Ein Beispiel für vorwiegend adaptive Emotionen und adaptives Verhalten:

Juliette ist glücklich mit Timo verheiratet. Sie haben zwei Kinder, Lilli (fünf Jahre) und Julius (acht Jahre), die gesund und munter sind. Timo und Juliette sind jeweils 30 Stunden die Woche berufstätig. Juliette fühlt sich jedoch oft mit den Kindern und der Arbeit im Haus überfordert und findet, dass Timo sich mehr beteiligen sollte. Es ärgert sie (adaptive Emotion), dass er häufig übersieht, was für sie ganz offensichtlich ist, sei es die Geschirrspülmaschine, die ausgeräumt werden muss; sei es Kinderspielzeug, das im Weg liegt oder die Wäsche, die sich türmt. Bevor ihr Ärger weiter wächst, spricht sie das Thema bei Timo an (adaptives Verhalten), der dies zunächst bestreitet (maladaptives Verhalten). Als sie jedoch mit einigen konkreten Beispielen ihre Einschätzung belegt, gibt Timo ihr recht, und sie entwickeln gemeinsam einen Haushaltsplan (adaptives Verhalten von beiden).

In diesem Beispiel haben Juliette und Timo ihr Problem gut und adaptiv geregelt, was nicht immer der Fall ist, weil sie – wie die meisten Menschen – auch Themenbereiche haben, in denen sie eher mit maladaptiven Emotionen und maladaptiven Verhaltensweisen reagieren. Maladaptive Emotionen resultieren häufig aus den frühkindlichen Schattenkind-Prägungen. Bei den maladaptiven Verhaltensweisen handelt es sich meistens um unsere typischen Selbstschutzstrategien, wie Flucht, Lügen, Angriff, Perfektionsstreben, überhöhtes Kontrollbedürfnis oder auch Wahrnehmungsverzerrungen wie Schönreden und Verdrängen. Die maladaptiven Verhaltensweisen beziehungsweise Selbstschutzstrategien haben meistens die Konsequenz, dass wir das Gegenteil von dem erreichen, was wir uns eigentlich wünschen.

Hierfür auch noch ein Beispiel:

Janina und Saskia sind ein Paar. Sie teilen viele gemeinsame Interessen und Hobbys und verbringen viel Zeit miteinander. Saskia möchte jedoch auch ab und zu etwas mit ihrer besten Freundin, ohne Janina, unternehmen. In Janina lösen diese Bestrebungen Saskias Verlustängste und Eifersucht aus (maladaptive Emotionen). Sie macht ihr Vorwürfe, dass sie sie nicht genügend liebe (maladaptives Verhalten). Wenn sich Saskia dennoch mit ihrer Freundin allein verabredet, straft Janina sie tagelang mit hartnäckigem Schweigen und Nichtbeachtung (maladaptives Verhalten). Janinas übertriebene Eifersucht und ihr besitzergreifendes Verhalten lassen Saskias Gefühle für sie zunehmend abkühlen.

Janinas maladaptive Emotionen und ihr maladaptives Verhalten bewirken also genau das Gegenteil von dem, was sie sich eigentlich wünscht.

Eine gelungene Psychotherapie verfolgt immer das Ziel, die Selbstwirksamkeit der Klientin oder des Klienten zu erhöhen und sie somit in die Lage zu versetzen, maladaptive Emotionen und Verhaltensweisen rechtzeitig zu erkennen und zu regulieren. Ich bin deswegen immer bemüht, den Blick meiner Klientinnen und Klienten für die Zusammenhänge zwischen ihren Problemen, Gefühlen, Glaubenssätzen und Verhaltensweisen zu schärfen. Dies kann auch mit Hilfe einer *Emotionalen Problemanalyse* geschehen.

Emotionale Problemanalyse

Mit der emotionalen Problemanalyse können Klientinnen und Klienten ihre Probleme und deren Ursachen analysieren und somit besser verstehen. Das Problemverständnis, mit anderen Worten die *richtige Diagnose* stellt die beste Voraussetzung zur Lösung/Therapie der Probleme dar.

Die emotionale Problemanalyse möchte ich exemplarisch am Beispiel einer ehemaligen Klientin von mir erläutern. Die Klientin, Nina, war zum Zeitpunkt der Problemanalyse unglücklich in ihre Beziehung zu ihrem Partner Shem verstrickt und drehte sich mit ihren Lösungsversuchen, Shem enger an sich zu binden, immer wieder im Kreis.

Erster Schritt: Problemdefinition

Natürlicherweise beschreibt die Klientin zunächst ihr Problem, das sie mit mir bearbeiten möchte. Zusammengefasst lautet das bei Nina so:

»Ich schaffe es nicht, meine Wünsche in meiner Beziehung mit Shem angemessen auszudrücken: Ich passe mich ihm ewig an, und wenn es mir irgendwann zu viel wird, dann raste ich aus.«

Zweiter Schritt: Bedürfnisanalyse

Hier analysiere ich gemeinsam mit der Klientin, welche verborgenen Bedürfnisse bei diesem Problem eine wichtige Rolle spielen.

Nina: »Ich sehne mich nach Bindung und Nähe, ich möchte aber auch meine eigenen Bedürfnisse in die Beziehung mit einbringen.«

Wie wir sehen, sind Ninas Bedürfnisse völlig angemessen, also adaptiv. Allerdings bringt sie diese auf eine maladaptive Weise zum Ausdruck, indem sie sich Shem zunächst stark anpasst und dann wütend wird. Daraus ergibt sich die Frage, welches motivationale Schema, also Schattenkind, sie erworben hat.

Dritter Schritt: Wie ist das Schattenkind geprägt?

Welche lebensgeschichtlichen Prägungen hat die Klientin in Bezug auf ihr Selbstwertgefühl und ihre Beziehungsgestaltung erworben, die sie auf ihre gegenwärtige Beziehung projiziert?

Nina: »Meine Eltern waren ziemlich streng und hatten sehr hohe Erwartungen an mich. Vor allem schulisch musste ich gut abliefern. Mein Anpassungsdruck war hoch. Wenn ich die Erwartungen meiner Eltern nicht erfüllt habe, haben sie mich sofort mit Liebesentzug bestraft.«

Vierter Schritt: Welche Glaubenssätze existieren?

Nun werden die Glaubenssätze erarbeitet, die die Klientin aufgrund ihrer Prägung erworben hat.

Ninas Glaubenssätze: Ich muss leisten, um geliebt zu werden. Ich darf nicht ich sein. Ich muss mich anpassen.

Fünfter Schritt: Maladaptive Emotionen benennen

Glaubenssätze und Emotionen sind aufs Engste miteinander verbunden. Aus negativen Glaubenssätzen resultieren in der Regel maladaptive Emotionen, die der aktuellen Realität der Klienten nicht angemessen sind.

Nina formuliert hier eine starke Angst vor Ablehnung und Verlust. Die Verlustangst ist ihre primäre Emotion. Sie ist ein Ergebnis ihrer Kindheitsprägung, nämlich des Gefühls, nicht um ihrer selbst willen geliebt zu werden, sondern nur für gute Leistungen. Hieraus resultiert maladaptives Verhalten.

Sechster Schritt: Welches maladaptive Verhalten (Selbstschutzstrategie) resultiert aus dem primären Gefühl?

Nina: »Ich versuche alle Erwartungen von Shem (und anderen) zu erfüllen. Das ist die Reaktion auf meine primäre Emotion, die Verlustangst. Hierdurch enge ich meine eigenen Bedürfnisse zu stark ein, was ich letztlich Shem verüble und wütend werde.«

Die Wut stellt sich ein, weil Nina ihre eigene Autonomie beschneidet, um Shem zu gefallen. Den persönlichen Freiheitsverlust, den sie selbst durch die Hintanstellung ihrer Bedürfnisse herbeiführt, projiziert sie auf Shem, indem sie ihn für ihre Überanpassung verantwortlich macht.

Siebter Schritt: Welche Konsequenzen erfolgen aus dem Verhalten?

Nina: »Ich kann meine Bedürfnisse nicht ewig unterdrücken. Ich bin deswegen unzufrieden und reagiere manchmal bei Kleinigkeiten viel zu aggressiv. Shem weiß nicht, woran er mit mir ist. Weil ich meine Wünsche nicht angemessen formuliere, hat Shem wenig Möglichkeiten, es richtig zu machen. Die Beziehung ist durch mein Verhalten längst nicht so schön, wie sie sein könnte.«

Ninas Überzeugungen, nicht zu genügen, und ihre Verlustangst gehen Hand in Hand. Sie hat deswegen ein hohes Vermeidungsmotiv entwickelt: Sie will es Shem (und anderen) recht machen, um nicht auf Ablehnung zu stoßen. Damit bringt sie sich jedoch selbst in die Klemme, weil sie auf Dauer nicht ihre eigenen Bedürfnisse unterdrücken kann und dann unangemessen aggressiv reagiert. Ich erinnere: Aggression ist die Emotion unserer autonomen Bedürfnisse. Durch ihre Überanpassung an Shems vermeintliche Erwartungen boykottiert Nina ihre eigene Autonomie. Ihre Verlustangst, die ihr auf der Verhaltensebene vorschlägt, sich Shem quasi unterzuordnen, verwandelt sich in Aggression, wenn sie ihre eigenen Bedürfnisse hierdurch zu kurz kommen lässt. Will Nina aus diesem Muster aussteigen, ist es also zum einen wichtig, dass sie ihre Prägungen erkennt und ihr Schattenkind von der erwachsenen Nina unterscheidet. Sie muss ihre gegenwärtige Realität von der vergangenen Realität trennen. Außerdem ist es essenziell, dass sie ihre Emotionen, die häufig aus ihrem Schattenkind entspringen, regulieren kann.

Hierum soll es im nächsten Abschnitt gehen.

Gefühle regulieren

Auch wenn man auf der theoretischen Ebene schon viel verstanden und für sich reflektiert hat, so ist es im Alltagsleben dennoch oft schwierig, rechtzeitig zu bemerken, wenn wieder das Schattenkind und die maladaptiven Emotionen das Ruder übernehmen. Es passiert immer wieder, dass man den richtigen Zeitpunkt verpasst, um seine Gefühle noch regulieren zu können. In diesem Fall braucht es Maßnahmen, um zu intensive Emotionen abzuschwächen. Ansonsten laufen wir Gefahr, dass unsere starken Gefühle uns entweder zu impulsiv handeln lassen oder uns in den Rückzug und in die Resignation treiben.

Vor allem, wenn wir unter Stress stehen, sind wir schnell in unseren Schattenkind-Gefühlen getriggert. Umgekehrt sind intensive Gefühle selbst ein Stressfaktor, erst recht, wenn sie negativ sind. Länger in einer Panikattacke zu verweilen oder im Zustand der Verzweiflung festzustecken ist Stress pur.

Wenn wir die Intensität von Gefühlen auf einer Skala von 0 10 einstufen (10 wäre das Maximum an Intensität), dann ist man ab 7 zunehmend weniger in der Lage, seine Gefühle und sein Verhalten angemessen zu steuern. Auf diesem Stresslevel kommt man auch mit *Ertappen und Umschalten* (siehe »Exkurs: Intervention bei negativen Gefühlen«, S. 140) nicht weiter, weil der Frontalcortex, der Sitz der Vernunft, bereits blockiert ist. In diesem Zustand verfällt man schnell in alte, dysfunktionale Handlungsmuster.

Die große Kunst in diesem Fall ist, dem Handlungsimpuls nicht nachzugeben, sondern zunächst das Stresslevel herunterzufahren.

Starke Emotionen, die die Vernunft blockieren, kann man nur durch Ablenkung in den Griff bekommen.

Maßnahmen, die bei starkem Stress wirken, sind:

1. *Starke Sinnesreize* (scharfe Chili essen, einen halben Liter Wasser am Stück trinken, kalt duschen, harmlose Schmerzreize wie beispielsweise Eiswürfel auf der Nasenwurzel)
2. *Gedankliche Ablenkung* (Tätigkeit, auf die man sich stark konzentrieren muss: Computerspiel; Rätsel, schwierige Rechenaufgaben, Instrument spielen, Podcast hören)
3. *Körperliche Aktivität* (Joggen, Liegestütz; Atementspannung)

Hierzu ein Beispiel:

Nach einer Teamsitzung, in der ein Kollege ihn sehr unfair kritisiert hatte, war Timo auf einem Stresslevel von 9. Sein erster Impuls war es, einfach abzuhauen. Er hatte sich jedoch fest vorgenommen, seine Impulsivität in den Griff zu bekommen und griff deswegen auf seinen Notfallplan zurück. Er zog sich in eine ruhige Ecke der Firma zurück und machte 30 Kniebeugen und 50 Liegestütz. Danach war sein Stresslevel ungefähr noch bei 6. Dem schloss er eine 10-minütige Atementspannung an. Sein Stresslevel war danach auf circa 4 gesunken. Nun konnte er wieder klare Gedanken fassen. Er nahm sich vor, noch eine Nacht über das Ereignis zu schlafen und seinem Kollegen am nächsten Tag eine deutliche, aber sachliche Ansage zu machen.

Wenn wir in alte Muster zurückfallen, so geschieht dies häufig, weil wir mit der Situation nicht gerechnet haben, also schlecht vorbereitet sind. Ich rate meinen Klienten deswegen zu mentaler Vorbereitung, wozu die Erstellung eines sogenannten »Notfallkoffers« gehört, aber auch die Erarbeitung alternativer Verhaltensstrategien, auf die ich noch unter dem Abschnitt »Dritter Schritt: Metastrategien finden« (S. 329) zu sprechen komme. Je besser man sich auf eine Situation vorbereitet, desto leichter kann man sich rechtzeitig ertappen und somit starke, negative Gefühlszustände rechtzeitig abwenden. Ich ermuntere meine Klientinnen und Klienten, sich auf schwierige Situationen wie Familienfeiern, Teamsitzungen oder einfach den Beziehungsalltag mental vorzubereiten. Je genauer man seine Trigger kennt und adäquate Verhaltensstrategien parat hat, desto gelassener kann man reagieren. Auch hierauf gehe ich noch näher im Abschnitt »Dritter Schritt: Metastrategien finden« (S. 329) ein.

Grundsätzlich geht es in jeder Psychotherapie darum, die Hilflosigkeit der Ratsuchenden zu reduzieren und ihre internale Kontrollüberzeugung zu stärken. Ziel ist, dass die maladaptiven Gefühle und Verhaltensweisen nicht mehr auftauchen oder wenigstens gut gehandelt werden können.

Übrigens können Gefühle auch über eine bewusste Atmung reguliert werden. Das Gehirn wird sozusagen ausgetrickst, da es mit einer langsamen und tiefen Atmung Entspannung und Ruhe verbindet. Hinzu kommt, dass die Atementspannung auch eine gute Ablenkung von unseren aufgewühlten Emotionen darstellen kann, weil man sich bei ihr auf die Sinneseindrücke konzentrieren kann.

ANLEITUNG ZUR ATEMENTSPANNUNG

Atmen Sie ruhig ein und aus, ohne etwas verändern zu wollen.

Achten Sie darauf, wie die Luft aus Ihren Nasenlöchern ein- und ausströmt.

Spüren Sie die Temperatur am Naseneingang und nehmen Sie die Temperatur in der Luft wahr.

Atmen Sie vier Sekunden lang ein.

Halten Sie den Atem für sieben Sekunden lang an.

Atmen Sie acht Sekunden lang aus und machen Sie dabei ein Geräusch, wie »Whoosh«.

Wiederholen Sie das, bis Ihr Stresslevel um mindestens drei Punkte gesunken ist.

Notfallpläne und Verhaltensstrategien verhindern impulsives Handeln. Die folgenden Interventionen sind geeignet für Emotionen, deren Stresslevel unter 7 liegt.

Gefühle annehmen

Gefühle informieren uns über unsere Bedürfnisse und vermitteln Handlungsimpulse. Sofern die Gefühlsintensität nicht unser Denken blockiert, ist es wichtig, Gefühle anzunehmen und ihre Botschaften zu verstehen. Wie ich diesbezüglich mit meinen Klientinnen und Klienten arbeite, habe ich schon im Abschnitt »Selbstannahme« in dem mitfühlenden »Dialog mit dem Schattenkind« auf Seite 305 vorgestellt.

Wichtig ist anzuerkennen, ob ein Gefühl angemessen oder unangemessen ist. Nicht selten möchte man auch angemessene Gefühle vermeiden, wenn sie sehr belastend sind. Dies ist beispielsweise bei Trauer häufig der Fall. Der Schmerz um einen Verlust kann so groß sein, dass er schier nicht auszuhalten ist. Dies kann zu besinnungslosen Ablenkungsmanövern führen: Man stürzt sich in die Arbeit, riskante Abenteuer, diverse Affären oder in den Konsum von Drogen. Die Trauer wird jedoch auf diese Weise nicht angemessen verarbeitet, sondern nur verdrängt. Kurzfristig mag die Flucht entlastend sein, langfristig blockiert sie jedoch eine adäquate Verarbeitung des Verlusts.

Es gibt allerdings einige praktische Übungen, die dazu befähigen, sowohl maladaptive als auch adaptive Emotionen besser aushalten zu können.

Ein wesentlicher Teil der Probleme, derentwegen Menschen in meine Praxis kommen, resultiert aus Vermeidungsstrategien. Jede Vermeidung zementiert ein Problem, weil sie die Annahme bestärkt, der Problemsituation und dem Problemgefühl nicht gewachsen zu sein. Diesen Teufelskreislauf können Klientinnen und Klienten nur unterbrechen, indem sie lernen, ihre negativen Gefühle auszuhalten. Hierdurch verlieren diese ihren Schrecken, und indem man sich der schwierigen Situation stellt, löst sie immer weniger negative Gefühle aus, weil das Gehirn lernt, dass es die Situation bewältigen (kontrollieren) kann. Sobald sich nämlich das Gefühl von Kontrolle einstellt, verliert die ehemalige Problemsituation an Bedrohlichkeit.

Sie erinnern sich an Christoph, der unter Harmoniesucht litt und sich hierdurch am Ende des Tages mehr Probleme einhandelte, als wenn er kurzfristig den Unmut seiner Interaktionspartner auf sich zöge (siehe S. 263). Mit ihm könnte ich die folgende Übung durchführen.

Ich: Bringen Sie Ihr Problem bitte mit wenigen Worten auf den Punkt. (Hierdurch wird das Problem für den Klienten/die Klientin nochmals greifbarer.)

Christoph: Ich gehe Konflikten aus dem Weg und schiebe unangenehme Wahrheiten bis zum allerletzten Moment hinaus.

Ich: Welches unangenehme Gefühl möchten Sie vermeiden?

Christoph: Ich habe Angst, auf Ablehnung zu stoßen. Ich möchte vermeiden, dass jemand böse auf mich werden könnte.

Ich: Können Sie dieses Gefühl mal für einen Moment zulassen? Wo im Körper spüren Sie es? Auf einer Skala von 0–10, welche Intensität weist es auf?

Christoph: Ich spüre ein flaues Gefühl in der Magengegend und mein Herz klopft. Die Intensität liegt ungefähr bei 6.

Ich: Welches Bedürfnis steckt hinter Ihrer Angst?

Christoph: Ich möchte von allen gemocht werden. Meine innere Balance ist zugunsten der Bindung aus dem Gleichgewicht.

Ich: Um dies zu erreichen, eiern Sie um die Wahrheit herum. Warum ist Ihr Verhalten maladaptiv?

Christoph: Die Wahrheit kommt ja sowieso ans Licht. Indem ich nicht gleich Klartext rede, enttäusche ich am Ende umso mehr. Meine Freundin hat hierdurch schon Vertrauen in mich verloren, weil sie nicht mehr so genau weiß, was sie mir glauben soll. Auch Freundschaften sind hierdurch schon kaputtgegangen: Anstatt einen potenziellen Konflikt zu klären, habe ich mich aus dem Kontakt zurückgezogen.

Ich: Welches Verhalten wäre angemessener, um Ihr Bedürfnis nach Bindung zu schützen?

Christoph: Ich müsste einfach sagen, was Sache ist, und für diesen Moment das unangenehme Gefühl aushalten. Wenn ich es so betrachte, klingt das eigentlich recht leicht.

Das subjektive Empfinden des Klienten, er könnte ein bestimmtes Gefühl nicht aushalten, hat in Christophs Fall (so wie bei vielen Klientinnen und Klienten) dazu geführt, dass er es reflexartig vermieden hat. Begleitet man den Klienten jedoch dabei, das Gefühl einmal ganz bewusst zuzulassen, so macht er häufig die Erfahrung, dass es aushaltbar ist und er handlungsfähig bleibt. Das wiederum stärkt seine Kontrollüberzeugung.

Das Aushalten unangenehmer Emotionen trainiere ich während der Gespräche mit meinen Klientinnen und Klienten immer wieder. Wenn sie mir beispielsweise eine Situation schildern, in der ihre Problememotion auftritt, dann bitte ich sie, einen Moment innezuhalten und diese Emotion ganz bewusst wahrzunehmen, sie mit ihren persönlichen Worten zu begrüßen, wie zum Beispiel: »Hallo Angst, da bist du ja schon wieder, meine treue Begleiterin.« Im nächsten Schritt bitte ich darum, einen kleinen Abstand zwischen sich und der Emotion herzustellen. Das gelingt, indem die Klientin ihre eigene Beobachterin wird: Einerseits fühlt sie ihre Angst, gleichzeitig beobachtet sie, was sie fühlt und was in ihrem Körper vorgeht. Wenn beispielsweise ihr Herz klopft und die Hände feucht werden, dann bitte ich sie, dies innerlich (oder auch laut) mit liebevoller Stimme zu kommentieren (»Ah ja, da klopft mein Herz und meine Hände werden feucht …«). Ich bitte meine Klientinnen und Klienten, dieses Gefühl einfach nur wahrzunehmen, ohne es zu bewerten. Wenn es sich um eine Angst handelt, die aus der Schattenkind-Prägung entspringt, kann er oder sie das Schattenkind liebevoll begrüßen.

Indem der Klient ein unangenehmes Gefühl akzeptiert, kann er damit umgehen lernen. Das Annehmen eines Gefühls ist die Voraussetzung für dessen emotionale Heilung. Ich bitte den Klienten dann, dem Gefühl eine Art freundlich-aufmerksame Gesellschaft zu leisten. Er soll es erforschen, ohne sich mit ihm zu identifizieren, indem er in der Beobachterposition verweilt. Der Klient befragt sein Gefühl, welches Bedürfnis es ausdrückt und welchen Handlungsvorschlag es macht. (Beispiel: Das Gefühl ist Angst. Das Bedürfnis ist: Diese Angst möchte mich vorm Scheitern bewahren. Handlungsvorschlag: Sag das Vorstellungsgespräch ab!)

Auch der lebensgeschichtliche Zusammenhang kann bei dieser Intervention erforscht werden. Mit der sogenannten *Gefühlsbrücke* reisen Klientin oder Klient in die eigene Vergangenheit und spüren, wann dieses Gefühl das erste Mal aufgetaucht ist. Wiederum geht es um Selbstmitgefühl und darum, das Schattenkind zu trösten. Das Wichtigste ist hier immer wieder, das Bewusstsein des Klienten/der Klientin dafür zu stärken, dass die Gegenwart losgelöst ist von der Vergangenheit.

Die Atmung wird in die Übung integriert. Ich bitte die Klientin, ruhig zu atmen und *mit* dem Gefühl zu verweilen. Dieser Zustand unterscheidet sich davon, *in* einem Gefühl zu verweilen: Verweilte jemand *in* dem Gefühl, so wäre er identifiziert und würde alles glauben, was sein Gefühl ihm rät. Die Bewusstwerdung, dass nicht jedes Gefühl angemessen und nicht jeder Handlungsvorschlag des Gefühls adäquat ist, führt zu einer großen Entscheidungsfreiheit, die die Klientinnen und Klienten als ungeheuer erleichternd empfinden. Auf dieser Grundlage können neue Verhaltensstrategien erworben werden.

Dritter Schritt: Metastrategien finden

Für sich genommen schaden negative Glaubenssätze und belastende Gefühle unseren Beziehungen nicht, sofern sie sich nicht auf der Verhaltensebene niederschlagen. Stellen wir uns vor, Luis denkt über sich, dass er nicht genüge, und fürchtet, deswegen von anderen Menschen abgelehnt zu werden. Wenn Luis einfach dabei verbliebe und anderen Menschen gegenüber manchmal äußerte, dass er Angst habe, nicht zu genügen und auf Ablehnung zu stoßen, dann würde wahrscheinlich nicht viel Schlimmes passieren. Vielleicht würde er sogar durch seine Offenheit auf Verständnis und Unterstützung stoßen. Meistens ist es jedoch so, dass die Schattenkind-Prägungen zu maladaptiven Verhaltensweisen in Form von Selbstschutzstrategien führen, die das eigentliche Problem eher verstärken als lösen. Beispielsweise könnte Luis sich aufgrund seiner sozialen Ängste aus Kontakten zurückziehen. Die Einsamkeit, die sich hierdurch einstellte, wäre zwar ein adaptives Gefühl, aber deswegen nicht weniger belastend. Durch seine Selbstschutzstrategie würde Luis sich ein weiteres Problem erschaffen.

Maladaptive Verhaltensstrategien durch adaptive zu ersetzen, ist ein zentraler Aspekt in der psychotherapeutischen Arbeit. In der Regel werden Vermeidungsziele (im obigen Beispiel: nicht abgelehnt zu werden) durch Annäherungsziele (soziale Situationen aufsuchen) ersetzt. Mit dem sozialängstlichen Klienten Luis könnte man also, neben den bereits dargestellten Interventionen, auch auf der Verhaltensebene Strategien erarbeiten, mit deren Hilfe er soziale Situationen meistern kann. Man könnte mit ihm üben, Smalltalk zu halten, vor einer Gruppe zu sprechen, konstruktiv zu diskutieren oder sich freundlich, aber klar abzugrenzen. In meinen Sitzungen trainiere ich jedoch nur im Ausnahmefall konkretes Verhalten. Bei mir geht es eher darum, Ideen für mögliche Verhaltensweisen zu entwickeln. Wenn ein Klient beispielsweise konfliktscheu ist, dann ermuntere ich ihn, das Gespräch mit seinem Interaktionspartner zu suchen, aber ich trainiere keine Gesprächsstrategien, sondern gebe höchstens ein paar Tipps.[15] Ich möchte in meinen therapeutischen Gesprächen vor allem den roten Faden zur Selbsthilfe vermitteln.

Ich denke also mit meinen Klienten darüber nach, welche Verhaltensweisen günstiger wären als die von ihnen bevorzugten Selbstschutzstrategien. Meistens geht es darum, eine passende *Metastrategie* für ein Problem zu finden. Unter *Metastrategie* verstehe ich, dass man sich für bestimmte »Standardsituationen«, in denen das Schattenkind leicht getriggert ist, eine Verhaltensstrategie zurechtlegt, auf die man immer zurückgreifen kann. Der Klient, die Klientin muss sich also nicht jedes Mal neu entscheiden, sondern hat sein/ihr Verhaltensrepertoire sozusagen »in der Tasche«. Dies reduziert Hilflosigkeit und stärkt somit die internale Kontrollüberzeugung. Hanna beispielsweise, die immer so schnell den Job kündigt (siehe S. 188), hatte am Ende unseres Gesprächs eine Metastrategie für sich entwickelt: Sie wollte ihre Projektionen genau im Auge behalten, nämlich, dass sie weibliche Vorgesetzte grundsätzlich als aggressiv und übermächtig wahrnimmt. Sie nahm sich vor, vom Schattenkind auf ihr Erwachsenen-Ich umzuschalten (*Ertappen und Umschalten*), damit sie mit ihrem Gegenüber auf Augenhöhe verbleibt. Weiterhin will sie zukünftig reden, anstatt sich schweigend zurückzuziehen. Ich würde ihr zudem vorschlagen, ihre – anscheinend sehr nette – Chefin in diesen Prozess mit einzubeziehen. Sie könnte diese ins Vertrauen ziehen und ihre guten Vorsätze ankündigen. Hierdurch könnte sie in ihrer Chefin eine Unterstützerin finden, die sie zu den gewünschten Verhaltensweisen ermutigt.

---

15 Der Grund ist, dass in meinen Büchern diverse Anleitungen für unterschiedliche Verhaltensprobleme stehen, meine Klienten sich diese also lesend erwerben können. So beispielsweise Antwortstrategien zur Erhöhung der Schlagfertigkeit oder ein paar grundlegende Regeln zu einer gelungenen Gesprächsführung (aktives Zuhören, Formulieren von Ich-Botschaften etc.).

Eine weitere Möglichkeit wäre, dass Hanna sich *Antwortstrategien* zurechtlegt. Wenn sie beispielsweise von einer Kollegin kritisiert wird, könnte sie standardmäßig antworten: »Vielen Dank für dein Feedback. Ich werde darüber nachdenken und dann noch mal auf dich zukommen.« Hierdurch gewinnt sie Zeit und kann die Kritik in Ruhe analysieren und besonnen reagieren. Antwortstrategien sind Antworten, die man sich vorher für schwierige Situationen zurechtlegt. Eine Antwortstrategie ist beispielsweise auch die Übertreibung: Wenn man unnötigerweise oder im Spaß kritisiert wird, beispielsweise durch eine Anmerkung wie »Kochen gehört wohl nicht zu deinen Stärken!«, so kann man dem hinzufügen: »Und Stricken kann ich noch viel schlechter!« Eine andere Standardantwort könnte auch lauten: »Kannst du das auch rückwärts sagen?« [16]

Eine *Metastrategie* kann auch eine veränderte Haltung zu einem Problem darstellen. Bei der Haltung geht es darum, sich etwas *ein für alle Mal klarzumachen.* Häufig handelt es sich hierbei um Beziehungsprobleme. Die Klientin hofft, dass ihr Interaktionspartner ein bestimmtes Verhalten zeigen oder abstellen wird, um die Beziehung zu verbessern. So war es auch bei Charlotte der Fall, die die Hoffnung nicht aufgeben konnte, ihre Mutter möge sich verändern (siehe S. 214). Charlotte überlegte im Gespräch, dass sie eine andere Haltung zu ihrer Mutter bräuchte. Sie wollte sich ein für alle Mal klarmachen, dass ihre Mutter aufgrund ihrer Traumatisierung nicht imstande ist, mehr zu geben, als sie aktuell gibt. Diese Erkennt-

16 Wer Interesse hat, sich näher mit Antwortstrategien zu beschäftigen, sei auf mein Buch »So stärken Sie Ihr Selbstwertgefühl« verwiesen oder auf Bücher zum Thema Schlagfertigkeit. Sehr gut gefallen mir die Bücher von Nicole Staudinger: »Die Schlagfertigkeitsqueen« und »Leicht gesagt« (Letzteres zum Thema Konfliktlösung). Zwar spricht sie explizit Frauen an, aber ich finde die Lektüre auch gut für Männer geeignet. Für Männer und Frauen kann ich auch das Buch »Schlagfertigkeit« von Matthias Nöllke empfehlen.

nis beziehungsweise Haltung ermöglicht Charlotte den Ausstieg aus der konditionierten Selbstwertspiegelung (siehe dazu auch den Abschnitt »Wir sind unsere Erinnerung«, S. 35), da sie die Verantwortung für das Defizit an mütterlicher Empathie bei ihrer Mutter belässt. Bis dahin hatte Charlotte unbewusst die Verantwortung für das Verhalten ihrer Mutter übernommen. Dass ihr Schattenkind fühlte und dachte, es bekomme keine Anerkennung von der Mutter, wirkte sich automatisch schlecht auf Charlottes Selbstwert aus. Wenn sich Charlotte jedoch ein für alle Mal klarmacht, dass der Mangel auf der mütterlichen Seite liegt, dann kann sie ihren Selbstwert freisprechen und die Kränkung bleibt aus.

In meinen Büchern »Das Kind in dir muss Heimat finden« und »Jeder ist beziehungsfähig« erläutere ich nicht nur die gängigsten Schutzstrategien ausführlich, sondern stelle den Leserinnen und Lesern auch diverse Schatzstrategien vor, also adaptive Verhaltensweisen, mit denen sie sich und ihre Beziehungen entlasten können. Hierbei geht es nicht nur um die Handlungsebene, sondern auch um die Wahrnehmungsebene. Am Beispiel von Charlotte haben wir gesehen, dass auch eine veränderte Wahrnehmung das Problem lösen kann. Ihre neue Haltung, nämlich das Problem bei ihrer Mutter und nicht bei sich zu verorten, fußt auf einer veränderten Sichtweise.

Metastrategien für Überangepasste

Unser Selbstwertgefühl ist stark mit unseren psychischen Grundbedürfnissen nach Bindung und Autonomie vernetzt (siehe dazu »Die vier psychischen Grundbedürfnisse«, S. 48). Wenn wir davon ausgehen, dass sich der psychisch gesunde Mensch in einer guten Balance zwischen Bindung und Autonomie befindet und folglich ein recht stabiles Selbstwertgefühl aufweist, so liegt es auf der Hand, dass ich meinen Klientinnen und Klienten helfe, in die Balance zu kommen.

Menschen, deren innere Balance zugunsten der Bindung aus dem Gleichgewicht ist, dürfen als Erstes lernen, sich selbst zu spüren, so, wie ich es bereits unter dem Abschnitt »Zugang zu den Gefühlen schaffen« (S. 312) erklärt habe. Solange sie nämlich nicht ihre Bedürfnisse und damit auch ihre Belastungsgrenzen spüren, können sie ihre Beziehungen nicht angemessen mitgestalten. Ein weiteres Thema aufseiten der Überangepassten ist, dass sie sich ihre Beziehungen gern schönreden und schmerzliche Realitäten des Öfteren verdrängen. Als Psychotherapeutin unterstütze ich meine Klientinnen und Klienten dabei, ihr Wunschdenken als solches zu erkennen und durch eine Sicht auf die Realität zu ersetzen, die adaptive Gefühle und Handlungen ermöglicht. Schließlich liegt es in der Natur der Wahrnehmungsverzerrung, dass die Betroffenen sie selbst nicht bemerken. Dabei beanspruche ich selbstverständlich nicht für mich, »die Realität« einer Beziehung oder Situation immer richtig einschätzen zu können. Ich kann jedoch offensichtliche Widersprüche in den Schilderungen meiner Klientinnen und Klienten feststellen oder bemerken, wenn ein Klient die Handlungen seines Interaktionspartners über- oder unterbewertet, wie dies zum Beispiel bei Stefan der Fall war, der sich nicht eingestanden hat, dass die Mutter seines Kindes seine Rolle als Vater kleinredet (siehe S. 230).

Eine möglichst realitätsnahe Wahrnehmung ist die Grundlage für gute Entscheidungen. Die Entscheidung kann entweder aus einer adaptiven Emotion getroffen werden oder auch rein rationaler Natur sein. So kommt es nicht selten vor, dass eine Klientin die Entscheidung trifft, sich von einer Person zu trennen, weil alle vernünftigen Argumente dafür sprechen, auch wenn die Emotion für diese Person noch nicht abgekühlt ist. Unser Verstand weiß häufig die richtige Lösung. Deswegen bestärke ich meine Klientinnen und Klienten, dessen Ratschläge zu befolgen und nicht auf ihre maladaptiven Emotionen, wie beispielsweise übermäßige Verlustangst, zu hören. Die Emotionen hinken dem Verstand häufig hinterher, aber wenn der Mensch hinreichend konsequent ist, dann verändern sie sich mit der Zeit auch in eine positive Richtung.

Entscheidungen benötigen je nach Situation auch ein gewisses Maß an Selbstbehauptung. Da Überangepasste in der Regel wenig geübt im Argumentieren sind, besteht hier Trainingsbedarf. Tipps und notwendige Techniken vermittle ich entweder mündlich und/oder verweise auf meine Bücher wie beispielsweise »So stärken Sie Ihr Selbstwertgefühl«.

Je besser es den Klientinnen und Klienten gelingt, ihre Gefühle wahrzunehmen und eigene Bedürfnisse zu spüren, desto besser gelingt es ihnen auch, Nein zu sagen, wo ein Nein angebracht ist. Sich angemessen abzugrenzen und die Verantwortung für sich selbst zu übernehmen, ist ein zentrales Lernfeld für notorische Erwartungserfüller. Indem ein Mensch nämlich die Erwartungen seiner Mitmenschen erfüllt, übergibt er diesen die Verantwortung für sein eigenes Handeln. Wenn A macht, was B will, und zwar aus dem einzigen Grund, weil B das will und nicht, weil A das auch will, dann handelt A nach Bs Wünschen und Vorstellungen. A lebt also fremdbestimmt und gibt seine Verantwortung ab. Wenn A als Belohnung für seine Artigkeit erhofft, Bs Anerkennung zu erhalten, dann übergibt er B auch die Verantwortung für sein Selbstwertgefühl. Er legt seinen Wert bildlich gesprochen in Bs Hände. Ein zentrales Thema jeder gelingenden Psychotherapie ist deshalb, dass die Klientinnen und Klienten die Verantwortung für ihre Gefühle und ihr Handeln übernehmen. Hierauf gehe ich im nächsten Abschnitt »Sich aus der Verstrickung lösen« (siehe S. 339) noch näher ein.

Ein weiteres Thema von Überangepassten ist ihre geringe Trennungskompetenz, die aus ihren schlechten Abgrenzungsfähigkeiten resultiert. Zumeist hat auch keine angemessene Lösung vom Elternhaus stattgefunden. Viele sind verstrickt mit den Erwartungen und Bedürfnissen ihrer Eltern. Unter dem Abschnitt »Festhalten am geringen Selbstwert« (siehe S. 103) habe ich bereits erklärt, wodurch diese Loyalitätskonflikte zustande kommen können. Häufig hilft die

Erkenntnis allein, um einen Loyalitätskonflikt zu lösen, aber auch die Übungen, die ich im nächsten Abschnitt vorstelle.

Nicht selten kommen Menschen zu mir, die es nicht schaffen, sich aus einer ungesunden Liebesbeziehung zu lösen. Die Mechanismen des gespiegelten Selbstwertempfindens, die unermüdliche Hoffnung auf ein Happy End und tief sitzende Verlassenheitsängste behindern ihren Weg in die Freiheit. Entsprechend helfen die oben beschriebenen Maßnahmen: Die Betroffenen benötigen Zugang zu angemessenen Gefühlen, wie Trennungsaggression. Ich helfe ihnen, eine realistische Sicht auf die Beziehung zu entwickeln. Sie lernen auch, die Überanpassung an die Erwartungen des Partners, der Partnerin durch die Übernahme von Verantwortung für den eigenen Selbstwert und die Lebensgestaltung zu ersetzen.

Metastrategien für Autonome

Es mag überraschend klingen, aber Autonome sind im Herzen ebenfalls überangepasst. Anstatt jedoch die Erwartungen ihrer Nebenmenschen zu erfüllen, rebellieren sie gegen diese. Beruflich sind Autonome häufig zielstrebig, im Privatleben fällt es ihnen hingegen schwer, sich festzulegen. Ihre Gefühle senden ihnen unklare Signale. Vor allem Gefühle, die im Dienst der Bindung stehen, wie Hilflosigkeit, Trauer und Angst, aber auch Zuneigung und Liebe werden von ihnen unbewusst abgewehrt. Engen Bindungen weichen Autonome gern aus, bedrohen sie doch ihre Freiheit und ihr Selbstwertgefühl. Für die Verbesserung ihrer Bindungsfähigkeit benötigen sie jedoch diese Gefühle. Deswegen unterstütze ich sie dabei, sie zu spüren und zuzulassen (siehe dazu auch »Gefühle wahrnehmen«, S. 314).

Einen besseren Zugang haben Autonome zu Gefühlen, die ihnen Stärke verleihen, wie Trotz oder Wut. Diese Emotionen benötigen sie, um ihre Grenzen zu behaupten. Autonome weisen ein hohes Vermeidungsmotiv auf: Sie wollen vermeiden, dass andere sie manipulieren, sie ihrer Freiheit berauben, sie bevormunden und vereinnahmen. Für Autonome besteht eine wichtige Metastrategie darin, sich immer wieder bei ihren trotzigen Gefühlen zu ertappen, die anzeigen, dass sie sich wieder in der Projektionswelt ihres Schattenkindes befinden. Es geht darum, ihre reflexartige Verweigerungshaltung aufzulösen, die echte und vermeintliche Erwartungen ihrer Mitmenschen in ihnen triggern. Ähnlich wie die Überangepassten dürfen sie stattdessen lernen zu spüren, was sie wirklich wollen, um sich dann entweder freundlich dagegen zu entscheiden oder mit einem guten Gefühl dafür – oder einen Kompromiss auszuhandeln. Ein wichtiger Merksatz für Autonome lautet: Es geht keine Information verloren, wenn man etwas freundlich formuliert. Häufig erfolgt ihre Abgrenzung nämlich rigide und schroff. Ein Autonomer, der sein Schattenkind heilt, wird jedoch zunehmend weniger die Notwendigkeit verspüren, sich gegen die Erwartungen seiner Mitmenschen abzugrenzen, weil er durch den Zugewinn an innerer Stärke andere nicht mehr so schnell als übergriffig und feindselig wahrnimmt. Wähnte der Autonome bis dahin seine Freiheit darin, sich den Ansprüchen seiner Umgebung zu widersetzen, so erkennt er dann, dass die wahre Freiheit darin besteht, sowohl mit einem guten Gefühl Ja als auch mit einem guten Gefühl Nein sagen zu können. Bis dahin konnte er nicht mit einem guten Gefühl Ja sagen: Dies triggerte ein altes Kindheitsgefühl, sich den Ansprüchen der Eltern zu unterwerfen. Er konnte auch nicht mit einem guten Gefühl Nein sagen, weil dies kindliche Schuldgefühle hervorrief, nicht zu gehorchen. Als Metastrategie sollten Autonome sich ein für alle Mal klarmachen, dass sie heute »groß« sind und *selbstverständlich Nein sagen dürfen*. Mit diesem Gefühl von Wahlfreiheit müssen sie nicht mehr wie ein bockiges Kleinkind gegen die Erwartungen ihres Gegenübers rebellieren.

Autonome fühlen sich am sichersten, wenn sie die Kontrolle behalten. Sie haben einen Vertrauensschaden. Vertrauen ist das Gegenteil von Kontrolle und bedeutet immer, sich ein Stück weit in die Abhängigkeit von einem anderen Menschen zu begeben. Vielen

Über-Autonomen ist nicht bewusst, dass sie ein Thema mit ihrer Vertrauensfähigkeit haben. Sie wundern sich eher, warum ihre Partnerschaften immer wieder scheitern, ihnen anscheinend einfach nicht die oder der Richtige begegnet. In den Gesprächen mit mir werden sie sich dieser Problematik bewusster und erwerben ein Verständnis für den Zusammenhang zwischen ihrem Vertrauensproblem und ihrem Selbstwertgefühl: Ihr Schattenkind rechnet mit Verlust und Zurückweisung, zumindest unter der Bedingung, dass sie authentisch sind. Sie glauben, sich den Erwartungen ihrer Partner unterwerfen zu müssen – das ruft ihren Trotz und Widerstand hervor, weswegen sie sich den Erwartungen ihrer Partner immer wieder entziehen beziehungsweise die Verbindung beenden. Die Arbeit am Selbstwertgefühl und die Entkopplung von alten Glaubenssätzen ist also, wie immer in der Psychotherapie, unabdingbar.

Da Autonome sich gern auf ihren Verstand verlassen, kann man diesen auch gut in der Psychotherapie einsetzen. Die Frage, welche *rationalen Argumente* dafürsprechen, einer bestimmten Person zu vertrauen beziehungsweise ihr nicht zu vertrauen, appelliert an den Verstand und stärkt somit das Erwachsenen-Ich des Klienten. Letztlich ist Vertrauen auch eine Frage der persönlichen Entscheidung. Wenn gute Argumente dafürsprechen, rate ich meinen Klientinnen und Klienten, eine klare Entscheidung für den Partner (oder eine andere Person) zu treffen. Diese Entscheidung fällt den Näheflüchtern leichter, wenn sie zeitlich begrenzt ist, beispielsweise auf den Zeitraum von einem Monat. Viele Betroffene machen in dieser Probezeit gute Erfahrungen und gehen in die Verlängerung.

Da Autonome stark damit beschäftigt sind, ihre persönlichen Grenzen zu schützen, bleibt nicht viel Raum für Empathie. Ebenso fehlt es ihnen an Wohlwollen: zwar nicht grundsätzlich, aber immer dann, wenn sie unter Erwartungsdruck geraten. Dann nämlich mutiert ihr Gegenüber in ihren Schattenkind-Augen schnell zum Feind. Ihre Wahrnehmung ist nicht positiv verzerrt wie bei den Überangepassten (Schönreden/Idealisieren), sondern negativ verzerrt (Argwohn, Schwächenzoom). Es hilft Autonomen, wenn sie sich in Empathie üben. Wenn sie sich empathisch in die Gefühle ihrer Partner hineinversetzen, stellen sie häufig fest, dass deren Ansprüche durchaus berechtigt sind. Häufig spüren sie dann auch, wie schmerzhaft sich ihre Verweigerungshaltung für ihr Gegenüber anfühlt, was nicht nur ihr Mitgefühl hervorruft, sondern auch ihren Blick schärft für den eigenen Anteil am Konflikt. Wie man unterschiedliche Wahrnehmungs-Perspektiven gezielt in der Psychotherapie einsetzen kann, darauf gehe ich im nächsten Abschnitt noch weiter ein.

Vierter Schritt: sich aus der Verstrickung lösen und dem Leben Sinn verleihen

Alle unsere psychologischen Probleme sind immer auch Beziehungsprobleme, denn jedes Problem, das ich mit mir selbst austrage, hat zwangsläufig auch eine Auswirkung auf meine Beziehungen. Umgekehrt sind meine Beziehungen auch die Ursache für meine Probleme. Das Außen (Beziehungen) und Innen (Ich) sind unzertrennlich. Das bildet sich in unserer Gehirnentwicklung ab: Unser Gehirn entwickelt sich entsprechend den Erfahrungen, die es mit der Außenwelt, also mit seinen zwischenmenschlichen Beziehungen, macht.

Eine Kernaussage dieses Buches ist, dass ich das Bild, das ich von mir habe, in die Köpfe anderer Menschen projiziere und es mir von dort aus quasi wieder zurückhole. Wenn ich also denke, dass ich nicht genüge, fantasiere ich, dass mein Gegenüber das genauso sieht. Um diese fantasierte Ablehnung zu vermeiden, strenge ich mich dann besonders an, seine Erwartungen zu erfüllen, oder ich beschließe, dass die Meinung des anderen mir sowieso egal ist und grenze mich stur von ihm ab. In beiden Fällen reagiere ich nicht auf die Realität, sondern auf meine Vorstellung derselben. Das ist der Zusammenhang zwischen Introjektion und Projektion, den ich bereits unter dem Abschnitt »Unser Selbstbild bestimmt, was wir wahrnehmen« (S. 41) vorgestellt habe. Immer geht es darum, ein ungutes Gefühl wie Scham und Ablehnung zu vermeiden.

Wenn ich hingegen denke, dass ich genüge, dann gehe ich davon aus, dass die anderen das auch so sehen – es sei denn, es gibt benennbare Gründe, warum eine andere Person etwas gegen mich haben könnte. Die Grundeinstellung von Menschen, die in Frieden mit sich leben, lautet: »Ich bin okay, du bist okay.« Das ist übrigens die Einstellung, die Menschen mit einem sicheren Bindungsstil aufweisen. »Du bist okay« bedeutet, dass ich andere Menschen grundsätzlich für vertrauenswürdig halte. In diesem Fall gehe ich davon aus, dass andere Menschen mir wohlgesonnen sind, solange ich sie freundlich und fair behandele. Vielleicht denken Sie jetzt: Aber das ist doch genauso eine Projektion, die völlig an der Realität vorbeigehen kann! Das stimmt, weil es natürlich zahlreiche Gründe geben kann, warum ein anderer Mensch mich nicht mag, auch unter der Bedingung, dass ich freundlich und fair zu ihm bin. Schließlich könnte er Gefühle und Gedanken auf mich projizieren, die aus seinem Schattenkind entspringen. Vielleicht erinnere ich ihn unbewusst an seine schwierige Mutter, oder ich sehe jemandem ähnlich, der ihn enttäuscht hat. Möglicherweise löse ich auch Unterlegenheits- und Neidgefühle in ihm aus. Wenn ich aber eine gute Grundeinstellung zu mir selbst pflege, dann erkenne ich leichter, dass die Ablehnung meiner Person durch die andere Person nicht mein, sondern ihr Problem ist. Es sind ihre Gedanken, Voreinstellungen und Gefühle, die zu ihr und nicht zu mir gehören. Natürlich kann die andere Person mir Probleme bereiten, wenn sie ihren schlechten Gefühlen mir gegenüber Taten folgen lässt. Aber grundsätzlich sagt ihr Verhalten nichts über meinen Wert aus. Man kann in diesem Zusammenhang auch von Verantwortung sprechen: Es liegt nicht in meiner Verantwortung, wenn diese Person mich ablehnt und nicht nett zu mir ist.

Diese klare Sicht auf die eigene und fremde Verantwortung fehlt uns jedoch oft und schnell sind wir mit Person XY verstrickt. *Wenn ich in eine Beziehung verstrickt bin, dann nehme ich Verantwortung auf mich, die nicht zu mir gehört und/oder schiebe dem anderen Verantwortung zu, die nicht zu ihm oder ihr gehört.*

Ein Beispiel:

Mira (überangepasst) ist mit Jonas (autonom) verstrickt. Jonas lässt sich nicht richtig auf die Beziehung mit ihr ein – mal ist er Feuer und Flamme, dann wieder abwesend und kühl. Dabei macht Jonas stur sein eigenes Ding. Er allein bestimmt, wann er Mira nah sein möchte und wann nicht. Mira nimmt die Verantwortung auf sich, indem sie fühlt und denkt, dass sie seinen Ansprüchen nicht genügt. Sie bemüht sich dementsprechend, seinen Vorstellungen zu entsprechen. Gleichzeitig erwartet sie von ihm, dass er sie glücklich machen und von ihren Minderwertigkeitsgefühlen erlösen soll. Die Verantwortung für ihr Selbstwertgefühl delegiert sie an ihn. Jonas hingegen macht Mira dafür verantwortlich, dass er sich nicht völlig auf sie einlassen kann, weil ihr schwäbischer Dialekt ihn abtörnt. Dabei merkt er nicht, dass ihn immer irgendetwas abtörnt bei Frauen, die sich auf eine Beziehung mit ihm einlassen. Er übernimmt also nicht die Verantwortung für seine Bindungsangst. Stattdessen schiebt er Mira die Verantwortung rüber – sie soll gefälligst Hochdeutsch sprechen.

Die allermeisten Beziehungsprobleme resultieren aus Verstrickungen. Der berühmte österreichische Arzt und Psychotherapeut Alfred Adler (1870–1937) empfahl in diesem Zusammenhang eine radikale *Aufgabentrennung*. Jeder solle radikal die Verantwortung für seine Gefühle und sein Handeln übernehmen und dem anderen seine Verantwortung radikal überlassen. Adler postulierte, dass alle Beziehungsprobleme sich lösen ließen, wenn man sich nicht in die Aufgaben des anderen einmischte und das auch nicht bei sich zuließe. Laut Adler gibt es drei Arten von Aufgaben, um die man sich zu kümmern habe: die Arbeit, die Freundschaft und die Liebe.

Wenden wir die radikale Aufgabentrennung mal auf das Beispiel von Mira und Jonas an: Mira müsste die Verantwortung für ihr Selbstwertgefühl übernehmen. Konkret würde das bedeuten, dass sie die Vergangenheit von der Gegenwart unterscheidet, so wie ich es in den obigen Abschnitten erklärt habe. Hierdurch könnte sie klar sehen, dass sie keine Verantwortung für Jonas' wankelmütiges Verhalten trägt und dieses nichts über ihren persönlichen Wert aussagt. Dann könnte sie eine Entscheidung treffen, ob sie mit ihm zusammenbleiben oder sich trennen will. Jonas müsste ebenfalls seine Vergangenheit von der Gegenwart unterscheiden. In seinem Fall bedeutete dies, dass er das Bild von seiner überbehütenden Mutter nicht mehr auf Mira projiziert. Erst, wenn er Mira als den Menschen wahrnimmt, der sie wirklich ist, kann er sich frei entscheiden, ob er sich auf eine liebende Beziehung mit ihr einlassen möchte.

Am Beispiel von Jonas können wir erkennen, dass nicht nur die überangepassten Schattenkinder ihre Verantwortung nach außen delegieren, sondern auch die Autonomen: Wenn ich stur mein eigenes Ding mache, weil ich irgendwann einmal beschlossen habe, auf die Anerkennung meiner Mitmenschen zu pfeifen, dann mute ich diesen jene Verletzungen zu, die ich selbst abwehren möchte. Mit meinem Eigensinn, meiner Kompromisslosigkeit und meiner Verweigerung, echte Nähe zuzulassen, boykottiere ich meine Beziehungen und verhindere ein friedliches und konstruktives Miteinander.

Mit meinen Klientinnen und Klienten reflektiere ich deswegen immer, welcher Anteil einer schwierigen Beziehung in ihren Verantwortungsbereich fällt und welcher Anteil ihrem Interaktionspartner zufällt. Die folgenden Fragen spielen in den psychotherapeutischen Gesprächen eine Rolle.

1. Welchen Anteil hat die Klientin daran, dass die Beziehung schwierig ist?
    - Verhält sie sich kompliziert/unaufrichtig?
    - Fordert und erwartet sie zu viel?

  - Investiert sie zu wenig Zeit und Aufmerksamkeit in die Beziehung?
  - Warum hält sie an der Beziehung fest?
2. Welchen Anteil hat ihr Interaktionspartner daran, dass die Beziehung schwierig ist?
  - Verhält er sich kompliziert/unaufrichtig?
  - Fordert und erwartet er zu viel?
  - Gibt er zu wenig Zeit, Zuwendung und Aufmerksamkeit?
  - Warum hält er an der Beziehung fest?

Die Klientinnen und Klienten üben sich darin, die Verantwortung für ihren Anteil zu übernehmen und die Verantwortung abzugeben für jenen Anteil, der zu der anderen Person gehört. Nicht selten kommt es vor, dass der Konfliktpartner der Klientin einen sehr viel größeren Anteil an der schwierigen Beziehung hat als die Klientin selbst. Dann bearbeite ich mit ihr die Frage, warum sie an der schwierigen Beziehung festhält.

Eine hervorragende Übung, die ich sehr gern mit meinen Klientinnen und Klienten mache, um die Verantwortlichkeiten zu klären, möchte ich Ihnen im nächsten Abschnitt vorstellen.

Die drei Positionen der Wahrnehmung

Um sich aus Verstrickungen zu lösen, gibt es eine wunderbare Übung, die ursprünglich aus dem Neurolinguistischen Programmieren (NLP; siehe dazu »Kleiner Exkurs: Neurolinguistisches Programmieren«, S. 311) entwickelt wurde.

Mit Hilfe dieser Übung bearbeite ich im therapeutischen Gespräch konkrete Konfliktsituationen. Dies möchte ich im Folgenden am Beispiel von Elke vorführen, die sich so maßlos über ihren Nachbarn und dessen Gartenzaun aufgeregt hat (S. 271). Übrigens hat dieses Gespräch im Rahmen meines Podcasts »Stahl, aber herzlich!«

stattgefunden. Aufgrund der Aufnahme-Situation bin ich mit Elke die Positionen dieser Übung nicht im Raum abgewandert, sondern habe das Verfahren leicht variiert im laufenden Gespräch durchgeführt. Die folgenden Antworten sind also teilweise leicht konstruiert, hätten aber genau so ausfallen können.

1. Ich bitte Elke, sich einen Platz im Raum auszusuchen, auf den sie sich stellen soll. Das ist die *erste Wahrnehmungsposition.* In dieser Position ist man mit seinen Gefühlen und Gedanken voll identifiziert. In der ersten Position befinden wir uns immer dann (nicht nur im Kontext dieser Übung, sondern überhaupt im Leben), wenn wir mit unseren Gefühlen und Gedanken verbunden sind. Genauso wie für negative Gefühle gilt das auch für Glückszustände. Wenn ich diese Übung mit meinen Klientinnen und Klienten mache, geht es naturgemäß um negative Gefühle, die in den meisten Fällen mit ihrem Schattenkind zusammenhängen.

Damit Elke ihre Gefühle gut erforschen kann, soll sie sich vorstellen, dass ihre Nachbarin in einem gewissen Abstand vor ihr steht. Ich gehe dann mit ihr noch mal in die Situation hinein, wie sie morgens vom Schlafzimmerfenster aus den neuen Gartenzaun erblickt. Ich unterstütze Elke, ihre Gefühle und Gedanken zu erforschen. »Wie fühlst du dich?« Antwort Elke: »Wütend!« – »Wo fühlst du dieses Gefühl im Körper?« Antwort Elke: »Im Brustraum brennt es.« Und nun kommt die entscheidende Frage: »Wie interpretierst du das Verhalten deiner Nachbarin?« Antwort Elke: »Die hat keinen Respekt! Mit mir kann man's machen!« Mit dieser Interpretation des Geschehens macht Elke sich die wütenden Gefühle. Ich erinnere an den Ablauf: 1. Reiz (Nachbarszaun) 2.Interpretation (»Kein Respekt«) 3. Gefühl (maladaptiv, Wut) 4. Handlung (maladaptiv, Elke faltet ihren Mann zusammen).

Wenn Elke ihre Gefühle und Gedanken (man könnte auch sagen: ihr Schattenkind) in der ersten Position hinreichend erforscht und verstanden hat, bitte ich sie, aus ihren Gefühlen wieder auszusteigen. Damit das gelingt, beginne ich beispielsweise ein nebensächliches Gespräch, weil Ablenkung ja bekanntermaßen sehr gut hilft, um Gefühle zu verändern. Dann begeben wir uns in die zweite Position der Wahrnehmung.

2. Die *zweite Position* ist die Position der Empathie. Nun bitte ich Elke, sich auf den Platz im Raum zu stellen, an dem sie in der ersten Position ihre Nachbarin imaginiert hat. Ich begleite sie dabei, sich in diese einzufühlen: »Wie geht es dir mit der Elke als Nachbarin?« Antwort Elke in den Schuhen der Nachbarin: »Gut – wir verstehen uns gut.« – »Warum hast du Elke nicht gefragt, bevor du den Zaun gebaut hast?« Elke als Nachbarin: »Warum sollte ich, ist doch nur ein harmloser Zaun, um die Obstbäume zu stützen, was sollte sie dagegen haben?«

In der zweiten Position spürt Elke, dass die Nachbarin ihr nichts Böses wollte. Hier kann sie bereits einen guten Abstand einnehmen zu ihrer Interpretation und ihren Gefühlen.

Die zweite Position einzunehmen fällt einigen Klienten schwer, entweder, weil ihre eigenen Emotionen zu stark sind, um mit dem »Feind« mitzufühlen, oder, weil es ihnen grundsätzlich schwerfällt, sich in andere Menschen einzufühlen. Letzteres ist, wie bereits erörtert, häufiger ein Problem aufseiten der Autonomen. Mit dieser Übung kann man das gut thematisieren und die empathische Perspektivenübernahme trainieren.

3. Die *dritte Position* ist die Beobachterposition. Diese nehmen wir ein, indem wir auf das Geschehen von außen schauen, und zwar mit Hilfe unseres klar denkenden Verstandes (Erwachsenen-Ich). Die Klientin soll aus einer möglichst neutralen Position den Konflikt betrachten. Ich schlage deshalb gern vor: »Stellen Sie sich vor, Sie wären eine Richterin und hätten diesen Fall zu beurteilen.«

Nun bitte ich Elke, sich selbst von außen zu betrachten und zu analysieren, welchen Anteil sie dazu beiträgt, dass die Situation mit ihrer Nachbarin schwierig ist. Elkes Antwort beinhaltet die Einsicht, dass ihre Nachbarin ihr nichts Böses will und sie negative Erfahrungen aus ihrer Kindheit auf die Situation überträgt (die ausführliche Antwort findet sich im Abschnitt »Elke leidet unter Wutausbrüchen« auf S. 271).

Wenn die Analyse abgeschlossen ist, bitte ich Elke, die volle Verantwortung für ihren Anteil zu übernehmen. Zudem stelle ich ihr die folgende Frage: Wenn du dein eigener Coach wärst, was würdest du dir raten? Die Zusammenfassung von Elkes Antwort darauf lautet: »Ich muss lernen, dass meine alten Kindheitsprägungen nicht richtig sind. Und ich muss mich rechtzeitig ertappen, wenn ich sie auf eine Situation in der Gegenwart projiziere.«

Eine wichtige Frage an Elke an dieser Stelle ist: »Was sagt das Verhalten deiner Nachbarin über deinen Wert als Mensch aus?« Diese Frage stelle ich (sinngemäß) übrigens so immer mal wieder in Gesprächen mit meinen Klientinnen und Klienten. Sie hilft nämlich dabei, sich aus dem gespiegelten Selbstwertempfinden (siehe »Wir sind unsere Erinnerung«, S. 35) zu befreien. Elke, wie fast alle anderen Klienten auch, erkennt aus der Beobachtersituation, dass das Verhalten ihres Konfliktpartners nichts über ihren Wert als Mensch aussagt beziehungsweise keine Bestätigung der eigenen Glaubenssätze darstellt. (Bei Elke lautet ein zentraler Glaubenssatz: »Ich bin nicht wichtig.«)

Im nächsten Schritt bitte ich Elke, auf ihre Nachbarin zu schauen und ihren Anteil am Konfliktgeschehen zu analysieren. In Elkes Fall war die Nachbarin tatsächlich unbeteiligt. Das ganze Drama hat sich in Elkes Schattenkind abgespielt. Häufig können aber auf der anderen Seite einige Anteile, manchmal sogar alle Anteile, verortet werden. Dann bitte ich die Klienten, ihrem Konfliktpartner die volle Verantwortung für seinen Anteil zurückzugeben. Falls sich herausstellen sollte, dass der Konfliktpartner allein dazu beiträgt, dass die Situation sehr schwierig ist, dann thematisiere ich, warum der Klient, die Klientin diese Beziehung nicht beendet. Falls eine Trennung aus sachlichen Gründen nicht möglich sein sollte, erarbeite ich mit ihm oder ihr Metastrategien, damit sie besser mit dieser Person umgehen kann.

Diese Übung systematisiert die totale Aufgabentrennung, die Adler postuliert. Übrigens kann man aus der dritten Wahrnehmungsposition auch ein »Upgrade« in das Sonnenkind des Klienten vornehmen, sofern dies schon erarbeitet wurde. Dann bitte ich meine Klientinnen und Klienten, sich einmal voll mit ihrem Sonnenkind und ihren neuen Glaubenssätzen zu identifizieren und in ihre persönliche Kraftquelle (siehe Übung »Eintauchen mit allen Sinnen«, S. 310) zu begeben. (Gegebenenfalls führe ich meine Klienten verbal in diese Situation hinein.) Mit dem Bewusstsein für die eigenen Ressourcen verändert sich die Beurteilung der Situation noch einmal. In Elkes Fall könnte es sogar passieren, dass sie anfängt zu lachen und sich alles vor ihrem inneren Auge in Wohlgefallen auflöst.

Dem Leben Sinn geben

Das ewige Kreisen um die eigene Verletzbarkeit macht egozentrisch. Wenn wir sehr viel dafür tun, um von anderen Menschen anerkannt zu werden, dann interessieren wir uns weniger für die anderen Menschen als vielmehr für den Eindruck, den wir bei ihnen hinterlassen. Mein Gegenüber benutze ich als Spiegel und Gradmesser meines Selbstwertes. Dabei kann ich in meiner Selbstbetrachtung leicht versinken und die Befindlichkeit meines Gegenübers aus den Augen verlieren. Menschen, die stark mit ihren eigenen Verletzungen beschäftigt sind und misstrauisch-angespannt auf den nächsten Angriff lauern, fehlt es häufig an Empathie für die Befindlichkeit ihres Gegenübers. Sie wähnen sich chronisch in der Opferrolle und bemerken hierbei nicht, wenn sie sich selbst zum Täter machen.

Wenn ich mich dafür entscheide, meinen vermeintlichen Selbstschutz aufzugeben, dann ist das eine Entscheidung, die Auswirkungen auf die Gemeinschaft – im Sinne eines Wir – mit sich bringt.

Selbstschutz bedeutet Abgrenzung. Die Grenzen zu öffnen, bedeutet hingegen, andere Menschen in mein Leben hineinzulassen. Indem ich mich öffne und mein Gegenüber über meine Ängste informiere, anstatt mich vor ihm zu verbarrikadieren, trete ich mit ihm in einen echten, nahbaren Kontakt. Ich gebe meinem Gegenüber eine Chance, Anteil an mir zu nehmen. Ich eröffne damit auch die Möglichkeit, mein Gegenüber wirklich zu mögen. Wenn ich mich öffne, mache ich mich jedoch auch verletzlich. Diese Verletzlichkeit kann ich leichter riskieren, wenn ich sie in den Dienst eines höheren Wertes, eines persönlichen Lebenssinns stelle.

Kleiner Exkurs: Logotherapie. Warum Sinnhaftigkeit heilsam ist

Neben Alfred Adler hat sich auch der Wiener Arzt und Psychotherapeut Viktor Frankl eingehend mit der Frage nach dem Sinn beschäftigt und durchlitten, dass fast jede Lebenssituation zu bewältigen oder einfach auch nur zu ertragen ist, solange man noch einen Sinn verfolgen kann. Frankl war Jude und hat als Einziger in seiner Familie den Zweiten Weltkrieg überlebt. Nach dem Krieg schrieb er das Buch »Trotzdem Ja zum Leben sagen. Ein Psychologe erlebt das Konzentrationslager«, das ein internationaler Bestseller wurde. Im Konzentrationslager hat Frankl jeden Tag aufs Neue versucht, sich gegen die Selbstaufgabe zu schützen, indem er seine Mitgefangenen unterstützte, sich das Warum ihres Lebens, ihr Lebensziel, bewusst zu machen. Je mehr ich das Warum in mir stärke, desto besser kann ich das Wie – in diesem Fall das entsetzliche Lagerleben – aushalten. Frankl war überzeugt »Es ist nicht das Hauptanliegen des Menschen, Freude zu erreichen oder Schmerz zu verhindern, sondern einen Sinn in seinem Leben zu sehen«.

Sinn und höhere Werte können das Rückgrat ungeheuer stärken. Ich schlage meinen Klientinnen und Klienten deswegen gern vor, die Frage »Wie kann ich mich am besten selbst beschützen?« (Vermeidungsmotiv) durch die Frage »Was ist sinnvoll beziehungsweise was ist anständig?« (Annäherungsmotiv) zu ersetzen. Wenn ein Klient sich beispielsweise mal wieder dabei ertappt, dass er aus Ich-Angst Ja sagt, obwohl er Nein meint, dann sollte er sich die Frage vorlegen, ob das gerade fair ist, was er da tut. Fairness als höherer Wert kann ihm den Mut geben, sein Gegenüber offen über seine Wünsche und Bedürfnisse zu unterrichten. Nur hierdurch gibt er ihm die Chance, sich ihm gegenüber richtig zu verhalten. Jetzt kann er oder sie nämlich sagen: »Okay, so können wir das auch machen.« Oder: »Lass uns einen Kompromiss finden.« Macht der Klient hingegen zähneknirschend, was der andere will, dann wird er dem anderen das verübeln. In diesem Fall projiziert er nämlich in sein scheinbar stärkeres Gegenüber eine Dominanz hinein, die es in seinen Schattenkind-Augen eher feindselig denn mitmenschlich erscheinen lässt.

Werte geben unserem Leben Sinn. Werte können uns über unsere Ängste, sogar Todesangst, hinauswachsen lassen, wie es unter anderem die sozialistische Freiheitskämpferin Rosa Luxemburg, der amerikanische Bürgerrechtler Malcolm X und die pakistanische Kinderrechtlerin Malala Yousafzai gezeigt haben. Ich persönlich frage mich immer, wieso wir uns eigentlich wundern, dass es im Dritten Reich nicht mehr Widerstand gegeben hat, wenn wir uns noch nicht einmal trauen, mit einem guten Freund ein offenes Wort zu reden. Wir bräuchten dafür Offenheit statt Rückzug und Abgrenzung. Rückzug und Abgrenzung mögen kurzfristig die Ich-Angst vor Zurückweisung eindämmen, aber sie fügen dem anderen den Schaden der Zurückweisung zu, den ich bei mir selbst vermeiden möchte. Ist das fair?

Deswegen rege ich meine Klientinnen und Klienten auch an, darüber nachzudenken, welche höheren Werte sie unterstützen können, um ihre maladaptiven Schutzstrategien zu überwinden. Fairness hilft sehr gut bei Konfliktscheu. Aber auch Zivilcourage, Mut oder Freundschaft sind dabei hilfreiche Werte. Wohlwollen ist ein wunderbarer Wert für Klienten, die ihren Mitmenschen mit viel Misstrauen begegnen. Frieden, Mitgefühl und Toleranz helfen, das eigene Aggressionslevel herunterzufahren.

Ich bitte meine Klientinnen und Klienten, sich mindestens einen höheren Wert auszusuchen und diesen fest in ihrem Leben zu verankern. Mit Hilfe einer Imaginationsübung stellen sie sich vor, wie sich ihr Leben mit dem neuen Wert verändern wird. Es geht um: Reden statt Rückzug. Gelassenheit statt Angriff. Dankbarkeit statt Problemfokus. Wohlwollen statt Misstrauen. Mut statt Überanpassung.

Die Menschen, die meinen Rat suchen, machen gute Erfahrungen damit, sich mit höheren Werten jene Stärke zu verleihen, die sie für ihr Wachstum benötigen.

Schlusswort: Werde ein Teil der Gemeinschaft

Wenn ein Mensch oder vielmehr sein Schattenkind der Überzeugung ist, dass die anderen Menschen eine potenzielle Bedrohung seiner psychischen oder gar physischen Existenz darstellen, dann lebt dieser Mensch wie in der angespannten Atmosphäre eines Computerspiels: Die eigene Figur gerät von einer Situation in die nächste, in der sie sich im Kampf gegen die bösen Mächte behaupten muss. Das Stresslevel bleibt also konstant hoch. In gewisser Weise programmieren wir tatsächlich unser Dasein: Man kann sich der Tatsache nicht genügend bewusst sein, dass unsere Realität von der Programmierung unseres Gehirns abhängt, das eingeschlossen im Dunkeln unserer Schädeldecke liegt und nur durch unsere unzulänglichen Sinneskanäle mit der äußeren Welt verbunden ist. In unserer Kopfkino-Vorstellung des Lebens sind wir die Protagonisten unseres eigenen Films. Vor unserem inneren Auge richten wir unsere Kamera auf uns selbst, filmen und beurteilen unsere Performance und sozialen Überlebenschancen. Was wir, trotz Nachrichtenflut und Bildern aus der ganzen Welt, jedoch häufig vergessen – beziehungsweise nicht *fühlen* –, ist, dass wir nicht der Mittelpunkt der Welt sind, sondern noch circa acht Milliarden weitere Menschen mit ihren Schicksalen existieren, die oftmals wesentlich härter sind als unser eigenes – von den Tieren und anderen Lebewesen ganz zu schweigen.

Die Illusion, von allem getrennt zu sein, ist nötig, damit wir als Individuum autonom existieren und handeln können. Gleichzeitig schafft diese Getrenntheit leidvolle Gefühle von Einsamkeit und Sinnlosigkeit. Trost suchen wir immer zunächst bei anderen Menschen. Aber auch in der meditativen Imagination können wir uns mit dem Leben verbinden.

Vielleicht möchten Sie mal für einen Moment die Augen schließen und sich vorstellen und es wirklich auch fühlen, dass Sie Teil des Ganzen sind. Ein Teil einer ganz großen Gemeinschaft von Menschen, Tieren, Flüssen, Meeren, Bergen und Tälern – eben allem, was lebt, und allem, was dazugehört. Öffnen Sie sich einmal für diesen Moment und verbinden sich innerlich mit dem Leben selbst. Visualisieren Sie, wie Sie mit allem verbunden sind, ein Teil des Ganzen und gleichzeitig einmalig.

Wir haben einen starken Bindungswunsch in die Wiege gelegt bekommen. Wir wollen dazugehören und uns gut dabei fühlen. Wer nirgendwo dazugehört, fühlt sich furchtbar einsam. Unser Zugehörigkeitswunsch richtet sich normalerweise auf unsere nächsten Zielgruppen aus: unsere Familie, den Freundeskreis, die Firma, die Schule oder den Freizeitverein. Wir sind sehr unglücklich, wenn wir uns in einer dieser Bindungsgemeinschaften nicht verstanden oder gar ausgeschlossen fühlen. Häufig bleiben wir dann wie der Fisch im Wasserglas in diesem Bezugsrahmen hängen und kämpfen darum, den Anschluss wiederzufinden. Fühlen wir uns auf unserem Arbeitsplatz unverstanden und gemobbt, verengen wir unseren Blick auf dieses Geschehen, anstatt ihn zu öffnen und über die Grenzen des Wasserglases hinauszuschauen. Außerhalb unseres direkten Umfelds gibt es aber noch eine Welt voller Möglichkeiten. Wenn meine Probleme am Arbeitsplatz nicht zu lösen sind, dann sollte ich mich nach einer anderen Stelle umsehen. Wenn ich mich von meiner Familie ungeliebt und falsch beurteilt fühle, dann könnte ich meinen Blick erweitern und mich Menschen anschließen, die mich verstehen und mögen. Wenn ich in einer Beziehung feststecke, die mich nur herunterzieht und unglücklich macht, dann sollte ich mich trennen und auf Bereiche in meinem Leben fokussieren, die innerhalb meiner eigenen Kontrolle liegen. Zugegebenermaßen ist das nicht immer einfach, aber es ist das, was innerhalb meiner Macht, meiner Verantwortung liegt, um meine Situation zu verbessern. (Zuvor sollte ich natürlich die drei Positionen der Wahrnehmung bearbeitet haben, um festzustellen, welcher Anteil der schwierigen Situation innerhalb meines Verantwortungsbereiches liegt. Dann könnte ich gegebenenfalls mein eigenes Verhalten oder auch meine Einstellung verändern und somit meine Situation am Arbeitsplatz, in meiner Familie oder innerhalb meiner Partnerschaft verbessern.)

Unser Bindungswunsch und unser Selbstwertgefühl sind eng miteinander verbunden. Viele Menschen sind unglücklich, weil sie sich wertlos fühlen. Ihr Gefühl der Wertlosigkeit resultiert aus einem Mangel an Anerkennung in der äußeren Welt. Eine wichtige Frage ist, ob ich weiter passiv darauf hoffe, Anerkennung zu erhalten, oder ob ich selbst damit anfange, andere Menschen anzuerkennen. In dem Wort »Anerkennung« steckt das Wort »erkennen«. Es geht also darum, andere Menschen wahrzunehmen, sie zu sehen und Anteil an ihnen zu nehmen. Viele Menschen verspüren mehr Glück, wenn sie jemandem ein (materielles) Geschenk machen, als wenn sie selbst beschenkt werden. Dasselbe Prinzip kann man auf echte Anteilnahme übertragen.

Ein guter Weg aus dem Gefühl der Wertlosigkeit ist, sich in den Dienst der Gemeinschaft zu stellen. So schlägt es auch Alfred Adler vor, mit dessen Gedanken ich absolut konform bin. Ein Dienst an der Gemeinschaft kann ein Ehrenamt oder eine andere sinnvolle Tätigkeit sein. Adlers Empfehlung lautet, dass jeder seine Aufgaben in Sachen Liebe, Freundschaft und Arbeit erledigt (siehe dazu auch den Abschnitt »Vierter Schritt: sich aus der Verstrickung lösen und dem Leben Sinn verleihen«, S. 339). Radikale Aufgabentrennung in diesem Sinne bedeutet, dass ich die volle Verantwortung für mein Tun übernehme und dem anderen die seinige überlasse. Durch die Übernahme von Verantwortung werde ich ein Teil der Gemeinschaft, indem ich mich wahrhaftig und authentisch einbringe. Das hat eine andere Qualität, als um der Anerkennung willen die Erwartungen der anderen zu erfüllen. Wenn ich nämlich Verantwortung übernehme, so beinhaltet dies auch, auf Missstände aufmerksam zu machen, Kritik zu üben, mich abzugrenzen. Wenn mich meine inneren

Werte stützen, dann sind diese der Maßstab meines Handelns und nicht das mögliche Urteil anderer Menschen über mich.

Eine klare Meinung zu äußern, ist nicht immer einfach. Wie oft hat man sich schon seine Meinung verkniffen aus Angst vor Kontra und Ablehnung. Wie viele scheuen sich, Stellung auf sozialen Medien zu beziehen, weil sie einen gewaltigen Shitstorm fürchten? Viele halten sich deswegen bewusst mit politischen und wertebezogenen Posts zurück und überlassen hierdurch leider jenen die Bühne, die keine demokratischen Werte vertreten und wenig Bezug zu faktenbasiertem Wissen aufweisen. Wir sollten uns immer wieder verdeutlichen: Unsere Ängste vor Zurückweisung sind übertrieben. Was können mir Gegner im Internet oder im Reallife tatsächlich anhaben? Gut, ich kann Follower und damit natürlich auch Geld verlieren. Diese Verluste sind aber banal und nichtig, wenn man an Länder denkt, in denen eine Diktatur herrscht, in denen Menschen eingesperrt und gefoltert werden, wenn sie sich für demokratische Grundrechte wie die Pressefreiheit engagieren. Man denke auch an die Zeiten der NS-Diktatur in Deutschland und frage sich: Was habe ich heutzutage *wirklich* zu befürchten?

Ich ermuntere meine Klientinnen und Klienten immer wieder zu einem ehrlichen Blick auf sich selbst. Ich ermuntere auch Sie, liebe Leser und Leserinnen, dazu! Hand aufs Herz: Wie ist es um Ihre Zivilcourage bestellt? Ertappen Sie sich öfter dabei, dass Sie Ihre Werte verraten aus Angst vor Zurückweisung und/oder persönlichen Repressionen? Welche innere Haltung, welcher Wert könnte Ihnen helfen, ihre Angst zu überwinden?

Mehr Zugehörigkeit zu anderen und mehr Sicherheit im eigenen Leben erreichen wir auch durch Mitgefühl. Wenn ich meine Augen für das Leid der anderen öffne, dann tritt mein eigenes Leid automatisch in den Hintergrund. Noch einmal möchte ich hervorheben, dass es einen Unterschied macht, ob ich mich wirklich für meinen Nachbarn interessiere oder ob ich aus Ich-Angst bemüht bin, möglichst alle vermeintlichen Erwartungen zu erfüllen. Im ersteren Fall kann eine echte Anteilnahme entstehen. Im zweiten Fall ist meine Aufmerksamkeit im Wesentlichen auf den Eindruck gerichtet, den ich hinterlasse.

Alle Religionen beschäftigen sich mit dem Thema Nächstenliebe. Der Umgang mit *Mitgefühl* sollte unabhängig von religiöser Zugehörigkeit eine zentrale Rolle für uns alle spielen. Es gibt dazu unzählige Bücher, Hörbücher, Filme, Podcasts, Vorträge usw. Deswegen möchte ich nicht wiederholen, was andere bereits tiefsinnig und ausführlich formuliert haben. Ich möchte es mit meinen eigenen Worten und auf dem Hintergrund meiner eigenen Lebenserfahrung formulieren: Mitgefühl ist die tiefe, liebende Verbindung zum gesamten Leben und zu sich selbst. Es heilt die eigenen Wunden und ist der Schlüssel zur Heilung der Menschheit.

Um diese Aussage zu veranschaulichen, möchte ich eine ehemalige Klientin von mir zu Wort kommen lassen, die mir sinngemäß Folgendes gesagt hat:

Ich bin es so leid, mir Gedanken über mich selbst und meine vermeintlichen Fehler zu machen. Ich habe inzwischen begriffen, dass mein Selbstwertgefühl total subjektiv ist und von meiner lieblosen Kindheit herrührt. Ich habe keine Lust, mein Leben in Angst zu verschwenden. Wenn ich mir vorstelle, wie viele Menschen da draußen rumlaufen und sich Sorgen um sich selbst machen, anstatt einfach zu leben – was für eine Verschwendung von Potenzial! Trotzdem habe ich lange nach einem Weg gesucht, mich aus meinen alten Mustern zu befreien, und da kam mir ein ganz banaler Film zu Hilfe. Es war eine rührselige Weihnachtsschnulze, in der ein Schutzengel die Hauptrolle spielt. Da hatte ich plötzlich eine Eingebung: Ich wäre gern ein Engel! Ich weiß, das klingt bescheuert, aber die Vorstellung hat mich total beseelt. Ein Engel zu werden ist doch im Grunde genommen total leicht. Wozu benötige ich Erfolg und Ruhm, wenn ich ein Engel bin? »An welchen Menschen nehme ich wirklich Anteil?«, habe ich mich gefragt. Herausgekommen sind eigentlich nur zwei:

Ich selbst und der Typ, dem ich vergeblich hinterherlaufe. Das kann es doch nicht sein! Du kannst nicht immer nur um dich selbst kreisen und dabei auf der Stelle treten. Interessiere dich doch mal für andere, ich meine, so wirklich, mit echter Anteilnahme. Und dann habe ich damit angefangen.

Als Erstes habe ich mal bei meiner Nachbarin geklopft, eine alte Dame, die selten Besuch bekommt. Ich habe sie auf einen Kaffee eingeladen, und sie hat sich furchtbar gefreut. Wir hatten ein total schönes Gespräch, und wir treffen uns jetzt regelmäßig. Dann habe ich meinen Bruder angerufen und mich nach seinen Problemen mit seiner Freundin erkundigt. Wir haben lange gequatscht und waren uns so nah wie zuletzt als Kinder. Auch bei meiner Arbeit achte ich jetzt darauf, wie es meinen Kolleginnen und meiner Vorgesetzten geht. Ich mache das nicht, um mich beliebt zu machen, sondern aus Interesse und Mitgefühl. Ich frage einfach nach und höre zu. Auch im Supermarkt oder in der Fußgängerzone versuche ich, meine Aufmerksamkeit im Außen zu halten, anstatt in meine selbstbezogenen Gedanken zu versinken. Wenn ich sehe, da benötigt jemand vielleicht meine Hilfe, dann spreche ich ihn an. Ich bin immer wieder berührt, wie dankbar viele Menschen sind, wenn man sie wahrnimmt, sich ihnen zuwendet. Diese Aufmerksamkeit und das Mitgefühl für andere inspirieren und erfüllen mich – viel mehr als die ständige Sorge um mich selbst. Mein Leben fühlt sich erfüllter an, ich fühle mich psychisch stabiler und tatsächlich auch viel wohler in meiner Haut. Ich glaube, es reicht einfach nur, Mensch zu sein, mehr braucht es gar nicht im Leben. Das Leben an sich ist schon ein Geschenk, es reicht, es zu beschützen.

Liebe Leserinnen und Leser, besser als diese Klientin hätte ich ein gutes Lebensgefühl schwerlich beschreiben können. Was bleibt noch zu sagen? Ich hoffe, mein Buch hat Ihnen geholfen, sich selbst und Ihre Mitmenschen noch etwas besser zu verstehen. Meiner Meinung nach lohnt es sich immer, sich selbst zu reflektieren, und zwar nicht nur, um das eine oder andere Problem für sich zu lösen, sondern auch, um ein besserer Mensch zu werden. Je bewusster ich mir meiner inneren Vorgänge bin, desto weniger laufe ich Gefahr, meine psychischen Probleme an meinen Mitmenschen abzuarbeiten, und umso weniger bin ich geneigt, aus Angst vor Unterlegenheit passiv oder aktiv aggressiv gegen andere Menschen vorzugehen.

Es freut mich daher, dass sich die gesellschaftliche Haltung gegenüber psychologischen Themen zusehends ändert und öffnet. In älteren Generationen hat man sich zumeist nur mit seiner Psyche beschäftigt, wenn man erheblichen Leidensdruck verspürte – und oft noch nicht einmal dann. Heute fangen viele junge Menschen schon recht früh damit an, sich für psychologische Fragen zu interessieren. Und das finde ich gut so! Das Interesse für sich selbst bedeutet nämlich mitnichten, dass man in selbstmitleidiger Manier um sich selbst kreist, sondern, dass man die Verantwortung für sein Handeln übernimmt und damit einen Beitrag für die Gesellschaft leistet.

Ich wage zu behaupten, dass fast alle Probleme, die wir in dieser Welt haben – wie soziale Ungerechtigkeit, Rassismus, Sexismus, Gewalt, Kriege, die Klimakatastrophe –, auf einen Mangel an Selbstreflexion der Verantwortlichen zurückzuführen sind. Es mangelt der Welt an Weisheit, die in enger Verbindung zur Selbstreflexion steht. Der weise Mensch handelt im Sinne der Gemeinschaft. Der weise Mensch lebt Werte wie Gerechtigkeit, Gleichberechtigung, Toleranz, Mitgefühl, Großzügigkeit und Frieden. Es ist auch deshalb so wichtig, sich selbst zu verstehen, weil darin der Schlüssel zum Verständnis der Mitmenschen liegt. Je besser ich in Verbindung mit mir und meinen Gefühlen bin, desto leichter fällt es mir, mich mit anderen Menschen zu verbinden und mitzufühlen. Wer Mitgefühl mit Menschen und anderen Lebewesen praktiziert, ist dem Leben zugewandt und friedlich. Das wäre zumindest der gewünschte Idealzustand, das Ziel, die Vision.

Aber auch einem selbstreflektierten Menschen gelingt es nicht immer, sich selbst zu mögen und anderen Menschen mit Wohlwollen zu begegnen. Wir alle haben unsere kleinen Launen, schlechten

Tage oder auch körperliche Schmerzen, die es uns schwer machen, derjenige zu sein, der wir eigentlich gern wären. Und dann gibt es da ja auch noch die äußeren Umstände – schließlich liegt längst nicht alles allein in unserer Hand. Wir müssen uns täglich in einer Welt zurechtfinden, die das Ergebnis des menschlichen Defizits an Selbstreflexion ist. Da gibt es Leute, die sich um zentrale menschliche und gesellschaftliche Themen keinen Deut scheren, die brutal und rücksichtslos sind. Auch Geldsorgen, Gesundheitsprobleme, Mobbing, eine zu hohe Arbeitsbelastung und diverse andere Bürden, die nicht allein innerhalb unserer Kontrolle liegen, können uns das Leben schwer machen. Je mehr ich aber leide, desto weniger Ressourcen verbleiben mir, eine gute Nachbarin, ein guter Vater, eine gute Vorgesetzte oder ein guter Freund zu sein.

Was wäre unter den gegebenen Umständen ein schönes und realistisches Ziel? Es jeden Tag ein bisschen besser zu machen. Diese Haltung bezeichnen die Japaner als *Kaizen.* »Kai« steht für »Veränderung« und »Zen« heißt »zum Besseren«. Diese Methode stammt zwar aus der japanischen Arbeitswelt, aber ich finde sie sehr geeignet als guten Vorsatz für das alltägliche Leben. Mir gefällt der Gedanke, es jeden Tag ein bisschen besser zu machen. Falls Ihnen der Gedanke auch gefällt, könnten Sie sich vornehmen …

- … jeden Tag Ihr Schattenkind noch ein bisschen besser im Auge zu behalten.
- … jeden Tag ein wenig dankbarer zu sein für das, was in Ihrem Leben an Fülle bereits vorhanden ist.
- … jeden Tag Ihr Leben noch ein wenig mehr zu genießen.
- … Jeden Tag noch etwas freundlicher mit sich selbst und Ihren Mitmenschen umzugehen.

Wer wir sind, hängt maßgeblich davon ab, wer wir uns entscheiden zu sein.

Literaturverzeichnis

Adler, Alfred ([5]1947, Neuausgabe 2022). Menschenkenntnis. Leipzig/Frankfurt a. M., Deutsche Nationalbibliothek (Online-Ressource)

Adler, Alfred (2020). Gesammelte Werke. München, Anaconda

Ahnert, Lieselotte (2020). Wie viel Mutter braucht ein Kind? Über Bindung, Bildung und Betreuung in den ersten Lebensjahren. Weinheim, Beltz

Bauer, Joachim ([4]2005). Warum ich fühle, was du fühlst: intuitive Kommunikation und das Geheimnis der Spiegelneurone. Hamburg, Hoffmann und Campe

Bentzen, Marianne (2017). Das neuroaffektive Bilderbuch – Begegnung verändert. Müllheim, Auditorium Netzwerk

Böckler, A., Herrmann, L., Trautwein, F., Homes, T., Singer, T. (2017). Know thy selves. Learning to understand oneself increases the ability to understand others. *Journal of Cognitive Enhancement, 1(2),* 197–209

Boon, S., Steele, K., van der Hart, O. (2013). Traumabedingte Dissoziation bewältigen: Ein Skills-Training für Klienten und ihre Therapeuten. Paderborn, Junfermann

Bowlby, John (2016). Frühe Bindung und menschliche Entwicklung. München, Ernst Reinhardt Verlag

Bowlby, John ([4]2018). Bindung als sichere Basis. Grundlagen und Anwendung der Bindungstheorie. München, Ernst Reinhardt Verlag

Brisch, Karl Heinz (2009). Bindungsstörungen. Von der Bindungstheorie zur Therapie. Stuttgart, Klett-Cotta

Brisch, Karl Heinz (2022). Kindliche Entwicklung zwischen Ur-Angst und Ur-Vertrauen. Stuttgart, Klett-Cotta

Charf, Dami (2018). Auch alte Wunden können heilen. Wie Verletzungen aus der Kindheit unser Leben bestimmen und wie wir uns davon lösen können. München, Kösel

Corssen, Jens & Tramitz, Christiane (2014). Ich und die anderen. Als Selbst-Entwickler zu gelingenden Beziehungen. München, Knaur

Dalai Lama & Ekman, Paul (2009). Gefühl und Mitgefühl. Emotionale Achtsamkeit und der Weg zum seelischen Gleichgewicht. Ein Dialog. Heidelberg, Spektrum

Damasio, Antonio R. (2004). Descartes' Irrtum: Fühlen, Denken und das menschliche Gehirn. München/Leipzig, List

Damasio, Antonio R. (2005). Der Spinoza-Effekt. Wie Gefühle unser Leben bestimmen. München/Leipzig, List

Damasio, Antonio R. (2014). Ich fühle, also bin ich. Die Entschlüsselung des Bewusstseins. Berlin, Ullstein. Darwin, Charles (1859/2004). Die Entstehung der Arten durch natürliche Zuchtwahl. Hamburg, Nikol

Dawkins, Richard (1978). Das egoistische Gen. Berlin/Heidelberg, Springer Spectrum

Diedrich, A. (2016). Mitgefühlsfokussierte Interventionen in der Psychotherapie. Göttingen, Hogrefe

Doering, Stephan, Hartmann, Hans-Peter, Kernberg, Otto F. (Hrsg.) (2021). Narzissmus: Grundlagen – Störungsbilder – Therapie. Stuttgart, Schattauer

Dugatkin, Lee Alan (2008). Wie kommt die Güte in die Welt? Wissenschaftler erforschen unseren Sinn für den Anderen. Berlin, Berlin University Press

Eismann, Gunnar & Lammers, Claas-Hinrich (2017). Therapie-Tools Emotionsregulation. Weinheim/Basel, Beltz

Eßing, Gabriele (2015). Praxis der Neuropsychotherapie: wie die Psyche das Gehirn formt. Berlin: Deutscher Psychologen Verlag

Eysenck, H. J. (1990). Genetic and Environmental Contributions to Individual Differences: The Three Major Dimensions of Personality. *Journal of Personality* 58, no. 1: 245–261

Frankl, Viktor ([5]1981). … trotzdem Ja zum Leben sagen. Ein Psychologe erlebt das Konzentrationslager. München, Kösel

Frankl, Viktor (2015). Das Leiden am sinnlosen Leben. Psychotherapie für heute. Freiburg, Kreuz

Fromm, Erich (1959). Die Kunst des Liebens. Frankfurt a. M., Ullstein

Grawe, Klaus (2004). Neuropsychotherapie. Göttingen, Hogrefe

Grossmann, Karin, Grossmann, Klaus E. (2004). Bindungen. Das Gefüge psychischer Sicherheit. Stuttgart, Klett-Cotta

Grossmann, Klaus E., Grossmann, Karin (Hrsg., 2015). Bindung und menschliche Entwicklung. John Bowlby, Mary Ainsworth und die Grundlagen der Bindungstheorie. Stuttgart, Klett-Cotta

Heller, Laurence/LaPierre, Aline (2013). Entwicklungstrauma heilen. Alte Überlebensstrategien lösen – Selbstregulierung und Beziehungsfähigkeit stärken: das neuroaffektive Beziehungsmodell zur Traumaheilung NARM. München, Kösel

Hemschemeier, Christian (2021). Vom Opfer zum Gestalter: raus aus toxischen Beziehungen – rein ins Leben. Bielefeld, Luther

Hemschemeier, Christian (2022). Die neue Dimension der Liebe. München, Arkana

Hüther, Gerald (1999). Die Evolution der Liebe. Was Darwin bereits ahnte und die Darwinisten nicht wahrhaben wollen. Göttingen, Vandenhoeck & Ruprecht

Hüther, Gerald (2020). Wege aus der Angst. Über die Kunst, die Unvorhersehbarkeit des Lebens anzunehmen. Göttingen, Vandenhoeck & Ruprecht

Hüther, Gerald (2021). Lieblosigkeit macht krank: was unsere Selbstheilungskräfte stärkt und wie wir endlich gesünder und glücklicher werden. Freiburg/Basel/Wien, Herder

Hüther, Gerald, Müller, Sven Oliver, Bauer, Nicole (2021). Dream-Team: warum wir nur gemeinsam unser Potential entfalten und unsere Zukunft gestalten können. München, Goldmann

Junker, Thomas (2016). Die verborgene Natur der Liebe. Sex und Leidenschaft und wie wir die Richtigen finden. München, C.H. Beck

Klein, Stefan (2011). Der Sinn des Gebens. Warum Selbstlosigkeit in der Evolution siegt und wir mit Egoismus nicht weiterkommen. Frankfurt a. M., Fischer

Kuntze, Holger (2021). Das Leben ist einfach, wenn du verstehst, warum es so schwierig ist: Persönliche Krisen überwinden, innere Freiheit gewinnen. München, Kösel

LeDoux, Joseph (1998). Das Netz der Gefühle. Wie Emotionen entstehen. München/Wien, Hanser

Levine, Peter A. (1998). Trauma-Heilung. Das Erwachen des Tigers. Unsere Fähigkeit, traumatische Erfahrungen zu transformieren. Essen, Synthesis

Lieberman, Daniel Z. (2019). Ein Hormon regiert die Welt: wie Dopamin unser Verhalten steuert – und das Schicksal der Menschheit bestimmt. München, Riva

Müller, Turid (2022). Verdeckter Narzissmus in Beziehungen. Die subtile Form toxischen Verhaltens erkennen und sich von emotionalem Missbrauch befreien. München, Kailash

Niebauer, Chris (2020). Kein Ich, kein Problem: was Buddha schon wusste und die Hirnforschung heute bestätigt. Kirchzarten, VAK

Nöllke, Matthias (2009). Schlagfertigkeit. Freiburg/München/Stuttgart, Haufe

Porges, S. W. (2011). The polyvagal theory: Neurophysiological foundations of emotions, attachment, communication, and self-regulation. New York, NY, Norton

Reddemann, Luise, Dehner-Rau, Cornelia (2004). Trauma. Folgen erkennen, überwinden und an ihnen wachsen. Stuttgart, TRIAS

Reddemann, Luise ([19]2016). Imagination als heilsame Kraft. Zur Behandlung von Traumafolgen mit ressourcenorientierten Verfahren. Stuttgart, Klett-Cotta

Reddemann, Luise ([11]2021). Psychodynamisch Imaginative Traumatherapie. Ein Mitgefühl- und Ressourcen-orientierter Ansatz in der Psychotraumatologie. Stuttgart, Klett-Cotta

Reddemann, Luise (2021). Die Welt als unsicherer Ort. Psychotherapeutisches Handeln in Krisenzeiten. Stuttgart, Klett-Cotta

Riemann, Fritz (2022). Grundformen der Angst. Eine tiefenpsychologische Studie. München, Ernst Reinhardt Verlag

Rizzolatti, Giacomo, Sinigaglia, Corrado (2008). Empathie und Spiegelneurone. Frankfurt a. M., Suhrkamp

Rogers, Carl R. (2018). Entwicklung der Persönlichkeit. Psychotherapie aus der Sicht eines Psychotherapeuten. Stuttgart, Klett-Cotta.

Rogers, Carl R. (2020). Eine Theorie der Psychotherapie, der Persönlichkeit und der zwischenmenschlichen Beziehungen. Stuttgart, Klett-Cotta

Rogge, Jan-Uwe/Grün, A. (2020). So große Gefühle. Kinder durch Freude, Zorn und Traurigkeit begleiten. München, Gräfe und Unzer

Ruppert, Franz (⁵2017). Symbiose und Autonomie. Symbiosetrauma und Liebe jenseits von Verstrickungen. Stuttgart, Klett-Cotta

Ruppert, Franz (2018). Wer bin ich in einer traumatisierten Gesellschaft? Wie Täter-Opfer-Dynamiken unser Leben bestimmen und wie wir uns daraus befreien. Stuttgart, Klett-Cotta

Satir, Virginia (1970). Self-Esteem. Berkeley, CA: Celestial Arts

Satir, Virginia (²³2018) Selbstwert und Kommunikation. Familientherapie für Berater und zur Selbsthilfe. Stuttgart, Klett-Cotta

Satir, Virginia (2018). Kommunikation ist ein riesiger Regenschirm … der alles umfasst, was unter Menschen vor sich geht. Stuttgart, Klett-Cotta

Schmid, Wilhelm (2013). Dem Leben Sinn geben. Von der Lebenskunst im Umgang mit Anderen und der Welt. Berlin, Suhrkamp

Schmid, Wilhelm (2016). Das Leben verstehen. Von den Erfahrungen eines philosophischen Seelsorgers. Berlin, Suhrkamp

Schmidbauer, Wolfgang (2020). Du bist schuld! Zur Paaranalyse des Vorwurfs. Stuttgart, Klett-Cotta

Schnell, Tatjana (²2020). Psychologie des Lebenssinns. Berlin, Springer

Siegel, Daniel J. (2006). Wie wir werden, die wir sind. Neurologische Grundlagen subjektiven Erlebens und die Entwicklung des Menschen in Beziehungen. Paderborn, Junfermann

Siegel, Daniel J. (2013). Mindsight. Geist, Seele und Gehirn mit Methoden moderner Gehirnforschung entschlüsseln. Müllheim: Auditorium Netzwerk

Spengler, F. B., Schultz, J., Scheele, D., Essel, M., Maier, W., Heinrichs, M., and Hurlemann, R. (2017). Kinetics and dose-dependency of intranasal oxytocin effects on amygdala reactivity. *Biological Psychiatry* 82, 885–894

Stahl, Stefanie (2015). Das Kind in dir muss Heimat finden. Der Schlüssel zur Lösung (fast) aller Probleme. München, Kailash

Stahl, Stefanie (2017). Das Kind in dir muss Heimat finden. Das Arbeitsbuch. München, Kailash

Stahl, Stefanie (2017). Jeder ist beziehungsfähig. Der goldene Weg zwischen Freiheit und Nähe. München, Kailash

Stahl, Stefanie (2020). So stärken Sie Ihr Selbstwertgefühl: damit das Leben einfach wird. München, Kailash

Stahl, Stefanie & Tomuschat, Julia (2018). Nestwärme, die Flügel verleiht. München, Gräfe und Unzer

Staudinger, Nicole (2016). Schlagfertigkeitsqueen: in jeder Situation wortgewandt und majestätisch reagieren. Hamburg: Eden Books

Staudinger, Nicole (2022). Leicht gesagt. Wie wir richtig rüberbringen, was nicht falsch ankommen soll. München, Knaur

Strüber, Nicole (2016). Die erste Bindung. Wie Eltern die Entwicklung des kindlichen Gehirns prägen. Stuttgart, Klett-Cotta

Strüber, Nicole (2019). Risiko Kindheit. Die Entwicklung des Gehirns verstehen und Resilienz fördern. Stuttgart, Klett-Cotta

Tomuschat, Julia (2021). Finde die Liebe, die dir als Kind gefehlt hat: wie wir uns selbst die Sehnsucht nach elterlicher Liebe erfüllen. München, Gräfe und Unzer

van der Kolk, Bessel (2015). Verkörperter Schrecken: Traumaspuren in Gehirn, Geist und Körper und wie man sie heilen kann. Lichtenau/Westfalen: Probst

Windscheid, Leon (2021). Besser fühlen: eine Reise zur Gelassenheit. Hamburg, Rowohlt

Yalom, Irvin D. (2016). Denn alles ist vergänglich. Geschichten aus der Psychotherapie. München, btb

Yalom, Irvin D., Yalom, Marilyn (2021). Über den Tod und das Leben. München, btb

Yalom, Irvin D. (2017). Wie man wird, was man ist. Memoiren eines Psychotherapeuten. München, btb

Zaboura, Nadia (2009). Das empathische Gehirn. Spiegelneurone als Grundlage menschlicher Kommunikation. Wiesbaden, Verlag für Sozialwissenschaften

Danke!

Julia Meyer-Hermann hat mich eng beim Schreiben begleitet und mich mit ihren klugen Anmerkungen sehr unterstützt. Während der langen Arbeitsphase an diesem Buch war sie eine wertvolle Sparringspartnerin und unersetzliche Hilfe. Ganz herzlichen Dank, liebe Julia!

Sachregister

Personenregister

Stefanie Stahl

Die Bestseller von Deutsc
Psychotherapeutin

ISBN: 978-3-424-63107-4

ISBN: 978-3-424-63143-2

ISBN: 978-3-424-63139-5

ISBN: 978-3-424-63181-4

Mehr Infos zur Autorin und ihren Büchern finden Sie auf kailash-verlag.de

STAHL
aber
herzlich
Statt Konflikte anzusprechen, mache ich lieber Schluss
Ich kann keine Kinder zeugen - mit Benedikt Schwan
Er liebt mich – warum lasse ich mich nicht darauf ein?
So bin ich eben!
Stefanie Stahl